www.daejanggan.org

# 인써전스 :하나님나라의 복음 되찾기

| | |
|---|---|
| 지은이 | 프랭크 바이올라 |
| 옮긴이 | 이남하 |
| 초판발행 | 2010년 5월 16일 |

| | |
|---|---|
| 펴낸이 | 배용하 |
| 책임편집 | 배용하 |
| 등록 | 제364-2008-000013호 |
| 펴낸곳 | 도서출판 대장간 |
| | www.daejanggan.org |
| 등록한곳 | 충청남도 논산시 가야곡면 매죽헌로1176번길 8-54 |
| 편집부 | (041) 742(1424  전송 (0303) 0959-1424 |

| | |
|---|---|
| 분류 | 기독교 | 교회 | 신앙운동 |
| ISBN | 978-89-7071-475-2   03230 |
| CIP제어번호 | CIP2019018318 |

 값 25,000원

# 인•써•전•스

하나님 나라의 복음 되찾기

프랭크 바이올라

이 낚 하 옮김

# 인써전스(Insurgence)의 뜻

- 기존의 권위를 바꾸거나 무너뜨리기 위해 의도된 조직적 저항: 폭동, 반란, 반역, 항쟁, 혁명, 봉기, 시위,..
- 역자 주: 영어의 Insurgence는 우리말로 번역할 때 뜻이 충분히 전달되지 않기 때문에 이 책의 한글판에서는 영어 단어의 발음을 우리말로 표기했다.

# Insurgence
Reclaiming the GOSPEL OF THE KINGDOM

**FRANK VIOLA**

# 차 · 레 ·

# 서론

요한이 잡힌 후 예수께서 갈릴리에 오셔서 하나님의 복음을 전파하여
이르시되 때가 찼고 하나님의 나라가 가까이 왔으니 회개하고 복음을
믿으라 하시더라. 막 1:14-15

당신이 손에 쥔 이 책은 혁명적인 메시지를 담고 있다. 그것은 나라들을
뒤흔들고, 왕국들을 쓰러뜨리고, 삶을 변화시키고, 수많은 사람을 자유
롭게 한 메시지이다.

그 메시지는 나의 인생을 근본적으로 바꾸어놓았는데, 이 책을 집필하
고 있는 지금도 여전히 나를 도전하고, 앞으로 나아가게 하고, 검증하고,
변화시키고, 때로는 겁을 주기도 한다.

나는 지난 35년 이상을 그리스도인으로 살아오면서 헤아릴 수 없이 많
은 설교를 듣고, 수많은 책을 읽었으며, 세계의 여러 곳을 여행했다. 이런
나의 경험과 관찰을 기초해서 볼 때, 내가 이 책에서 제시하려는 것은 오
늘날 강단에서는 전해지지 않는 메시지이다.

내가 처음 믿게 되었을 때 이 메시지를 들었다면 아주 많은 문제에서 자
유로웠을 것인데, 유감스럽게도 그동안 두 개의 "덜 떨어진" 메시지가 내
가 이 책에서 제시할 메시지를 대체하여 왔다. 한 청년의 진지한 고백이
그중 하나가 가져온 결과를 잘 요약해준다:

나는 처음 구원받았을 때 정말 하나님을 기쁘시게 하려 했습니다. 그래서 나를 도전하는 많은 설교를 듣고 또 그런 책들을 읽었습니다. 그리고 들은 대로, 읽은 대로 살려고 했습니다. 그러나 하나님을 섬기기 위해 많은 노력을 기울였고, 하나님 나라를 세우기 위해 최선을 다했지만 결국 소진하고burned out 말았습니다. 그리고 뒤를 돌아 보았을 때 내가 쏟아부은 노력의 결과는 미미했습니다. 나중에 눈이 열리고 나서 보니, 나에게 동기를 부여했던 것은 죄의식과 두려움이었습니다. 그것은 내가 하는 노력이 충분치 않으므로 하나님께서 노하실지 모른다는 두려움이었습니다. 그리고 내가 아무리 최선을 다 해도 하나님의 기준에 미치지 못한다는 죄의식나는 그것을 "확신"이라고 불렀다이었습니다.

다른 하나의 덜 떨어진 메시지가 가져온 결과를 한 젊은 여자의 고백에서 엿볼 수 있다:

나는 예수님을 영접했을 때 내 모든 죄가 용서받았다는 사실에 기쁘기 그지 없었습니다. 내가 들은 메시지는, 내가 무엇을 하더라도 하나님은 나를 사랑하시기 때문에 나의 개인적인 삶은 하나님께 별로 상관없다는 것이었습니다. 나는 은혜 아래 있고, 하나님은 정의와 가난한 사람의 구제에 최대의 관심을 가지신다고 들었습니다. 그래서 여러 해 동안 나의 삶은 자녀를 키우고, 자라나면 대학에 보내고, 언젠가는 손주들을 보게 될 것에 초점이 맞춰있었습니다. 나는 일주일에 한 번 교회 예배에 참석하고, 성경을 읽고, 기도하고, 세계의 정의를 위해 힘쓰는 단체들을 지원했습니다. 이제 와서 뒤돌아보니, 예수님은 단지 분주한 나의 인생에 보조 역할을 하는 정도에 불과했습니다. 내가 호흡하며 살아가는 이유가 주님이 아니었기에 나는 다른 것들을 위해 살았습니다. 물론 가정을 이루고 정의를 위해 힘쓰는 것과 같은 좋은 일들이었지만 그것들이 주 예수님은 아니었습니다.

흥미롭게도, 신약성서는 이 두 가지 덜 떨어진 메시지와 그것들이 가져온 결과를 정조준하고 있다. 사실인즉, 바울이 신약성서의 절반을 차지하는 그의 서신 대부분을 기록한 이유는, 그가 세운 교회들이 이 두 가지 메시지 중 하나를 받아들였기 때문이다.

애석한 것은 오늘날 수많은 그리스도인이 이것들과는 다른 어떤 메시지를 한 번도 접한 적이 없다는 사실이다. 특히, 신약성서 전체에서 발견할수 있고, 내가 이 책에서 베일을 벗기려고 하는 획기적인 메시지에 대해 들은 사람이 많지 않다는 사실이다.

이 책은 다음과 같이 여섯 부분으로 나뉘어 있다.

제 1 부  세 가지 복음
제 2 부  왕의 아름다움이 베일을 벗다
제 3 부  하나님 나라의 복음
제 4부  하나님 나라에 들어감과 누림
제 5 부  영광스러운 우리의 자유
제 6 부  하나님 나라의 전진

각 부분은 바로 전의 내용을 발판으로 전개되고, 읽기 편하도록 전부 짧은 장들로 구성되어 있다. 또한, 읽는 도중에 생길 수 있는 질문들에 대한답을 뒷 부분에 수록해놓았다.

모든 주제를 다 다루려면 천 쪽도 모자랄 것이지만, 그 주제들을 더 깊이 연구할 수 있도록 주요 자료와 보조 자료를 제시하는 각주와 후주를 포함시켰다. 그 자료들을 InsurgenceBook.com 에서 찾을 수 있다.

## 하나님의 영원한 목적

지난 20여 년 동안 나의 주된 초점과 부담과 열정은 하나님의 영원한 목적이었다. 그것이 내가 집필한 모든 책을 엮는 실과 같은 것이다.

내가 다른 책들에서 신도있게 논했듯이, 하나님의 영원한 목적은 성서 전체를 관통하는 원대한 이야기이다.1

하나님 나라는 이 영원한 목적의 중심부에 있다. 사실, 나는 최근 들어 하나님 나라가 영원한 목적의 또 다른 표현임을 깨닫게 되었다. 이런 점에서 존 브라이트는 다음과 같이 옳게 지적했다:

> 진정한 의미에서, 하나님 나라의 개념은 성서의 전체 메시지를 포괄하고 있다… 성서가 하나의 책이라는 것. 그 책에 제목을 붙인다면, 우리는 공정하게 그것을 "도래하는 하나님 나라의 책" 이라고 부를 수 있을 것이다. 이것이 진정 그것의 중심 주제이다.2

하나님 나라는 예수님의 의미와 목적을 설명해주고 요약해준다. 하나님 나라는 예수 그리스도의 우주적인 영광과 충만함과 통치, 그리고 사람들을 통해 드러나는 하나님의 형상과 권위를 가리킨다. 이것이 영원한 목적의 핵심적인 특징이다.

내가 서두에서부터 분명히 해두고자 하는 것이 있는데, 그것은 학자들이나 신학자들에게도 이 책이 도움될 것을 믿지만 꼭 그들을 위해 쓴 것은 아니라는 사실이다.

그 대신, 나는 성서의 기초에 익숙한 고등학생의 수준에서 충분히 이해하고 도움을 얻을 수 있도록 하기 위해 이 책을 썼다.

## 내가 바라는 것

이 책을 쓰면서 내가 바라는 것은 이 책의 메시지가 하나님 나라의 복음 오늘날 사실상 우리에게서 자취를 감춘 그 복음을 제외한 다른 버전의 복음에서 당신을 해방시키는 것이다.

하나님 나라의 복음을 제대로 이해하고 받아들인다면 그 복음이 당신의 마음을 사로잡을 것을 나는 확신한다. 아울러, 그 복음이 주 예수 그리스도를 위해, 그리고 그분이 부활하시던 날 시작하신 **인써전스**를 위해 당신을 망하게|ruin 할 것을 확신한다.

그것은 이토록 강력하다.

# 독자들을 향한 경고

당신이 이 책 전체를 다 읽는데 도전한다면 그중 어떤 부분은 당신을 격분시킬 수도 있을 것이다. 그리고 아마 당신이 어떤 부분에서는 방어적인 태도를 취할 수도 있을 것이다. 그러니 책을 방구석으로 던지려고 할 때 먼저 그쪽에 아무도 없는지 확인하기를 바란다. 또 당신이 눈 하나를 빼버린다 해도 집필자인 나와 출판사는 아무런 책임이 없음을 상기하기 바란다. 만일 Kindle이나 Nook 같은 기기를 사용해서 읽는다면 그것이 종이책보다 무겁기 때문에 더 위험하다는 사실을 주지하기 바란다.

이렇게 유머를 사용한 이유는 이 책이 전형적인 "기독교" 서적이 아님을 강조하기 위함이다. 어떤 표현들은 분명 과격하긴 하지만, 예수님과 바울의 표현 또한 이에 못지않게 극단적이었다.

이 책에는 폭발적인 내용이 전개되는 중간중간에 진심 어린 기도가 삽입되어 있다. 이런 기도를 건너뛰지 말고 꼭 읽기를 권한다.

틀림없이, 읽어가면서 마음이 거북할 때가 있겠지만 잠깐 무기를 집어넣고, 당신의 분노가 내가 말한 것을 향한 것인지, 아니면 예수님의 말씀이나 바울이 한 말을 향한 것인지 분간하기 바란다.

솔직히 말해서, 내가 이 책을 집필한 것은 당신의 마음을 흔들어놓기 위함이다. 결론적으로 말해서, 만일 당신의 영적인 맥박이 뛰고 있다면 제대로 도전을 받고 반응하리라 믿는다. 그리고 나서, 실천에 옮기리라 믿는다.

"돌다리도 두들겨 보고 건너라"는 속담이 있듯이 당신을 향한 나의 경고는 간단하다. 이 책을 읽는 동안 마음이 혼란스러워서 끝까지 읽기가 쉽지 않을 것이라는 사실이다. 또한 책의 내용을 실천에 옮기는데 있어 혼란을 겪게 될 것이라는 사실이다.

그래서 책장을 넘기기 전에 나는 다음과 같은 제안을 하고자 한다.


1. 이 책의 메시지를 실천에 옮기기로 지금 결단하라. 이 책의 목표는 그저 당신을 변화시키려고 설득하는데 있지 않다. 그것은 당신이 무엇을 바꿔야 할지, 그 방향을 올바로 잡아주기 위함이다.

    이런 이유로, 나는 제 1부에서 제 6부까지 각 부의 맨 끝에 "실천에 옮기기" 섹션을 첨부했다. 이 섹션은 하나님 나라의 메시지를 당신의 삶에 실질적으로 어떻게 적용시킬 것인지 그 단계들을 포함하고 있다.


2. 이 책을 읽는데 당신의 소중한 시간을 투자하기로 작정했다면, 효율적으로 사용해서 어떤 일이 있어도 끝까지 읽을 것을 결단하라.

    이 책 읽기를 언제 끝낼 것인지 분명한 목표날짜를 포함해서를 설정하라. 아울러, 매주 읽을 분량을 정하는 계획을 세우라.

    이 책을 끝까지 읽는 것이 중요하다. 왜냐하면, 이전의 내용이 그 다음 부분으로 연결되고 또 확장되어 전개되기 때문이다. 그러므로 이 책의 모든 내용을 다 읽지 않는다면 잘못 이해할 가능성이 높다.


3. 그리스도를 믿고 구원받은 그리스도인인 당신에게는 좀 생뚱맞은 제안이겠지만, **구원받지 못한 사람의 처지에서 이 책을 읽으라.** 즉, 난생 처음 복음을 들었다 여기고 임하라.

    사실상 모든 그리스도인이 구원의 복음을 들었지만 하나님 나라의 복음을 들은 사람은 그리 많지 않은 것이 사실이다. 그리고 1세기 때는 이 두 복음이 오늘날처럼 분리되지 않았던 것 또한 사실이다. 이 책은 최초로 온전한 복음을 당신에게 제시하고자 한다. 따라서 마음을 열고, 처음이라 여기고 들을 준비를 하면 도움이 될 것이다.

4. 나는 이 책의 곳곳에서 내가 만났던, 하나님 나라의 복음에 순종한 사람들을 소개했다. 그들이 알려지지 않은 평범한 "이름 없는 영웅들" 이므로, 당신 또한 이 책의 메시지를 실행에 옮길 수 있도록 그들의 이야기가 당신을 확실하게 고취시키리라 믿는다.

이런 점에서, 나는 조세프 씨주Joseph R. Sizoo 박사의 다음과 같은 말을 좋아한다:

> 정말 중요하고 역사의 흐름에 결정적 역할을 하는 것은 대수롭지 않은 사람들에 의해서이다. 자연에서도 크고 강력한 힘은 결코 시선을 끌지 않는다. 여름 소나기가 태풍보다 더 효과적이지만 그리 주목받지 못한다. 세상은 없어져도, 빛도 없고 이름도 없는 사람들의 신의와 충성심과 헌신은 사라지지 않는다.3

5. 이 책은 당신에게만 해당하거나 당신만을 위한 것이 아니고, 또한 당신이 아는 사람들을 위한 것이다. 따라서 이 책을 다 읽은 후 당신이 할 수 있는 최선은 다른 사람들에게 빌려주는 것이다. 물론 더 좋은 것은 책을 사서 선물하는 것이다. 내가 책을 팔기 위해 하는 말이 아니다. 내겐 그럴 필요가 없다.

이 책의 메시지에 대한 나의 믿음 때문에 그렇게 부탁하는 것이다. 그 메시지가 나 자신과 다른 사람들의 인생을 바꿔놓았기 때문이다. 사실, 가장 효율적인 것은 이 책을 다른 사람과 함께, 또는 그룹에서 함께 읽는 것일 것이다.

6. 지면 관계상, 나는 이 책의 원고 중에서 일부분을 옮겨 InsurgenceBook. com에 수록해야만 했다. 그러므로 각주에서 안내할 때마다 그리로 가서 읽기를 권한다. [이 온라인 자료는 한국어로는 제공되지 않음– 역자 주]

7. 이 책이 포괄적이긴 하지만 하나님 나라에 관한 모든 것을 담았다고 생각할 정도로 내가 주제넘지는 않다. 나는 이 책을 하나님 나라라는 주제의 확고한 연구라고 여긴다. 나는 이 책 외에 다른 곳에서도 하나님 나라에 관한 메시지를 전하거나 집필했고, 각주와 후주에 언급된 다른 사람들 또한 이 주제를 다루었다. 그중 상당수가 이 주제를 더 깊이 연구하기 원하는 사람들을 위해 InsurgenceBook.com에 실려있다.

결론적으로, 당신은 이 책을 다 읽었을 때 2천 년 전에 시작된 하나님의 **인써전스**에 동참하도록 준비될 것이다. 예수 그리스도와 그분의 영광스러운 나라 이외의 다른 모든 것에서 당신을 자유롭게 할 **인써전스**.

# 인써전스란 무엇인가?

2017년 7월의 마지막 주말, 나는 플로리다 주 중부지역에서 열린 컨퍼런스에서 말씀을 전했다. 거기에 참석한 사람들은 미국 전역에서, 그리고 오스트레일리아, 뉴질랜드, 중국, 노르웨이, 덴마크, 스웨덴, 영국, 아랍에미리트, 캐나다에서 온 사람들이었다.

그 컨퍼런스는 그야말로 다양성이 돋보인 자리였다.

인종적 다양성, 연령의 다양성, 문화적 다양성, 사회 계급적 다양성 등등. 그것은 하나님 나라의 축소판이었다.

그 주말에 일어난 일은 놀라움 그 자체였다. 하늘의 한 부분이 우리 모두에게 임했다.

나는 그 컨퍼런스에서 하나님 나라의 복음을 풀어내기 위해 혼신의 힘을 기울여 말씀을 전했다. 즉, 1세기 때 모든 사도가 외쳐서 천하를 소동케 했던 그 압도적이고, 폭발적이고, 가공할만하고, 땅을 요동시키고, 삶을 송두리째 바꾸는 복음을 전했다.

컨퍼런스의 둘째 날 저녁엔 뭔가 믿기 힘든 일이 벌어졌다. 모임이 끝난 후 한 무리의 사람들이 나를 잡아끌더니 그중 한 사람이 다음과 같이 말했다: "주님께서 오늘처럼 메시지를 통해 저를 흔들어놓으신 적은 없었습니다." 또 다른 사람이 이렇게 말했다: "오늘 벌어진 일은 가히 충격적입니다. 말로 형언할 수 없는 뭔가 아주 특별한 일이 여기서 일어났습니다." 또 다른 사람들은 그날 저녁 일어난 일로 마음이 심히 요동친다고 고백했다.

우리는 이것을 계획하지도 않았고 기대하지도 않았지만 다음날 아침, 여러 사람이 침례를 받겠다고 했다. 그래서 나는 하나님 나라의 복음을 따르겠다는 사람들에게 침례 베풀어줄 것을 한 형제와 한 자매에게 부탁했다. 그리고 컨퍼런스가 열린 그 호텔의 수영장에서 침례식이 거행되었다.

침례를 받는 각 사람이 이 세상 제도the world system와 결별하고 영광스러운 하나님 나라에 들어감을 고백하는 감동적인 간증을 나누었다. 컨퍼런스에 참석한 사람 절반 이상이 침례식을 지켜보고 기뻐했다. 호텔 수영장에서! 나는 10층에서 이 광경을 지켜보았는데, 박수 소리와 찬양 소리가 거기까지 들려왔다. 그리고 내 눈에서는 절로 눈물이 흘러나왔다.

다음 날, 나는 겸허한 마음으로 감사가 넘쳐서 집에 돌아왔다. 내게는 그 주말에 벌어진 일이 역사적 사건이었다. 컨퍼런스에 참석했던 여러 사람도 그들의 삶이 어떻게 뒤집어졌는지를 고백하는 편지를 보내왔다.

여기에 루스Ruth 라는 이름의 자매에게서 온 감동적인 간증을 소개한다. 이것은 루스가 그 컨퍼런스의 토요일 오후에 거행된 침례식 직전에 모든 참석자 앞에서 읽었던 간증문이다.

나는 34년 전, 내가 평생 들어온 아주 부실하고 부정확한 복음 메시지를 받아들였습니다. 그것은 사실과 거짓이 반반 섞인 메시지였습니다. 행위에 기초하고 두려움을 바탕으로 한 뒤틀린 "복음 메시지"였습니다. 나는 그렇게 나를 조종하는 제도와 연합해서 침례를 받았었습니다. 그런데 오늘 그 제도와 단절하고, 거짓이 아닌 진짜 복음과 우리 주 예수 그리스도께 드리는 나의 헌신을 선포하기 위해 다시 침례를 받는 것이 나에게는 매우 중요한 일입니다. 그러므로 오늘 나는 여러분을 증인으로 삼고 하나님과 하늘의 천사들과 공중의 권세 잡은 마귀와 악의 영들 앞에서 이것을 행합니다. 세상 제도와의 결별을 선포하는 나의 결단을 모두가 들어야 하기 때문입니다.

오늘 침례를 통해, 나는 이 세상 제도와 그것에 의한 모든 속박과 혼란과 속임수와 완전히 결별하고 벗어나는 나의 결단을 공중 앞에서 선언합니다. 나는 하나님 나라로, 오직 주 예수님께로 온전히 가려는 나를 방해하는 모든 것과의 작별을 고합니다. 나는 예수님께서 나를 받아주신 것이 그분이 하신 일에 덧붙여진 나의 행위에 기초한 것이라고 가르친 율법적 제도와 연합하여 침례 받았던 것을 회개합니다. 나는 그 제도가 요구하는 기준에 미치지 못할 때마다 내 안에 생겨난 두려움과의 그 어떤 협약도 파기합니다. 죽은 후에 천국에 갈 것이라고는 믿었지만 그때 나는 모든 것을 저버리고 온전히 주님의 나라에 들어가는 것, 곧 "주님을 따르는 것"의 의미를 알지 못했습니다.

나는 내 인생에서 순전한 복음의 효과가 나타나는 능력을 보지 못하게 하는, 거짓과 사실이 반반 섞인 혼합물과 결별합니다. 나는 부활하신 그리스도의 능력에 의한 충만함을 마음에 받아들이지 않고 오히려 예수님이 여전히 십자가에 달려있다는 거짓말을 따랐음을 회개합니다. 나는 주님께서 나를 사셔서 내게 상속하신 기업을 소유하기 위해, 내가 있는 모든 곳에서 하나님 나라를 드러내실 예수님의 사랑에 철저하게 정복된 존재가 되기 위해, 나를 사랑하시는 주님께 합당한 왕실의 성숙한 신부가 되기 위해, 그리고 주님의 사랑으로 세상에 영향을 끼치기 위해 부활하신 그리스도의 능력과 은혜로 살아갈 것을 선택합니다.

나는 주님의 은혜로, 내가 아는 한 최선을 다해 대가를 지불하고 오늘부터 영원까지 주님께 "올인" 할 것과 세상과는 철저히 결별할 것을 선택합니다. 나는 물 속에 들어감으로 나 자신에 대해, 그리고 복음을 멀리하고 타협하려는 것을 포함해서 나에게 덕지덕지 붙어있던 모든 것에 대해 죽고자 합니다. 나는 물에서 올라옴으로 새 생명 가운데 행하여 어둠과 맺었던 협정과 내 육신의 삶이나 인간의 제도와 알게 모르게 맺었던 모든 협정을 파기해서 없애버리고자 합니다. 나는 새로운 피조물, 즉 하나님 나라라는 물 속에 푹 빠진 새로운 시민이 되겠습니다! 나는 인간이 고안해낸 그 어떤 버전의 복음이 아닌, 예수님의 복음에 의해 살겠습니다. 오늘은 새로운 날이요 새로운 출발입니다!

-루스-

위의 간증은 내가 이 책 전체에서 다루게 될 **인써전스**의 좋은 예라 할 수 있다. **인써전스**는 하나님 나라의 급진적인 복음을 회복하는 일, 바로 그것이다. 즉, 그것은 내가 믿는 바 이 땅을 다시 한번 흔들어놓을 그 복음을 회복하는 일이다.

### 인써전스를 위한 기도

아래는 내가 이 책을 집필하기 시작했을 때 내 마음 속에 있었던 기도이다. 이것을 읽고 주님 앞에서 나의 이 기도에 동감해주기를 부탁한다.

주님, 주님의 무한한 자비를 저에게 베풀어 주시옵소서. 이 책의 메시지가 저에겐 벅찬 내용임을 인정합니다. 저는 이 책에서 주님의 말씀을 전달하기에 턱없이 부족한 존재입니다. 그래서 문장 하나하나를 쓸 때마다 주님께 철저히 의지할 뿐입니다.

이 책을 읽는 모든 사람에게 주님의 영원한 목적과 영원한 나라를 더 분명히 이해할 수 있는 깨달음을 주시옵소서. 각 사람이 이 책을 끝까지 읽고, 도전적이고 자유롭게 하는 그 메시지를 실천에 옮길 수 있도록 동기를 부여해주시고 감동시켜 주시옵소서. 그리고 그것을 통해, 이 땅에서 하나님 나라의 복음을 따른다는 것에 새로운 표준을 세우게 될 주님의 백성을 주님께서 얻으시옵소서.

그들을 지금, 아니 옛적에 일어났던 인써전스의 증인과 증거로 삼으소서.

아멘.

# 1부
# 세가지 복음

세 가지 "복음"이 오늘날 기독교 교계를 지배하고 있는데, 그중 두 가지는 좋게 말하면 희석된 복음이고, 나쁘게 말하면 거짓 복음이다. 세 번째만이 온전히 자유롭게 하는 복음이다. 우리는 지금부터 이 세 가지를 다 살펴보게 될 것이다.

# 이 시대의 위기

내가 이 책을 집필하고 있는 지금 기독교 신앙은 위기에 처해있다. 그리스도의 몸이 세상에 끼치는 영향은 미미하다.

이 문제의 주된 원인을 주 예수 그리스도를 향한 그리스도인들의 뜨뜻미지근한 충성심과 하나님 나라에 대한 엄청난 오해에서 찾을 수 있다. 사실, 나는 예수님을 향한 "충성심"에 대한 우리의 인식이 한참 왜곡되었다고 확신한다.

대체로, 그리스도인들은 예수님을 따르는데 있어 두 진영으로 나뉘는 것 같다.

첫 번째 진영은 외적 규범을 준수하는 것에 의해 예수님과의 관계를 이해하는 사람들로 구성된다. 스스로는 인식하지 못할 수도 있지만 그들은 종교적 의무와 강요된 책임에 예속되어 있다.

> 그런데 지금 너희가 어찌하여 하나님을 시험하여 우리 조상과 우리도
> 능히 메지 못하던 멍에를 제자들의 목에 두려느냐. 행 15:10

두 번째 진영은 예수님과의 관계를, 이미 분주하게 사는 자신들의 삶을 보조하는 역할이라고 이해하는 사람들로 구성되어 있다. 그들에겐 예수

님을 믿는 것이 자신들을 조금 더 행복하게 해주고 어려운 일이 닥칠 때 해결해주는 것이다. 그러나 예수님이 진정 그들의 인생에서 중심을 차지하지는 못한다. 스스로는 인식하지 못할 수도 있지만 그들은 자신의 욕망에 예속되어 있다.

> 네가 이같이 미지근하여 뜨겁지도 아니하고 차지도 아니하니 내 입에
> 서 너를 토하여 버리리라. 계 3:16

오늘날 이 두 진영에 속하지 않은 그리스도인을 찾기란 그리 쉬운 일이 아니다. 하지만 그들은 분명히 존재한다. 그리고 내가 바라는 것은 이 책이 출판된 후 그런 부족tribe이 늘어나는 것이다.

세 번째 진영이 바로 그런 부족이다. 그들은 죄의식, 죄책감, 수치, 종교적 의무, 지옥의 두려움, 또는 천국의 소망 같은 동기에 의해 예수님과의 관계를 맺는 사람들이 아니다. 그 대신, 그들에게 동기를 부여하는 것은 영광스러운 그리스도 자신과 하나님 나라의 불가항력적인 능력을 보게 하는 안목이다.

유감스럽게도, 우리는 오늘날 이런 동기유발을 찾아 보기 힘들다.

어떤 종류의 복음을 듣고 믿게 되었는지에 따라 우리는 모두 그 특정한 복음의 결과물이다. 따라서 믿는자의 질quality은 곧 전파된 복음의 질quality에서 나온 결과이다.

감사한 것은 하나님 나라의 복음과 이 복음에 결부된 모든 것이 오늘날 회복되고 있고, 또 전 세계적으로 적은 무리의 사람들 중에서 부활하고 있다는 사실이다.

하나님은 바닥부터 다시 시작하셔서, 규칙 중심으로 사는 사람들이나

미온적인 사람들이 아닌 새 부류의 사람들을 일으키시고 있다. 그들은 자기 의로 가득하지도 않고 뜨뜻미지근 하지도 않다. 그들은 율법적이지도 않고 방탕적이지도 않다.

그 대신, 이들은 1세기 때 교회의 초창기에 선포되었던 하나님 나라 메시지의 폭발적인 능력에 반응한 사람들이다.

이 든든한 무리가 현대사회의 질서를 흔드는 **인써전스**이다.

내가 이 책을 집필한 이유는 하나이다. 그것은 바로 **인써전스**가 더욱 거세져서 우리 시대와 그 이후로 확산되는 것이다.


## 역동적인 복음을 회복함

간혹 예외는 있지만, 1세기 때 전파되었던 복음은 오늘날 존재하지 않는다. 이 말이 너무 가혹하다는 것을 인정하지만, 나는 이 복음을 되찾기 바라면서 이 책을 통틀어 그 요점을 집어낼 계획이다.

침례자 요한, 예수님, 바울, 베드로, 그리고 다른 모든 사도가 세상에 공포한 복음은 매우 강력하고, 압도적이고, 혁명적이고, 비타협적이라서 제아무리 힘이 센 사람이라도 떨지 않을 수 없게 하는 그런 복음이었다.

초기 사도들은 그들이 전하고 살아냈던 복음의 능력에 의해 맨손으로 세상을 흔들었다. 그들은 우리 대부분이 접했던 그 어떤 것과는 달리, 선동가였고 흔치 않은 유형의 사람들이었다. 그들은 예수 그리스도를 따르고 그분의 나라를 위해 살기 위하여 모든 것을 버렸다. 그들의 헌신은 단호했고, 절대적이었고, 철저했다.

그들의 복음은 어느 곳에서 전파되든지 관계없이 안일한 삶을 뒤집어엎었다. 그 복음이 너무 혁명적이고 파괴력이 엄청나서 그것을 과감히 전파하려는 사람들을 펄펄 끓게 했다.

그 복음 때문에 침례자 요한은 목이 잘려 죽임을 당했고,1) 그 복음이 예수님을 십자가에 못박히게 했고, 베드로를 옥에 갇히게 했으며, 바울을 죽음으로 내몰았다. 또 그 복음은 폭동을 유발했고, 오해를 불러 일으켰다. 그리고 친구들과 가족들 간에도 분열과 대립과 갈등을 일으켰다. 하나님 나라에 관한 예수 그리스도의 주장은 너무나도 단호하고 절대적이어서 우리의 가장 가까운 관계까지도 위협한다.2)

이 복음이 전파되는 곳엔 그 어디든지 핍박과 미움과 혼란이 따라온다. 이것은 오늘날 언론의 자유가 보장된 미국과 같은 나라에서도 마찬가지이다.

이 복음은 다소 사람 바울이 맨손으로 이방 도시에 들어가, 이방인들로 하여금 그들의 우상과 악행에서 돌아서서 나사렛 예수를 세상의 진정한 주님으로 온전히 섬기게 하는, 매우 강력한 힘이 있었다.

바울은 그 도시에 단 몇 달 정도만 머물고 떠난 후 1년쯤 그 상태로 놔두고, 다시 돌아와서 그 이방인들이 여전히 예수 그리스도를 따르는 것을 확인할 수 있었다!

복음이 혁명적인 메시지이기 때문에 1세기 때 그리스도인으로 산다는 것은 겁나는 일이었다. 그리스도인은 그 시대의 사회 질서를 거스르는 사

---

1) 헤롯 안디바는 갈릴리의 분봉왕이었고 "유대인의 왕"으로 여겨졌었다. 침례자 요한은 하나님 나라와 회개의 복음을 전파했다. 그가 헤롯의 부도덕한 결혼을 비난한 것이 그를 옥에 갇히게 했고, 결국 죽임을 당하게 했다.(눅 3:1-20; 마 14:1-12) 그렇지만, 나는 N. T. 라이트가 다음과 같이 지적한 것에 동의한다: '요한은 헤롯의 부도덕이 그가 진정한 유대인의 왕이 될 수 없음을 드러냈고 왕위에 앉을 자격을 박탈당하게 했다고 믿었다. 요한은 그의 사촌인 나사렛 예수가 앞으로 오실 왕이고 헤롯이 왕이 아니라고 믿었다. 그래서 결국 요한은 하나님 나라의 복음 때문에 죽임을 당한 것이다.' N. T. Wright, *Simply Jesus* (New York: Harper One, 2011), 80-81.

2) InsurgenceBook.com에 있는 "The Radical Cost of the Kingdom"을 읽어보라.

람이었고, 혁명을 일으키는 사람이었고, 위험 인물로 낙인이 찍힌 존재였다.

하나님 나라의 복음은 영적으로 난폭한 복음이다. 그것은 나라들을 뿌리째 흔들고, 순종 아니면 거부를 택하도록 도전한다. 이 복음은 너무나도 강력해서 그것에 복종하는 사람들의 삶을 변화시킴으로, 어느 세대든지 듣는 자들을 심란하게 한다.

이것은 "언론의 자유"가 일반화되어 있는 미국같은 사회에서도 매한가지이다. 하나님 나라의 복음이 타협 없이 원래의 순수한 그대로 전파된다면 반역적으로 들릴 것이다.

이 복음에 순종하는 사람들은 이 땅에 요지부동으로 서 있다. 그들에게 어떤 압력을 가해도 진정한 왕이신 주 예수 그리스도를 향한 그들의 일편단심을 흔들어놓지 못할 것이다. 하나님 나라의 복음은 세상에 책임을 묻고, 세상은 이 복음을 선포하는 사람들과 청산을 해야만 한다. 물론 기독교계를 포함해서.

다시 말하자면, 내가 말하고 있는 복음은 오늘날 거의 존재하지 않는다. 그리고 이것이 우리가 왜 수많은 청년을 서구 소비주의 문화와 갱단과 테러 단체에 빼앗기는지의 이유이다. 그것들은 가짜 복음과 가짜 **인써전스**를 전파한다. 그것은 또한 어째서 현대 기독교가 그토록 힘이 없고 비효율적인지의 이유이다.

지금이 진짜 복음과 진짜 **인써전스**인 하나님 나라의 복음을 회복하기에 적절한 시기이다.

그렇기 때문에, 영광스러운 하나님 나라의 복음을 재발견하도록 당신의 마음을 휘저어놓고 불을 붙이기 위해 나는 이 책을 썼다.4

# 그리스도인에서 극단적인 이슬람 전사로

제프Jeff는 서양의 기독교 가정에서 자라나서 정기적으로 교회 예배에 출석하고 기독교 청소년 그룹 활동에도 참여했었다. 그 시기에 여느 십대 소년들과 마찬가지로 제프도 정체성과 삶의 목적과 의미에 혼란을 겪었다.

방황하며 길을 찾던 중 제프가 테러 조직의 모집책과 연락이 닿았는데, 그는 그 조직이 표방하는 어젠다agenda를 확산시키기 위해 잔혹한 폭력을 사용하는 사람이었다. 처음에는 제프가 이 조직이 내세우는 폭력성에 반감을 가졌다. 하지만 그들이 제공하는 자료를 계속해서 검토할수록 그들의 충성도와 에너지와 동료애와 열정에 매료되었다.

제프는 세상 전체를 아름답고 매력적인 유토피아로 만들겠다는 그 조직의 비전을 발견하고 그 과격 단체를 모험을 위한 경로로 보기 시작했다. 그 조직에 속한 모든 사람은 자신들을 이 땅에서 중요한 사명을 띤 "신의 전사들"로 묘사했다. 제프는 이슬람 전사들jihadists의 문서를 읽고 매료된 후 그 모집책과 조직을 만나기 위해 시리아로 향했다.

그는 시리아에서 여러 달을 머물렀는데, 그중 어느 시점에 그 이슬람 무장단체에 충성 맹세를 했다. 그리고 성전jihad, "holy war"을 위해 그 조직의 간부들에게 훈련을 받았다.

그 무장 조직을 향한 제프의 충성심은 그의 종교를 위해서라면 기꺼이 사람을 죽이겠다고 고백할 정도로 강했다. 그가 태어나고 자란 나라가 더는 그의 조국이 아니었고, 테러 조직이 그의 새 정체성으로 굳어졌다.

당신은 어떻게 이런 일이 가능하느냐고 물을 것이다. 어떻게 서구 그리스도인이 다른 사람들에게 끔찍한 폭력을 휘두르는 악명 높은 테러 집단에 가담할 수 있었을까?

그것은 아주 간단하다. 제프가 그의 신앙 경험에서는 크게 결핍되었던, 주요 임무를 수행하기 위한 열정과 동료애와 소속감을 과격 테러 조직에서 발견했기 때문이다.

신앙의 열정에 관한 한, 제프의 그리스도인 친구들은 형편없는 수준이었지만, 극단적 이슬람 전사들은 명분을 위해 자신의 목숨을 바칠 정도로 올인 했고, 전념했고, 완전히 헌신했다. 그 전사들은 제프에게 동료 의식, 공동체 의식, 그리고 서로를 위한 책임 의식을 심어주었다.

이와는 대조적으로, 제프의 그리스도인 친구들은 관계성이 크게 결핍되어 있으므로 서로를 거의 알지 못했다. 그들은 자신들이 뭔가 경천동지할, 세상을 뒤집어놓을, 목숨을 바칠 가치가 있는 위대한 과업에 참여하고 있음을 인식하지 못했다. 그들은 예수 그리스도보다는 축구와 그들이 쌓을 경력과 물질적 소유에 더 관심이 많았다.

제프의 신앙 경험은 지금 교회에 다니고 죽어서 천국에 가는 것 말고는 매일 아침 잠에서 깨어 일어날 이유를 제공하는 강력한 비전이 결여되어 있었다. 그는 세상을 변화시키는 강한 사명감과 목적의식과 도전의식을 과격 테러 조직에서 찾았다.

여기에 모순이 있다. 만일 제프가 1세기에 살았었다면 그가 이슬람 전사들에게서 목격했던 모든 것을 초대 교회의 급진적 공동체에서 발견했을 것이다. 물론 무자비한 테러 전술, 노골적인 잔인성, 입에 담지 못할 공포, 그리고 야만성은 제외해야 하지만.

애석하게도, 제프와 같은 수많은 그리스도인이 폭발적이고, 파괴력 있고, 땅을 흔들어놓는 하나님 나라의 복음을 들어본 적이 없다. 또한 그 복음을 살아내는 사람을 본 적도 없다.

이 복음과 하나님 나라가 진짜이고 실제이다.

물론 서구의 많은 사람이 과격 테러 집단에 충성을 바치지는 않지만, 예수 그리스도와 그분의 나라와는 아무런 상관이 없는 다른 많은 것에 충성을 바쳐왔다.

이 두드러진 문제가 바로 나로 하여금 이 책을 쓰도록 동기를 부여한 그것이다. 나는 이 책이 그 문제의 해결책을 제시한다고 믿는다.3)

## 복음의 원수 두 가지

마틴 루터는 이렇게 말했다. "역사는 말을 탄 술 취한 사람과 같다. 말이 왼쪽으로 떨어지기가 무섭게 다시 기어 올라가서, 그 다음엔 오른쪽으로 떨어지는 사람."

오늘날 많은 그리스도인이 듣고 있는 복음도 그렇다고 말할 수 있다.

바울 시대에는 두 개의 다른 복음이 바울의 복음과 겨루고 있었다. 하나는 규범의 준수를 중심으로 하는 율법주의legalism 복음이었고, 다른 하나는 자기 중심적인 방탕주의libertinism 복음이었다.

신약성서의 서신들, 특히 바울의 서신들은 이 둘을 정조준하고 있다. 하지만 이 두 가지 복음은 우리 시대에도 살아남아 건재하고 있다.

내가 믿기에는, 신약성서의 참되고 유일한 복음이 길들여지고, 희석되고, 쪼그라들고, 축소된 형태로 제시된 결과가 이 두 가지이다.

---

3) 유감스럽게도, 제프는 기독교 가정에서 자라나서 이슬람 국가(ISIS) 같은 테러 조직에 가담한 사람들 중 혼자가 아니다. 다른 예를 찾으려면 다음을 참조하라. "ISIS and the Lonely Young American," by Rukmini Callimachi in the *New York Times*, June 27, 2015. 이 기사에 의하면, 2015년 1월까지 테러 조직에 가담한 거의 4천 명에 달하는 서구 사람들 중 적어도 100명의 미국인이 시리아와 이라크에 가서 이슬람 전사들에 가담했다.

# 율법주의의 네 가지 그늘

율법주의는 규칙, 규범, 율법, 기대에 의해 하나님의 호의를 얻으려는 인간적인 시도이다.

율법주의는 타락한 인류 안에 내재되어 있어 사실상 지상에 있는 모든 그리스도인에게 영향을 미쳐왔다.

율법주의라는 이슈가 너무 많은 안개에 뒤덮여있기 때문에, 나는 안개를 걷어내고 오늘날 전파되고 있는 율법주의의 네 가지 그늘을 소개하려 한다.

**첫 번째** 그늘은 구원받기 위해서 예수님을 믿고 하나님의 율법모세의 율법을 지켜야 한다고 주장한다.

**두 번째** 그늘은 구원받기 위해서 예수님을 믿어야 하지만 구원받은 상태를 유지하기 위해서는 하나님의 율법을 지켜야 한다고 주장한다. 따라서 믿는 것이 당신을 입문시키고 율법을 지키는 것이 당신의 구원을 계속 지탱해준다는 주장이다.

**세 번째** 그늘은 구원받기 위해서 예수님을 믿어야 하지만 하나님의 호의를 얻고 그분을 기쁘시게 하기 위해서 하나님의 율법을 지켜야 한다고 주장한다.

**네 번째** 그늘은 구원받기 위해서 예수님을 믿어야 하지만 하나님의 호의를 얻고 그분을 기쁘시게 하기 위해서 특정한 기대expectations를 만족시켜야 한다고 주장한다. 이 기대는 꼭 성서에 명시되어 있지는 않다.

율법주의의 그늘은 전부 다 인간의 노력에 의해 하나님의 호의를 얻기를 추구한다.

# 유인 상술의 복음

대부분의 현대 그리스도인들은 유인 상술미끼로 유인해서 낚는 판매 전략의 복음을 들었다.

여기에 미끼가 있다:

> 당신의 모습 그대로 오십시오. 하나님은 당신을 받아주십니다. 하나님은
> 당신을 사랑하십니다. 당신이 어떻게 살아왔든 관계없습니다. 예수님은
> 당신을 무조건적으로 사랑하시기 때문에 당신을 받아주시기 원합니다.

그래서 당신은 미끼를 물고 예수님을 믿는다. 당신은 구원받았다. 놀랍지 않은가? 이제 당신은 교회를 다니고, 기독교 서적을 읽고, 기독교 TV를 시청하고, 기독교 팟캐스트와 라디오를 청취한다.

그러다가 당신은 메시지가 바뀐 것을 알아채기 시작한다. 그 메시지는 이제 이렇게 다가온다.

> 하나님은 거룩하시지만 당신은 그렇지 않습니다.
> 더 열심히 노력하십시오.

그래서 당신은 당신과 다른 모든 사람을 짓누르는 설교자의 개인적인 확신의 굴레 아래 예속된다.

그 결과, 당신은 아직 한참 부족하고, 도달하려면 아직 멀었다는 느낌에 끊임없이 시달리면서 죄책감 속에 살게 된다. 당신은 기도를 충분히 하지 않았고, 성경을 충분히 읽지 않았고, 제자를 충분히 삼지 않았고 등등.

이것이 율법주의가 어떻게 작용하는지를 말해준다. 율법주의는 예수 그리스도가 자신의 생명을 주시면서 제거하신 죄책감을 도로 만들어낸다.

## 율법주의 복음

율법주의는 자신의 힘에 기초하고, 겁에 질리게 하는 성과 위주의 기독교이다.

율법주의자들은 구원은 오직 은혜로 받지만, 성화거룩는 "선한 그리스도인"이 되려는 자신의 노력에 의해 이루어진다고 믿는 사람들이다.

율법주의자들은 자신의 개인적인 표준들을 다른 모든 사람들에게 강요하는 경향이 있다. 또한 다른 사람들의 마음가짐에 문제가 있다고 생각하고 그들의 의도를 쉽게 판단해버린다. 율법주의자들은 순종을 자신의 힘에 의해 하나님을 섬기려고 애쓰는 것으로 혼동한다.

그들은 자신은 결코 할 수 없는 것들을 타인들에게 하라고 요구한다. 또한 자신의 죄보다 타인들의 죄가 더 심각하다고 여긴다.

> 너희 중에 누구든지 살인이나 도둑질이나 악행이나 남의 일을 간섭하
> 는 자로 고난을 받지 말려니와. 벧전 4:15

율법주의자들은 자신에게 있는 독선자기 의, self-righteousness에 눈이 멀어 있다. 그들이 겉보기에는 스스로 "깨끗하다"고 자만하지만, 속으로 부정하다는 것을 인식하지 못한다.

이런 모든 이유로, 율법주의자들은 자기도 모르게 다른 사람들의 인생

에 많은 고통과 골칫거리를 안겨준다. 하지만 애석하게도 그들은 이런 사실과는 동떨어진 듯 살아간다.

내 얘기를 해서 미안하지만, 나는 십대 때 율법주의적인 교단에서 주님을 만난 후 끊임없이 죄의식과 죄책감과 비판적인 눈에 빠져있었다. 그리고 그런 메시지를 계속 주입시키는 다른 율법주의자들에 둘러싸여 있었다. 나도 대부분의 다른 율법주의자들처럼 그것을 인식하지 못하는 율법주의자였다.

그러나 하나님께서 나에게 자비를 베풀어주셨다.

## 방탕주의 복음

율법주의와 그것이 가져오는 폐해에 대한 반작용으로, 어떤 사람들은 방탕주의 복음을 받아들인다.

방탕주의는 종종 "편의주의 신앙easy believism"으로 불리는데, 머리로 동의하는 것과 성서적인 믿음을 동일시하기 때문이다. 기독교 신조에 머리를 끄덕이는 것은 성경이 의미하는 "믿음faith"과 "믿다believe"가 아니다.

방탕주의 복음은 우리가 은혜 아래 있으므로 뭐든지 해도 된다고 가르친다.

방탕주의자들은 그리스도의 주 되심the Lordship of Christ을 회피하고 자신이 원하는 대로 살아간다. 그들은 "은혜" 카드, "그리스도 안에서 나는 자유롭다" 카드, "나를 판단하지 말라" 카드를 내보이며 육신적인 삶을 합리화하는 경향이 있다.

방탕주의자들에겐, 은혜가 육신을 따라 살며 자신의 양심을 무마시키는 자격증으로 둔갑해버린다.

어떤 방탕주의자들은 그들의 생각에 하나님께서는 어떤 참사가 벌어져도 별로 상관하시지 않으므로, 특정한 죄를 지속적으로 범해도 된다고 정당화한다.

죄의 특성은 그것이 자신과 타인들에게 불필요한 고통을 가져온다는 데 있다. 죄와 사랑은 정반대이다. 사랑은 자신을 희생하면서 타인들에게 유익을 주는 것이고, 죄는 타인들의 희생으로 자신의 유익을 취하는 것이다. 죄는 자기중심적이고, 사랑은 이타적이다.

어떤 방탕주의자들은 자신이 하나님께 반항하는 것을 합리화하기 위해 자신에게 맞는 예수를 조작해내고, 그것을 번지르한 영적인 말로 포장하면서 자신을 속이기까지 한다. 또 어떤 사람들은 한참 더 벗어나서 실제적인 무신론자practical atheists가 되어버린다.

요약하자면, 방탕주의자들은 마치 하나님이 계시지 않은 것처럼 살아가고, 율법주의자들은 다른 사람들에게 하나님 노릇을 하며 살아간다.

이런 태도는 둘 다 그리스도의 생명과 하나님 나라와는 양립할 수 없다. 그것들은 둘 다 똑같이 인써전스에 알레르기 반응을 일으킨다.

## 복잡하게 하는 요인들

문제를 더 복잡하게 하는 것은 율법주의자들 스스로가 자신이 율법주의자인 것을 알지 못하고, 율법주의자가 아닌 모든 사람을 방탕주의자로 여기는 경향이 있다는 사실이다. 이와는 대조적으로, 방탕주의자들은 자신이 방탕주의자인 것을 알지 못하고 방탕주의자가 아닌 모든 사람을 율법주의자로 여기는 경향이 있다.

성령의 깨우침 없이는 이 속임수를 깨뜨리기가 쉽지 않다. 불가능하지 않다

면

율법주의는 육신의 독선을 조장하고, 방탕주의는 육신의 부패한 행실을 조장한다. 하지만 이 둘의 뿌리는 우리의 타락한 육신이다. 그리고 둘 다 속박의 나락으로 떨어지게 한다.

J. I. 패커는 이렇게 말했다.

> 프라이팬을 뛰쳐나와 불 속으로 들어가는 것엔 지혜가 없다. 그리고 우리가 율법주의를 벗어나서 불법을 행하는 자격증 소지자로 전락한다면 나중 형편이 처음보다 더 나빠질 것이다.5

사실인즉, 우리는 모두 죄를 범했고 하나님의 영광에 이르지 못했다. 그리고 우리 모두는 예수 그리스도께서 용서해주시고 해방시키시셔서, 한편으로는 육신의 부정한 행실에서, 다른 한편으로는 육신의 독선에서 날마다 지켜주심을 필요로 한다.

## 세 번째 복음

세 번째 복음은 예수님과 바울과 다른 사도들이 전파한 복음이다.

이 복음은 좋은 충고가 아니고, 좋은 철학이나 좋은 윤리나 좋은 종교나 좋은 도덕이나 좋은 견해도 아니다.

이 복음은 좋은 **소식**이다.

1세기에는, "복음"과 "복음을 전하다" 라는 말이 로마제국에 새로운 황제가 등극했다는 좋은 소식을 알리는 것을 가리켰다. 전령들이 나가서 평화와 구원과 축복의 새 시대가 도래했음을 백성들에게 알려주면서 좋은 소식을 선포했다. 그리고 나서, 그들은 백성들에게 새로운 황제 앞에 무릎을 꿇고 엎드려 경배하라고 외쳤다.

사도들은 예수 그리스도의 복음의 선포를 묘사하는데 이 똑같은 용어를 사용했다.

사도들이 전파한 복음은 나사렛 예수가 세상의 진정한 황제가 되었음을 알리는 안내문이었다. 이 진짜 황제가 평화와 구원과 축복의 새 시대를 시작했고, 그 결과 모든 것이 싹 바뀌었음을 선포하는 복음이었다.

이것이 폭발적인 하나님 나라의 복음이었다.

## 동일한 메시지, 다른 이름들

신약성서에는 복음이 다음과 같은 이름으로 등장한다.

천국 복음

하나님 나라의 복음

하나님의 은혜의 복음

주 예수 그리스도의 복음

우리 주 예수님의 복음

예수 그리스도의 복음

하나님의 아들 예수 그리스도의 복음

하나님의 아들의 복음

그리스도의 복음

그리스도의 영광의 복음

화평의 복음

생명의 복음

우리의 구원의 복음

하나님의 복음

복되신 하나님의 영광의 복음

그리스도의 영광스러운 복음

영원한 복음


이 모든 이름은 신약성서에 표현된 단 하나의 복음을 가리킨다. 바울은 그것을 "나의 복음" 또는 "우리의 복음"으로 일컬었다.

비극적인 것은, 지난 1세기 동안 어떤 성서 주석가들이 신약성서를 자르고 조각내어 각기 다른 사람들을 위한 이상한 복음을 기발하게 고안해냈다는 사실이다. 그러나 이런 발명품은 오류 투성이라서 면밀히 살펴보면 다 드러나고 만다.

하나님 나라의 복음은 이 땅에서 온 우주를 통치하는 왕권을 갖고 계신 나사렛 예수에 관한 좋은 소식이다. 그리고 그것은 은혜와 구원과 생명의 복음이다.


## 혼동케 하는 복음

여러 해 전, 나는 매우 놀라운 발견을 했다. 그것은 어떤 신자가 나오느냐는 어떤 복음이 전파되고 받아들여졌느냐에 달려있다는 사실이다.

19세기 중반 이후로, 어떤 주석가들은 하나님 나라의 복음을 은혜의 복음에서 분리시켰다.4) 그들은 은혜의 복음은 구원받는데 필수이지만 하나

---

4) 나는 세대주의자들이 쓴 주석을 말하고 있다. 하나님 나라의 복음은 유대인을 위한 것이

님 나라의 복음은 제자도를 위한 선택이라고 가르친다.

또 어떤 사람들은 하나님 나라의 복음은 이스라엘 국가에만 적용되지만 은혜의 복음은 다른 모든 사람에게 적용된다고 주장한다.

마찬가지로, 어떤 사람들은 바울이 전한 복음이 예수님께서 전한 복음과 다르다는 주장을 편다.

이 모든 견해는 '본문을 증빙자료로 사용하기proof-texting'로 성경을 해석하는 것에 기초하고 있다. 그것이 아무리 비성서적이라 해도 그 교리를 "증명"하는데 사용될 수 있는 방법이다..

그러나 당신이 성서 전체를 물 흐르듯 끊어지지 않는 줄거리로 읽는다면 하나님 나라의 복음, 은혜의 복음, 그리스도의 복음, 구원의 복음, 등등 모두가 다 동일한 메시지의 다른 이름들임을 발견하게 될 것이다.

그리고 그것이 내가 이 책 전체에서 드러내려는, 묻혀 있는 그 복음이다.


## 그리스도의 주 되심과 자유

내가 신앙 여정에서 배운 것 중 하나는 예수 그리스도께 가까이 갈수록 덜 비판적이고, 덜 독선적이고, 타인에게 덜 가혹하고, 덜 자기중심적이 될 것이라는 사실이다.

그리고 그리스도께 가까이 갈수록 하나님의 영원한 목적을 알고 싶고

---

고 은혜의 복음은 이방인을 위한 것이라는 사상이 19세기 중반에 세대주의의 창시자들인 플리머스 형제단에 의해 시작되었다. 그들의 교리는 1909년에 그 유명한 스코필드 주석 성경(Scofield Study Bible)을 출판한 C. I. 스코필드에 의해 대중화되었다. 스코필드의 성경은 무디 성경학교에서 사용되었고, 미국 전역의 복음주의 학교들을 통해 퍼져 나갔다. 그 교리는 그동안 많은 복음주의 학자가 반박해왔는데도 불구하고 오늘날도 여전히 성행하고 있다.

그것을 살아가고 싶은 갈망이 커진다는 사실이다.

예수 그리스도의 주 되심lordship과 그리스도 안의 자유는 동일한 실제 reality의 양면이다.

하나님 나라의 복음은, 한편으로는 육신의 부패한 행실에서 우리를 자유롭게 하고, 다른 한편으로는 육신의 독선에서 우리를 자유롭게 한다.

# 실천에 옮기기〉〉

실천에 옮기지 않고 책을 읽는 것은 착륙하지 않고 비행하는 것과 매한 가지이다. 따라서 다음으로 넘어가기 전에 시간을 내어, 지금까지 다룬 내용을 실행에 옮기기를 권한다.

1. 스스로에게 다음과 같은 질문을 하라. 당신의 솔직한 대답이 이후에 다룰 내용을 위해 당신의 마음 밭을 준비해줄 것이다.
당신은 마음 속에 있는 율법주의적인 성향을 인식하고 있는가? 그것을 가리키는 사인들(signs)에는 이런 것들이 있다.

- 당신의 노력이 하나님을 기쁘시게 하기에는 충분치 않다.
- 내면 깊은 곳에서 당신은 하나님의 사랑을 의심하고 있고, 하나님께서 당신을 그분의 자녀로 완전히 받아주셨음을 의심하고 있다.
- 당신은 쉽게 다른 사람들이 문제 있다고 생각하고, 그들의 마음 속에 불순한 의도가 있다고 판단한다.
- 당신은 다른 사람들의 죄가 당신의 죄보다 더 심각하다고 여기고 그들의 죄를 극대화하는 경향이 있다.
- 당신은 아직 밝혀지지 않은 다른 사람들의 죄를 추정해서 스스럼없이 그들을 추궁한다. 잘 알지 못하는 사람들까지도. 그러면서도 다른 사람들이 당신을 그런 식으로 추궁하면 싫어한다.
- 당신은 당신의 양심이 지시하는 대로 다른 신자들을 판단하면서, 자신의 개인적인 확신과 표준을 그들에게 주입시키려는 경향이 있다. 이 문제의 해결을 위해 로마서 14장을 참조할 것

당신은 마음 속에 있는 방탕주의적인 성향을 인식하고 있는가? 그것을 가리키는 사인들에는 이런 것들이 있다.

- 당신은 성서에 있는 주님의 확실한 계명 중 하나를 어겨도 크게 신경 쓰지 않는다.
- 당신이나 그리스도를 알지 못하는 사람들이나 말하는 방식에 별로 차이가 없고, 사용하는 표현, 사용하는 농담이나 조롱, 취미, 그리고 즐기는 오락의 종류에도 별로 차이가 없다.
- 당신은 은혜 아래 있기 때문에 원하는 것은 무엇이든 할 수 있고, 그 결과로 영적인 대가를 치를 일은 없다고 생각한다.
- 당신은 하나님께서 그분의 자녀를 징계하신다고 믿지 않는다.
- 당신은 무엇이 세속적인 것인지에 감각이 없거나 이해하지 못한다.

2. 율법주의와 방탕주의에 관하여 당신이 어디에 서 있는지를 하나님께서 밝히 알려주시도록 그분의 빛이 당신의 마음에 비치기를 하나님께 구하라. 이 책을 계속 읽어나가면 이후에 이 주제들을 더욱 확실히 이해하게 될 것이다.

# 왕의 아름다움이 베일을 벗다

설교자들은 종종 이렇게 말한다. "예수님을 따르십시오. 예수님께 당신의 전부를 바치십시오. 모든 것을 버리고 온전히 주님께 맡기십시오." 그러나 우리가 먼저 우리 주님의 아름다움을 보는 눈이 열려있지 않다면 이런 권면은 따르기가 사실상 불가능하다. 우리가 그리스도를 그분의 실체 그대로 보게 될 때, 그분께 우리 인생을 드리는 것은 자연스러운 반응이다. 이제 이 개념을 살펴보겠다.

# 영광으로 다스림

시편 기자는 하나님께서 어떻게 그분의 나라를 다스리시는지를 묘사하면서 이렇게 묻고 대답했다: "영광의 왕이 누구시냐 만군의 여호와께서 곧 영광의 왕이시로다." 시 24:10

하나님 아버지는 영광의 하나님으로 불리고 행 7:2, 또 영광의 아버지로 불린다. 엡 1:15-17 예수님은 영광의 주로 고전 2:6-8, 성령은 영광의 영으로 불린다. 벧전 4:14

따라서 삼위일체이시며 영원히 하나이신 하나님은 영광에 의해 특징지어진다. 하나님의 영광은 그분 특유의 성품을 보여주는 가시적인 표현이다. 그것은 하나님의 아름다움과 찬란함과 사랑을 포함한다.

영광은 은혜가 드러난 것이고, 은혜는 자격 없는 우리에게 임하는 것이다. 우리는 하나님의 은혜 안에서 그분의 영광을 본다. 하나님의 생명이 영광이고 하나님 생명의 속성이 은혜이다.

이 땅의 나라들은 힘에 의해 통치를 받는데, 통치의 대상들을 줄 세우는 도구로 두려움이 사용된다. 사탄의 나라는 압제, 두려움, 통제, 속임수에 의해, 그리고 자기 보전에 호소함에 의해 통치된다.

이와는 대조적으로, 하나님 나라는 두려움이나 힘에 의해 통치되지 않는다. 그 대신, 하나님 나라는 두 가지에 의해 통치되는데 그것이 바로 하나님의 영광과 절대적인 자유이다.

창세 전에 있었던 하나님의 통치를 생각해보라. 천군들heavenly hosts이 비길 데 없는 하나님의 영광을 보고 하나님께 굴복했다. 그리고 그들은 하나님을 따를 것이냐 말 것이냐에 철저하게 자유로웠다. 그 일부는 하나님을 따르지 않기를 선택했다. 이것은 나중에 더 자세히 다루게 된다.

그런데 창세 후로는 무엇이 그들로 계속해서 하나님의 권위에 굴복하게 했는가? 그것은 왕이신 하나님의 눈부신 아름다움이다. 하나님이 발산하시는 거룩한 빛의 타오르는 기쁨을 간직한 천사들은 전능자의 아름다움에 취해있다. 그들은 하나님의 장엄함과 찬란함과 광채를 끊임없이 바라보며 감탄한다. 하나님의 영광에 넋을 빼앗기고 사로잡혀있다.[1]

흥미로운 것은 예수님의 오심으로 하늘의 왕국이 땅으로 내려왔을 때 그 역동성은 변하지 않았다는 사실이다. 진정한 왕이신 예수 그리스도는 그분의 영광에 의해 통치하신다. 그리고 그분은 여전히 그분께 굴복할 것이냐 아니면 그분을 거부할 것이냐를 선택할 자유를 사람들에게 주신다.

여기서 솔로몬의 왕국이 우리의 이해를 돕는다. 다윗의 왕국은 일차적으로 예수님께서 이 땅에 사셨을 때의 그림자이다. 다윗은 이스라엘의 대적들과 싸워서 피를 흘려 그의 왕국을 세웠는데, 이것은 그리스도의 십자가를 상징한다고 볼 수 있다.

하지만 솔로몬의 왕국은 전쟁과 거리가 먼 평화로운 왕국이었다. 그리고 그 영광은 타의 추종을 불허했다. 솔로몬의 통치 아래서 이스라엘은 그 권세와 영화가 극에 달했다.

솔로몬은 그의 영광에 의해 왕국을 통치했고 백성들은 비할 데 없는 그의 가치에 사로잡혔다. 스바의 여왕은 솔로몬에게 와서 그의 왕국을 보고 이렇게 말했다: "당신의 지혜가 크다 한 말이 그 절반도 못 되니 당신은 내가 들은 소문보다 더하도다."대하 9:6 솔로몬 왕국은 금 하나만으로도 상상을 초월했다. 성경 전체에서 금은 신성을 상징한다.

성서는 스바의 여왕이 솔로몬 왕국의 영광에 너무 압도되어 넋을 잃었

---

1) 나는 스랍, 그룹, 생물, 하나님의 회 등을 포함한 모든 천군을 일컫는 말로 "천사"를 사용한다. 우리는 성서 전체에서 천사들이 하나님을 경배하는 것을 발견하게 된다. 예를 몇 개 들자면 다음과 같다. 사 6:2-3; 느 9:6; 히 1:6; 계 4:8-11; 5:8-14; 7:11-12; 11:12.

다고 기록했다. "넋을 잃었다", 왕상 10:5 [새번역]

예수님도 솔로몬왕이 입었던 호화로운 의복을 언급하셨다. 마 6:29

그런데 솔로몬보다 더 큰 존재가 나타났다. 마 12:42 예수 그리스도의 영광이 바로 솔로몬의 형언할 수 없는 영광이 예시한 실제이다.

열두 제자들이 모든 것을 버리고 예수님을 따르도록 그들을 사로잡은 것이 무엇인가? 간단하다. 그들이 예수님의 영광을 보았고, 그것에 사로잡힌 것이다.

> 말씀이 육신이 되어 우리 가운데 거하시매 우리가 그의 영광을 보니 아
>
> 버지의 독생자의 영광이요 은혜와 진리가 충만하더라. 요 1:14

당신과 내가 어떻게 하나님 나라의 표준에 도달할 수 있을까? 우리가 왕의 영광을 목도하는 것 이외에는 결코 다른 어떤 것에 의해서도 거기에 도달할 수 없다. 우리는 하늘에서 하나님의 영광에 사로잡혀 굴복했던 천사들의 줄에 서 있다.

우리는 솔로몬의 영광에 사로잡혀 그의 지배 아래 있었던 이스라엘 백성의 줄에 서 있다. 아울러, 그리스도의 영광에 사로잡혀 모든 것을 버리고 그분을 따랐던 열두 제자의 줄에 서 있다.

주님의 영광을 목도할 때 당신과 나는 다른 모든 것을 포기하게 된다. 주님의 은혜를 경험할 때 우리는 주님을 위해 모든 것을 버리게 된다.

하나님 아버지께서 하늘의 하나님 나라를 그분의 영광에 의해 통치하시듯이, 예수 그리스도도 이 땅에서 하나님 나라를 그분의 영광에 의해 통치하신다.

> 이는 만군의 여호와께서 시온 산과 예루살렘에서 왕이 되시고 그 장로
> 들 앞에서 영광을 나타내실 것임이라. 사 24:23

그러므로 눈을 열고 주님의 영광을 보라. 마음을 열고 주님의 은혜를 받아들이라. 그리고 나서, 주님의 영광과 은혜를 다른 사람들, 특히 주 안의 형제와 자매들에게 나타내라.

신약성서는 예수님이 하나님의 영광의 광채라고 말한다. 히 1:3, 고후 4:6 그리고 하나님께서 우리의 마음 속에 그분의 나라를 세우시는 것은 그리스도의 영광을 보는 것에 의해서다.

> 우리가 다 수건을 벗은 얼굴로 거울을 보는 것 같이 주의 영광을 보매
> 그와 같은 형상으로 변화하여 영광에서 영광에 이르니 곧 주의 영으로
> 말미암음이니라. 고후 3:18

이것이 바로 **인써전스**가 전진하는 방식이다.

나는 이 책에서 지금부터 당신에게 주님의 영광을 보여주고 그분의 은혜를 상기시키려고 한다. 그렇게 함으로써, 우리는 함께 주님의 불가항력적인 아름다움과 경이적인 찬란함과 측량할 수 없는 사랑을 보게 될 것이다.

> 여호와여 위대하심과 권능과 영광과 승리와 위엄이 다 주께 속하였사
> 오니 천지에 있는 것이 다 주의 것이로소이다 여호와여 주권도 주께 속
> 하였사오니 주는 높으사 만물의 머리이심이니이다. 대상 29:11

# 하나님의 사랑을 보는 신선한 시각

오늘날 그리스도인들은 예수님을 섬기고 하나님 나라를 위해 일하는 것을 크게 강조한다. 하지만 성령의 능력으로 하나님을 섬기는 비결을 알지 못하면 결국 소진하게 될 것이다. 주님을 섬기는 것이 주님을 알고 사랑하는 것보다 우위를 차지한다면 뭔가 심각하게 잘못된 것이다.

이것이 왜 현대 기독교가 그토록 깊이가 없는지의 이유 중 하나이다. 헤아릴 수 없을 정도로 많은 기독 청년이 그들이 가본 적도 없는 곳에다 자신을 내어준다.

날카로운 질문을 하나 던지겠다: 그 사람을 위해 당신의 삶을 포기할 정도로 누군가를 진짜 사랑하게 하는 것이 무엇인가?

다른 사람에게 당신이 가진 모든 것을 넘겨주려면 무엇이 요구되는가? 만일 당신이 누군가를 깊이 사랑한다면 그런 일이 어떻게 일어나는가?

누군가 당신을 향해 "너는 이 사람을 사랑해야 한다. 안 그러면 큰일 날줄 알아라!" 라고 명령을 내렸는가? 당신은 두려움 때문에 응했는가? 죄의식이나 수치심이나 의무 때문에? 아니면 그 사람이 얼마나 아름다운지를 보는 눈이 열렸기 때문인가?

정말 그 사랑이 이렇게 시작되지 않았는가?

당신이 사랑하지 않을 수 없었고, 사랑에 이끌렸고, 사랑에 휘말렸고, 심지어는 사랑에 꼼짝없이 붙들렸다고 할 수 있을 것이다.

어느 시점에선가 베일이 벗겨졌다. 계시가 내린 것이다. 눈이 번쩍 뜨이는 순간이 있었다.

당신은 그 사람의 내면과 외모의 아름다움을 알아보고 그것에 마음이 확 사로잡혔다. 그리고 그것이 당신으로 하여금 다른 그 누구도 거들떠보지 않도록 당신을 부숴버렸다.

바로 이것이 하나님 나라의 복음과 그리스도인의 삶이 어떻게 펼쳐지게 되는지를 분명히 말해준다.

우리의 주인이요 왕이신 예수 그리스도를 향한 사랑이 우리의 마음에 어떻게 싹트게 되는가? 우리가 손가락으로 스냅을 하고 순식간에 그 사랑이 생기길 바랄 수는 없을 것이다

그 대신, 주님의 아름다움이 베일을 벗어야 한다.

이것이 예수님의 처음 제자들에게 일어난 일이다. 그들은 주님께 있는 위엄의 찬란함을 목격하고 매료되었다. 그리고 그것이 궁극적으로 그들을 완전히 바꾸어버렸다.[2]

> 우리가 그의 영광을 보니 아버지의 독생자의 영광이요 은혜와 진리가 충만하더라. 요 1:14
>
> 우리가 다 수건을 벗은 얼굴로 거울을 보는 것 같이 주의 영광을 보매 그와 같은 형상으로 변화하여 영광에서 영광에 이르니 곧 주의 영으로 말미암음이니라. 고후 3:18

이렇게 수건을 벗는 것의 부재가 어째서 오늘날 수많은 그리스도인의 마음 속에 예수 그리스도를 향한 헌신이 그토록 결핍되었는지의 이유를 분명히 말해준다. 아울러, 어째서 인써전스가 그리 크게 영향을 끼치지 못하는지의 이유를 말해준다. 적어도 지금 이 시점까지는. 우리가 바라기는

---

2) 열두 제자가 한동안 예수님과 함께 지내며 그분의 영광이 펼쳐지는 것을 목격한 후에 예수님께서 그들을 택하셨음을 아는 것이 중요하다. Robert Mounce의 획기적인 저작에 나오는 연대표를 참조하라. Jesus, *In His Own Words* (Nashville: B & H Publishing Group, 2010)

# 눈부신 그리스도의 아름다움

진실로, 주님의 아름다움은 비할 데가 없다. 나는 한 번도 스쿠버 다이빙을 해본 적이 없지만 바닷속에 펼쳐진 경이로운 아름다움을 보여주는 동영상은 많이 보았다.

이것들 역시 우리를 압도하게 하는 주님의 아름다움을 보여주는 것이다. 예수 그리스도의 영광을 다각적으로 보여주고 가리키는 역할을 하는 것들이다.

당신과 내가 왕이신 주님의 요구를 따라 그분께 우리 인생 전부를 드리려면, 예수님이 우리의 온전한 헌신을 받기에 합당하신 선한 왕이시고 또 자애로운 왕이심을 확신해야 한다.

> 그 날에 여호와의 싹이 아름답고 영화로울 것이요 그 땅의 소산은 이스라엘의 피난한 자를 위하여 영화롭고 아름다울 것이며. 사 4:2
>
> 네 눈은 왕을 그의 아름다운 가운데에서 보며. 사 33:17

이런 요소들이 없다면 그리스도를 향한 우리의 항복은 부분적이고 미적지근할 것이다. 그것은 또한 그분을 사랑하는 것 외의 다른 동기에 의해 이끌린 것이다.

아가서에서 술람미 여인이 솔로몬왕을 향해 읊은 표현은, 우리의 진정한 왕이신 주 예수님의 영광을 목격할 때 우리의 마음을 일깨우고 휘저어서 싹트게 될 사랑을 엿볼 수 있게 해준다.

> 나는 내 사랑하는 자에게 속하였도다 그가 나를 사모하는구나. 아 7:10

# 상상을 초월하는 사랑

하나님의 지혜 뒤에, 하나님의 창조 뒤에, 그리고 우주 저 뒤에 심장이 있었다. 그것은 사랑으로 고동치는 심장이다.

> 긍휼이 풍성하신 하나님이 우리를 사랑하신 그 큰 사랑을 인하여. 엡 2:4

> 아버지께서 나를 보내신 것과 또 나를 사랑하심 같이 그들도 사랑하신 것을… 요 17:23

당신과 내가 있기 전에 하나님은 사랑이셨다. 그리고 하나님의 사랑이 타락한 우리에게 임했을 때 그것이 은혜가 되었다. 우리는 예수 그리스도의 은혜로 하나님의 사랑을 경험한다. 요 1:14, 17

> 우리가 사랑함은 그가 먼저 우리를 사랑하셨음이라. 요일 4:19

당신이 예수님을 신뢰한다면 당신은 이제 하나님 아버지의 사랑의 대상인 그리스도 안에 있다. 당신은 하나님의 사랑받는 자녀이다. 따라서 그분은 당신을 사랑하실 수밖에 없다.

> 이는 그가 사랑하시는 자 안에서 우리에게 거저 주시는 바 그의 은혜의 영광을 찬송하게 하려는 것이라. 엡 1:6

내가 확신하건대, 당신이 이 책을 계속 읽어나가면 하나님의 사랑 안에서 더 안심하게 될 것이다. 여기에 덧붙이자면, 하나님의 이 사랑은 예수님과 그분의 경이로운 나라를 향한 온전하고 완전한 충성을 당신에게서 이끌어낼 것이다. 죄의식, 수치심, 죄책감, 종교적 의무, 강요 또는 두려움에서 생겨난 충성이 아닌, 왕의 아름다움을 바라볼 수밖에 없는 안목에서 나온 충성이다. 고후 5:14

## 망하게 됨

어느 날 하나님께서 충만한 영광 가운데 높이 들린 보좌에 앉으셔서 선지자 이사야에게 자신을 계시하셨다.

이사야는 찬란한 주님의 위엄에 압도되어 귀가 멍해지고 말문이 막혀버렸다. 그 독보적인 광경을 목격한 그의 반응은 주목할 만하다. 그는 이렇게 외쳤다. "나여 망하게 되었도다!" 사 6:5

이것은 자기 부정이다.

그때 스랍의 하나가 핀 숯을 이사야의 입에 댔을 때 그의 입술이 깨끗해졌고, 그의 모든 죄가 사라졌다.

이것은 헌신이다.

그 다음 주님께서 물으셨다. "누가 우리를 위하여 갈꼬?" 이사야는 "나를 보내소서"라고 대답했다.

이것은 사명이다.

이사야 6장의 이 장면은 저 높은 곳의 천사들이 하나님의 아름다움에 압도되어 보좌에 앉으신 하나님을 바라보며 얼굴을 가린 장면이다.

놀랍게도, 요한복음은 주 예수님께서 육신을 입고 사람으로 오시기 한참 전에 이사야가 영광 중에 계신 예수님을 우러러보았다고 했다. 요 12:38-

41

믿는 자의 인생에서 주님의 아름다움이 새롭게 인식된다면 그것이 새로워진 자기 부정, 새로워진 헌신, 그리고 새로워진 사명을 낳게 된다.

> 너희 마음의 눈을 밝히사 그의 부르심의 소망이 무엇이며 성도 안에서
> 그 기업의 영광의 풍성함이 무엇이며⋯ 너희로 알게 하시기를 구하노
> 라. 엡 1:18

## 아름다움을 알아봄

마틴 루터가 이렇게 말한 것으로 전해진다.

> 하나님께서 성서에만 복음을 기록하신 것이 아니라 나무와 꽃과 구름과
> 별에도 기록하셨다.

우리가 그리스도인의 삶을 제대로 이해한다면 그것은 그리스도의 아름다움을 바라보고, 즐기고, 비추는 것이다.

따라서 위로부터 태어난다는 것은 아름다움을 알아보게 되는 것이다.

우리가 주님께 매료되고, 붙잡히고, 사로잡히는 것은 대단히 중요하다. 만일 그렇지 않다면, 우리는 지루함 속에 허우적거리게 되고 우리의 마음이 다른 것들을 찾는 것에 노출될 것이다.

하나님께서 창조세계에 그려놓으신 아름다움의 증표들은 우리로 하여금 모든 아름다움의 근원이신 그리스도를 예배하도록 하기 위해 설계된 것이다. 하나님의 아름다움은 우리를 예배의 본질인 전적인 항복으로 인

도한다.

우리가 이미 살펴보았듯이, 실재하는 모든 아름다움은 하나님 자신 안에서 찾을 수 있다. 우리가 자연 질서에서 찾는 아름다움과는 달리, 그리스도의 사랑스러움은 결코 진이 빠지거나 진부하지 않다.

조나단 에드워즈는 "사람들의 의지를 굽히게 하고 마음을 끌어당기는 그리스도의 신적 아름다움"에 관해 말했다.6

이후에 당신이 극도로 아름다운 무엇을 보게 된다면, 그리스도의 아름다움이 뿌옇게 드러난 것임을 기억하라.

환한 얼굴은 그 사람 속의 아름다움을 표출한다. 마찬가지로, 우리가 창조의 현란한 아름다움을 볼 때 그리스도의 내적 아름다움이 밖으로 표출된 얼굴을 보고 있는 것이다. 우리가 하나님의 우아함과 예술적 기교와 휘황찬란한 아름다움을 인지하는 것이다.

달리 말해서, 만일 예수님께서 아직 당신의 마음을 완전히 사로잡지 못하셨다면, 그것은 단순히 당신이 그분의 무한한 아름다움을 식별하지 못했다는 뜻이다. 바울에 의하면, 우리를 회개시키고 주님을 따르게 하는 것은 그분의 측량할 수 없는 사랑, 풍성한 인자하심, 그리고 길이 참으심이다.

> 혹 네가 하나님의 인자하심이 너를 인도하여 회개하게 하심을 알지 못하여 그의 인자하심과 용납하심과 길이 참으심이 풍성함을 멸시하느냐. 롬 2:4

하나님 나라의 복음은 바로 여기서 시작된다.

# 아름다움에 매료됨

예수 그리스도는 참 아름다움의 본질이다. 하나님은 그분의 아들이신 주 예수님에 의해, 그분 안에, 그분을 통해 이 땅을 창조하셨다. 골 1:16; 히 1:2-3 이런 이유로, 온 우주는 아름다움과 우아함으로 가득하게 되었다.

그렇기 때문에, 창조세계의 모든 아름다운 것은 그리스도의 아름다움을 드러내는 증표이고 또 그분의 아름다움을 비추는 거울이다. 결과적으로, 우리가 이 땅에서 발견하는 아름다움은 한순간에 지나가고 만다.

아름다운 그림을 오랫동안 보고 있으면 결국은 싫증나게 될 것이고, 아주 멋진 노래를 반복해서 여러 번 들으면 흥미를 잃게 될 것이다. 또 잘 생긴 사람을 장시간 쳐다보면 그 사람의 매력이 점점 사라지기 시작할 것이다.

당신과 내가 어떤 것 또는 사람에게 매료될 때, 우리는 그 대상에 의해 기분이 아주 좋아질 것이다. 왜냐하면, 그것이 그리스도의 아름다움의 어떤 면을 뿜어내기 때문이다. 그러나 모든 창조된 아름다움은 궁극적으로 그 매력을 잃게 되지만, 그분의 아름다움은 독특해서 영구적이고 무궁무진하다.

창조세계 안에 아름다움이 가득한 이유는 그것이 아름다우신 우리의 창조주로부터 흘러내리기 때문이다. 우리가 하늘과 땅과 바다에서 발견하는 아름다움은 살아계신 하나님이 어떤 분인지를 우리에게 보여주는 하나님의 자화상이다. 그것들은 전부 하나님의 영광스러운 얼굴을 우리에게 어렴풋이 보여준다.

사람의 영혼은 창조된 아름다움 뒤에 있는 진짜 아름다움을 동경한다. 우리가 육체적 감각으로 인식하는 아름다움은 우리를 모든 아름다움의 근원으로 인도하는 선물이요 나침반이다. 창조된 아름다움 안에서 우리가 경험하는 경이로움은 그것을 창조하신 분에게 경배하게끔 우리를 인도하기로 의도된 것이다. 이런 점에서, 자연의 아름다움은 진짜 아름다움의 그림자에 불과하다.

웅장한 산, 찬란한 밤하늘, 숨이 막히는 태양, 예쁜 꽃, 수려한 초목, 아주 멋진 해질녘, 눈부신 일출, 우아한 동물, 기묘한 향기, 산해진미, 매력적인 사람, 훌륭한 음악이나 미술 작품,… 그것이 무엇이든 우리는 모든 아름다움의 근원이신 예수 그리스도를 비추는 희미한 무언가를 보고, 듣고, 냄새 맡고, 맛을 보고 있다. 물론 예수님의 아름다움을 그분의 외모에서 찾을 수는 없다.사 53:2 만일 주님의 외모가 두드러지게 출중하셨다면, 가롯 유다가 입맞춤으로 그분을 배반하지는 않았을 것이다. 그렇다. 예수님의 아름다움은 이것들에서 찾을 수 있다: 거부할 수 없는 그분의 카리스마, 보기 드문 그분의 삶, 형언할 수 없는 그분의 사랑, 유연한 그분의 힘, 경외심을 불러일으키는 그분의 지혜, 그리고 무한한 그분의 자비.

창조세계 안의 모든 곳에서 우리를 둘러싸고 있는 아름다운 것들은 하나님의 영광과 즐거움의 증표이다. 그것들을 조성하시고 모양을 만드신 분을 경배해야 함을 우리에게 상기시키시려고, 하나님께서 그것들을 흠모하는 우리의 눈 앞에 그것들을 두신 것이다.3)

여기에 우상숭배의 뿌리가 있다. 우상숭배는 창조된 모든 아름다움이 하나님의 아름다움을 비춘다는 사실과의 접촉이 끊길 때 일어난다. 이 혁

---

3) 누군가는 이의를 제기하면서 이렇게 질문할 수도 있다. "아름다운 여자가 어떻게 예수님을 비출 수 있는가? 예수님은 남자인데." 대답: 여자는 그리스도의 신부를 비추는 존재이다. 그리고 신부는 신랑이신 그리스도의 아름다움을 비추고 표출한다. 왜냐하면, 그녀가 주님의 일부이기 때문이다. 바울은 이렇게 말했다: "여자는 남자의 영광이니라"(고전 11:7)

명적인 사실을 인식하지 못할 때, 우리는 결국 창조주 대신 피조물을 경배하게 된다. 그리고 우리가 나중에 살펴보겠지만, 우상숭배는 모든 죄의 중심에 서 있다.롬1:25 그것은 **인써전스**의 주된 장애물이다.

## 참된 예배

"예배"라는 말은 낭비하는 사랑, 철저한 헌신, 그리고 완전한 항복의 개념을 담고 있다.

왜 하나님께서 우리의 예배를 바라시는가? 그분이 자기 도취자이기 때문인가? 전혀 그렇지 않다. 우리 자신이 우리가 예배하는 대상처럼 되기 때문이다. 우상을 예배하고 신뢰하는 사람들은 그 우상처럼 되어버리고 시135:18, 예배를 통해 주님을 바라보는 사람들은 주님처럼 된다.고후3:18 무엇보다도, 하나님의 아들과 연합하는 것이 사람들을 향한 하나님의 원래 목적이다.롬8:28-29

우리가 창조세계에서 발견하는 눈부신 아름다움은 모든 아름다움의 근원이신 그리스도에게 감탄하고 그분을 예배하게 하기 위해 설계된 것이다. 그것은 진정한 아름다움인 하나님 자신을 향해 우리의 영혼을 일깨우기 위함이다. 예수님은 아름다운 구세주이고, 성령은 왕이신 예수님의 아름다움으로 우리를 계속해서 매료시키기를 원한다.

이것을 밝혀주는 성서의 본문을 여기에 몇 개 소개한다.

> 내가 여호와께 바라는 한 가지 일 그것을 구하리니 곧 내가 내 평생에
> 여호와의 집에 살면서 여호와의 아름다움을 바라보며 그의 성전에서
> 사모하는 그것이라. 시27:4

여호와께 그의 이름에 합당한 영광을 돌리며 거룩한 옷을 입고 여호와께 예배할지어다. 시 29:2

존귀와 위엄이 그의 앞에 있으며 능력과 아름다움이 그의 성소에 있도다. 시 96:6

아름답고 거룩한 것으로 여호와께 예배할지어다 온 땅이여 그 앞에서 떨지어다. 시 96:9

온전히 아름다운 시온에서 하나님이 빛을 비추셨도다. 시 50:2

하늘이 하나님의 영광을 선포하고 궁창이 그의 손으로 하신 일을 나타내는도다 날은 날에게 말하고 밤은 밤에게 지식을 전하니. 시 19:1-2

많은 그리스도인을 괴롭히는 영적 지루함의 해결책은 그리스도의 아름다움을 인식하도록 다시 새롭게 깨어나는 것이다. 이 책을 계속 읽어나갈 때, 왕이신 그리스도의 눈부신 아름다움을 볼 수 있도록 하나님께서 당신의 눈을 열어주시기를 바란다.

## 복음 이야기의 재구성

우리가 신약성서를 읽을 때 겉으로 나타난 내용의 이면에 있는 것들이 많다. 그래서 1세기 역사의 실제적인 지식은 복음 이야기를 밝히 알 수 있게 해준다.

그런 지식이 우리가 놓치기 쉬운 이야기의 아름다운 면들을 볼 수 있게 한다.

다음에 펼쳐질 7개의 장에서, 나는 당신이 복음 이야기를 새로운 시각으로 볼 수 있도록 그 이야기들을 짚어볼 것이다. 또한 그 이야기들과 1세기의 유대 역사를 약간 엮어보겠다. 그 역사가 그 이야기들에 활기를 불어넣고 그 속에 있는 아름다움의 베일을 벗겨줄 것이다.

나는 P. T. 포시스가 다음과 같이 한 말에 동의한다.

> 사람들에게 그들이 그리스도를 어떻게 실감해야 하는지를 말하지 마라. 그것은 소용 없다. 이것은 단지 그들에게 그들 자신이 할 수 없는 것을 하리고 히는 것이다. 그들로 하여금 실감해야 한다고 느끼게 만드실 그리스도를 전하라.7

이것이 바로 내가 의도하는 바이다. 나는 당신에게 주님의 영광을 보여주고, 당신이 그분의 은혜를 상기하기를 원한다.

## 치명적인 부주의

드디어 결혼식 날이 밝았고, 신랑인 당신은 들떠있었다. 그리고 예식을 치를 음식과 포도주를 공급하는 책임이 전적으로 당신에게 있었다. 1세기의 모든 신랑이 그랬던 것처럼

결혼식 행사는 아주 잘 진행되었다. 적어도 포도주가 떨어지기 전까지는. 이것은 포도주가 얼마나 필요한지를 적절히 계산하지 못한 당신의 부주의이다.

하객들 중에 몇몇이 포도주를 찾기 시작했지만 아무것도 눈에 띄지 않았다. 포도주가 떨어졌다는 사실은 사회적인 불명예이다. 당신은 수치를

느끼고, 초조해지고, 하객들의 반응을 두려워했다.

감사하게도, 나사렛 예수가 거기에 계셨다. 그리고 그분은 당신과 당신의 신부를 측은히 여겨, 당신의 인생 최고의 날에 벌어진 굴욕에서 당신을 벗어나게 하기 위해 불가능한 일을 행하셨다.

예수님은 여섯 개의 돌항아리에 가득 찬 물을 포도주로 변화시키셨다. 하지만 예수님이 만드신 포도주는 당신이 준비했던 원래의 평범한 것보다 훨씬 뛰어난 **고급 포도주**였다. 그뿐만 아니라, 그 여섯 개의 돌항아리에 든 새 포도주는 680 리터가 넘는 분량이다. <sub>포도주 병으로 약 900개!</sub>

무슨 일이 벌어졌는가? 주 예수 그리스도께서 당신의 수치를 제거하셨다. 그분이 당신의 불명예를 씻었고 당신의 부주의를 덮으셨다. 그리고 그분은 그 일을 풍성하게 해내셨다.

따라서 당신의 실수에도 불구하고 예수님은 결국 당신을 영웅처럼 보이게 하신 것이다. 당신의 하객들은 새 포도주가 얼마나 대단한지 극찬하면서 당신에게 그 공을 돌렸다.

**그렇다면, 그분 참 대단한 주님 아닌가?**

나는 이런 주님을 사랑할 수 있다.

당신은 어떤가?


## 버림받는 고통

당신은 허리 아래가 마비된 중풍병자였다. 당신이 너무 심히 앓아서 가족들마저 당신을 버렸다. <sub>1세기의 유대인들처럼 당신의 가족들도 하나님께서 당신을 정죄하셨다고 결론 짓고 당신과 거리를 두었다</sub>

나사렛 예수라 이름 하는 병 고치는 선지자가 그의 사역 본부를 당신이 사는 가버나움으로 옮겼다. 그분이 세를 낸 집에 많은 사람이 그분을 보고 그분의 말씀을 들으려고 찾아왔다.

당신에겐 당신을 사랑하는 네 명의 친구가 있었다. 그들이 당신의 치유를 바라기 때문에 들것에 당신을 싣고 예수님께로 갔다. 하지만 그들이 예수님의 집에 당도했을 때 인파가 너무 많아서 문으로 들어갈 수 없었다. 그래서 그들은 지붕으로 올라가 구멍을 뚫고 당신을 달아내렸다.

당신은 들것에 누워 지붕에서 아래로 내려가면서 어느새 자신이 예수님의 발 앞에 놓여 있음을 보게 되었다. 당신이 떨림 반, 기대 반으로 예수님을 쳐다보았을 때, 그분은 당신 친구들의 믿음을 보시고 놀라셨다.

그리고 사랑의 눈으로 바라보시면서 당신을 "아들" 이라고 부르셨다.

아들! 이 말은 당신의 부모가 당신을 버린 이래로 한참 동안 들어본 적이 없는 말이었다.

눈물이 당신의 앞을 가렸다. 그때 예수님께서 이렇게 말씀하셨다. "네 죄 사함을 받았느니라." 그리고 나서, 예수님은 당신을 고치시고 집으로 걸어가라고 하셨다!

그렇다면, 그분 참 놀라운 구원자 아닌가?

나는 이런 구원자를 사랑할 수 있다.

당신은 어떤가?


## 죄로 황폐해진 삶

당신은 인생에서 학대 당하고, 잊혀지고, 치욕을 안고 사는 여자였다.

당신은 여러 번 이혼을 당했고, 남편 하나와는 사별을 했다. 당신은 사랑에 대한 기대를 포기했으므로 이제 그냥 결혼도 하지 않고 한 남자와 동거하는 중이었다.

언젠가 물을 길러 우물에 갔을 때 다른 여자들이 당신을 험담하고, 수군거리고, 비웃는 것을 들은 후 염증을 느끼고, 그때부터 당신은 그들이 없을 때인 오후에만 우물로 갔다. 그러던 중 어느 날, 당신은 우물가에서 지친 기색이 역력한 한 남자를 만나게 되었다.

당신은 그 남자를 곁눈질로 살짝 보고는 무시해버렸다. 그때 그는 상상할 수도 없는 행동을 했다. **공중 앞에서 당신에게 말을 걸어온 것이다.** 유대인 남자가 집 밖에서 절대로 여자와 얘기하지 않는다는 사실을 알기 때문에 당신은 경악할 수밖에 없었다. 더구나 사마리아 여자와는 있을 수도 없는 일이기 때문에!

이 남자는 당신에게 말을 걸 뿐만 아니라 당신이 짓고 있는 죄를 포함해서 당신의 삶을 이상하리만치 속속들이 알고 있었다. 하지만 그는 그것으로 당신을 정죄하지 않았다.

당신이 선지자라고 여긴 이 남자는 더 나아가서 사람은 알 길이 없는 진리를 당신에게 알려주었다. 그리고 나서, 그는 당신을 따라 집으로 가서 당신의 이웃 사마리아인들과 함께 당신의 그릇에 담긴 음식을 먹음으로 유대인 관습을 어겼다. 이것은 유대인들이 엄격히 금하는 일인데도.

난생 처음으로, 당신은 당신을 진정으로 사랑하고 보살펴주는 남자를 만났다. 당신의 마음에 소망이 생겼다. 당신은 다시 웃기 시작했다. 뭔가 당신의 깊은 곳을 바꾸어놓은 것이다.

**그렇다면, 그분 참 놀라운 그리스도 아닌가?**

나는 이런 그리스도를 사랑할 수 있다.

당신은 어떤가?

# 전대미문의 실패

당신은 주님의 가장 가까운 제자들 중 하나였다. 3년 이상 그분과 함께 살았지만, 유감스럽게도 그분 앞에서의 당신의 삶은 실패의 연속이었다.

언젠가 그분이 물 위를 걸어오시며 당신에게 걸어오라고 명하셨지만 당신은 믿음이 없어서 물에 빠지고 말았다. 또 언젠가는 그분이 당신을 사탄이라고 부르셨다. 왜냐하면, 당신이 그분의 아버지의 뜻을 거역하는 말을 했기 때문이다. 당신이 좋은 의도로 그런 말을 했음에도 불구하고

예수님이 당신의 눈 앞에서 변화되셨을 때 당신은 초막 셋을 짓겠다는 욕망을 토해냈다. 그때 하나님 아버지께서 하늘로부터 말씀하셔서 당신을 중단시키셨다.

또 언젠가 당신은 다른 모든 제자가 예수님을 버릴지라도 자신은 절대로 그러지 않겠다고 담대하게 말했다. 하지만 예수님의 가장 힘들었던 시기에 당신은 상상도 못할 행동을 했다. 당신은 당신의 주님을 부인하고 저버렸다. 그것도 세 번씩이나.

그러다가 예수님은 십자가에서 죽으셨고, 당신은 엄청난 충격을 받았다. 이에 죄의식과 죄책감의 무게가 감당할 수 없도록 당신을 짓눌렀다. 당신의 인생 전체를 빚진 그분을 부인했다는 극심한 고통이 마음 속에서 끊임없이 되풀이되었다. 그것이 당신을 후회의 연속으로 내몰아 밤잠을 설치기 일수였다. 당신은 당신의 영혼을 움켜쥔 자기혐오를 떨쳐버리는 것이 불가능하다고 여겼다.

하지만 주님을 끔찍하게 저버린 것을 포함한 당신의 끊임없는 실패에도 불구하고, 예수님이 죽음에서 부활하신 후에 뭔가 엄청난 일이 벌어졌다. 천사가 마리아에게 예수님이 부활하신 사실을 그분의 제자들과 당신에게

전하라고 한 것이다.

그렇다. 하나님이 당신을 콕 집으셔서 당신의 주님이 부활하신 좋은 소식을 듣게 하셨다. 당신은 놀랐을 뿐만 아니라 눈물이 앞을 가린 채 겸손히 머리를 조아렸다.

그리고 당신은 부활하신 그분을 만났을 때 단지 흐느껴 울 수밖에 없었다. 하지만 그분은 불과 며칠 전에 있었던, 당신이 그분을 부인한 사실을 단 한 번도 언급하신 적이 없다.

그 대신, 예수님은 당신에게 그분의 양을 먹이라는 사명을 주셨다. 다른 제자 그 누구도 아닌 당신에게. 그리고 몇 주 후에 그분은 당신에게 하나님 나라의 열쇠를 주셨다. 당신이 유대인과 이방인에게 하나님 나라의 문을 여는 귀중한 특권을 갖게 되었다.

그후 대대로 사람들은 당신을 이렇게 평가한다: "주님 앞에서 반복적으로 실패했던 사람, 심지어 그분을 저버리기까지 했던 사람이 사도 중의 으뜸이 되었다!"

**그렇다면, 그분 참 영광스러운 메시아 아닌가?**

나는 이런 메시아를 사랑할 수 있다.

당신은 어떤가?

## 말할 수 없는 수치

당신은 간음하다가 현장에서 잡혔다. 당신은 헝겊 인형처럼 질질 끌려서 트집을 잡으려는 성난 군중 앞으로 잡혀왔다.

그들은 당신을 예수님 발 앞에 내동댕이쳤고, 당신은 고개를 숙인 채 공중 앞에서 수치와 굴욕을 당했다. 당신이 용기를 내어 고개를 약간 들고 실눈을 떠봤지만, 눈물 범벅이된 당신의 눈에 들어온 것은 손에 돌을 들고 있는 사람들의 신발뿐이었다. 당신은 공포에 질려서 얼른 다시 눈을 감았다.

그들 앞에 앉아계셨던 예수님이 입을 열고 그들을 향해 다음과 같이 날카롭게 도전하셨다: "너희 중에 죄 없는 자가 먼저 돌로 치라."

잠깐 조용해졌다가 갑자기 돌이 하나둘 땅에 떨어지는 소리가 들렸다. 당신은 다시 용기를 내어 눈을 떴다. 그때 당신은 당신을 둘러쌌던 신발들이 한 켤레씩 사라지는 것을 보기 시작했다.

궁극적으로, 모든 신발이 사라졌고 예수님 앞에 당신만 남게 되었다.

그 순간 그분이 당신에게 이렇게 말씀하셨다: "나도 너를 정죄하지 아니하노니 가서 다시는 죄를 범치 말라."

**그렇다면, 그분 참 놀랄 만한 하나님 아닌가?**

나는 이런 하나님을 사랑할 수 있다.

당신은 어떤가?


## 절망의 원인

당신은 12년 동안 무서운 질병으로 고통받아왔다. 그 병은 당신의 인생을 망가뜨렸고, 그것 때문에 당신은 격리되었다.

당신은 12년 동안 다른 사람으로부터 어떤 따뜻한 보살핌도 받지 못했다. 친구들이나 가족들에게서도. 당신은 안아줄 가치도 없는 "부정한" 여자로 낙인찍혔다.

그러나 더 심각한 것은, 당신 몸 안의 질병이 치유 불능이라는 사실이었다. 당신은 가진 재산을 다 털어 의사들에게 진료를 받았지만, 아무런 효험이 없었다.

당신은 희망을 잃었다.

그러던 어느 날, 당신은 한 젊은 선지자가 당신이 있는 마을에 왔다는 소문을 들었다. 그리고 그는 기적을 행하여 사람들을 고친다고 알려졌다. 가장 불가능한 경우에도.

당신은 그 선지자를 만나러 거리로 뛰쳐나갔다. 그런데 그는 보이지 않고 군중만 인산인해를 이루었다. 그때 누군가 당신에게 "나사렛 예수가 군중 가운데 있다!" 라고 말했다.

당신은 필사적인 의지가 발동해서 모든 위험을 무릅쓰고 군중 사이로 들어가 어깨를 부딪히며 걸어갔다. 율법적으로 그들을 부정하게 만든다는 사실을 아주 잘 알면서도.

하지만 그 기적을 행하는 선지자에 대한 소문을 토대로 당신은 확신을 갖게 되었다. 당신이 그의 옷에만 손을 대어도 병이 나을 거라는 확신.

당신은 은밀하게 군중 속을 뚫고 들어가 몸을 굽혀 나사렛 예수의 옷을 만졌다. 그는 그 즉시 가던 길을 멈추고 군중을 향해 소리쳤다: "누가 내 옷에 손을 대었느냐?" 당신은 겁이 덜컥 났다. 부정한 여자가 거룩한 사람을 만져서 그 사람도 역시 부정하게 된 상황을 당신이 만들었기 때문이다. 하지만 그는 질문을 계속 했고, 압박은 가중되었다.

결국 당신은 거룩한 선지자를 만진 사람이 자신이라고 자백했다. 놀랍게도, 예수님은 당신이나 군중을 꾸짖지 않으셨다. 그 대신, 공중 앞에서 당신의 믿음을 칭찬하시면서 당신을 "딸" 이라고 부르기까지 하셨다. 이 말은 당신이 병에 걸린 이래로 한 번도 듣지 못했던 말이었다. 군중은 즐거워하며 박수를 쳤다.

그 끔찍했던 12년이 지나서, 당신은 다시 한 번 다른 사람의 손길을 경험하게 되었다. 예수님은 당신의 삶을 회복시켜주셨고 당신의 수치와 고통을 없애주셨다. 그분은 당신을 만지셔서 온전케 해주셨다. 심지어 당신이 부정한 가운데 있었을 때에도.

그렇다면, 그분 참 보기 드문 치유자 아닌가?

나는 이런 치유자를 사랑한다.

당신은 어떤가?

## 소외 당한 고통

당신은 돈이 필요해서 가족과 친구들이 당신을 영원히 탐탁치 않게 여기는, 뭔가 심각한 일을 저질렀다. 당신이 로마 정부와 결탁한 세리가 된 것이다.

당신의 동포들은 당신을 매국노 취급했는데, 그도 그럴 것이 로마인들이 유대인들을 오랫동안 압제하고 학대해왔기 때문이다. 그리고 당신은 동포들과 함께하는 대신 뇌물에 눈이 멀어 압제자들에 동조했다.

당신은 이제 당신의 형제들에게 미움을 받게 되었다. 유대인 집에서의 식사를 거부당하게 되었고, 회당 출석도 금지당했으며, 당신의 친지들에게도 환영받지 못하게 되었다.

그러던 어느 날, 나사렛 예수가 당신의 고을에 나타났다. 당신은 그 남다른 선지자에 관해 들었던 이야기에 매료되었다. 키가 작은 당신은 군중 속을 걸어가는 그 선지자를 볼 수가 없었다. 그래서 그를 보려고 나무를 타고 올라갔다. 그때 예수님은 자신을 주시하는 당신을 향해 뭔가 충격적인 일을 벌이셨다. 당신과 함께 식사를 하기 위해 당신의 집으로 가겠다고 하신 것이다.

당신은 놀라서 어안이 벙벙해졌다. 그동안 당신은 당신을 아는 모든 사람에게 거부당해왔다. 그들은 당신을 일찍이 포기했다. 그러나 이 거룩한 선지자 예수님이 당신의 집에서 당신과 함께 식사하시기를 원하셨다. 그 누구도 당신을 거들떠보지 않을 때 그분은 당신을 향해 우호와 교제의 손을 내미셨다.

한결같은 하나님의 은혜가 뜻밖의 초청으로 당신의 인생에 임하였고 당신의 삶은 변화되었다. 바로 그때, 당신은 회개하고 다른 사람들에게서 토색한 것의 네 배를 돌려주고 소유의 절반을 가난한 사람들에게 나눠주겠다고 고백했다.

**그렇다면, 그분 참 멋진 구속자 아닌가?**

나는 이런 구속자를 사랑할 수 있다.

당신은 어떤가?

# 사람이 상상하는 그 이상

우리는 앞의 복음 이야기들에서 하나님이 어떤 분인지를 엿볼 수 있다. 왜 그런가? 예수님이 사람의 얼굴로 나타나신 하나님이기 때문이다.

하지만 예수님께서 이 땅에 계셨을 때 하나님의 영광을 드러내시기 위해 하신 모든 일 그 이상으로, 그분은 뭔가 다른 일을 결행하셨다. 뭔가 믿기 힘든 일이다.

나사렛 예수는 사람이 알 수 있는 가장 소름끼치는 죽음의 고통을 당하셨다. 당신의 주님이요 구원자이신 예수님께서 십자가에서 하신 일을 확인하라.

예수님은 하나님을 반역하는 세상 제도 전부를 취하셨다.골 2:20; 갈 6:144)

예수님은 타락하고 부패한 옛 창조 전체를 취하셨다.골 1:20; 고후 5:17

예수님은 모세의 율법과 그 저주를 취하셨다.엡 2:15-16; 갈 3:10-13; 롬 7:1

예수님은 타락한 옛 아담의 속성인 우리의 육신을 취하셨다.롬 6:6; 8:3

예수님은 사탄의 권세를 취하셨다.골 2:15; 히 2:14; 요일 3:8

예수님은 당신과 내가 범한 모든 죄를 취하셨다.골 2:13; 히 9:28; 벧전 2:24; 요일 3:5

**그리고 예수님은 이 모든 것을 십자가에 못박으셨다!**

그러나 그뿐만 아니라, 예수 그리스도는 죄 자체가 되셔서 자신이 육체로 그것을 저주하고 멸하셨다.고후 5:21; 요 3:14; 롬 8:3

덧붙여 말하자면, 예수님은 당신을 의롭게 하시고 구속하셨다. 하나님과 우리 사이를 화목케 하셨고, 당신의 모든 죄를 사하신 것이다.롬 5:9; 엡 1:7; 골 1:14

그 결과, 당신은 이제 하나님의 눈에 거룩하고, 흠 없고, 책망할 것이 없는 존재가 되었다.골 1:22

# 하나님의 가장 큰 원수를 물리침

이 모든 놀라운 역사 외에, 예수님은 십자가에서 뭔가 또 다른 일을 하셨다. 그분은 하나님의 가장 큰 원수인 죽음과 대결을 펼치셨다.

죽음이 승리를 거둔지 사흘 후에, 하나님 아버지께서 하늘과 땅의 모든 권세를 하나로 모아 봉인된 무덤으로 보내셨다.

그때 나사렛 예수의 몸은 생명으로 살아났고, 죽음은 죽임을 당했다!

---

4) 나는 세상 제도에 관해 이 책에서 나중에 자세히 다룰 것이다.

그리고 예수님은 바울이 고린도전서 15장에서 지칭한 "살려주는 영"이 되셨다. 부활 이후에, 예수님은 하늘 영역에 있는 하나님의 중심에서 숨을 크게 들이마시시고 제자들에게 자신의 생명을 불어넣으셨다.

이제 하나님의 독생자는 많은 형제 중 처음 난 자가 되셨고, 그 형제들은 하나님의 자녀가 되었다. 무덤은 동산으로 탈바꿈했고, 생명 나무가 그리스도라는 인격으로 이 땅에 다시 그 모습을 드러냈다.

## 새 창조

예수님의 죽음과 부활은 이 세상에 **인써전스**를 출범시켰다. 예수님께서 돌아가셨을 때, 죽음은 작별을 고하기 직전이었고 시저Caesar는 아직 황제였다. 그러나 예수 그리스도는 **인써전스**가 시작되었음을 증명하시기 위해, 부활로서 죽음의 권세를 물리치시고 그 권세가 미치지 않는 생명으로 살아나셨다.

예수님은 죽음이라는 자궁에서 새 창조인 새로운 인류를 낳으셨다.

그리고 그 새로운 인류 안에는 유대인이나 이방인은 없고, 남자나 여자도 없고, 종이나 자유자도 없고, 부자나 가난한 자도 없다.

이 땅의 모든 장벽이 무너졌다. 모든 인종적, 사회적, 성적 차별이 제거되었다. 바로 이것이 다른 차원에서 온 새로운 인류이고, 새로운 인종이고, 새로운 창조이고, 새로운 왕국이다. 그리고 예수 그리스도는 그 머리이시다. 이 에클레시아ekklesia는 옛 창조에서 나온 새 창조이다. 갈 3:28; 6:15; 고후 5:17; 골 3:11

**이 얼마나 놀라운 주님인가!**

# 세 번째 인종

육신을 입고 오셨던 예수님은 유대인이었지만, 새 창조의 처음이셨다.

1세기 때, 유대 문화는 도덕적 거리낌, 자기 의, 그리고 죄의 순위를 정하는 것을 대표했다. 이방 문화는 부도덕, 부정, 자기 멋대로 사는 것을 대표했다.

이런 이유로, 바울은 그의 서신들에서 이방 문화를 특징 짓는 부도덕뿐만 아니라 유대 문화를 특징 짓는 자기 의와 싸웠다.

바울이 그렇게 싸웠던 것은 새 신자들 중 유대 문화의 사고방식과 삶예를 들면, 갈라디아서 또는 이방 문화의 사고방식과 삶예를 들면, 고린도전서 으로 전락한 사람들이 있었기 때문이다.

달리 표현하자면, 바울은 율법주의유대 문화와 결부된 사상와 방탕주의이방 문화와 결부된 사상 를 상대로 끊임없이 싸워야 했다.

바울은 그가 쓴 서신들 전체에서 에클레시아의 지체들에게 그들이 그리스도 안에 있는 하나님 나라의 시민이기 때문에 이제 새 창조, 새 인류, 그리고 새 인종에 속했음을 계속해서 상기시켰다.

바울은 고린도전서 10:32에서 세 부류의 인종을 언급했다: 유대인, 이방인, 그리고 하나님의 에클레시아. 이런 이유로, 2세기와 3세기의 그리스도인들은 스스로를 "새 인종"과 "세 번째 인종"으로 불렀다.

예수님은 전무후무한 인써전스를 외치셨다. 하나님은 그리스도 안에서 새로운 세계, 새로운 제국, 새로운 질서를 시작하셨다.

그리고 예수님은 자신의 죽음을 통해 이 세상 제도 전체에 불을 지르셨다. 우리는 이것의 극적인 결말을 나중에 살펴보게 될 것이다.

# 영원의 신비

바울은 그의 말년에 우리의 상상을 뛰어넘는 말들을 에베소서와 골로새서에 기록했다. 그것은 인간의 머리로 받아들이기에는 너무 엄청난 것들이다.

에베소서와 골로새서는 성서의 쌍둥이 빌딩이다. 이 둘은 우뚝 솟은 피라미드처럼 서 있다. 그 깊이는 헤아릴 수 없고, 그 충만함은 측량할 수 없다.

이 서신들은 읽어나갈수록 계속해서 더 높이 올라가고, 당신이 아무리 주 안에서 성장했다 하더라도 여전히 당신 앞에 있을 것이다. 그리고 언제나 그 서신들을 읽는 사람보다 더 위에 있을 것이다.

다시 말해서, 이 두 서신은 높고 숭고한 진리를 포함하고 있다.

즉, 영원부터 하나님 안에 감취었던 신비가 그리스도라는 사실이다. 내가 당신에게 이 책 앞에서부터 묘사하고 있는 그 독보적인 그리스도…

영원 전부터 계신 이 놀라운 예수님께서,

육신을 입고 하나님이 어떤 분인지를 우리에게 보여주신 이 예수님께서,

십자가에 달려 죽으시고 모든 부정적인 것들을 못박으신 이 예수님께서,

무덤의 권세를 이기고 사흘 만에 다시 살아나신 이 예수님께서,

모든 통치자들과 권세들 위에 오르셔서 하나님의 오른편에 앉으신 이 예수님께서,

"에클레시아"라고 불리는 새 창조와 새 인류와 새 인종의 머리이신 이 예수님께서,

이 예수님,

이 영광스럽고, 독보적이고, 비할 데 없고, 대단하고, 눈부시고, 유일무이하신 주님께서…

당신 안에 계신다!

이 비밀은 만세와 만대로부터 감추어졌던 것인데 이제는 그의 성도들에게 나타났고 하나님이 그들로 하여금 이 비밀의 영광이 이방인 가운데 얼마나 풍성한지를 알게 하려 하심이라 이 비밀은 너희 안에 계신 그리스도시니 곧 영광의 소망이니라. 골 1:26-27

그리고 예수님의 생명에 의해 살아갈 특권과 영예와 고귀한 사명이 당신에게 주어졌다.

내가 그리스도와 함께 십자가에 못 박혔나니 그런즉 이제는 내가 사는 것이 아니요 오직 내 안에 그리스도께서 사시는 것이라. 갈 2:20

우리 생명이신 그리스도… 골 3:4

이는 내게 사는 것이 그리스도니… 빌 1:21

## 누가 당신을 제일 사랑하는가?

지금 당신을 제일 사랑하는 사람을 떠올려보라.

사람에 따라 어머니가 될 수도 있고, 아버지가 될 수도 있을 것이다. 또 어떤 사람에게는 배우자나 동기간이나 가장 친한 친구가 될 수도 있다.

그렇다면, 이것을 숙고해보라: 당신을 향한 이 사람의 사랑은 당신을 향한 하나님의 사랑 앞에서는 무색해진다는 사실.

생각해보라. 일개의 인간이 당신을 사랑하는 것은 그다지 크지 않지만 당신을 향한 하나님의 사랑을 가시적으로 비추는 거울과 같다.

> 너희가 악한 자라도 좋은 것으로 자식에게 줄 줄 알거든 하물며 하늘
> 에 계신 너희 아버지께서 구하는 자에게 좋은 것으로 주시지 않겠느
> 냐. 마 7:11

사실, 하나님 아버지는 그분의 아들을 사랑하시는 만큼 당신을 사랑하신다. 예수님 자신이 그렇게 말씀하셨다.

> 아버지께서 나를 보내신 것과 또 나를 사랑하심 같이 그들도 사랑하신
> 것을 세상으로 알게 하려 함이로소이다. 요 17:23

뿐만 아니라, 그 누구도 당신을 하나님의 사랑에서 끊을 수 없다. 당신 자신조차도.

> 누가 우리를 그리스도의 사랑에서 끊으리요 환난이나 곤고나 박해나
> 기근이나 적신이나 위험이나 칼이랴 기록된 바 우리가 종일 주를 위하
> 여 죽임을 당하게 되며 도살 당할 양 같이 여김을 받았나이다 함과 같
> 으니라 그러나 이 모든 일에 우리를 사랑하시는 이로 말미암아 우리가
> 넉넉히 이기느니라 내가 확신하노니 사망이나 생명이나 천사들이나

권세자들이나 현재 일이나 장래 일이나 능력이나 높음이나 깊음이나
다른 어떤 피조물이라도 우리를 우리 주 그리스도 예수 안에 있는 하
나님의 사랑에서 끊을 수 없으리라. 롬 8:35-39

이거 너무 엄청난 얘기 아닌가?


## 빠진 요소

오늘날 수많은 설교와 가르침의 문제는, 먼저 예수님이 얼마나 영광스
럽고, 놀랍고, 아름다운지의 베일은 벗기지 않고 그분을 순종하고, 그분
에게 복종하고, 그분을 위해 "급진적이 되어야" 한다고 강조하는데 있다.

하지만 사실인즉, 당신과 내가 먼저 예수님의 빛나는 영광, 경이적인 아
름다움, 그리고 불가사의한 사랑을 경천동지할 정도로 본 것에 초석을 놓
지 않으면 제대로 순종할 수 없다.

이것 없이는 우리가 의무, 죄의식, 죄책감, 두려움, 수치, 아니면 세속
적 야망타인에게 인상을 남기거나 인정을 받으려는 것 같은 것들에 의해 순종하려고
애쓰게 될 것이다.

**달리 말하자면, 우리가 율법주의로 순종하게 될 것이다.**

그 결과, 우리는 "하나님 섬기는 것"을 "신"으로 섬기게 되어 결국 소진
하게 될 것이다.

그렇게 되든지, 아니면 종교적 대본을 따르지 않고 주님을 신실하게 사
랑하는 사람들을 향해 비판과 독설을 토해내면서, 우리 마음이 더 차가워
지고 더 율법적이 될 것이다.

그리고 우리가 밖은 깨끗하고 안은 부패한 현대판 바리새인으로, 종교

적 위선자로 변하게 될 것이다.

> [바리새인들은] 또 무거운 짐을 묶어 사람의 어깨에 지우되 자기는 이
> 것을 한 손가락으로도 움직이려 하지 아니하며. 마 23:4

예수님은 하나님 나라의 복음을 전하실 때 육체로 계신 그분을 본 사람들에게 하셨다. 그들은 그분의 영광을 보았고, 그분의 긍휼, 무한한 지혜, 자비, 그리고 사랑을 목격했다.

나중에, 바울과 다른 사도들은 복음을 전할 때 마치 예수님이 그들의 눈 앞에서 십자가에 못박히신 것처럼 그리스도를 아주 생생하게 묘사했다. 예루살렘에서 수백 킬로미터 떨어져 있고 예수님이 십자가에 못박혀 죽으신 것을 전혀 목격한 적이 없는 갈라디아교회 지체들에게 바울이 한 말을 숙고해보라.

> 어리석도다 갈라디아 사람들아 예수 그리스도께서 십자가에 못 박히
> 신 것이 너희 눈 앞에 밝히 보이거늘 누가 너희를 꾀더냐. 갈 3:1

1세기 때 사도들이 전한 메시지는 듣는 사람들 앞에서 그리스도와 그분의 사랑이 살아움직이게 할 정도로 강력했다.

## 그리스도를 사랑하는데 있어 알려지지 않은 비밀

나는 앞의 여러 장에 걸쳐 예수님 특유의 성품을 묘사했다. 좋은 소식은 그분이, 이 똑같은 그리스도께서 당신의 인생을 다스리는 통치자인 동시

에 세상의 통치자로 등극하신 분이라는 사실이다.

그리고 당신과 내가 꼭 있어야 할 가장 안전하고 행복한 곳은 그분의 절대적인 통치를 받는 곳이라는 사실이다.

아래의 불후의 찬송 가사가 이것을 잘 요약해준다.


이 땅의 저 우상들이 위장하고 있는 아름다운 옷을
무엇이 홀딱 벗겨버렸을까?
정의감도 아니요 의무감도 아니요,
오직 비길 데 없는 가치를 볼 수 있는 눈이라네.


베드로의 마음을 녹여버린 그 눈동자,
스데반이 보았던 그 얼굴,
마리아와 함께 울었던 그 마음만이
우리를 우상들에서 건져낼 수 있었지.8


그리스도의 무조건적이고, 헤아릴 수 없고, 불가사의한 사랑은 뭔가를 요구한다. 그리고 그 요구하는 것들 중 하나가 하나님 나라와 관련이 있다.

하지만 기억하라. 주님께서 우리에게 요구하시는 것은 전부 다 사랑에 의해 동기가 유발된다는 사실을. 그렇기 때문에, 주님의 모든 계명이 실제로는 요구가 아니다.

그것들은 약속이다.

# 그리스도를 위해 사로잡힘

나는 빌립보서에 관해 기술한 T. 오스틴 스팍스의 글로 제 2부를 마치려 한다. 그가 나보다 훨씬 더 잘 설명해놓았기 때문이다.

그리스도께서 실제로 사로잡으실 때 모든 일이 일어나고, 무슨 일이든 일어날 수 있다. 이것이 바로 바울과 이 사람들에게 벌어진 일이다. 그리스도께서 그들을 사로잡으신 것이다. 그들은 인생에서 그리스도 이외의 다른 생각을 갖지 않았다. 그들이 이 땅에서 사업도 했고, 거래도 했고, 직업도 가졌고, 또 그들의 삶과 일의 범위는 달랐었겠지만 그들을 지배했던 사상과 관심과 취미는 오직 하나였다. 그것은 바로 그리스도였다…

다른 말로는 그것을 대체할 수 없다. 그분이 그들을 사로잡았다는 말 외에는. 그리고 친애하는 독자들이여, 듣기엔 간단한 것 같지만 나는 이것이 모든 것을 설명해준다고 생각한다. 그것이 바울을 설명해주고 … 다른 신자들을 설명해주고, 그들 상호간의 사랑을 설명해준다. 그것이 그들의 모든 문제를 해결해주었고, 그들의 모든 어려움을 깨끗이 정리해주었다. 오, 우리에게 필요한 것이 바로 이것이다! 당신과 내가 이렇다면 얼마나 좋을까? 우리가 결국 그리스도에 의해 정말 사로잡히게 된다면 얼마나 좋을까!… 무엇보다도, 우리에게 있는 모든 골치아픈 문제의 십중팔구는 그리스도 이외에 삶의 다른 측면들을 우리가 갖고 있다는 사실에 기인한다. 즉, 그것은 우리에게 영향을 끼치고, 우리를 지배하고, 우리를 통제하는, 다른 개인적인 관심들이다.

그리스도께서 우리를 사로잡고, 매료시키고, 소유하셔서 우리가 집착 그렇다, 나는 이 단어를 사용하겠다, 영광스러운 집착을 하는 게 사실이라면 얼마나 좋을까! 만일 그렇다면 우리는 기쁨으로 가득 차게 된다. 그리고 모든 것을 "포기"해도 후회하지 않는다. 우리는 기쁨으로 가득 차서, 승리를 만끽하게 된다.

패배의식은 전혀 없고 대승을 거둔 기쁨만 있다. 그것은 삶을 이겨낸 그리스도의 승리이다… 하지만 오, 우리는 우리 자신 곧 우리의 명성, 우리와 결부된 모든 것, 그리고 우리의 영광을 싹 쓸어버릴 정도로 사로잡힐 필요가 있다. 그래서 우리를 사로잡으시는 분, 오직 그분만 보이고, 그분만이 명성을 얻으시고, 우리는 그분의 발 아래 있어야 한다. 이것이 복음이고 좋은 소식이다. 그리스도께서 실제로 사로잡으실 때 이 편지에 있는 그런 일들이 벌어진다. 정말 벌어진다. 하나님의 사랑스러운 아들이 우리의 인생을 사로잡으시도록 우리가 하나님께 구해야 하지 않겠는가?9

## 실천에 옮기기〉〉

제 3부로 가기 전에, 시간을 내어 지금까지 다룬 것을 실행에 옮겨보라. 나는 간단히 세 가지를 추천하고 싶다.

1. 한 시간 정도 할애해서 방해받지 않는 곳을 택하라. 그리고 온라인 자료 InsurgenceBook.com에 있는 음성 메시지 "Rethinking Discipleship"을 들어보라. 이것은 내가 인도한 컨퍼런스에서 전한 메시지 이다. [역자 주: 이 자료는 은 영어로만 되어 있음.]

2. 위의 메시지를 들은 후, 당신을 향한 예수 그리스도의 사랑을 묵상해보라. 내가 말한 복음 이야기를 숙고해보라. 예수님께서 십자가에서 당신을 위해 하신 일의 크기를 숙고해보라. 당신의 인생에서 당신을 사랑하는 사람들의 예를 떠올려보고, 당신을 향한 주님의 사랑은 그보다 훨씬 크다는 사실을 숙고해보라.

3. 당신을 향한 그리스도의 사랑을 묵상하면서 입을 열어 주님께 "주님, 주님께서 저를 사랑하십니다" 라고 말씀드리라. 그 다음, 당신이 받은 그 동일한 사랑을 주님께 돌려드리며 "주님, 저도 주님을 사랑합니다" 라고 고백하라.

당신을 향한 주님의 사랑을 묵상하면서 주님께 "주님, 주님께서 저를 사랑하십니다" 라고 말씀드리고, 다시 그 사랑을 돌려드리며 "주님, 저도 주님을 사랑합니다" 라고 고백하는 것은 꾸준한 연습이 될 수 있다. 이것이 당신을 상당히 변화시킬 수 있는 것 중의 하나일 수 있다.5)

---

5) 나는 이 연습을 "사랑하기와 듣기 (Loving and Listening)" 라고 부른다.

# 3부

## 하나님의 나라 나라 복음

하나님 나라의 복음은 우리에게 잊혀진지 오래이다. 오늘날 우리는 그 복음이 전파되는 것을 거의 볼 수 없다. 그리고 만일 우리가 그 복음의 한 버전을 들었다 해도 대개 율법주의와 율법적인 태도가 범벅이 되어있다. 그래서 결국 그 메시지는 혁명적인 능력을 상실해버린다. 하나님의 자비와 은혜로, 나는 이제 하나님 나라의 복음을 제시하고자 한다

## 희석된 복음

오늘날 우리가 갖고 있는 복음은 대부분 화재보험 규정 정도로 축소되어 있다. 말하자면, "지옥으로부터의 안전한 탈출" 카드 같은 것. 가장 중요한 것은 죽어서 천국에 가는 것이라고 한다. 그리고 카드 게임에서의 비장의 카드처럼 "복음"이 제시된다.

이런 버전의 복음에 대한 반작용으로, 점점 더 많은 그리스도인이 복음을 단순히 사회적인 관점으로 이해하고 있다. 이런 사람들에게는 복음이 사회 운동과 개혁을 통해 세상을 더 나은 곳으로 만들도록 설계된 것이다. 이들에게 가장 중요한 것은 "망가진 세상을 고치는 것"이다.

제3부에서 나는 "화재보험"의 관점과 "세상을 고치는 것"의 관점, 이 두 버전의 복음이 예수 그리스도의 복음"하나님 나라의 복음"으로 알려진 그 복음을 희석시키고 또 왜곡시켰음을 주장하려고 한다.

## 과격화됨

이 책을 집필하고 있는 현재, '과격화되다' 라는 말은 흔히 쓰이는 용어이다. 과격화radicalization는 어떤 개인이 "과격적인" 또는 극단적인 테러 조직으로 전환되는 과정을 일컫는 말이다.

제1부에서 언급했던 제프의 이야기가 과격화의 의미를 설명해주는 예이다.

한 사람이 지금까지 충실했던 모든 것들과의 관계를 끊고 흔치 않은 이념에 바탕을 둔 테러 조직에 온전한 충성을 바칠 때 그 사람을 과격화되었다고 한다.

1세기에는, 하나님 나라의 복음이 전해지고 받아들여질 때 사람들이 예수 그리스도를 이 세상의 진정한 주인으로 모시고 온전한 충성을 그분께 바쳤다.

그 복음을 믿은 사람들은 새로운 왕이신 예수님께 무릎을 꿇고 다른 모든 세상의 제도와 왕국에 바쳤던 그들의 충성과 단절했다.

> 그러나 내게는 우리 주 예수 그리스도의 십자가 외에 결코 자랑할 것이 없으니 그리스도로 말미암아 세상이 나를 대하여 십자가에 못 박히고 내가 또한 세상을 대하여 그러하니라. 갈 6:14

여기에 아이러니가 있다. 종교적 테러 조직에 가담한 사람들이 대부분의 현대 기독교 신자들보다 1세기 그리스도인들과 더 공통점을 많이 갖고 있다는 사실이다. 물론 이 과격한 조직과 초기 그리스도인들 사이엔 많은 차이가 있지만, 나는 그들이 자신이 갖고 있는 신앙에 절대적으로 헌신하는 측면을 말하고 있다.

한 사람이 이슬람 국가ISIS와 알 카에다Al-Qaeda 같은 테러 조직으로 전환할 때, 우리는 그들이 과격화되었다고 말한다. 그러나 우리가 곧 살펴보겠지만, 1세기 때 전파되고 받아들여진 예수 그리스도의 복음 곧 **하나님 나라의 복음** 역시 과격적이고, 총체적이고, 절대적이었다.

그 복음은 극단적인 헌신과 절대적인 충성을 요구했다. 거짓된 복음이나 거짓된 명분이 아닌 이 세상의 진정한 주인께 바치는 헌신과 충성이다.

초기 그리스도인들이 예수님께 바친 충성은 너무 극단적이어서 1세기 때 복음을 받아들이는 것은 "과격화되는" 것이었다.

**달리 말하자면, 초기 그리스도인들은 반란자들로 보였다.**

그들은 그들이 바쳤던 모든 충성을 예수 그리스도께로 전환했다. 그 결과, 초기 그리스도인들은 아주 위험한 오늘날의 테러분자들과 같은 낙오자로 낙인찍혔다. 그들은 기존 제국을 전복하려는 세력으로 간주되었다.

유감스럽게도, 현대 기독교는 예수님과 연합하여 과격화됨으로 다른 사람들의 기분을 상하게 하고 곤혹스럽게 했던 1세기의 신앙에서 한참 동떨어져 있다.1)

그러나 이것이 바로 예수님과 바울과 다른 모든 사도가 전파한 복음이다. 그리고 이 복음이 전파되는 곳은 어디든지 놀라운 변화가 일어났다. 그 복음이 개인과 지역사회와 문화를 탈바꿈시켰다. 그 복음이 혐오스러운 종교적 광신자 한 사람을 사도로 변화시켰다. 다소 사람 사울이 바울이 된 것이다. 즉, 그는 그의 인생에 변화를 일으키고 화해를 가져온 복음의 능력을 구현하는 산 증인이 되라고 보내심을 받았다.

우리가 어떤 방법으로든 하나님 나라의 전진을 원한다면, 이것이 오늘날 우리가 되찾아야 할 복음이다.

## 과거는 미래의 서막이다

윌리암 셰익스피어는 "과거는 미래의 서막이다" 라는 문구를 만들어낸 장본인이다. 그것은 이전에 있던 것은 앞으로 올 것의 시작또는 서막이라는 뜻이다.

구약성서의 이야기는 **인써전스**의 서막이다. 따라서 하나님 나라의 복음을 올바로 이해하기 전에 우리는 히브리 성서로 돌아가 짧은 과거로의 여행을 할 필요가 있다. 나는 그 이야기를 마치 실시간으로 벌어진 것처럼

---

1) 하나님 나라의 요구가 정말 얼마나 극단적이었는지는 InsurgenceBook.com에 있는 "The Radical Cost of the Kingdom"을 읽어보라.

풀어보겠다.

그 이야기는 시간이 있기 전에 시작되었다. 하나님께서 하늘 영역을 창조하시고 천사들과 다른 하늘의 영들로 채우셨다. 그 천사들은 하나님 앞에서 하나님을 섬겼다.[2]

하나님은 하늘을 통치하신다. 그분은 이 영역의 왕이시다. 따라서 그것을 "하늘 나라"라고 부른다.

하늘의 영들 중 하나가 반란을 일으켰고, 그 결과 하나님 앞에 있지 못하고 하늘 영역 밖으로 추방당했다.

그 하늘의 영은 루시퍼Lucifer 라고 알려졌다.[3] 그는 하나님께 반란을 일으키고 성서가 부르는 이름인 "마귀"와 "사탄"되었다. 마귀는 비방자, 거짓 참소자 또는 거짓말쟁이라는 뜻이고, 사탄은 대적 또는 반대자라는 뜻이다

마귀는 또한 다음과 같은 다른 이름으로도 불린다: 바알세불, 벨리알, 악마, 유혹자, 도적, 원수, 거짓의 아비, 살인자, 사기꾼, 귀신의 왕, 이 세상의 신, 이 세상의 임금, 공중의 권세 잡은 자. 또 우는 사자와 광명의 천사로도 묘사되어 있다.

나는 사탄마귀이 한때 하늘에서 높은 위치에 있었던 루시퍼와 동일한 존재라고 믿는 학자들과 동의한다.[4]

---

2) 눅 1:19, 마 18:10, 그리고 계 8:2이 하나님 앞에 서 있는 천사들을 보여주는 구절들이다.

3) "루시퍼"라는 이름은 라틴 불가타(Latin Vulgate) 버전의 이사야 14:12에 등장한다. 다른 버전들은 이 히브리 단어를 "계명성(morning star)" 이라고 번역했다. 하나님께서 아담에게 에덴동산을 지키라고 명령하신 것을 살펴볼 필요가 있다. 이것은 에덴동산을 보호해야 할 다가올 위협이 있음을 암시한다. 그 위협은 이 땅에 이미 도사리고 있었다. 바로 뱀이었다. 그러므로 루시퍼의 타락은 첫 사람들이 창조되기 전 또는 동시대에 발생한 것이다.

4) 이 학자들은 다음과 같은 구절들에 그 해석의 근거를 둔다: 에스겔 28; 이사야 14; 그리고 디모데전서 3:6 (사탄의 교만한 자만심) 또한, 요한계시록 12:9; 20:2; 그리고 고린도후서 3:2-14은 뱀을 사탄, 그리고(또는) 마귀라고 여긴다. 구약성서의 선지서는 종종 하나는 동시대, 다른 하나는 과거 또는 미래의 이중적인 의미를 포함한다는 사실을 주

**요점: 당신이 하나님 앞을 떠날 때 하나님의 통치를 떠나는 것이다.**

그때 하나님은 땅을 창조하시고 그것을 창조의 절정인 사람들에게 맡기셨다. 사람들은 하나님 앞에서 살았고, 에덴이라 불리는 동산에서 그분을 섬겼다. 에덴은 사람이 하나님의 권위로 땅을 다스리는 거점이어야 했다.5)

비극적인 것은 최초의 사람들이 마귀를 따라 그들의 창조주에게 반기를 들었다는 사실이다. 아담과 하와는 그들의 불순종의 결과로 그 동산에서 추방당했다. 그들이 하나님 앞에서 밖으로 쫓겨난 것이다.

> 그들이 그 날 바람이 불 때 동산에 거니시는 여호와 하나님의 소리를 듣고 아담과 그의 아내가 여호와 하나님의 낯을 피하여 동산 나무 사이에 숨은지라… **여호와 하나님이 에덴동산에서 그를 내보내어 그의 근원이 된 땅을 갈게 하시니라 이같이 하나님이 그 사람을 쫓아내시고.**창 3:8, 23-24

이제 사람들이 아닌 마귀가 땅을 통치하기 시작했다.이것에 관해서는 나중에 더 살펴볼 것이다 하나님은 땅을 사람들에게 돌려주시려고 아브라함이라는 이름을 가진 남자를 선택하셔서 그분의 원래 목적을 실현하시려고 하셨다. 하나님은 아브라함의 후손들인 이스라엘 백성에게 가나안이라고 불

---

목하라. 이사야 7:14와 호세아 11:1이 그 예이다. 마찬가지로, 이사야와 에스겔은 사탄의 타락뿐만 아니라 바빌론 왕과 두로 왕에 대하여 각각 묘사한 것으로 보인다. 학문적 진실성으로 제시된 이 관점의 흥미로운 설명은 다음을 참조하라: Michael Heiser, *The Unseen Realm* (Bellingham, WA: Lexham Press, 2015), 83-91; Greg Boyd, *God at War* (Downers Grove, IL: InterVarsity Press, 1997), 154-67; C. Fred Dickason, *Angels Elect & Evil* (Chicago: Moody Press, 1995), 135-45.

5) 에덴의 의미에 관한 자세한 설명은 InsurgenceBook.com에 있는 나의 음성 메시지 "Vantage Point: The Story We Haven't Heard – Part I"을 참조하라.

리는 땅을 주셨다.

가나안이 새로운 에덴동산 곧 하늘과 땅이 만나는 곳이 되기를 바라신 것이다. 가나안이 또한 하나님께서 사람들을 통해 땅을 다스리시는 곳, 즉 하나님 나라가 이 땅에 닿는 곳이 되기를 바라셨다.

그러므로 성서가 가나안그리고 가나안 안에 있는 시온과 에덴을 연결시키는 것은 우연이 아니다.창 13:10; 사 51:3; 겔 36:35; 욜 2:3 사실, 어떤 학자들은 에덴이 나중에 가나안 땅이 된 지역 안에 위치했었다고 주장하기도 한다.6) 이야기를 계속하자면, 가나안 땅과 에덴동산은 하나님의 임재와 생명을 상징한다. 각각으로부터의 추방은 죽음을 상징하고, 따 하나님과의 분리를 상징한다.

하나님의 뜻은 하늘 나라가 가나안으로 내려오는 것이다. 하나님은 가나안을 통해 땅 전체를 되찾으려 하셨다. 흥미로운 것은 하늘 나라가 땅으로 왔을 때 그것이 "하나님 나라" 라고 불렸다는 사실이다.

요약하자면, 하나님은 그분이 주도권을 잡으실 때 세상이 어떤 모습일지를 이스라엘이 세상에 보여주기를 바라셨다.

---

6) 존 세일해머(John Sailhamer)는 신학적으로만 아니라 실제로 에덴동산의 아담과 약속의 땅의 이스라엘을 연결시킨다. 그는 이렇게 피력했다: "에덴동산은 '구스 온 땅에 흐르는 강'에서 '유브라데 강'까지 걸쳐있었다. 창세기에 구스 땅이 애굽과 연결되어 있으므로 (창 10:6), 창세기의 저자가 두 번째 강인 기혼(창 2:13)을 '애굽의 강'으로 이해한 것이 분명하다… 창세기 15장으로 가면, 아브라함에게 약속된 땅 곧 약속의 땅이 이 동일한 두 개의 강인 유브라데와 애굽의 강으로 표시되어 있음을 보게 된다.(창 15:18) 창세기 15장에 있는 이 두 개의 강으로 표시된 지역이 기본적으로 창세기 2장의 에덴동산을 포함하는 동일한 지역임을 주목하라. 일반적인 경계선을 비교해보면, 모세오경의 저자가 의도적으로 그 두 지역이 같은 곳임을 우리로 확인케 하려고 했음이 분명한다. 따라서 족장들에게 땅을 주시겠다는 하나님의 약속은 에덴동산에서 모든 인류에게 주신 원래의 '복'에 문맥적으로 연결되어 있다." John Sailhamer, *Genesis Unbound* (Sisters, OR: Multnomah Books, 1996), 50–51, 72. 아울러, 에스겔 28:13–14은 에덴을 "하나님의 동산"과 "하나님의 성산" 이라고 부른다. 가나안에 있는 유대인 성전이 위치한 모리아 산을 지칭했을 공산이 크다. 또한 다음을 참조하라: Paul Kissling, *The College Press NIV Commentary, Genesis*, vol. 1 (Joplin, MO: College Publishing, 2004), 162–63.

유감스럽게도, 이스라엘은 타락한 하늘의 영들과 최초의 사람들의 길을 따랐다. 그들도 역시 하나님께 반기를 들었다. 그 결과, 이스라엘은 가나안에서 추방당하고 말았다. 그들은 천사들과 최초의 사람들처럼 하나님 앞에서 쫓겨났고, 하나님께서 더는 땅의 소유권을 주장할 수 없게 되었다.

놀랍게도, 구약성서를 통틀어 이스라엘이 가나안 땅에 있었을 때는 언제든지 하나님이 "하늘과 땅의 하나님"으로 불렸지만, 그 땅에서 추방당했을 때는 그냥 "하늘의 하나님"으로 불렸다.7)

여기에 강력한 포인트가 있다. 만일 사람이 이스라엘 땅에 있지 않으면 그 사람은 거짓된 신들의 지배 아래 있다는 사실이다.8) 하나님의 생각에는, 가나안 땅이 신성한 영역이었다. 에덴동산이 세상 전체를 대표했던 것과 마찬가지로 가나안 땅도 세상 전체를 대표했다.

하나님께서 그 땅에서 그분의 왕권과 임재 아래 그분의 백성을 가지셨을 때는 세상 전체의 소유권을 주장하셨다. 가나안이스라엘 땅은 하나님께서 세상 전체를 그분의 지배 아래로 회복시키시는 새로운 거점이 되었다.

하나님이 영원 전부터 거룩한 선지자들의 입을 통하여 말씀하신 바 만물을 회복하실 때까지는 하늘이 마땅히 그를 받아 두리라. 행 3:21

---

7) 창세기 14:1-19; 수 3:11-13; 스 1:2; 7:12, 21, 23; 느 1:4-5; 2:4; 단 2:18, 28; 마 11:25. 아울러, 나는 나의 책 『영원에서 지상으로』(대장간, 2012), 17장에서 창세기 1장과 2장의 이야기가 어떻게 이스라엘의 이야기 전체에서 되풀이되고 요한계시록에서 막을 내리는지를 설명했다.

8) 이것은 이스라엘 밖으로 가서 지내는 것과 거짓된 신들을 섬기는 것을 연결시킨 다윗에 의해 확인된다.(삼상 26:19) 그것은 또한 수리아의 군대 장관인 나아만이 이스라엘을 방문해서 병 고침 받았을 때 이스라엘의 흙을 고국으로 가져가려고 한 것에서 확인된다.(왕하 5장) 고대사회에서, 이스라엘 땅은 신성하게 여겨졌고, 또 참 하나님의 지배 아래 있다고 여겨졌다.

이것이 왜 구약성서 전체에서 그 땅을 두고 전쟁이 벌어졌는지의 이유이다. 그것은 엄청난 영적 유사성을 갖고 있는 영역 다툼이다.

그러므로 이스라엘 이야기는 루시퍼의 타락 이야기를 되풀이하는 아담과 하와의 이야기를 반복한다. 그러나 이게 끝이 아니다.

## 이스라엘의 부르심

우리는 하나님께서 이스라엘을 그분의 백성이 되게 하시고 또 사람들을 향한 그분의 원래 목적을 회복하시기 위해 그들을 택하셨다고 배워왔다. 이스라엘은 다른 나라들과 구별된 존재로 부르심을 받았다. 하나님은 그들이 이방 나라들의 삶과는 다른 꿈, 다른 비전, 다른 이야기로 살아가기를 바라셨다.

이스라엘은 하나님께서 왕이 되실 때 세상이 어떤 모습일지를 이방 나라들에게 보여주는 표지판이 되어야 했다. 이스라엘이 적법한 왕에게 충실히 복종하는 것을 세상이 목도하고, 하나님께서 주도하신다는 것이 어떤 의미인지를 알게되는 그런 표지판이 되는 것이었다.

이스라엘은 세상의 빛으로 부르심을 받았다. 사 49:6 그리고 하나님은 이스라엘을 통해 이 땅의 모든 나라가 복 받을 것을 약속하셨다. 창 12:1-3; 22:18; 눅 24:46-47; 사 2:2-4

다음은 이스라엘이 이방 나라들에게 복이 되고 또 빛이 되는 방법 몇 가지이다.

- 이스라엘 백성은 돈을 빌려줄 때 이자를 받지 않았다. 신 23:19
- 이스라엘 백성은 수확을 했을 때 가난한 사람과 타국인을 위해 밭 모퉁

이를 남겨두고 이삭을 줍지 않았다.레 19:9-10

- 이스라엘 백성은 재산이 없는 사람들, 과부들, 고아들, 그리고 타국인들을 위해 십일조 규례를 지켰다.신 14; 26:12, 민 18

- 이스라엘은 50년마다 나라 전체에 자유를 선포했다. 그것이 바로 희년이다. 모든 빚이 탕감되고, 노예로 팔렸던 사람들은 해방되었다. 그리고 토지를 잃었던 사람들에게 그것이 반환되었다. 희년은 억압에 맞서는 거대한 성명이었다. 그것은 회복된 창조 세계가 어떤 모습일지를 보여주는 그림이었다. 불평등이 전부 정리되었다. 그것이 공평한 경쟁의 장을 만들어서 모든 사람이 새롭게 시작할 기회를 얻게 되었다. 희년은 이 땅에 하나님의 의가 실현되는 증표였다.

이 모든 것이 이스라엘의 삶의 방식에 엮여있었다. 이스라엘은 이렇게 증언했다: "우리는 언젠가는 온 땅을 회복시키실 우리 하나님을 위하여 믿음으로 이 땅을 지키고 있습니다. 우리는 지금 여기에서 그 회복을 나타내는 사인sign입니다."

세상은 이스라엘을 보면서 하나님이 이 땅의 왕이신 것의 의미를 알게 되었다.

이스라엘 백성은 히브리 사람이라고 불렸다. 그들은 구별된 문화, 가치관, 그리고 삶의 방식을 갖고 있었다. 히브리라는 말의 뜻이 "강을 건너온 사람들"이라는 것은 우연이 아닐 것이다.10

## 결말을 알 수 없는 왕의 드라마

구약성서 전체의 줄거리는 하나님의 영원한 목적의 성취를 약속했다.

그것은 하늘 나라가 땅에 임하는 것이다. 또는 달리 말해서, "하늘에서 이룬 것같이 땅에서도" 임하는 하나님 나라의 실현

하나님은 이스라엘을 통해 세상 나라들을 되찾으려 하셨다. 이것에 관해서는 나중에 더 살펴보겠다

이스라엘의 선지자들이 선포한 말씀에 의해서, 하나님의 백성은 다음과 같은 일이 일어날 것을 고대했다:

- 가나안 땅 밖에서의 이스라엘의 오랜 포로 생활은 언젠가는 끝날 것이다.
- 이스라엘의 죄는 용서받을 것이다. 포로 생활은 죄에 대한 심판이다; 포로 생활의 끝은 죄를 용서받는 것이다
- 이스라엘은 하나님이 이방 나라의 지배에서 그들을 해방시키는 새로운 출애굽을 경험하게 될 것이다.
- 하나님은 시온예루살렘의 또 다른 이름으로 돌아오셔서 다시 그분의 성전에 거하실 것이다.
- 하나님은 온 땅을 다스리실 것이다.
- 하나님은 그분의 백성을 해방시키기 위해 그분의 종을 보내실 것이다.
- 하나님은 그분의 백성 안에 그분의 영을 두시는 새 언약을 세우실 것이다. 그 새 언약은 궁극적으로 새 하늘과 새 땅으로 인도할 것이다.9)
- 하나님은 그분의 형상과 권위를 사람들에게 회복시키실 것이다.
- 영원히 지속될 것이라고 약속된 다윗의 왕국은 다시 이 땅에 등장할 것이다.

---

9) 하나님은 그분의 창조 세계를 포기하지 않으실 것이다. 성서는 결코 그분이 하늘이나 땅을 파괴할 것이라고 가르치지 않는다. 성서는 하나님께서 하늘과 땅에 있는 것들을 불로 정제해서 회복하시고 새롭게 하실 것이라고 가르친다.(벧후 3:7-12)

- 눈먼 자가 보게 될 것이고, 귀먹은 자가 듣게 될 것이고, 앉은뱅이가 걷게 될 것이고, 벙어리가 노래하게 될 것이다.
- 광야에 외치는 자의 소리가 나타나서 주의 길을 예비할 것이다.
- 나중에 하나님의 기름 부음을 받은 메시아가 나타나서 평화와 공의와 구원을 가져올 것이다.
- 기름 부음을 받은 자는 "하나님의 아들" 이라 일컬을 것이고 그의 왕국은 영광스럽고 영원할 것이다.
- 하나님께서 아브라함의 후손인 이스라엘을 통해 땅의 모든 나라를 되찾으시고 복을 주실 것이다.
- 다니엘의 "칠십 이레" 가 종국에 이루어질 것이다. 이것은 죄가 끝나는 것이고, 악이 구속받는 것이고, 영원한 의가 시작되는 것이다.10)

이 모든 주제들이 구약성서에 엮여있다.11) 하지만 그 누구도 그것들이 어떻게 성취될 것인지를 기대하지 않았다.

구약성서의 이야기는 결말을 알 수 없는 드라마처럼 끝난다.


## 별난 선지자를 소개함

인써전스는 요한이라는 이름을 가진 특이한 선지자와 함께 시작되었다.

---

10) 예수님께서 이 특정한 예언을 어떻게 성취하셨는지의 설명은 InsurgenceBook.com의 "Daniel's Seventy Weeks"를 참조하라.

11) 다음의 성서 내용을 참조하라. 시 2; 22; 72:89; 사 2; 9; 11; 35; 40; 42-66; 삼하 7; 단 7; 9; 겔 34; 36-37; 43; 렘 31; 슥 8-9; 말 3. 또한 다음을 참조하라. F. F. Bruce, *The Time Is Fulfilled* (Grand Rapids: Eerdmans, 1978), *The New Testament Development of Old Testament Themes* (Grand Rapids: Eerdmans, 1969); Leonard Sweet and Frank Viola, *Jesus: A Theography* (Nashville: Thomas Nelson, 2012)

그는 "침례자"로 알려져 있었다. 구약성서에 포함된 그 결말을 알 수 없는 모든 예언이 그 클라이맥스를 형성하며 합쳐지기 시작한 것이 요한의 사역이었다.

요한은 주님의 길을 예비하기 위해 광야에서 외치는 소리였다. 요 1:23

당신이 침례자 요한의 메시지를 자세히 살펴보면 그것이 과격 그 이상이라는 것을 알게 될 것이다.

우리는 1세기에 살지 않기 때문에 그의 메시지에 담겨있는 극적 요소를 이해하기가 쉽지 않을 것이다. 그러므로 그 메시지가 끼친 영향을 감지하기 위해 그것에 현대의 옷을 입혀보겠다.

만일 침례자 요한이 오늘 여기에 있었다면 이런 식으로 말했을 것이다:

미국또는 당신의 조국은 하나님께서 다스리는 나라가 아닙니다. 당신은 미국에 속해서 당신의 충성을 거기에 바쳐왔습니다.

제도권 종교는 하나님의 통치를 받지 않습니다.

미국의 정치제도는 하나님의 통치를 받지 않습니다.

미국의 교육제도는 하나님의 통치를 받지 않습니다.

미국의 대중문화는 하나님의 통치를 받지 않습니다.

미국의 경제제도는 하나님의 통치를 받지 않습니다.

이 제도들은 전부 이 세상에 속한 것입니다.

그러나 하나님께서 이 제도들의 뿌리에 도끼를 놓으셨고, 곧 세게 휘두르기 시작하실 것입니다. 그리고 그 제도들은 궁극적으로 무너져내릴 것입니다. 그러나 나에게 좋은 소식이 있습니다. 하나님께서 이제 막 이 땅에 새 나라를 세우려고 하십니다. 이 새 나라는 현 세상과 그 제도에 속하지 않을 것입니다.

이 새 나라는 당신의 국가 제도에 속한 것이 아니고, 종교제도의 일부도 아니고, 정치제도의 일부도 아니고, 교육제도의 일부가 아니고, 대중문화나 경제제도의 일부가 아닐 것입니다.

이 새 나라는 하늘의 영역으로부터 와서 곧 이 땅에 임할 것입니다. 그리고 그 나라엔 왕이 등극하게 될 것입니다. 또 그 나라가 여기에 임하면 영원히 지속될 것입니다. 궁극적으로, 그 나라는 다른 모든 왕국들과 나라들을 넘어뜨릴 것입니다.

하나 더: 이 새 나라의 왕은 전능하신 하나님의 아들이십니다.

그리고 나서, 요한은 다음과 같이 덧붙일 것이다:

이 새 나라에 속하기 위해서, 이 땅의 현 제도들에 바쳤던 당신의 모든 충성은 단절되어야 합니다. 따라서 그것들과 엉켜있던 당신의 마음을 풀고 그것들과 결별하십시오.

이 땅에 새 나라의 도래가 임박했으므로, 당신을 노예로 만들었던 현 국가 제도에서 철수하고, 종교제도에서 철수하고, 정치제도에서 철수하고, 이 땅의 다른 모든 저주받은 제도에서 철수하십시오.

이 땅의 것들에 대한 당신의 애착을 끊어버리십시오. 다른 사람들을 너그럽고 공정하게 대하십시오.

새로운 왕은 세상의 잘못들을 바로잡고 알곡과 쭉정이를 분리시키는 심판을 단행하실 것입니다. 그분은 엄청난 쇄신을 몰고 오실 것입니다.

그러므로 여기 이 물 안으로 내려가서 선지자들의 예언대로 당신의 죄를 자백하면 사함을 받을 것입니다. 당신의 옛 생활방식에서 돌아서서 현 세상에 묶인 줄을 끊고, 당신의 옛 제도는 죽고 앞으로 올 나라로 살아났음을 나타내는 침례를 받으십시오.

그분이 오실 때, 그 새로운 황제가 살아계신 하나님의 영으로 당신에게 침례를 줄 것입니다. 그리고 하나님 자신이 당신 안에 거하실 것입니다! 그러므로 이 새 나라는 사람의 지혜나 사람의 능력이 아닌 하나님의 영에 의해 운영될 것입니다.

새 나라가 도래하기까지 나와 함께 이 광야에서 지내십시오. 만일 당신이 광야에 머무르지 않는다면, 당신의 일상으로 돌아가서 그것에 얽매이지 말고 약속된 왕이 오셔서 그분의 새 나라를 세우실 날을 기다리십시오.

그러나 나는 경고합니다: 하늘 나라가 땅에 임할 날이 임박했습니다. 다시 생각해보고, 다시 고려해보고, 이전의 삶을 철회하십시오. 어둠의 나라에서 나오십시오. 왜냐하면 그 나라는 무너지기 때문입니다. 하늘 나라가 곧 이 땅을 침노하고 이 세상의 모든 나라와 대적을 상대로 전쟁을 선포할 것입니다. 아직 시간이 있을 때 그것들과 결별하십시오.

침례자 요한은 **인써전스**를 외친 것이다.

## 인써전스가 시작되다

침례자 요한은 하나님 나라의 복음을 최초로 전파한 사람이었다. 구약의 선지자들이 하나님 나라의 도래를 예언했지만, 이 땅에 곧 임할 것을 공표한 사람은 요한이 처음이었다.

요한은 두려움이나 타협 없이 담대하게 그의 복음을 전했다. 이런 이유로, 남자든 여자든 요한의 메시지를 받아들였을 때 그들 인생의 모든 것을 포기했다.

요한의 메시지를 들은 많은 사람은 그가 한 말에 놀랐다. 사실, 그의 옷차림은 그의 혁명적인 메시지를 암시했다. 그는 걸어다니고 숨을 쉬는 인써전스의 사인sign이었다. 그의 외모는 그의 메시지에 필적했다. 요한은 하나님께서 내면적으로 찾으시는 것을 밖으로 보여주었다.

그는 율법적으로 부정한 짐승인 낙타의 털로 만든 옷을 입었다. 이렇게 함으로써, 그가 종교적 전통에 항거한 것이다.

그는 메뚜기와 석청을 먹었다. 그것은 물질주의, 탐욕, 세상의 쾌락과의 단절을 보여주기 위함이었다.

그는 머리나 수염을 깎은 적이 없었다. 그의 머리카락이 허리까지 내려오고 수염은 가슴까지 닿은 모습을 상상해보라.12) 이것은 그가 인간의 관습에 항거했음을 보여준다.

그는 광야에서 살았다. 이것은 그가 현 세상에 애착이 없음을 보여준다.

요한은 걸어다니는 인써전스였다. 그는 아주 별나고, 가증스럽고, 갈등을 일으키는 사람이었다. 그는 종교제도를 포함한 세상 제도로부터 완전히 빠져나왔다.

주님의 초기 제자들 중엔 침례자 요한의 제자들이 있었다. 베드로와 안드레가 그들이다.

그들은 예수님을 만나기 전에 당대의 세상 제도에서 빠져나왔다.

결과적으로, 예수님께서 새 포도주를 헌 가죽부대에 넣을 수 없다고 말씀하실 때 그것은 그분의 제자들이 요한의 영향으로 새 가죽부대가 되었다는 사실을 가리켰다. 그리고 그들이 비어있는 가죽부대였으므로 예수님께서 그분의 새 포도주를 그들에게 부어 넣으실 수 있었다.마9:14-17

요한의 제자들은 이 세상의 깃발에 대한 그들의 맹세를 철회했다. 그들은 그들의 제도 전체가 무너졌음을 믿었고, 또 하나님께서 그 자리에 뭔가

---

12) 요한은 민수기 6장에 언급된 나실인의 서원을 한 것으로 보인다. 누가복음 1:13-17과 비교해보라. 요한은 또한 가죽띠를 맸다. 복음서들에 묘사된 요한의 모습은 선지자 엘리야를 연상시킨다.(마 3:4; 왕하 1:8)

새로운 것으로 채우실 것을 믿었다.

요한의 메시지는 총체적이었고, 철저했으며, 절대적이었다. 그리고 그 것은 전적인 헌신과 완전한 충성을 요구했다.

요한의 메시지그리고 나중의 예수님과 바울의 메시지는 **인써전스**에 가담하라는 초청이었다. 폭력이 없고, 무력 투쟁이 없고, 체재 전복을 위한 반란이 없 는 그런 **인써전스**.

오히려, 요한이 선포한 **인써전스**는 사람들이 믿고, 살아내고, 다른 사람 들에게 전달한 혁명적인 메시지에 기초했다.

그것은 현 세계 질서에 조용하게 저항하는 비폭력적인 혁명을 지지했 다.

요한의 혁명적인 메시지는 곧 역사 속에 그 모습을 드러낼 하나님의 아 들이신 새로운 왕과 그분의 나라가 도래할 것을 예비했다. 요한의 사역은 하나님의 아들을 위해 서막을 여는 역할이었다.[13]

이것이 **인써전스**의 시작이었다.


## 새 나라

침례자 요한이 선포한 새 나라의 이름은 "하나님 나라" 라고 불렸다. 마 태복음에는 그것이 "하늘 나라천국" 라고 기록되어 있다.[14]

"하늘 나라" 는 그 나라의 기원인 하늘 영역에 초점을 두었고, "하나님 나라" 는 그 나라를 다스리는 존재인 하나님 자신에 초점을 두었다.

---

13) 나는 Leonard Sweet와 공저한 *Jesus: A Theography*, 109-16에서 요한의 사역에 관해 비 교적 자세히 다루었다.

14) 마태는 신약성서의 저자 중 유일하게 "하늘 나라(천국)" 라는 말을 사용했는데, 마태복 음에 이 말이 약 32번 등장한다.

이 용어 둘 다 똑같은 것을 가리킨다.

하나님 나라는 땅으로 내려온 하늘의 통치이다.

## 때가 왔다!

구약성서 이야기를 배경으로, 나사렛 예수는 땅을 뒤흔드는 굉음처럼 사역의 포문을 열면서 다음과 같이 외치셨다.

> 때가 찼고 하나님의 나라가 가까이 왔으니 회개하고 복음을 믿으라. 막
> 1:15

NIV는 이 구절의 시작을 "때가 왔다!"로 번역한다.

나사렛 예수가 인류 역사의 드라마 속으로 들어오셨다. 그분은 옛 언약의 모든 예언을 성취하러 오셨지만, 뜻밖의 충격적인 방법을 사용하셨다.

예수님 안에서, 하나님 나라의 새 시대가 기존의 악한 시대 안으로 돌입했다. 예수님은 그분의 삶과 사역에 의해 다가올 시대를 여셨다. 그리고 그분의 승천에 의해 약속된 새 시대가 이 땅에 그 모습을 드러냈다. 결과적으로, 옛 시대가 여전히 지속되고 있을 때 새 시대가 시작된 것이다.

예수님은 새로운 출애굽을 주도하시는 유월절 양이었다. 예수님은 그분의 죽음에 의해 하나님 백성의 포로 생활을 끝내시고 죄를 사하셨다. 그분은 육신을 입은 하나님으로 이 땅에 오셨다. 왜냐하면, 하나님께서 그분의 아들을 보내셨을 때 그분 자신의 본체 His own Self를 보내셨기 때문이다. 이스라엘의 하나님은 예수 그리스도 안에 계셨고 또 예수 그리스도로

계셨다.

예수님은 또한 새로운 아담으로서, 최초의 사람들이 동산에서 뱀에게 당했던 것과는 대조적으로 광야에서 시험하는 자를 물리치셨다. 예수님은 둘째 아담으로서 첫째 아담이 실패한 곳에서 성공을 거두셨다.

예수님은 또한 새로운 야곱이셨다. 그분은 하나님의 사자들이 오르락내리락 하는, 하늘과 땅을 연결하는 사닥다리였다. 예수님은 야곱이 그랬던 것처럼 정오에 우물가에서 여자를 만나셨다. 이 여자는 그리스도의 신부를 상징한다.[15]

예수님은 또한 새로운 이스라엘로서, 애굽에서 나오셨고 이스라엘이 그랬던 것처럼, 40일 동안 광야에서 지내셨고 이스라엘이 광야에서 40년 동안 지낸 것에 해당함, 그리고 그분의 사역을 시작하기 위해 열두 제자를 택하셨다. 이스라엘의 열두 지파에 해당함

예수님은 또한 새로운 모세로서, 하나님의 집을 세우시고, 바다를 가로질러 가셨고, 광야에서 큰 무리를 먹이셨고, 하나님의 사람들을 포로 생활에서 해방시키셨다.

중요한 것은 예수님께서 광야에서 시험받으신 것이 이스라엘이 광야에서 시험받은 것의 재연이라는 사실이다. 사실, 예수님께서 사탄에게 성서를 인용하셨을 때, 이스라엘이 광야에서 시험받았을 때 모세가 이스라엘에게 말한 것을 그대로 인용하셨다.[11]

예수님은 또한 에덴동산과 가나안 땅의 실현이었다. 왜냐하면, 예수님 안에서 하나님의 차원하늘과 사람의 차원땅이 합쳐져서 하나가 되었기 때문이다.

---

15) 요한복음 4장과 창세기 29장의 성서적 유사성은 놀랍다. 나는 Mary DeMuth와 공저한 *The Day I Met Jesus* (Grand Rapids: Baker Books, 2015), 106-7 에서 그 연관성을 자세히 설명해놓았다.

예수 그리스도는 구약성서의 이야기를 성취하셨고 그것을 클라이맥스로 끌어올리셨다.16) 그리고 부활과 함께 오래 전에 예고된 **인써전스**를 시작하셨다.

요약하자면, 예수님은 이스라엘의 삶에서 가장 중요한 세 개의 주요 요소를 구체화하셨다. 율법을 구현하셨고, 성전을 구현하셨고, 안식일을 구현하셨다.

교회도 이스라엘처럼 하나님 나라를 땅에서 드러내기 위해 오늘날 이 땅에 존재한다. 그렇게 함으로써, 예수님은 구체적이고 가시적인 방법에 의해 실제로 다시 "하늘과 땅의 하나님"이 되실 수 있다.

그리고 예수님은 재림하실 때 하나님 나라의 충만, 곧 약속된 "만유의 회복"행 3:21을 성취하실 것이다. 이것은 이스라엘의 회복과 하나님께 반기를 들었던 나라들을 되찾는 것도 포함한다.

이 회복과 되찾기는 하나님 나라의 백성인 우리 안에서, 그리고 우리를 통해서 이제 시작되었다.

결과적으로, **인써전스**에 가담한 사람들은 그리스도를 이스라엘 이야기의 클라이맥스와 새로운 혁명의 시작으로 이해한다. 이 혁명이 땅에서 하나님의 영원한 목적을 회복하는 것이다.


## 왕이 그의 나라를 선포하다

유대 왕들은 왕으로서 말하고 행하기 전에 먼저 기름 부음을 받았다. 요

---

16) 구약성서 이야기가 예수님의 이야기 안에서 어떻게 재연되는지는 다음을 참조하라. Sweet and Viola, *Jesus: A Theography*; 프랭크 바이올라, 『영원에서 지상으로』(대장간, 2009) 그리고 InsurgenceBook.com의 음성 메시지 "Vantage Point: The Story We Haven't Heard–Parts I and II."

한이 요단강에서 예수님께 침례를 주었을 때, 예수님은 공중 앞에서 왕이신 하나님의 아들로 드러나셨다. 하나님 아버지께서 성령에 의해 예수님을 기름 부으셔서 왕이신 예수님의 통치가 시작되었다.

> 예수께서 침례를 받으시고 곧 물에서 올라오실새 하늘이 열리고 하나님의 성령이 비둘기 같이 내려 자기 위에 임하심을 보시더니 하늘로부터 소리가 있어 말씀하시되 이는 내 사랑하는 아들이요 내 기뻐하는 자라 하시니라. 마 3:16-17

마가는 예수님의 침례를 기록할 때 예수님께서 하늘이 "갈라짐"을 보셨다고 했다. 막 1:10 헬라어의 이 단어는 헬라어 구약성서의 출애굽기 14:21에서 사용된 단어와 동일하다.17) 출애굽기 14:21에는 이스라엘이 출애굽할 때 홍해가 "갈라져" "나뉘어" 라고 되어 있다.12

마가는 독자들에게 예수님께서 새로운 출애굽과 포로 생활의 종말을 선언하셨다고 암시했다. 하지만 이게 전부가 아니다. 하나님 아버지께서 예수님을 "사랑하는 아들" 이라고 부르셨을 때, 독자들은 다윗을 떠올렸을 것이다. 다윗의 이름은 히브리어로 "사랑받는beloved" 이라는 뜻이다. 하나님의 사랑받는 왕과 "처음 난 자"인 다윗은 나라들을 다스리게 되어 있었다. 시 89:20-29 마가는 예수님이 새로운 다윗이고 세계의 정당한 통치자임을 암시하고 있다.

예수께서 모든 도시와 마을에 두루 다니사 그들의 회당에서 가르치시

---

17) 헬라어 단어는 셉투아진트(Septuagint, 헬라어 구약성서)의 출애굽기 14:21에 있는 동사형으로 되어 있다. 셉투아진트는 예수님과 사도들이 사용했던 성서이다.

며 천국 복음을 전파하시며 모든 병과 모든 약한 것을 고치시니라. 마
9:35

예수님께서 하나님 나라의 복음을 설파하셨을 때 그분의 메시지는 본질
적으로 침례자 요한의 메시지와 같았다. 예수님은 단지 단어 몇 개만 덧붙
이셨다: 나를 따라 오너라.18)

달리 말하자면, "나와 함께 거하자" 이다.

예수님은 혁명가로 이 땅에 오셨다. 그분은 **인써전스**를 시작하러 오셨
다. 어둠의 왕국을 전복시키시고 그 자리에 그분 자신의 왕국을 세우러 오
셨다.

예수님 안에서, 하나님이 다른 모든 나라를 흡수하는 불멸의 왕국을 세
우시기 위한 때가 도래했다.

예수님은 유대와 갈릴리, 심지어 사마리아 전역에서 하나님 나라의 메
시지를 끊임없이 반복해서 선포하셨다. 그것은 다음과 같이 들렸다:

이 세상 전체와 그 모든 제도는 마귀의 손안에 있다. 그리고 너희는 다
양한 형태로 그것들을 섬겨왔다. 그러나 나에게 좋은 소식이 있다. 하
나님 나라가 이 세상으로 침노해 들어왔다. 내 아버지의 왕국이 궁극
적으로 세상 전체를 흡수할 새로운 나라이다. 그러므로 모든 것을 뒤
로 하고, 너희가 가진 모든 것을 포기하고, 새로운 왕인 나를 따르라.
그러면 내가 세우는 새 나라에 속하게 될 것이다. 내 아버지는 하늘의
영역을 통치하시지만, 내 안에서 이스라엘의 하나님과 세상의 창조주

---

18) 요한과 예수님은 둘 다 "회개하라 천국이 가까웠느니라" 라고 선포했다. 또한 둘 다 좋
은 열매 맺지 아니하는 나무마다 찍어 불에 던지우리라고 전파했다.(마 3:10과 7:19를 비
교해보라)

가 이 땅을 다스리실 것이다. 그분은 내 안에서, 그리고 구약성서가 예고했듯이 나를 통하여 모든 것을 주도하실 것이다. 지금 모든 것을 뒤로 하고 나를 따르라.

그리고 나서, 예수님은 이렇게 말씀하셨을 것이다:

이제 모든 것이 바뀌고 있다. 너희가 이것을 해야 하고 저것은 하면 안 된다 라는 말을 들었지만, 나는 너희에게 더 극단적인 뭔가를 말하려 한다. 나는 새로운 무세이고 또한 새로운 율법무세오경이다. 하나님의 과격하고 혁명적인 왕국이 여기에 있다. 지금이 너희의 생각과 삶을 바꿀 때이다. 새로운 삶의 방식과 새로운 사람으로 살기 위해 나를 따르라. 나는 인자 곧 새로운 아담이다. 나는 아담이 실패한 것을 돌려놓는 것, 즉 내 아버지의 형상을 드러내고 땅을 다스리기 위해 임명된 새 아담이다. 나는 아브라함의 후손이다. 하나님께서 그를 통해 복을 주시고 세상 전체를 기업으로 주시겠다고 약속하셨던 그 사람이 나이다. 그러나 이게 전부가 아니다. 나는 또한 다윗의 자손 곧 이 땅에서 하나님의 왕위를 이어받은 적법한 계승자이다. 나는 또한 하나님의 아들 곧 하늘에서 하나님의 왕위를 이어받은 적법한 계승자이다. 그러므로 나는 하늘과 땅 둘 다를 통치할 것이다. 선지자들이 예언한 대로, 나는 포로 생활을 종결 짓고 이 땅에 있는 모든 것 하나하나까지 다 다스리기 위해 왔다. 오늘 나는 나를 따를 사람들을 부르고 있다. 그러면 그들이 이 땅에서 나의 왕국이 될 것이다. 나의 왕국은 겨자씨와 같다. 그것이 땅 속에 심겨져서 감취어지고 보이지 않지만 언젠가는 세상 전체로 퍼져 나갈 정도로 자라날 것이다. 에덴을 땅 전체로 확산시키시려는 내 아버지의 원래 의도가 마침내 이루어질 것이다. 내 아버지께서 나를 통해, 그리고 나를 위해 세상 모든 나라를 되찾으실 것이다. 그 나라들이 나의 기업이다.

## 날카로운 메시지

침례자 요한과 예수님이 선포한 하나님 나라의 복음은 날카로운 메시지를 포함하고 있다. 그 메시지를 제대로 전파하고 듣는 곳은 어디서든지, 그것이 기존 세상과의 엮인 모든 줄을 끊어버린다.

당신은 그 메시지를 듣는 순간 가만히 앉아 있을 수 없다. 그 메시지를 받아들여서 당신의 모든 희망과 꿈과 야망을 예수님의 발 아래 던지고 세상 제도와 결별하든지, 아니면 그것을 무시하고 그냥 살아왔던 대로 계속 살든지, 둘 중 하나를 택하게 될 것이다.

마태복음과 마가복음과 누가복음에서, 예수님의 중심 메시지는 하나님 나라이다. 요한복음에서는, 예수님의 중심 메시지가 생명이다. 이 두 용어는 같은 것을 묘사한다: **영생 곧 하나님의 생명은 하나님 나라의 생명이다.**

예수님은 하나님 나라를 선포하시면서 그분의 사역을 시작하셨다.막 1:15 그리고 부활하신 후 40일 동안 하나님 나라에 관해 말씀하시면서 사역을 마감하셨다.행1:3

다소 사람 바울은 그의 사역 초기에 하나님 나라를 전하기 시작했다.행 14:22; 20:25 그리고 로마에 있는 황제의 뒷마당에서 하나님 나라의 메시지를 풀어내며 그의 사역을 마무리했다.행28:16, 30-31

흥미롭게도, 성서는 결코 하나님 나라의 정의를 내린 적이 없다. 그것을 실례를 들어 설명할 뿐이다.

예수님은 이런 식으로 반복해서 말씀하셨다: "하나님 나라는 마치… 같으니…"

하지만 우리가 하나님 나라를 일컫는 모든 것을 종합해보면 그것이 무엇인지를 확실히 알게 될 것이다.[19]

## 하나님 나라란 무엇인가?

오늘날 그리스도인들이 갖고 있는 하나님 나라의 견해는 기본적으로 세 가지이다.

하나는 하나님 나라가 하늘과 동일하다는 견해이다. 이 견해에 의하면, 그리스도인들은 더 나은 곳에 가기 위해 지구라고 불리는 이 작고 더러운 행성을 탈출할 날을 기다리고 있다. 이 견해를 옹호하는 사람들은 이 "더 나은 곳"이 하나님 나라 또는 "하늘"이라고 믿는다. 그리고 예수님을 믿는 모든 사람은 죽은 후에 하나님 나라에 들어갈 것이라고 믿는다.

이것과는 다른 견해들 중 하나는 귀신을 내쫓고, 병을 고치고, 죽은 자를 살리는 기적을 행하는 하나님의 능력과 하나님 나라를 동일시한다. 이 견해를 옹호하는 사람들은 "하나님 나라의 일을 행하는 것"에 관해 많은 말을 한다. 즉, 그들에게 하나님 나라는 하나님의 초자연적인 능력이 지금 여기 이 땅에서 나타나는 것을 의미한다.

또 다른 견해 하나는 가난을 극복하고 사회정의를 구현하는 것과 하나님 나라를 동일시한다. 이 견해를 옹호하는 사람들은 "하나님 나라 세우

---

19) 신약성서에 하나님 나라를 언급한 모든 구절을 읽으려면 InsurgenceBook.com의 "The Kingdom in the New Testament (Every Reference)"를 참조하라.

기" 혹은 "하나님 나라의 일 실행하기"에 관해 이야기한다. 이런 문구들은 세상을 더 나은 곳으로 만들기 위한 목적으로 평화와 정의의 구현을 위해 노력하는 것을 의미한다.

이 모든 견해는 상호간에 긴장 상태를 유지하고 있다. 그리고 각자의 견해를 지지해줄 많은 구절을 성서에서 찾을 수 있다. 그러나 그들은 전부 다 성서가 말하고자 하는 하나님 나라의 이해에 미치지 못한다.

## 하나님의 통치를 드러냄

여러 번 반복해서 등장하는 것까지 전부 다 포함시키지 않으면, 하나님 나라라는 말이 마태복음과 마가복음과 누가복음에 85번, 그리고 요한복음에 세 번 언급되어 있다.

이것들을 종합해볼 때, 나는 아래의 문장이 하나님 나라를 가장 잘 묘사한 것이라고 믿는다.

하나님이 임하셔서 다스리시는 것의 드러남.

이 문장을 나누어보면 하나님 나라는 세 가지 요소를 포함한다.

1. 왕 "임하셔서" 라는 말에 초점을 맞춘 것
2. 하나님의 통치 "하나님이 다스리시는 것" 이라는 말에 초점을 맞춘 것
3. 통치받는 백성 "드러남" 이라는 말에 초점을 맞춘 것

알바 맥클레인은 그것을 이런 식으로 표현했다.

성서의 내용을 보편적으로 고찰해볼 때, "하나님 나라"의 개념은 적어도 세 개의 본질적인 요소를 포함하는 총체적인 상황을 그리고 있다. 첫째, 적합한 권위와 능력을 소유한 통치자; 둘째, 통치를 받는 대상들의 영역; 셋째, 통치력의 기능이 실제로 실행됨.13

요약하자면, 하나님 나라는 왕통치자, 하나님의 통치통치력, 그리고 통치받는 백성영역을 포함한다. 다시 말해서, 하나님 나라는 하나님이 임하셔서 다스리시는 것의 드러남이다. 그리고 그분이 임하셔서 다스리시는 것은 예수님 안에서, 그리고 예수님을 통해서 드러난다. 아울러 그것은 하나님의 백성 안에서, 그리고 하나님의 백성을 통해서 드러난다.

## 제사장 나라

구약의 이스라엘은 그 사명을 감당하지 못하고 실패했다. 그들은 하나님이 주신 복으로 세상 사람들에게 복이 되기보다는 그 복을 자신만을 위해 소유하는데 급급했다. 또한 그들은 다른 신들을 섬겼다. 그러므로 하나님 나라를 대표하는 그 자격을 상실했다.

비극적인 것은 이스라엘이 다른 모든 나라를 비추는 거울로 전락했다는 사실이다. 그들의 빛은 꺼져버렸다. 오히려 이스라엘의 죄 때문에 이방 나라들이 하나님을 모독했다. 롬 2:24

그러나 이스라엘이 실패한 곳에서 에클레시아는 성공을 위해 부르심을 받았다.

에클레시아그리스도의 주 되심 아래 있는 하나님의 사람들가 세워진 그곳에서 제대로 살고 있을 때, 세상은 하나님이 왕이시라는 것의 의미를 이해하게 된다.

　이런 이유로, 성서는 이것을 계시해준다: 에클레시아는 고대 이스라엘, 제사장 나라, 그리고 거룩한 백성의 성취가 되기 위해 부르심을 받았다. 구약성서와 신약성서에 있는 다음 본문들을 비교해보라.

　구약의 이스라엘을 향하여,

> 너희가 내게 대하여 제사장 나라가 되며 거룩한 백성이 되리라 너는 이 말을 이스라엘 자손에게 전할지니라.　출 19:6

　신약의 에클레시아를 향하여,

> 그러나 너희는 택하신 족속이요 왕 같은 제사장들이요 거룩한 나라요 그의 소유가 된 백성이니 이는 너희를 어두운 데서 불러 내어 그의 기이한 빛에 들어가게 하신 이의 아름다운 덕을 선포하게 하려 하심이라.　벧전 2:9

> 그의 아버지 하나님을 위하여 우리를 나라와 제사장으로 삼으신 그에게 영광과 능력이 세세토록 있기를 원하노라 아멘.　계 1:6

> 그들로 우리 하나님 앞에서 나라와 제사장들을 삼으셨으니 그들이 땅에서 왕 노릇 하리로다 하더라.　계 5:10; 또한 계 20:6

# 형상과 권위

인류를 향한 하나님의 원래 의도는 땅에서 그분의 형상을 나타내고 그분의 권위를 행사하는 것이었다. 창 1:26-28 최초의 사람들은 하나님의 임재 안에서 살았고, 또한 하나님의 생명이 깃든 생명 나무에 참여하도록 초대받았다.

그러나 주님의 거룩한 그 목적은 사람들이 타락할 때 사라져버렸다.

그렇지만, 하나님은 아브라함과 함께 그 목적에 재시동을 거셨다. 우리가 살펴봤듯이, 아브라함의 자손인 이스라엘은 "제사장 나라"로 부르심을 받았다.

제사장들은 하나님의 임재 안에 서서 그분을 섬기는 사람들이었다.

이것이 참 중요한데, 왜냐하면, 창조 이전에 천군과 천사들이 하나님의 임재 안에서 그분을 섬겼기 때문이다. 그리고 최초의 사람들이 동산 안에 창조되었을 때도 이와 같았기 때문이다.

요점 정리: 하나님의 임재를 의식하는 가운데 사는 것과 그분의 나라 안에 거하는 것 사이에는 밀접한 관계가 있다.

주님은 이 땅 위의 높은 지점예루살렘에 이스라엘을 세우셔서, 다른 모든 나라가 위로 올려다보며 하나님 나라가 무엇인지 또 그것이 어떻게 통치되는지를 볼 수 있게 하셨다.

창조 이전에는, 하나님 나라하나님의 통치가 하나님의 임재 안에 서 있는 천사들로 이루어져 있었다. 하늘의 영들 일부가 하나님의 임재를 떠났을 때 그들은 하나님 나라를 떠난 것이다.

이스라엘이 제사장 나라가 되라는 부르심을 따르지 않고 실패했을 때 이스라엘 역시 하나님의 임재를 떠난 것이다. 이것은 천사들과 아담이 이

전에 저지른 일과 마찬가지이다. 그래서 아브라함의 자손들은 하나님 나라를 잃게 되었다.

## 다윗의 왕국이 돌아오다

이스라엘 왕국은 다윗이 통치했을 때 전성기를 이루었다. 사도행전은 구약을 인용하면서 다윗이 항상 하나님의 임재 안에서 살았다고 말한다.행 2:25[20) 놀랍게도, 다윗은 왕과 제사장 둘 다였다.[21)

하나님은 다윗에게 세상 전체를 다스릴 후손이 나올 것이고 그의 왕국이 영원히 지속될 것을 약속하셨다. 이 새로운 왕은 또한 이새의 집에서, 베들레헴에서, 유다 지파에서 나오게 될 것이다.

왕이 되는 유일한 길은 왕족으로 태어나는 것이다. 따라서 다윗의 왕좌에 앉기 위해서는 다윗의 혈통이어야 했다. 그리고 하나님의 보좌에 앉기 위해서는 하나님의 혈통이어야 했다.

이제 천사 가브리엘이 예수님에 관해 한 말을 고찰해보라:

> 그가 큰 자가 되고 지극히 높으신 이의 아들이라 일컬어질 것이요 주 하나님께서 그 조상 다윗의 왕위를 그에게 주시리니 영원히 야곱의 집을 왕으로 다스리실 것이며 그 나라가 무궁하리라. 눅 1:32-33

이 본문은 예수님을 지극히 높으신 이의 아들과 다윗의 자손으로 지칭

---

20) 사도행전 2:25이 인용한 시편은 예수님이 항상 하나님 아버지의 임재 안에서 사셨음을 암시하는 다윗이 쓴 메시아 예언이다.

21) 다윗이 공식적인 제사장은 아니었지만, 율법적으로 제사장들에게만 해당되는 것들, 즉 에봇을 입었고, 제사를 드렸고, 진설병을 먹었다.

한다. 따라서 예수님만이 두 보좌, 즉 하늘의 왕국을 계승하는 하나님의 아들과 다윗의 왕국을 계승하는 다윗 자손의 계보를 이어받는 유일한 존재이다.22)

그렇기 때문에, 나사렛 예수는 하늘에 있는 하나님 보좌와 땅에 있는 다윗의 보좌에 앉을 자격을 가지셨다.

선지자들이 예언한 그대로, 하나님은 다윗을 잇는 왕으로 시온에 돌아오신다. 그리고 그분은 이스라엘뿐만 아니라 세상 전체를 다스리신다.

예수님은 승천하실 때 하늘과 땅 둘 다의 왕으로 등극하셨다. 왜냐하면, 그분이 다윗의 자손과 하나님의 아들이시기 때문이다.행 2:31-36 예수님의 승천은 그분이 왕위에 등극하셨음을 상징했고, 그때부터 예수님은 세상 전체를 다스리기 시작하셨다.

나는 이것이 참 놀랍다. 당신은 어떤가?

## 현재에 와있는 미래

하나님 나라는 왕이신 예수 그리스도 안에서 구현된다. 그리고 1세기 때 예수님께서 계셨던 곳엔 어디든지 그분의 나라도 있었다. 오늘날 예수님께서 활동하시고 그분의 주 되심에 굴복하는 곳엔 어디든지 그분의 나라가 있다.

복음서들에서 예수님은 때때로 자신을 그분의 나라와 동일시하셨다.

---

22) 복음서를 통틀어, 예수님은 메시아의 명칭인 "다윗의 자손"으로 불린다.(마 9:27; 12:23; 15:22; 20:30-31; 21:9, 15; 22:42) 누가는 다윗을 예수님의 조상으로 부른다.(눅 1:32) 예수님은 또한 자신을 "다윗의 뿌리요 자손"과 동일시 하신다.(계 22:16) 요한복음 7:42은 예수님이 "다윗의 씨"에서 나온다는 것을 말한다. 누가복음 2:4은 예수님이 "다윗의 집 족속"으로 다윗의 동네(베들레헴)에서 태어나셨다고 말한다. 이 모든 언급은 나사렛 예수가 왕이심을 가리킨다.

예를 들면, 예수님께서 어떤 때는 "나를 위하여" 라고 말씀하셨고, 또 어떤 때는 "하나님 나라를 위하여" 라고 하셨다.마 19:29; 눅 18:29 게다가, 복음서들은 예수님의 제자가 되는 것이 하나님 나라의 제자가 되는 것임을 분명히 한다.마 13:32; 눅 14:27

이것이 왜 초기 교회의 교부들이 예수님을 **아우토바실레이아** *autobasileia* 라고 불렀는지의 이유이다. 이 말은 "그 나라 자체" 또는 "의인화된 나라" 라는 의미이다.23) 예수님은 하나님 나라를 선포하셨을 뿐만 아니라, 그 나라를 구현하고 입증하셨다.

따라서 하나님 나라가 인격이신 그리스도로 시간과 공간을 뚫고 들어온 것이다. 말하자면, 하나님 나라를 그 나라의 왕으로부터 분리시킬 수 없다. 이런 이유 때문에 하나님 나라를 또한 "그리스도의 나라" 엡 5:5; 계 11:15 와 "그의 사랑의 아들의 나라" 골 1:13 라고 부르는 것이다.

다르게 표현하자면, 예수님께서 그분의 사역 안에서 미래를 현재로 끌어오셨다.


## 하늘과 땅의 결합

창세기로 돌아가보면, 하나님의 궁극적인 뜻은 시작부터 하늘과 땅의 결합이었다.창 1–224) 이 두 영역이 예수님 안에서 합쳐지고 그분의 지상 사

---

23) 오리겐과 터툴리안이 아우토바실레이아 라는 단어를 사용하여 예수님을 지칭한 최초의 인물들로 알려져 있다. 다음을 참조하라. C. E. B. Cranfield, *The Gospel According to St. Mark* (Cambridge: Cambridge University Press, 1966), 66. 이 책에서 다음의 두 저작을 인용했다: Tertullian, *ad Marcion* 4.33; Origen, *Commentary on Matthew*, Matthew 18:23.

24) 신약성서의 저자들은 주님의 재림을 언급할 때 종종 그것을 "나타나리라" 라는 말을 사용하여 묘사한다.(골 3:4; 히 9:28; 벧전 5:4; 요일 2:28; 3:2) 예수님이 지금 여기에 계시지만 보이지 않는 다른 영역에 계심을 암시하는 말이다. 예수님께서 재림하실 때 커튼이

역을 통해 눈에 띄는 실재 안으로 돌입했다. 예수님께서 재림하셔서 땅으로 오실 때, 하늘과 땅은 다시 완벽하게 결합될 것이다.계21-2225)

예수 그리스도 안에서 하나님의 통치가 계시된다.

> 그러나 내가 만일 하나님의 손을 힘입어 귀신을 쫓아낸다면 하나님의 나라가 이미 너희에게 임하였느니라. 눅 11:20

> 예수께서 이르시되 어찌하여 무서워하느냐 믿음이 작은 자들아 하시고 곧 일어나사 바람과 바다를 꾸짖으시니 아주 잔잔하게 되거늘 그 사람들이 놀랍게 여겨 이르되 이이가 어떠한 사람이기에 바람과 바다도 순종하는가 하더라. 마 8:26-27

예수 그리스도 안에서, 하나님의 임재가 드러난다.

> 나를 본 자는 아버지를 보았거늘. 요 14:9

> 내가 아버지 안에 거하고 아버지께서 내 안에 계심을 믿으라. 요 14:11

> 나와 아버지는 하나이니라. 요 10:30

그렇다면, 예수님은 하나님의 형상의 표현이고 하나님의 권위의 실현 둘 다이시다. 그분은 창세기 1:26-28에서 시작된 하나님의 영원한 목적을 성취하셨고, 하나님 나라가 어떤 모습인지를 우리에게 보여주셨다.

---

열리고 모든 사람의 눈에 띄게 나타나실 것이다.(계 1:7)

25) 에덴동산에서 사람의 영역과 하나님의 영역이 어떻게 합쳐지는지의 성서적인 설명은 다음을 참조하라. 프랭크 바이올라, 『영원에서 지상으로』(대장간, 2009), 제 13 장. 에덴동산은 하나님과 사람의 교차 지점이다.

그러므로 하나님 나라는 하나님의 영원한 목적의 또 다른 이름이다.

그리고 그것은 **인써전스**의 심장 박동이다.


## 바로 너희 가운데

여러 해 전에 나는 나이든 은퇴 목사와 그의 지인과 함께 셋이서 여행을
한 적이 있다. 그 지인은 전문 토론자로서 그리 평판이 좋은 사람은 아니
었다. 그리고 그는 성서 학교를 나온 사람이었다.내가 하고 싶지 않은 선택

우리 셋이 점심 식사를 할 때 그 나이든 목사가 다음과 같이 질문했다:
"킹제임스 성경의 누가복음 17:21에 보면, 예수님이 하나님 나라가 "너희
안에within you" 있다고 말씀하셨는데, 당신들은 "너희 안에within you"가 맞
다고 생각합니까, 아니면 "너희 중에among you"가 맞다고 생각합니까?"

나는 이렇게 대답했다: "나는 예수님께서 '너희 안에' 라고 말씀하시지
않았다고 생각합니다. 왜냐하면, 그분이 바리새인들에게 말씀하고 계셨
으니까요. 그 말은 바리새인들 안에 하나님 나라가 있다는 뜻인데, 그럴
수는 없지요."

그 지인은 나와 동의할 수 없다고 대답했다. 그는 성서 과목을 택할 때
이 본문에 관해서 논문을 작성한 적이 있는데 담당 교수가 자기에게 A학
점을 주었다며 으스댔다.

그 사람은 그 나이든 목사에게 인상을 심어주려고 자신의 견해를 나에
게 납득시키려 애를 쓰며 계속 말을 이어갔다.

그가 나에게 물었다, "당신은 이 본문에 사용된 헬라어 단어를 알고 있
습니까?"

나는 "나는 모릅니다" 라고 대답했다.

그가 다시 말했다. "그 단어는 **엔토스***entos* 입니다. 당신은 이 말이 신약성서에서 누가복음 17:21에만 사용되지 않았음을 아십니까? 그리고 그 의미가 "중에among"가 아니라는 것을 아십니까?"

그리고는 "그 단어의 의미는 '너희 안에within you' 입니다" 라고 단정지었다.

그 은퇴 목사는 깊은 인상을 받은듯했다. 그리고 그 지인은 마치 자기가 싸움에서 이긴듯 능글맞게 웃었다.

하지만 내가 그에게 물었다. "헬라어 단어를 제대로 이해하기 위해서는 또한 그 단어가 사용된 문맥 안에서 그것을 해석해야 됨을 잘 알고 계시지요? 그렇다면 대답해 보십시오. 바리새인들은 예수 그리스도와 그분의 나라에 적대적이었는데, 어떻게 예수님이 그들 안에 하나님 나라가 있다고 말씀하실 수 있습니까? 위로부터 태어나지 않으면 아무도 하나님 나라를 볼 수가 없는데…"

그는 이렇게 대답했다. "나는 모릅니다."

그리고 나서, 나는 그에게 집에 도착해서 A 학점 받았다는 그 논문의 복사본을 보내달라고 부탁했다. 그는 보내지 않았다

나는 누가복음 17:21을 하나님 나라가 너희 "안에" 또는 "중에" 있다는 뜻으로 해석하지 않는다. 이 본문에서는 하나님 나라가 너희 "가운데in the midst of" 있다고 하는 게 더 좋은 번역이다. 그리고 이것이 바로 **엔토스 후몬** *entos humon*이 뜻하는 "너희 가운데" 이다.

대부분의 저명한 신약성서 학자들이 이 본문을 위와 같이 해석한다. 26)

---

26) George Eldon Ladd, *A Theology of the New Testament* (Grand Rapids: Eerdmans, 1993) Ladd는 이렇게 기술했다: "마가복음 10:15이 하나님 나라를 내면 세계에 받아들여야 함을 뜻하는 것은 맞지만, 예수님께서 바리새인들에게 '하나님 나라가 너희 안에 있다' 라고 말씀하셨을리는 없다. 사람으로 오신 예수님이 '너희 가운데' 계신다 라고 번역하는

몇몇 학자들은 그것을 "너희 손이 닿는 곳에within your reach" 또는 "너희 손 안에within your grasp" 라는 의미로 번역하는데, 기본적으로 같은 뜻이다. 예수 그리스도께서 바리새인들 가운데 서 계셨고, 하나님 나라가 그들의 손이 닿는 곳에 와있었다.

따라서 "너희 안에"는 문맥상으로도 적합하지 않고 신약성서의 다른 곳에도 들어맞지 않는다.

예수님은 바리새인들에게 이런 식으로 말씀하셨다: "너희가 하나님 나라가 임하는 것을 더는 기다릴 필요가 없다. 하나님 나라는 바로 여기 너희 가운데 서 있다! 나는 너희 손이 닿는 곳에 있다! 내가 성육신한 하나님 나라이다."

---

것이 문맥상 가장 적합하다." (65) 또한 다음을 참조하라: ESV, NASB, NIV, RSV, BSB, BLB, The Net Bible, 그리고 *The Anchor Yale Bible Dictionary* (New York: Doubleday, 1992), vol. 4, 59. *A Greek-English Lexicon of the New Testament and Other Early Christian Literature* (BDAG), 3rd ed., 2000 에 의하면, 엔토스(entos)의 의미론적 범위에 "in", "within", "in the midst", 그리고 "among"이 포함된다.(340-41) 바리새인들은 하나님 나라가 종말론적인 표적들을 동반하고 나타나기를 기대했다. 그것이 그들의 자연스러운 인식이었다. 그러나 예수님은 하나님 나라가 이미 그들 가운데 있다는 알쏭달쏭한 말씀을 하셨다.(눅 17:20-21) 바리새인들은 위로부터 태어나지 않았기 때문에, 하나님 나라가 그들 가운데 있는데도 불구하고 그 나라를 "볼(see)" 수 없었다.(요 3:3) 예수님은 이 본문에서 하나님 나라가 현재 임했음을 가리키셨지, 내면 세계를 말씀하신 것이 아니다. 신약성서는 사람이 하나님 나라에 들어가는 것을 거론하고 있다. 하나님 나라가 사람에게 들어가는 것을 말하지 않는다. 스캇 맥나이트(Scott McKnight)는 다음과 같이 정확하게 지적했다: "언젠가 바리새인들이 하나님 나라가 언제 임하는지를 물었을 때, 예수님은 이렇게 대답하셨다: '하나님의 나라는 볼 수 있게 임하는 것이 아니요, 또 여기 있다 저기 있다고도 못하리니 하나님의 나라는 너희 가운데 있느니라.' 여기에서 하나님 나라를 내면의 실재로 축소하려는 유혹이 있는데, 그것은 '너희 안에', 즉 내면적이고 영적인 실재에 초점을 맞춘 것이다. 더 적합한 표현은 '너희 가운데' 라는 뜻이다.(이 경우엔, 나 예수가 여기 바로 너희 가운데 있다) 하지만 종종 축소하는 경우가 있다." Scott McKnight, "A Robust Kingdom", Jesus Creed Blog, February 23, 2015. 누가복음 17:20-21을 "너희 가운데"로 번역해야 한다고 믿는 다른 학자들 중 다음과 같은 사람들이 있다: Craig Keener, Ben Witherington, Darrell Bock, Robert H. Stein, J. C. Ryle, Kenneth Wuest, 그리고 Marvin Vincente. N. T. Wright는 C. H. Dodd을 따라 같은 개념의 "너희 손 안에(within your grasp)"로 번역하는 것을 지지한다. Tom Wright, *Luke for Everyone* (London; Westminster John Knox Press, 2004), 207.

누가복음 17:21은 하나님 나라가 그리스도 안에서 구현되었음을 우리에게 보여주는 많은 구절 중 하나이다. 예수님이 그분의 주 되신 자격으로 활동하시는 곳은 어디든지 하나님 나라도 거기에 있다.

결과적으로, 하나님 나라는 내부적이고 사적인 것이 아니다. 그것은 우리의 인생 전체속과 결 둘 다를 형성하는 공적이고 사회적인 실재이다. 그것은 하나님의 통치가 현재에 드러나는 것이다. 당신 안에 사시는 그리스도는 하나님 나라의 다른 시민들과 함께 드러나기를 바라신다.


## 통치받는 백성

왕국은 왕의 통치를 받는 백성 없이는 존재할 수 없다. 따라서 하나님 나라는 왕예수님과 왕이신 예수님 안에서, 그리고 예수님을 통해서 드러나는 하나님의 통치를 가리킬 뿐만 아니라, 그분의 왕권에 복종하는 백성도 포함한다.

> 그들로 우리 하나님 앞에서 나라와 제사장들을 삼으셨으니 그
> 들이 땅에서 왕 노릇 하리로다 하더라.  계 5:10

예수님이 죽음에서 다시 살아나신 후, 하나님 나라는 새로운 이름을 갖게 되었다. 이 새 이름이 에클레시아*ekklesia* 이다. 에클레시아는 헬라어 단어로서, 신약성서에 종종 "church교회" 라고 번역되어 있다.

나는 영어의 "church"라는 말의 사용을 주저한다. 왜냐하면, 그것이 비성서적인 온갖 이미지를 떠올리기 때문이다.

에클레시아는 건물이나 특정한 교단을 가리키지 않는다. 또는 서로 멀

리 떨어져 있는 지상의 모든 그리스도인을 가리키지도 않는다. 아울러, 에클레시아는 매주 일요일 아침이나 수요일 저녁에 열리는 두 시간짜리 예배를 가리키지도 않는다. 그리고 전 세계적인 기독교 조직을 가리키지도 않는다.

1세기 때, 하나님의 교회는 예수 그리스도의 주 되심 아래 공동체를 이룬 지역 모임을 가리켰다. 정기적으로 함께 모이고, 그들의 왕의 생명에 의해 살면서 그 생명을 가시적으로 표현하기를 배우는 사람들의 공동체를 지칭했다.[27]

에클레시아는 특정한 도시 안에 있는 예수 그리스도의 몸 그 자체였다.

그들이 어디에서 모였는지는 상관없었고, 얼마나 자주 모였는지도 상관없었고, 그들이 스스로를 무엇이라고 불렀는지도 상관없었다. 그들의 눈에 띄는 특징은 그들이 사는 도시에서 나사렛 예수께 자신의 온전한 충성을 바치는 사람들이라는데 있었다. 그리고 그들이 함께 나누며 사는 삶에 의해 그 충성을 입증한 것에 있었다.

그러므로 만일 당신이 1세기 때 당신이 사는 도시에서 하나님 나라를 찾기 원했다면, 그리스도께 자신들의 충성을 바치는 사람들, 그리고 자주 함께 모임을 갖는 사람들을 찾아야 했을 것이다. 이것이 왜 그들이 그 도시에서 에클레시아라고 불렸는지의 이유이다. 고린도에 있는 에클레시아, 예루살렘에 있는 에클레시아, 데살로니가에 있는 에클레시아, 등등 에클레시아라는 단어는 모임, 회합, 집회 등의 뜻을 갖고 있다.

## 영적인 역설

---

27) 나는 『다시 그려보는 교회』(대장간, 2013)에서, 에클레시아가 무엇인지를 자세히 다루었다.

오늘날 에클레시아는 도시마다 예수 그리스도가 세상의 주인임을 인정하는 사람들로 이루어져 있다. 그렇다면, 에클레시아는 하나님의 왕권 통치를 구현할 뿐만 아니라 그 통치를 보존하는 존재이다.

에클레시아에 속한 사람들은 인간적인 생명에 의해 사는 법을 배우지 않는다.

> 이로써 그 보배롭고 지극히 큰 약속을 우리에게 주사 이 약속으로 말
> 미암아 너희가 정욕 때문에 세상에서 썩어질 것을 피하여 신성한 성품
> 에 참여하는 자가 되게 하려 하셨느니라. 벧후 1:4

에클레시아의 지체들은 자신의 인생을 내려놓음으로써 성령을 통해 그리스도의 생명에 의해 살아간다. 그리고 그들은 이 생명에 의해 영적인 역설을 경험한다: "내가 약할 그 때에 곧 강함이니라"고후 12:10 와 "내 능력이 약한데서 온전하여짐이라."고후 12:9

오늘날 수많은 신자가 "하나님 나라"에서 "교회"를 분리시키는 이유는 그들이 교회를 철저하게 현대적 용어로만 그리기 때문이다. 그들은 교회를 행사예배로 보고, 하나님 나라는 활동정의 수호를 위한 일으로 본다.

그러나 이것은 성서적인 개념이 아니다.

에클레시아는 하나님 나라를 구현하는 왕의 공동체이다.

예수님께서 이 땅에 계실 때 육신을 입으신 그분의 몸으로 하나님 나라를 구현하셨듯이, 오늘날엔 계속해서 그분의 영적인 몸인 에클레시아를 통해 하나님 나라를 구현하신다. 단, 에클레시아가 하나님께서 의도하신 대로 제 역할을 할 때 그렇게 하신다.

# 신화 잠재우기

왕의 나라에서 왕을 분리시킬 수 없듯이, 하나님 나라를 왕의 통치를 받는 사람들인 왕의 사회 곧 에클레시아로부터 분리시킬 수 없다.

기독교계에 널리 퍼져 있는 주장이 있는데, 이런 식으로 말한다: "예수님이 에클레시아[교회]를 몇 번 밖에 언급하지 않으셨지만, 하나님 나라는 100 번 넘게 언급하셨다. 고로, 하나님 나라가 에클레시아보다 더 중요하다."

글쎄. 예수님께서 하나님 나라를 100 번 넘게 언급하신 적은 없고, 4 복음서에는 식별 가능한 하나님 나라의 언급이 88 번 있다. 그럼에도 불구하고, 이것은 거짓이고 다른 관점으로 오도하는 주장이다. 그리고 나는 이 주장이 잘못되었음을 다른데서 충분히 다루었다.

이 논점을 요약하자면, 예수님께서 "에클레시아" 라는 단어보다 "하나님 나라" 라는 단어를 더 많이 사용하신 것은 맞다. 그러나 그래서 무엇이 문제란 말인가? 예수님은 복음서들에서 에클레시아를 가리키는 말을 풍부하게 사용하셨는데, 다만 그것을 일컬을 때 항상 "에클레시아" 라는 단어를 사용하시지 않았을 뿐이다.

예를 들면, 당신이 복음서들에서 열두 명의 남자와 다섯에서 여덟 명 정도의 여자가 한 무리로 예수님을 가까이, 그리고 충실히 따르는 것을 볼 때는 언제든지, 에클레시아의 잉태한 모습을 보고 있는 것이다. 이 적은 무리의 여자들과 남자들은 예수님께서 만드시는 새로운 사회인 왕의 공동체였다.

그리고 예수님께서 제자들에게 말씀하시면서 "너희" 라는 말을 사용하실 때는 언제든지, 십중팔구는 왕의 공동체인 에클레시아에게, 또는 에클레시아에 관해서 말씀하는 것이다.

결과적으로, 몸을 머리에서 분리시킬 수 없듯이, 에클레시아를 하나님 나라에서 분리시킬 수 없다. 그 둘은 끊을 수 없게 연결되어 있다.

그러므로 이 신화를 끝내고, 완전히 잠재워버리지 않겠는가?

## 구분될 수 있지만 분리될 수 없음

에클레시아를 하나님 나라에서 분리시키는 것은 빛을 시야에서 분리시기는 것과 매한가지이다. 그럴 수는 없다. 하나님 나라와 에클레시아는 구분될 수 있지만 분리될 수는 없다.

오늘날 한 무리의 사람들이 예수님을 왕으로 모실 때는 언제든지 거기에 하나님 나라가 있다. 한 무리의 사람들이 그리스도의 왕권에 복종하는 곳은 어디든지 하나님 나라가 그들 가운데 있고, 그들은 성령 안에서 의와 평강과 희락을 경험하게 된다.

> 하나님의 나라는 먹는 것과 마시는 것이 아니요 오직 성령 안에 있는
> 의와 평강과 희락이라. 롬 14:17

예수 그리스도는 성육신하신 의와 평강과 희락이다. 고전 1:30; 엡 2:14 그리고 그분은 성령 안에 거하신다. 고전 15:45; 고후 3:17

그리스도는 구체적으로 표현된 하나님 나라이다. 그리고 그분은 에클레시아 안에서 구체적으로 표현된다. 그 에클레시아가 **인써전스**를 살아가는 사람들이다. 28)

---

28) 에클레시아와 하나님 나라는 상호 교환하여 사용되기도 하고 그렇지 않을 수도 있다.

# 이미, 하지만 아직

하나님 나라가 언제 도래할 것인지에 관해서는 그리스도인들 중에 두 가지 주요 견해가 있다.

하나는 **하나님 나라가 아직 오지 않았다**고 믿는 사람들이다. 이들은 대개 "머지않아 도래할 달콤한 그날"을 기다리는 현실도피자들이다. 즉, 그들은 예수님이 재림하셔서 이 땅에 그분의 왕국을 세우실 날을 손꼽아 기다린다.

그들은 이렇게 말한다: 그때까지 우리는 세상이 점점 나빠진다는 사실에 스스로를 맡기고 살아야 한다. 그리고 예수님이 재림하실 때를 위한 "출구 전략"을 짜놓고 기다리는 것 외에는 우리가 할 수 있는 일이 없다.

또 한 부류는 **하나님 나라가 이미 도래했다**고 믿는 사람들이다. 이 그리스도인들은 그 나라가 바로 지금 여기에 임했다고 믿는다. 그래서 우리는 아무것도 기다릴 필요가 없고, 그 대신 이미 존재하는 그 나라를 세우기 위해 사회정의와 평화를 실현해야 한다고 주장한다.

이 견해 둘 다 진실의 요소를 포함하고 있지만, 둘 다 불완전하다. 하나님 나라를 미래로 밀어내는 것은 하나님의 영원한 목적과 결별하는 것이다. 동시에, 하나님 나라를 사회 운동을 통해 "세우는" 어떤 것으로 만드는 것은 영적인 실재와 능력을 없애버린다.

---

예를 들면, 머리와 몸이 어떤 경우엔 상호 교환하여 사용되지만, 또 다른 경우엔 그렇지 않다. 우리는 한편으로는 그리스도가 몸을 갖고 계신다고 말할 수 있고, 다른 한편으로는 그리스도가 몸이라고 말할 수 있다.(고전 12:12; 행 9:4) 결과적으로, 우리는 순수한 에클레시아가 어떤 면에서는 하나님 나라를 나타낸다고 말할 수 있다. 그리고 어떤 면에서는 에클레시아가 하나님 나라라고 말할 수 있다.(예를 들면, 요한계시록 1:6에서 예수님께서 "우리를 나라로 삼으셨다"고 한 것이다. 하나님 나라는 통치받는 백성을 포함한다) 1세기 때 어떤 에클레시아는 다른 에클레시아들보다 하나님 나라를 더 잘 나타냈다. 예를 들어, 고린도보다 데살로니가와 에베소가 더 잘 나타냈다.

우리가 성서에서 하나님 나라를 가리키는 모든 내용을 읽을 때, 뭔가 놀라운 일이 뚜렷이 눈에 띄게 일어난다.

하나님 나라는 이미, 하지만 아직이다.already but not yet

달리 말하자면, 하나님 나라는 여기에 있지만이미, 충만히 도래하지는 않았다.아직 그 나라는 존재하지만 미래에 올 것이고, 오늘 있지만 내일에 있을 것이다.

하나님 나라는 하나님의 사람들 안에 지금 여기에 있고, 그들이 그리스도의 형상을 드러내고 그분의 권위를 행사할 때는 언제든지 나타난다. 하지만 어느 날 충만한 능력과 영광으로 이 땅에 임할 것이다.


## 두 시대

예수님이 승천하실 때 하나님 아버지께서 예수님을 하늘에서 자신의 오른편에 앉히시고, 모든 정사와 권세와 능력과 주관하는 자와 이 세상뿐 아니라 오는 세상에 일컫는 모든 이름 위에 뛰어나게 하셨다.엡 1:21-22

"이 세상"과 "오는 세상"이라는 말을 주목하라.

"오는 세상"이라는 것은 예수님께서 재림하셔서 하나님 나라가 충만히 도래하는 것을 뜻한다. 그 결과: "물이 바다를 덮음 같이 여호와의 영광을 인정하는 것이 세상에 가득하리라" 합 2:14 그리고 예수님께서 "바다에서부터 바다까지와 강에서부터 땅 끝까지 다스리리니" 시 72:8

그때 모든 무릎이 그리스도께 꿇게 되고, 모든 입이 예수 그리스도가 세상의 주인임을 시인하게 될 것이다.롬 14:11; 빌 2:20-11 그리고 더는 전쟁이나 죽음이나 고통이나 눈물이 없게 될 것이다. 예수님께서 모든 것을 바로잡고, 모든 사람을 심판하실 것이다.

하나님 앞과 살아 있는 자와 죽은 자를 심판하실 그리스도 예수 앞에
서 그가 나타나실 것과 그의 나라를 두고 엄히 명하노니. 딤후 4:1

예수님과 바울에 의하면, 하나님 나라는 현재에 임한 미래이다.29) 따라
서 우리는 지금 성취된 구속과 완성의 기다림 사이의 괄호 안에서 살고 있
다.

우리는 지금 이 세상에 있는 동안 하나님 나라에 들어가서, 그 나라를
누리고, 선포하고, 구현하고, 드러내도록 부르심을 받았다. 그리고 우리
가 믿음을 지킨다면 오는 세상에서 하나님 나라를 기업으로 받게 될 것이
다.30)

하지만 오늘날 하나님 나라에 들어가는 사람들은 오는 세상뿐만 아니
라 이 세상에서도 하나님 은혜의 지극히 풍성함을 약속받았다. 막 10:30; 눅
18:30; 20:34-36; 엡 2:7; 딤전 6:19

우리가 그리스도 안에서 다른 형제, 자매들과 함께 왕의 생명에 의해 사
는 것을 배울 때, 우리는 "내세오는 세상의 능력"을 맛보고히 6:5 현재에 임한
미래를 사는 것이다.

당신이 어떤지는 모르겠지만, 나는 이것이 너무 놀랍다. 그리고 그것이
**인써전스**의 중요한 특징이다.


## 이 세상에 속한 것이 아니라

---

29) 하나님 나라가 현재와 미래 둘 다라는 것을 가리키는 성서의 본문 목록은 Insurgence-
   Book.com의 "The Kingdom Present and Future"를 참조하라.

30) InsurgenceBook.com의 "Action Terms for the Kingdom in the Gospels"를 참조하라. 용
   어 각각이 이 다섯 개의 관점에 잘 맞아떨어진다.

예수님 안에서, 하나님의 미래가 시간을 뚫고 들어왔다. 예수님께서 십자가로 가시기 전 빌라도 앞에 서 계실 때, 우리는 하나님 나라와 이 세상 나라의 충돌을 보게 된다. 예수님께서 세상의 통치자에게 이렇게 대답하셨다.

> 내 나라는 이 세상에 속한 것이 아니라. 요 18:36

헬라어 원어로는 예수님의 말씀이 이렇다: "내 나라는 이 세상에서또는 '으로부터' 오지 않았다." 예수님은 그분의 나라의 기원구원이 세상 제도에 있지 않음을 말씀하신 것이다. 그리스도의 왕국은 다른 세상 곧 하늘에서 왔다.

동시에, 하나님 나라는 이 세상을 위한 것이다. 예수님께서 제자들에게 가르쳐주신 기도를 떠올려보라: "나라가 임하옵시며, 뜻이 하늘에서 이룬 것 같이 땅에서도 이루어지이다."

따라서 하나님 나라는 이 세상에서 온 것은 아니지만 이 세상을 위한 것이다. 하지만 그 나라는 이 세상의 정부처럼 치리하지 않는다.

> 그러므로 예수께서 그들이 와서 자기를 억지로 붙들어 임금으로 삼으려는 줄 아시고 다시 혼자 산으로 떠나 가시니라. 요 6:15

하나님 나라는 하늘에서 시작되었지만 땅을 향하여 왔다.마 6:10 당신이 이야기의 마지막을 읽을 때, 새 예루살렘의 거룩한 도성으로 대표된 하나님 나라는 하늘에서 내려와 땅에 서게 된다.계 21:2

하늘과 땅을 결합시키시는 이것이 언제나 하나님의 의도였다. 다르게 표현하면, 에덴동산의 재현이다.

## 하나님 나라의 표적들

예수님은 사역하시는 내내 하나님 나라가 이 땅에 왔을 때 어떤 모습일지를 드러내는 많은 경이적인 표적을 행하셨다.

그것을 질문 형식으로 표현해보겠다: 하나님께서 세상을 통치하실 때 그것은 어떤 모습일까? 하나님 나라가 드러날 때 그것은 어떤 모습일까?

아니면 오늘날로 가져와서, 예수 그리스도께서 당신이 사는 도시를 맡으신다면 그것은 어떤 모습일까?

그 대답:

당신은 타락한 사람들 사이에서 화평과 화목을 보게 된다.

당신은 인종 차별, 성 차별, 나이 차별이 끝난 것과 범죄의 사라진 것을 보게 된다.

당신은 서로 용서하는 사람들을 보게 된다.

당신은 완전한 공의의 실현을 보게 된다.

당신은 사랑과 긍휼과 자비가 드러남을 보게 된다.

당신은 압제에서 해방되고 속박에서 벗어남을 보게 된다.

당신은 헐벗은 자에게 의복이 공급되는 것을 보게 된다.

당신은 굶주린 자에게 식량이 공급되는 것을 보게 된다.

당신은 병든 자를 돌봐주고 치유하는 것을 보게 된다.

당신은 사탄의 권세에서 해방되어 예수 그리스도께 충성하는 것이 펼쳐짐을 보게 된다.

당신은 원수의 권세를 무너뜨리는 하나님의 권세를 보게 된다.

예수님께서 행하신 기적들은 미래의 왕국이 현재로 임한 표지판이었다. 그것들은 하나님의 미래가 현재에 도래했음을 보여주는 짜릿한 표적들이었다.

예수님은 각각의 표적과 기적을 통해서 우리에게 새 나라왕국 공동체가 어떤 모습인지를 보여주셨다.

하나님께서 주도하실 때 사람의 고통은 완화된다. 화평, 공의, 치유, 용서, 긍휼, 화목, 그리고 사랑이 있다.

이것들이 **인써전스**의 열매이다.

## 그이가 당신입니까?

침례자 요한은 감옥에 갇혔을 때 예수님께 제자들을 보내어 다음과 같이 질문했다: "오실 그이가 당신이오니이까 우리가 다른 이를 기다리오리이까?" 눅 7:20

예수님께서 그들을 통해 요한에게 주신 대답은 다음과 같다.

> 너희가 가서 보고 들은 것을 요한에게 알리되 맹인이 보며 못 걷는 사람이 걸으며 나병환자가 깨끗함을 받으며 귀먹은 사람이 들으며 죽은 자가 살아나며 가난한 자에게 복음이 전파된다 하라. 눅 7:22

예수님은 요한에게, 약속된 메시아왕와 그분의 왕국의 표지판을 주셨다.

예수님께서 이 땅에서 행하신 모든 것을 다시 숙고해보라.

하나님이 나사렛 예수에게 성령과 능력을 기름 붓듯 하셨으매 그가 두
루 다니시며 선한 일을 행하시고 마귀에게 눌린 모든 사람을 고치셨으
니 이는 하나님이 함께 하셨음이라. 행 10:38

같은 맥락에서, 예수님께서 사역을 시작하실 때 하신 말씀을 주목하라.

주의 성령이 내게 임하셨으니 이는 가난한 자에게 복음을 전하게 하시
려고 내게 기름을 부으시고 나를 보내사 포로 된 자에게 자유를, 눈 먼
자에게 다시 보게 함을 전파하며 눌린 자를 자유롭게 하고 주의 은혜
의 해를 전파하게 하려 하심이라 하였더라… 이 글이 오늘 너희 귀에
응하였느니라. 눅 4:18-19, 21

누가복음 4장의 "주의 은혜의 해를 전파하게 하려 하심이라" 라는 표현
은 내가 나중에 설명하게 될 희년을 가리킨다.
하지만 하나님 나라가 임할 때를 한 문장으로 요약하자면: 하나님의 뜻
이 하늘에서 이룬 것 같이 땅에서도 이루어지리이다.


## 왕국의 사회

예수님께서 사역하셨던 기간에 하늘은 땅을 침노하고 있었다. 따라서
만일 당신이 1세기 때 유대 땅에 살면서 하나님 나라를 찾기 원했다면, 예
수님을 찾았어야 했을 것이다.

그러나 주 예수님이 승천하신 후 그분의 영을 보내셨을 때 하나님 나라가 다시 이 땅에 임했다. 그리고 그 나라는 하나님의 사람들인 에클레시아를 통해서 왔다.

에클레시아는 그리스도의 몸 자체이다. 즉, 이 땅에 있는 그분의 임재이다. 에클레시아는 당신이 모든 충성을 바쳐야 할 오직 하나뿐인 나라이다. 에클레시아의 새 나라에는 왕이 계시므로 선거라는 것은 없다. 그분이 당신에게 요구하는 것의 전부는 당신의 절대적이고, 총체적이고, 완전한 항복이다.

이것이 "회개하다"와 "믿다" 라는 말의 의미이다. 즉, 이것이 하나님 나라로 들어가는 통로이다. 막 1:15

**회개한다**는 것은 다시 생각하고 당신의 옛 생활에 묶였던 끈과 충성으로부터 단절하는 것을 의미한다.

믿는다는 것은 당신 자신을 이 세상의 새 주인이신 나사렛 예수께 의탁하는 것을 의미한다.

당신이 옛날 방식으로 생각하고 살았던 것으로부터 돌아서서 주인과 구원자이신 예수님께 당신 자신을 의탁할 때, "위로부터 태어나게" 된다. 말하자면, 당신은 하늘의 영역으로부터 태어나고, 하나님 나라로 태어나고, 왕국의 사회요 **인써전스**의 선봉인 에클레시아의 일원이 된다.

## 두 영역의 통치자

예수님은 이스라엘의 메시아요 세상의 진정한 주인으로서, 그분의 죽음에 의해 이스라엘의 죄와 세상 전체의 죄를 감당하셨다. 사 52-53 장

예수님은 그분의 죽음으로 그분의 사람들을 포로 생활에서 구출하시고

그것을 끝내셨다. 타락한 천사와 아담과 이스라엘까지 거슬러 올라가는 그 것에 종지부를 찍으신 것이다.

예수님의 죽음에 의해, 죄 사함이 보장되었다.엡1:7

예수님의 죽음에 의해, 하나님의 사람들이 새로운 출애굽을 경험하게 되었다. 하나님의 백성을 노예로 삼은 이 악한 세대의 권세에서 해방된 것이다.갈1:4

예수 그리스도는 자신의 죽음에 의해 정사와 권세를 벗어버려 밝히 드러내셨다.골2:15 예수님은 왕위 찬탈자인 사탄의 손에 있던 홀을 빼앗고 이 세상의 임금을 내쫓으셨다.요12:31

그리스도는 죽음을 이기고 다시 살아나셨고, 하나님 아버지는 그분에게 하늘과 땅의 모든 권세를 주셨다.마28:18 예수님은 하나님 우편에 오르셔서 주님과 메시아가 되셨다.행2:33-36 그리고 그분은 모든 정사와 권세 위의 하늘 자리에 앉으셨다.엡1:21; 벧전3:22

예수님은 자신의 죽음과 부활에 의해 사람들에게 신적 생명을 나누어주셨다. 이것이 에덴동산에서 성취되었어야 했던 하나님의 원래 목적이었다.

따라서 하나님 나라의 복음은 예수 그리스도를 당신 인생의 주인으로 모시는 것이 아니다.

예수님께서 승천하신 이래로 나사렛 예수는 이미 세상의 주인으로 확고하게 인정되셨다.

그분은 이미 왕위에 오르셔서 하늘과 땅을 통치해오셨다. 이 두 영역의 모든 권세는 지금 그분의 손에 있다. 그러므로 예수 그리스도는 주인이시다. 당신의 주인이심은 물론이고. 그분은 메시아그리스도이시다. 당신의 메시아이심은 물론이고.

이 땅의 사람들은 아직 이 사실을 인식하지 못하지만, 언젠가는 모든 사람이 궁극적으로 주인이신 예수님께 무릎을 꿇게 될 것이다.

> 이러므로 하나님이 그를 지극히 높여 모든 이름 위에 뛰어난 이름을 주사 하늘에 있는 자들과 땅에 있는 자들과 땅 아래에 있는 자들로 모든 무릎을 예수의 이름에 꿇게 하시고 모든 입으로 예수 그리스도를 주라 시인하여 하나님 아버지께 영광을 돌리게 하셨느니라. 빌 2:9-11

따라서 쟁점은 예수님을 주인으로 모시는데 있는 것이 아니다. 그분의 주 되심에 복종하는 것에 관한 문제이다. 왜냐하면, 지금 주님께 무릎 꿇는 것이 나중에 하는 것보다 훨씬 더 낫기 때문이다.

자비와 사랑과 긍휼이 풍성하신 주님이심을 안다면, 이것이 우리가 해야할 단 하나의 합당한 일이다.

> 영원하신 왕 곧 썩지 아니하고 보이지 아니하고 홀로 하나이신 하나님께 존귀와 영광이 영원무궁하도록 있을지어다 아멘. 딤전 1:7

# 바울의 복음

어떤 사람들은 이렇게 가르쳐왔다: 예수님은 하나님 나라를 전하셨고, 바울은 은혜를 전했다. 이것은 성서가 표방하지 않는 사상이다.

바울과 예수님은 둘 다 하나님 나라를 전했고, 또 둘 다 은혜를 전했다. 요 1:17; 행 20:24

바울이 하나님 나라를 전했음을 분명히 알 수 있는 다음 본문들을 고찰해보라.

> 바울이 회당에 들어가 석 달 동안 담대히 하나님 나라에 관하여 강론하며 권면하되. 행 19:8

> 보라 내가 여러분 중에 왕래하며 하나님의 나라를 전파하였으나 이제는 여러분이 다 내 얼굴을 다시 보지 못할 줄 아노라. 행 20:25

> 그들이 날짜를 정하고 그가 유숙하는 집에 많이 오니 바울이 아침부터 저녁까지 강론하여 하나님의 나라를 증언하고 모세의 율법과 선지자의 말을 가지고 예수에 대하여 권하더라. 행 28:23

> [바울이] 하나님의 나라를 전파하며 주 예수 그리스도에 관한 모든 것을 담대하게 거침없이 가르치더라. 행 28:31

바울이 전했던 하나님 나라의 복음은 침례자 요한과 예수님이 전했던 복음과 같았다. 다만 바울의 복음에 예수님을 세상의 주인이 되게 한 그분의 죽음과 부활이 포함되었을 뿐이다. 그것은 또한 구원과 결부시켜 하나님의 은혜를 힘주어 강조한 복음이다.

전도자 빌립 역시 다른 모든 사도와 마찬가지로 하나님 나라의 복음을 전했다.

> 빌립이 하나님 나라와 및 예수 그리스도의 이름에 관하여 전도함을 그들이 믿고 남녀가 다 침례를 받으니. 행 8:12

## 예수님이 주인이시다

1세기 때 누가 "예수님이 주인이시다" 라고 말했을 때, 그것은 시저 Caesar, 로마 황제가 주인이 아니라고 말한 것이다. 또한 크라토스kratos, 능력의 신가 주인이 아니고, 플루투스plutus, 재물의 신도 주인이 아니고, 아프로디테 aphrodite, 욕정의 신도 주인이 아니라고 말한 것이다. 이 세 개의 신과 비슷한 것이 에로스[eros], 맘몬[mammon], 마르스[mars]이다.

유감스럽게도, 우리 시대에 "예수님이 주인이시다" 라는 말은 크라토스, 플루투스, 또는 아프로디테가 주인이 아니라는 뜻이 아니다. 많은 그리스도인이 예수님을 일요일 아침에만 주인으로 모시는 것이 일반적이고, 직장에서는 플루투스가 그들의 신이고, 집에서는 크라토스가 그들의 신이고, 늦은 밤의 인터넷상에서는 아프로디테가 그들의 신이다. 예수님이 주인이시라는 바울의 메시지는 다른 모든 이방신에게 대한 노골적인 도전이었다.

오늘날 예수님이 주인이시라는 선포는 지상의 모든 권세와 그 권세들 배후에 있는 악의 영들의 보이지 않는 "통치자들과 권세들"에 도전하는 것이다. 하나님 나라의 복음은 또한 능력과 욕심과 정욕의 신들을 섬기는 이교 세력의 강한 반발을 산다.

진실로, 예수님의 왕권을 드러내는 복음은 나사렛 예수에게만 바쳐야 할 충성을 거짓된 신들과 다른 대상에게 바쳤던 것을 회개하라고 모든 사람을 호출한다.

구원의 복과 하나님 나라의 복은 믿음을 통한 은혜의 문제이다. 이런 이유로, 하나님 나라의 복음과 은혜의 복음은 동일한 메시지의 양면이다.

> 율법은 모세로 말미암아 주어진 것이요 은혜와 진리는 예수 그리스도로 말미암아 온 것이라. 요 1:17

## 우리 하나님이 통치하신다

이사야 52장에서 우리는 다음과 같은 놀라운 예언을 보게 된다:

> 좋은 소식을 전하며 평화를 공포하며 복된 좋은 소식을 가져오며 구원을 공포하며 시온을 향하여 이르기를 네 하나님이 통치하신다 하는 자의 산을 넘는 발이 어찌 그리 아름다운가 네 파수꾼들의 소리로다 그들이 소리를 높여 일제히 노래하니 이는 여호와께서 시온으로 돌아오실 때에 그들의 눈이 마주 보리로다 너 예루살렘의 황폐한 곳들아 기쁜 소리를 내어 함께 노래할지어다 이는 여호와께서 그의 백성을 위로하셨고 예루살렘을 구속하셨음이라 여호와께서 열방의 목전에서 그의 거룩한 팔을 나타내셨으므로 땅 끝까지도 모두 우리 하나님의 구원을 보았도다 너희는 떠날지어다 떠날지어다 거기서 나오고 부정한 것을 만지지 말지어다 그 가운데에서 나올지어다 여호와의 기구를 메는 자들이여 스스로 정결하게 할지어다 여호와께서 너희 앞에서 행하시

며 이스라엘의 하나님이 너희 뒤에서 호위하시리니 너희가 황급히 나

오지 아니하며 도망하듯 다니지 아니하리라. 사 52:7-12

이사야가 이 예언을 한 배경은 이렇다.

예루살렘은 당대의 세계 최강국이었던 바빌론에 의해 파괴되었다. 하나님의 백성은 그들의 땅에서 내몰려 바빌론에 포로로 끌려갔다. 소수의 유대인들만 예루살렘성에 남았는데, 그들은 "하나님께서 우리를 버리셨는가?" 라며 탄식하고 있었다.

그때 파수꾼이 멀리서 달려오는 사람을 포착했다. 좋은 소식을 가진 전령 하나가 도성을 향해 산을 넘어 달려왔다. 그리고 평화와 좋은 소식과 구원을 외치며 선포했다.

그 전령은 예루살렘이 파괴되었으나 이스라엘의 하나님은 여전히 왕으로 통치하심을 알렸다. 그리고 하나님 자신이 언젠가는 예루살렘으로 돌아오셔서, 시온에서 그분의 보좌에 앉으시고, 온 세상에 구원과 평화를 주실 것이라고 선포했다. 파수꾼은 하나님께서 여전히 통치하신다는 좋은 소식 때문에 기쁜 소리로 외쳤다.

하나님께서 구원을 가지고 오시기 때문에, 세상의 길에서 떠나 부정한 것을 만지지 말라고 말씀하신다.

예수 그리스도의 사역과 함께 새로운 왕의 실재가 도래했다. 그리고 왕과 "좋은 소식"의 전령 둘 다가 예수님 자신이었다.

오랫동안 기다려온 하나님 나라는 나사렛 예수와 함께 시작되었다.

이사야는 **인써전스**를 예언한 것이다.

# 합쳐진 복음

1세기의 사도들은 "로마 황제 숭배"가 로마제국을 장악한 종교였을 때 살았다. 제국의 "충성 맹세"는 "시저Caesar, 로마 황제가 주인이시다"였다.

바울과 다른 사도들이 전파한 하나님 나라의 메시지는 매우 체제 전복적이었다. 그것은 반문화적이고 반제국적인 선포였다.

신약성서에서 사용된 "복음"이라는 단어는 두 가지 요소를 담고 있다.

첫째, 그것은 이사야 40-55장과 에스겔 43장의 성취이다. 하나님께서 언젠가는 시온으로 돌아오셔서, 그분의 백성을 해방시키시고, 세상을 심판하실 것을 약속하신 내용이 이루어진 것이다. 그 결과로 온 세상에 평화와 구원과 공의가 임하게 된다.

둘째, 우리가 이미 살펴보았듯이 복음은 새 로마 황제가 등극했음을 알리는 선포를 가리킨다.

그러므로 바울과 다른 사도들이 "복음"이라는 말을 사용했을 때, 그들은 십자가에서 죽으시고 부활하신 나사렛 예수가 이스라엘의 진정한 메시아이고 세상의 진정한 주님이라는 좋은 소식을 가리켰다.

예수님 안에서 구체적으로 표현된 이스라엘의 왕은 언제나 세상의 왕이 되도록 예고되어 있었다.시 72:8; 사 11:10 놀라운 것은, 하나님께서 진정한 주님과 왕이 되시려고 나사렛의 목수라는 인격으로 오셨다는 사실이다.

그렇다면, 1세기 때 "예수님이 주인이시다"라고 말하는 것은 다른 왕국과 다른 제국에 충성을 바칠 것을 선언하는 것이었다. 이런 이유로, 초기 그리스도인들은 핍박을 받았다. 그들은 로마 황제에게 충성을 바칠 것을 거부한, 로마에 대한 애국심과 충성심이 결여된 사람들이었다. 그들은 어떤 나라, 제국, 정치 이념, 또는 정당이 아닌 예수 그리스도께 그들의 충성을 바쳤다.

하나님 나라의 복음은 다른 모든 것에 바쳤던 충성을 포기하고 예수님께 온전한 충성을 바치라는 직접적인 호출이다. 이런 이유 때문에, 오늘날 그리스도의 왕 되심에 항복한 모든 사람은 1세기에 시작된 하나님의 인써전스에 동참한 사람들이다.

## 좋은 소식, 나쁜 소식

하나님 나라의 복음은 그 자체에 능력이 있다. 실제로, 바울은 복음이 하나님의 능력이라고 말했다.

> 내가 복음을 부끄러워하지 아니하노니 이 복음은 모든 믿는 자에게 구
> 원을 주시는 하나님의 능력이 됨이라 먼저는 유대인에게요 그리고 헬
> 라인에게로다. 롬 1:16

로마 황제가 죽었을 때는 언제든지 제국에 동요와 불안이 팽배했다. 사람들은 이렇게 물었다: "식량은 공급될 것인가? 전쟁이 일어나지는 않을까? 우리에게 무슨 일이 일어날까?"

하나님 나라의 복음은 십자가에서 죽고 부활한 나사렛 사람 예수가 새로운 주인이고, 그가 가난, 불의, 노예 제도, 그리고 인간의 고통을 종결시킬 것이라는 기쁜 소식이었다.

이것은 가난한 사람들에게 좋은 소식이었고, 압제받는 사람들에게 좋은 소식이었고, 회개할 준비가 된 죄인들에게 좋은 소식이었다. 왜 그런가? 복음이 그들에게 용서, 소망, 해방, 그리고 구원을 약속했기 때문이

다. 복음이 또한 왕의 공동체 안에서 새로운 형태의 경제 원리를 약속했기 때문이다. 모두에게 충분하고 모자라지 않게 하는 경제 원리이다.31)

그러나 그것은 불우한 사람들의 등을 쳐서 부를 쌓으며 다른 사람을 착취했던 이 땅의 모든 기득권층에게는 나쁜 소식이었다. 왜냐하면, 이 땅의 권세는 예수님의 주 되심을 위해 길을 열고 비켜야 했기 때문이다. 주 예수님은 미래에 완성될 궁극적인 신분의 전환을 일으키기 시작하셨다. 눅 1:53; 6:20-26; 계 18

이렇게 함으로써, 예수님은 가난한 사람들에게 복음이 전파된다고 약속된 구약성서의 말씀을 성취하셨다. 눅 4:18; 7:22 그것은 또한 왜 하나님께서 특별히 가난한 사람들을 사랑하시고, 하나님 나라와 관련된 그들의 믿음을 부요케 하셨는지의 이유를 설명해준다. 눅 6:20; 16:22; 약 2:2-6

요점: 하나님 나라의 복음은 기존의 질서를 거스르는 인써전스였고, 또 지금도 여전히 그렇다.

이스라엘의 생활방식은 빼앗으려는 탐욕이 두드러진, 지배적인 제국주의 경제에 대한 모독이 되어야 했다. 예수님은 누가복음 12 장과 다른 본문들에서 이런 빼앗으려는 본능에 반하는 말씀을 하셨다. 예수님을 본받아서, 바울도 탐욕을 "우상숭배" 라고 불렀다. 골 3:5; 엡 5:5 에클레시아는 하나님께서 경제에 관해 이스라엘에게 주셨던 이야기를 그대로 살아내도

---

31) 우리의 중독성과 강박 관념에 찌든 현 사회에는 경제의 영역에서 자본이 공동체를 대체하여 왔다. 이런 경향은 부와 권세를 넘치도록 축적하는 것과 동일시했던 이집트로 거슬러 올라갈 수 있다. 반면에, 이스라엘은 사적인 축적으로 재산을 집중시키는 대신, 그것을 부족에게 분배하고 가난한 사람들을 돌봄으로 재산이 순환하도록 부르심을 받았다. 옛 하나님의 백성은 안식일을 지켰다. 그것은 자기를 제한시키는 것, 생산, 소비에 대해 살피는 시간이었다. 또한 사람들이 재충전되고, 원기를 회복하고, 그들에게 모든 생계 수단과 공급이 하나님의 선물임을 상기시키는 시간이었다. 이스라엘은 소유물에 의해 소유 당하는 대신 그들의 "물질"을 다른 사람들과 나누도록 부르심을 받았다. "네 하나님 여호와께서 네게 주신 땅 어느 성읍에서든지 가난한 형제가 너와 함께 거주하거든 그 가난한 형제에게 네 마음을 완약하게 하지 말며 네 손을 움켜 쥐지 말고"(신 15:7)

록 부르심을 받았다. 에클레시아는 물질을 사적으로 축적하는 대신 공동체의 다른 지체들과 함께 나누어야 했다. 이것은 다음의 구절들에서 분명히 확인된다: 막 10:29-30; 행 2; 4; 고후 8; 9; 그리고 롬 15. 나는 이 주제를 이 책에서 나중에 더 자세히 다룰 것이다.

## 불가피한 반발

하나님 나라의 복음은 물의를 빚게 되어 있다. 그래서 큰 반발을 사게 된다

그것은 침례자 요한의 목을 날아가게 했다.

그것은 예수님을 십자가에 못박혀 돌아가시게 했다.

그것은 베드로와 바울과 대부분의 사도들을 옥에 갇히게 했고, 죽음으로 내몰았다.

그것은 헤롯을 두려움에 떨게 해서, 그로 하여금 동방 박사들이 "유대인의 왕"으로 난 사람을 찾고 있다는 말을 듣고 베들레헴의 남자 아이들을 죽이게 했다.

바울이 하나님 나라의 복음을 전했을 때, 곳곳에서 폭동이 일어났다. 바울은 돌에 맞고, 얻어 맞고, 옥에 갇히고, 결국 순교를 당했다. 왜 그랬을까? 그가 시저 이외에 이 땅을 다스리는 다른 통치자가 있음을 선포할 정도로 간이 부은 사람이었기 때문이다.

서기 51년 경에, 바울은 그리스에 있는 데살로니가라는 도시의 저잣거리에 서서 이런 식으로 외쳤다:

지금 이 세상에 새로운 주인이 계십니다. 그분은 유대인으로 태어났지

만 실은 하늘에서 오셨습니다. 20년 전에 유대인들은 로마의 손을 빌려 그분을 십자가에 못박았습니다. 그러나 하나님은 그분을 죽음에서 일으키셔서 하늘 보좌에 앉히셨고, 지금 그분을 하늘과 땅의 통치자와 왕으로 삼으셨습니다. 당신이 지금까지 기존 세상 질서에 묶였던 줄을 끊고 회개하십시오. 그리고 새로운 왕이신 나사렛 예수께 당신의 인생을 의탁하십시오. 그분은 세상에 평화와 공의와 의를 가져오시는 분입니다. 그분께 당신의 믿음직한 충성을 바치십시오. 그러면 그분이 당신의 죄를 용서하시고 이 악한 세대에서 당신을 해방시키실 것입니다. 당신은 또한 지금과 오는 세대에 영생을 얻게 될 것입니다.

바울은 데살로니가 사람들에게 충격적인 이야기를 들려주었다. 그리고 놀랍게도 많은 사람이 믿게 되었다. 다수의 데살로니가 사람들이 나사렛 예수를 그들의 주님으로 믿고 그분께 전폭적이고 믿음직한 충성을 바쳤다. 그리고 왕국의 사회인 에클레시아가 데살로니가에 태어났다.

그렇다. 바울과 다른 사도들이 전파한 복음은 시저와 그의 제국을 강하게 도전했다. 그들의 메시지는 폭동을 유발할 정도로 과격하고, 체제 전복적이고, 반역적이었다. 사도행전에 기록된 이 말을 주목하라:

천하를 어지럽게 하던 이 사람들이 여기도 이르매 야손이 그들을 맞아들였도다 이 사람들이 다 가이사의 명을 거역하여 말하되 다른 임금 곧 예수라 하는 이가 있다 하더이다 하니. 행 17:6-7

하나님 나라가 선포될 때 뭔가 일이 벌어진다. 하늘의 영역이 움직이고, 타락한 사람들이 회개하고, 지옥이 깨어나 흔들리고, 복음을 전하는 사람들은 비난을 받고, 공격을 받고, 핍박을 당한다.

하나님 나라는 이 세상 나라들에 책임을 묻고, 이 세상 제도의 임시적 권세와 맞선다. 그래서 반발을 사게 된다.

요약하자면, 바울과 다른 사도들은 **인써전스**의 대사였다.

## 나라들 사이의 충돌

4복음서는 하나님께서 어떻게 나사렛 예수 안에서, 그리고 그분을 통해서 이 땅의 왕이 되셨는지를 보여주는 이야기이다. 그 이야기는 이 세상 나라들과 하나님 나라 사이에 벌어진 충돌의 대하 드라마이다.

복음서들은 다윗의 동네에서 태어난 새로운 왕 예수님을 찾아 죽이려는 헤롯의 이야기로 시작한다. 그리고 예수님께서 그분의 나라를 빌라도에게 선포하시고, 그분의 제자들을 새로운 왕국의 도래를 선포하는 대사들로 파견하시는 이야기로 끝맺는다.

사도행전도 역시 나라들 사이의 충돌을 포함하고 있다. 사도행전은 예수님께서 하나님 나라에 관해 가르치시는 것으로 시작한다. 그리고 바울이 시저의 문턱인 로마에서 하나님 나라를 전파하는 것으로 끝맺는다.

사도행전 1장부터 12장까지는 유대인들에게 선포된 하나님 나라의 이야기이고, 13장부터 28장까지는 이방 세계에 선포된 하나님 나라의 이야기이다.

사도행전은 처음부터 끝까지, 예수님의 제자들이 예루살렘에서 로마에 이르기까지 예수님을 주인과 왕으로 선포한 내용을 우리에게 보여준다. 이런 관점에서, 사도행전은 하나님의 통치가 예수님 안에서, 그리고 예수님을 통해서 하늘에서 이룬 것같이 땅에서도 이루어지기 시작한 것에 관한 내용이다. 그리고 이렇게 시작된 것이 곳곳에서 도전받았음을 보여준다.

하지만 사도행전은 바울이 로마에서 하나님 나라를 "담대하게 거침없이" 선포한 것으로 끝맺는다. 행 28:31

정리하자면, 로마 시대에 **복음**이라는 말은 정치적인 지도자에 의해 반포된 좋은 소식의 칙령이었다. 그것은 로마제국 전체에 선포되어야 할 고칠 수 없는 군주의 선언문이었다. 그것은 시저가 주인이라는 포고령이었고, 시저에게 충성을 맹세할 것을 요구했다.

그리스도인들이 생겨나서 예수님이 주인이라고 선포했을 때, 그것은 영적이거나 신학적인 동의가 아니었다. 그것은 반역을 드러내는 정치적 선언이었고 로마제국에 항거하는 선동이었다. 이것이 왜 초기 그리스도인들이 핍박을 당했는지의 이유이다.

초기 그리스도인들은 로마제국의 신들과 경쟁하지 않았다. 유대인들은 이미 이방신들을 부정했었지만 그것이 로마제국에 직접적인 위협으로 비치지는 않았다. 고로, 제국의 신들과의 경쟁이 아니었다. 그리스도인들은 시저가 아닌 나사렛 예수가 주인이고 왕이심을 선포함으로써 로마제국에 바쳤던 충성 맹세를 깨뜨렸다.

마찬가지로, 오늘날 하나님 나라의 복음이 받아들여지는 곳은 어디든지, 그리고 언제든지, 그 복음이 세상 제도, 즉 정치, 국가, 대중문화, 교육, 그리고 심지어 종교제도에 바쳤던 충성 맹세를 깨뜨린다.

하나님 나라는 잔잔한 혁명을 일으키는 정도가 아니라, 하나님의 멋진 창조 세계를 말살시키는 모든 것에 대항하는 반란이다. 즉, 그리스도의 아름다움과 위엄을 흐트러뜨리고 손상시키는 모든 것에 대항하는 반란이다. 그것은 영적인 **인써전스**이다.

예수께서 대답하시되 내 나라는 이 세상에 속한 것이 아니니라 만일 내 나라가 이 세상에 속한 것이었더라면 내 종들이 싸워 나로 유대인들에게 넘겨지지 않게 하였으리라 이제 내 나라는 여기에 속한 것이 아니니라. 요 18:36

내가 조지 바나와 공저한 『이교에 물든 기독교』에서 주장한 바와 같이, 예수 그리스도는 혁명가였다. 그것에 관해 여기에 짧게 인용한다:

예수님은 결코 선동가이시거나 열광적인 반란 주모자가 아니셨다.마 12:19-20 하지만, 주님은 서기관들과 바리새인들의 전통에 끊임없이 도전하셨다. 그리고 우연히 그렇게 하신 것이 아니라 의도적으로 그렇게 하셨다. 바리새인들은 자신들이 발견했다는 '진리'를 위해 그들이 보지 못하는 진리를 없애 버리려고 했던 사람들이다. 이것은 왜 "장로들의 유전"과 예수님의 행동 사이에 돌발적인 논쟁이 잇따랐는지에 대한 이유를 설명해 준다.

누군가 다음과 같이 얘기한 적이 있다: "반란 주모자는 과거를 변화시키려 하고, 혁명가는 미래를 변화시키려고 시도한다." 예수 그리스도는 이 세상에 대대적인 변화를 일으키셨다. 그것은 하나님을 보는 인간의 눈의 변화이다. 또 인간을 보는 하나님의 눈의 변화이다. 그리고 여자를 보는 남자들의 눈의 변화이다. 우리 주님은 옛 구조에 급진적인 변화를 일으키셔서 그것을 새 구조로 대체하셨다. 주님은 새 언약을 성취하러 오셨다. 즉, 그것은 새로운 나라, 새로운 출생, 새로운 혈통, 새로운 종족, 새로운 문화, 그리고 새로운 문명이다.14

예수님은 짧은 사역 기간 동안 세상 제도의 모든 면을 상대로 반란을 일으키셨다.32) 그분은 자신을 사회 계급의 밑바닥에 있는 사람들과 동일시 하시며 유대와 로마제국의 계급 구조와 권력을 잡은 사람들을 도전하셨 다.

이런 이유로, 예수님은 반란자의 낙인이 찍혀 죽임을 당하셨다.33)

주님의 충성된 제자들 또한 이와 똑같은 특징을 간직한 **인써전스**의 사람 들이었다.

## 가장 고상한 가치

고인이 된 짐 엘리엇Jim Elliot이 남긴 유명한 말이 있다: "잃을 수 없는 것 을 얻기 위해 간직할 수 없는 것을 주는 사람은 어리석지 않다."

이 문구는 하나님 나라의 복음을 간결하게 요약한 것이다.

예수님의 사도들은 복음에 반응했을 때 모든 것을 버렸다. 그래서 그들 이 얻은 것은 무엇이었는가? 예수 그리스도의 면전에서 3년 동안 그분과 함께 산 것, 즉 그들은 사람이 아는 한 최고의 영예를 누렸다.

그들은 그리스도를 얻기 위해 모든 것을 잃었다. 그리고 예수님이 부활 하신 후에도 그분의 임재 안에서 계속 살았다. 행 4:13 그들은 그리스도를 얻으면서 진짜 중요한 모든 것을 다 얻었다: 의, 기쁨, 평강, 확장된 가족, 영생, 그리고 하늘에 속한 모든 것.

---

32) 그렉 보이드는 예수님이 어떻게 기존 물질 세계의 질서에 대항하여 반란을 일으키 셨는지에 관해 책을 썼다. Greg Boyd, *The Myth of a Christian Religion* (Grand Rapids: Zondervan, 2009)

33) 바라바와 예수님과 함께 십자가에 못박힌 두 사람을 레스테스(lestes) 라고 불렀는데, 이것은 정치적인 동기로 소요를 일으키는 사람을 의미한다.(막 15:27; 요 18:40) "혁명 가" 또는 "폭도" 라고 번역하는 것이 "강도"나 "도적" 보다 레스테스에 더 가깝다. 이 세 사람은 선동의 죄목이 씌웠던 정치적인 폭도, 반란자, 혁명가였다. 그리고 예수님도 그 들과 동류로 간주되었다.

다소 사람 바울의 다음과 같은 고백이 그의 복음인 하나님 나라의 복음을 잘 요약해준다:

> 그러나 무엇이든지 내게 유익하던 것을 내가 그리스도를 위하여 다 해로 여길뿐더러 또한 모든 것을 해로 여김은 내 주 그리스도 예수를 아는 지식이 가장 고상하기 때문이라 내가 그를 위하여 모든 것을 잃어버리고 배설물로 여김은 그리스도를 얻고 그 안에서 발견되려 함이니…
>
> 빌 3:7–9

바울은 다메섹 도상에서 눈이 먼 상태로 그리스도를 본 것 이외에는 예수님의 얼굴을 한 번도 본 적이 없었다. 육체적으로는 그랬다. 하지만 바울은 위의 본문에서 "내 주 그리스도 예수를 아는 지식이 가장 고상하기 때문"에 모든 것을 잃어버렸다고 했다.

바울이 다음과 같이 말하지 않았음을 주목하라: "하늘에 가는 것이 가장 고상하기 때문", 혹은 "가난한 사람들을 돕는 것과 사회정의를 수호하는 것이 가장 고상하기 때문", 혹은 "하나님을 섬기는 것이 가장 고상하기 때문."

아니다. 예수 그리스도를 아는 것이 가장 고상한 가치이다! 그리고 바로 이것이 하나님 나라의 복음이 인도하는 곳이다. 주 예수 그리스도를 진정으로 아는 것, 그분의 임재 안에 사는 것, 그리고 그분의 마음을 기쁘시게 하는 것. 하나님 나라의 복음은 본질적으로 관계적이다. 주님께서 바라시는 것은 우리가 그분을 위하여 일하는 것이 아니다. 그 대신, 우리가 그분과 **함께** 사는 것을 원하신다.

당신과 내가 모든 것을 뒤로 할 때, 평강, 하나님 나라 안에서의 기쁨,

그리고 넘치는 그리스도의 풍성함에 참예함을 얻게 된다. 당신의 안전과 위신이 더는 돈, 물질의 소유, 그리고 세상의 지위에 있지 않고 그리스도와 그분의 나라에 있게 된다. 역사상 가장 큰 영예인 그리스도를 얻는 것은 물질 세계의 모든 것보다 더 가치가 있다.

바울은 계속해서 이렇게 말했다:

> 내가 그리스도와 그 부활의 권능과 그 고난에 참여함을 알고자 하여 그의 죽으심을 본받아… 형제들아 나는 아직 내가 잡은 줄로 여기지 아니하고 오직 한 일 즉 뒤에 있는 것은 잊어버리고 앞에 있는 것을 잡으려고 푯대를 향하여 그리스도 예수 안에서 하나님이 위에서 부르신 부름의 상을 위하여 달려가노라… 형제들아 너희는 함께 나를 본받으라 그리고 너희가 우리를 본받은 것처럼 그와 같이 행하는 자들을 눈여겨 보라. 빌 3:10, 13-14, 17

**인써전스**에 속한 사람들은 바울의 본을 따라, 위에서 부르신 부름인 예수 그리스도를 아는 것을 그들의 "오직 한 일"로 삼은 사람들이다. 예수님은 그들의 인생의 열정이고 그들을 완전히 사로잡으신 분이다.34)

---

34) 오늘날, 기독교계는 JDD(Jesus Deficit Disorder[예수 결핍 장애]) 라는 전염병에 몹시 시달리고 있다. 이 질병의 치료법에 관한 자세한 내용은 InsurgenceBook.com에서 다음을 참조하라. Leonard Sweet and Frank Viola, *Jesus Manifesto* (Nashville: Thomas Nelson, 2010)

# 순전한 은혜

진실로, 하나님 나라의 복음은 구약성서가 예언한 대로 예수 그리스도가 이스라엘의 메시아라는 것을 선포한 왕의 칙령이다. 그리고 그분은 지금 세상의 진정한 주인으로 등극하셨다. 다윗의 자손이 하늘 영역의 하나님 우편에 영원토록 주님으로 앉아계신다.

오늘날 하나님 나라의 복음이 전파될 때, 성령이 사람들을 회개시키시고 예수님을 부활하신 주님과 하늘과 땅의 구원자로 의탁하도록 부르신다.

그러나 이 부르심은 순전한 은혜에 의해 주어진다. 그리고 그것에 반응하는 사람들도 순전한 은혜에 의해 반응한다.

결과적으로, 하나님 나라의 복음은 은혜의 복음이다. 그리고 은혜는 인써전스의 생명선이다.

## 캐티를 만나다

여기에 하나님 나라의 복음을 듣고 자유롭게 된 캐티Katie라는 이름을 가진 자매의 간증문을 소개한다.

나의 남편과 나는 어떤 교회를 다니며 목사의 설교를 듣기 시작했는데, 그는 예수님을 위해 "급진적"이 되려면 가난한 사람들에게 우리의 소중한 것들을 기부해야 한다고 가르쳤습니다. 우리도 그 교회의 다른 많은 교인처럼 순수한 기대감을 갖기 시작했습니다. 우리는 "이제야 우리가 정말 예수님을 따르게 되었다" 라고 생각했습니다. 그러나 그 상태가 오래 지속되지 못하고 우리는 완전히 소진 상태에 빠져버렸습니다.

우리는 매주 교인들이 배운 것을 순종하기 위해 그들 자신의 노력으로 더 열심히 애쓰는 것을 지켜보았습니다. 우리는 항상 우리가 하는 일이 충분치 않고 기대에 미치지 못한다는 죄의식으로 점점 지쳐갔고, 결국 교회를 떠나게 되었습니다.

처음엔 그 가르침이 성서적으로 들렸지만 우리가 그 비전을 시행하려고 시도하면 할수록, 초점이 결코 예수 그리스도가 아니었음을 깨닫게 되었습니다. 그것은 "순종"을 하기 위한 노력이었고, 미묘하게 점수를 따서 예수님의 비위를 맞추려는 것이었습니다.

급기야 우리는 진이 빠지고 낙담하고 말았습니다. 나는 교회에 다니고 싶은 생각이 더는 없었습니다. 그리고 "순종"이라는 말만 들어도 피곤해지고 심지어 씁쓸하기까지 했습니다.

그후 나는 하나님 나라의 복음을 전하는 사람의 메시지를 듣게 되었습니다. 그런데 그는 그 복음을 은혜롭게 , 그리고 율법주의와 거리가 멀게 전했습니다. 그때 나는 나의 힘으로는 예수님을 위해 살 능력이 없는 존재임을 깨달았습니다. 그리고 해답은 죄의식을 갖거나 더 열심히 노력하는데 있지 않았습니다.

나는 그 메시지에 의해 자유를 찾았습니다. 이제 그리스도인의 삶을 살려는 노력을 포기했고, 어떻게 예수님이 내 안에서, 그리고 나를 통해서 사시도록 하는지를 배우기 시작했습니다. 나의 신앙 생활은 더는 나 자신이나 나의 순종에 관한 것이 아니었습니다. 그것은 이제 전부 그리스도에 관한 것이었습니다. 신앙 생활이 더는 말뿐이 아니고 실재가 되었습니다. 내가 전에 수도 없이 들어왔던 은혜라는 말이 달콤한 음악이 되었습니다. 은혜가 무엇인지를 처음으로 알게 된 것처럼 느껴졌습니다. 그것은 그리스도였습니다.

그리고 물론, 그날 이후로 남편과 나는 주님을 위해 그토록 뜨거운 열정을 가져본 적이 결코 없었습니다. 우리에게서 나온 순종은 전부 주님의 영이 우리 안에서, 그리고 우리를 통해서 역사한 것입니다. 우리는 자유를 찾았지만, 이전보다 훨씬 더 주님을 위해 급진적인 사람이 되었습니다.

## 톰을 만나다

톰은 율법주의와 종교적 의무로 특징지어지는 근본주의 기독교 가정에서 자라났다. 주님을 향한 톰의 헌신은 대부분 외적이었고, 자신이 결코 하나님을 충분히 섬기지 않고 있다는 끊임없는 죄책감에 시달렸다.

그러다가 대학교에 들어가서, 톰은 개인의 성화나 복음 전도를 별로 강조하지 않는 진보적인 기독교를 접하게 되었다. 그것은 전부 사회정의에 초점이 맞춰있었다.

톰은 이 새로운 형태의 기독교에 매력을 느껴서 정의와 세계 평화와 관련된 여러 활동에 몰두했다. 그는 처음에는 그 새로운 형태의 기독교 신앙이 강조하는 것에 열광했지만, 여러 해 동안 정의를 위해 힘들이지 않고 일을 한 후에는 더 추구하는데 환멸을 느꼈다.

그는 자신의 수고에 비해 열매가 너무 적은 것을 보고 정의를 위해 싸우는 것이 생각하는 만큼 그리 대단한 것이 아니라는 결론을 내렸다. 아울러, 그는 함께 활동했던 대부분의 동료들이 예수님을 언급하긴 하지만 그분과는 거의 관계성이 없음을 알아차렸다. 그들은 부활하신 그리스도와의 관계가 없는 것으로 보였다. 그들이 유일하게 예수님을 언급했던 때는 오직 가난한 자와 부자에 관한 예수님의 가르침을 말할 때였다.

톰은 어려서부터 받았던 신앙 교육이 자신에게 맞지 않음을 여전히 알고 있었지만, 그의 생활방식이 세상 사람들과 다르지 않다는 것을 깨닫게 되었다. 그는 또한 그가 정의와 세계 평화를 위해 지칠줄 모르게 일을 했지만 무엇 하나 달라진게 없다고 느끼고 소진 상태에 빠져버렸다.

그는 또한 이전에 근본주의 신앙을 가졌을 때는 가까이 하지 않았던 육신의 다양한 중독에 스스로 빠지도록 허용했다는 사실에 양심의 가책을 받았다.

톰은 이런 내적 혼란 상태에서 살고 있을 때 대학교 캠퍼스에서 열린 어떤 모임에 참석해서 하나님 나라의 복음을 듣게 되었다. 그때 그의 생각과 마음 속에 변화가 일어났다.

톰은 그날 메시지를 다 듣고 나서 예수 그리스도께 자신을 온전히 드렸다. 무슨 명분이나 새로운 신학이 아닌 오직 주 예수님께. 아울러, 그리스도께 항복한 톰의 결단은 죄의식, 종교적 의무, 두려움, 죄책감 또는 수치에서 나온 것이 아니었다.

그 대신, 그는 하나님 나라의 복음이 비춰준 왕의 눈부신 아름다움에 사로잡혔다.

그 결과, 톰은 과거에 그가 접했던 복음의 두 버전, 곧 근본주의 버전과 진보적인 버전에서 해방되었다. 톰은 하나님 나라를 위해 "과격화" 되었고 다른 그리스도인들과 함께 그리스도를 알고 그분의 생명을 나타내는 새로운 여행을 시작했다.

## 실천에 옮기기〉〉

제 3부에서 다룬 내용을 토대로, 나는 당신이 다음 세 가지를 실천에 옮기기를 권한다.

1. 당신이 오늘 예수님께서 진정 세상의 주인이라고 믿는다면, 이 믿음이 지난 1년 동안 당신이 살아왔던 삶의 방식을 어떻게 변화시킬 수 있는가? 당신의 대답을 목록으로 작성해보라. 가능한 한 자세하게 기록하라.

2. 만일 예수님께서 당신이 사는 도시의 실제적이고, 실질적이고, 글자 그대로의 주인이시라면, 즉 그분이 주도하시고 지휘하신다면, 당신의 도시는 지금 현재와 어떻게 다를까? 가능한 한 자세히 써보라.

3. 제 4부로 가기 전에, 예수님의 주 되심의 영향이 당신의 인생을 다시 새롭게 하는 것을 볼 수 있도록 그분께서 당신의 눈을 열어주시기를 구하라.

# 4부

# 하나님 나라에 들어감과 누림

우리는 이제 하나님 나라의 실제적인 적용을 살펴볼 것이다. 즉 사람이 어떻게 하나님 나라에 들어가게 되며, 또 어떻게 하나님 나라와 관련된 영적 충만함을 누리게 될 것인지를 다루게 된다.

## 최고의 만병통치약

오늘날 많은 그리스도인이 예수님을 그들의 구원자로 알고 있고, 그들 중 특히 그리스도를 처음 믿은 후에 구원의 기쁨을 경험하는 사람들도 있다. 그러나 상당수대부분이 아니라면는 패배와 좌절 속에 살고 있다.

이것은 그들 자신이 주인이신 예수님께 항복한 적이 없기 때문일 것이다. 그리스도의 주 되심이 삶에 뿌리를 내릴 때 그것이 능력과 자유, 둘 다를 제공한다.

그런 연유로, 만일 오늘날 자신이 그리스도인이라고 시인하는 사람들 중 4분의 1 정도에게만이라도 하나님 나라의 복음이 전해지고 받아들여진다면, 그것이 수많은 문제를 해결해줄 것이다.

또 그것이 서양이나 동양의 사회생활에서 용인되어 단지 한 부분밖에는 차지하지 않는 그리스도인의 삶을 밖으로 끌어낼 것이다. 그리고 그것이 이 지구에는 이질적인 요소로서 그 진면목을 드러낼 것이다. 즉, 이 땅에서 그리스도가 아닌 모든 것의 원수가 될 것이다.


## 상상을 넘어선 헌신

아래에 소개하는, 공산당에게 과격할 정도의 충성을 바친 젊은 공산주의 신봉자의 열정적인 고백을 숙고해보라:1)

우리 공산주의자들은 희생률이 높습니다. 비방당하고 조롱당하고 직장

---

1) 1957년에 열렸던 어바나 컨퍼런스(Urbana Conference)에서 빌리 그레이엄이 이 편지를 읽었다. 이 편지는 60년 이상 지난 오늘날에도 예수님을 향한 대부분의 그리스도인의 헌신보다 여전히 우위를 차지하는 명분에 대한 헌신을 반영한다.

에서 내쫓기고, 다른 모든 면에서 가능한 한 불이익을 당하는 존재가 우리입니다. 우리 중 일부는 죽임을 당하거나 옥에 갇히기도 합니다. 우리는 사실상 가난에 시달립니다. 우리는 살아가는데 꼭 필요한 최소한의 것만 남기고 그 이상의 모든 것은 아낌없이 당에 돌려줍니다. 우리 공산주의자들은 영화, 콘서트, 스테이크, 괜찮은 집, 또는 새 차를 위해 쓸 시간도 돈도 없습니다. 우리에게는 광신자라는 낙인이 찍혔습니다! 우리의 삶은 세계의 공산화를 위한 투쟁이라는 단 하나의 크고 원대한 요인factor으로 꽉 차있습니다. 우리 공산주의자들은 천만금을 줘도 살 수 없는 삶의 철학을 소유하고 있습니다. 우리에겐 싸워야할 명분, 곧 인생의 분명한 목적이 있습니다. 우리는 인류를 위한 위대한 운동에 하찮고 사소한 우리 자신을 종속시킵니다. 그리고 만일 우리의 개인적인 삶이 힘들어 보이거나 당에 복종함으로 우리의 자존심에 상처가 난 것으로 보인다면, 우리는 다음과 같은 사실에 의해 적절한 보상을 받습니다: 우리 각 사람의 적은 노력이 인류를 위한 새롭고, 옳고, 더 나은 뭔가에 이바지하고 있다. 공산주의라는 명분이 나의 인생이고, 나의 직업이고, 나의 종교이고, 나의 취미이고, 나의 애인이고, 나의 아내와 정부mistress이고, 나의 양식입니다. 나는 낮에는 그것을 위해 일하고, 밤에는 그것을 위한 꿈을 꿉니다. 시간이 갈수록 나를 사로잡은 그것이 자라날지언정 사그라들지 않습니다. 그러므로 나는 우정이나 연애 같은 것을 생각할 겨를이 없고, 또 내 인생을 안내하고 이끌어주는 이 원동력과 관계없는 대화조차도 할 수 없습니다. 나는 사람, 책, 사상, 행동을 평가할 때, 이 모든 것이 공산주의의 명분에 어떤 영향을 미치는지에 의해, 그리고 그 명분을 향한 그것들의 태도에 의해 평가합니다. 나는 나의 사상 때문에 이미 옥살이를 했고, 만약 필요하다면 총살형을 당할 준비가 되어 있습니다.15

위의 고백을 오늘날 일반적인 그리스도인들이 예수님께 바치는 충성과 비교해보라.

뭔가 크게 잘못되지 않았는가?

그런데 만일 율법주의의 가르침이 당신의 몸에 배었다면 아마 이렇게 생각할 것이다: "프랭크는 나의 헌신을 공산주의자와 사회주의자의 그것과 비교하면서 나로 하여금 하나님을 위해 더 힘쓰라는 죄의식을 심어주려고 한다. 나는 이전에 이런 감성에 호소하는 말을 많이 들었다. 이건 어불성설이다."

유감스럽게도, 이것은 율법주의의 가르침이 사람을 얼마나 삐딱하게 만드는지를 보여준다. 이런 가르침이 복음을 곡해하여 그것을 죄의식과 종교적 의무와 동일시하도록 예방주사를 놔서 복음의 예리한 날을 무디게 만든다.

나의 요점은 간단하다. 1세기 때 복음은 인생의 전부를 바쳐 순종해야 할 그 무엇이었다. 그러나 이 순종은 죄의식이나 의무가 아닌 예수 그리스도를 향한 강렬하고 못말리는 사랑에 의해 동기가 유발되었다. 그것은 순수한 자유와 해방감에서 나온 것이었다.

> 그로 말미암아 우리가 은혜와 사도의 직분을 받아 그의 이름을 위하여 모든 이방인 중에서 믿어 순종하게 하나니.롬 1:5; "복음을 순종-복종"한다 는 표현을 사용한 다음 구절들도 참조하라: 살후 1:8; 벧전 4:17.

율법주의와 율법주의적 사고는 "순종한다" 라는 말을 죄의식, 의무, 그리고 종교적 책무와 관련지어왔다. 따라서 "순종한다"의 더 좋은 표현은 "반응한다" 이다.

신약성서에서는, 사람들이 회개하고 이 세상의 진정한 주인이신 예수님께 자신을 전적으로 의탁함으로 하나님 나라의 복음에 반응했다.

이것이 오늘날에도 여전히 복음에 적절하게 반응하는 길이다. 그리고 이런 반응은 어린아이와 같은 믿음과 겸손의 자세에서 나오는 것이다.

> 이르시되 진실로 너희에게 이르노니 너희가 돌이켜 어린 아이들과 같이 되지 아니하면 결단코 천국에 들어가지 못하리라. 마 18:3
>
> 심령이 가난한 자는 복이 있나니 천국이 그들의 것임이요. 마 5:3
>
> 어린 아이들이 내게 오는 것을 용납하고 금하지 말라 하나님의 나라가 이런 자의 것이니라. 막 10:14

주님께 반응하는 것에 대하여, A. W. 토저는 옛 시대에 하나님을 잘 알았던 위대한 성도들을 예로 들어 다음과 같이 말했다:

> 그들은 내면에 갈급함이 있었을 때 그것에 대해 뭔가 조치를 취하는데 있어 보통 사람들과는 달랐다. 그들은 영적으로 반응하는 평생 습관을 길렀고, 하늘의 비전에 불순종하지 않았다. 이것에 대해 다윗은 다음과 같이 멋지게 표현했다: "너희는 내 얼굴을 찾으라 하실 때에 내가 마음으로 주께 말하되 여호와여 내가 주의 얼굴을 찾으리이다 하였나이다" 시 27:816

토저가 "영적으로 반응하는 평생 습관"이라고 부른 그것은 예수 그리스도를 향한 믿음직한 충성심과 함께 시작되고, 거기에서 계속 이어진다.

# 하나님 나라를 봄

하나님 나라의 사인sign과 증거는 눈에 보이지만 그 나라 자체는 영적이고 또 눈에 보이지 않는다.눅17:20

그러나 위로부터 태어난 사람들에게는 그 나라를 "볼 수 있는" 새로운 감각이 주어졌다.

> 예수께서 대답하여 이르시되 진실로 진실로 네게 이르노니 사람이 거
> 듭나지 아니하면 하나님의 나라를 볼 수 없느니라. 요3:3

우리는 하나님의 영을 받을 때 위로부터 태어난다. 말하자면, 우리가 하늘의 영역으로 태어나게 된다. 그리고 이 출생은 우리에게 하나님 나라 밖의 사람들은 소유할 수 없는 새로운 감각과 새로운 의식을 제공한다.

영적인 것들을 감지하게 하는 능력은 그것을 얻고자 애쓰는 사람들에게 주어지는 특별한 능력이 아니다. 그것은 오직 출생 곧 영적인 출생에 의해 우리에게 주어진다. 그것은 우리가 가진 타고난 권리이다.

따라서 당신이 위로부터 태어났다면 당신으로 하여금 하나님 나라의 보이지 않는 것들을 감지할 수 있게 하는 새로운 감각을 갖고 있다.고후3:18; 4:18; 엡1:17−18; 히2:9; 12:2

**인써전스**에 가담한 모든 사람은 이 능력을 소유하고 있다.

# 하나님 나라에 들어감

그렇다면, 사람이 어떻게 하나님 나라에 들어가는 것일까?

이 책을 집필하고 있는 나는 지금 플로리다 주 올란도에 있는 디즈니월드 안의 매직 킹덤Magic Kingdom의 지근거리에 살고 있다. 즉, 내가 매직 킹덤의 문으로 들어가는데는 시간이 별로 걸리지 않는다는 말이다. 그냥 안내원에게 입장권만 건네면 그가 바로 들여보내준다. 하지만 매직 킹덤은 볼거리도 많고 체험할 것들도 많은 거대한 장소이다.

하나님 나라The Kingdom of God도 이와 비슷하다. 우리는 회개하고 예수님을 믿어서 하나님 나라에 들어간다.

> 이르시되 때가 차고 하나님의 나라가 가까이 왔으니 회개하고 복음을
> 믿으라 하시더라. 막 1:15

회개하는 것은 마음 속으로 유턴U-turn을 경험하는 것이다. 그것은 우리가 생각하고 살아왔던 방식에서 돌아선다는 뜻이다. 하나님 나라의 경우에, 회개하는 것은 당신과 내가 평생 섬겨왔던 세상 제도를 부정한다는 뜻이다.

믿는다는 것은 나사렛 예수를 우리의 주인왕과 구원자로 모시고 그분에게 의탁한다는 뜻이다. 그것은 그분께 우리의 충성을 바친다는 뜻이지, 예수님이 구원자이고 주인이라는 사상을 지적으로 동의하는 것이 아니다. 그것은 우리 인생 전체를 그분께 의탁한다는 뜻이다.

우리가 회개하고 복음을 믿을 때, 하나님의 영이 주님의 생명 곧 하나님 나라의 생명을 우리에게 주입시킨다. 이것을 성서적 용어로 "새로운 출

생"이라고 부른다. 요 3:3, 5

홍미로운 것은 Young's Literal Translation[역자 주: 1862년에 스코틀랜드 사람 로버트 영이 성서를 문자적으로 번역한 것]이 번역한 요한복음 3:3과 3:7이 원문에 더 가깝다는 사실이다. 거기엔 전통적인 번역인 "거듭나다" 대신 "위로부터 태어나다"로 되어 있다.

출생은 생명의 주입이다. 따라서 새로운 출생은 우리가 하나님 나라의 생명을 우리의 내면 깊이 받아들인다는 뜻이다.

그렇지만, 그 나라에 온전히 들어가서 그 안에 있는 그리스도의 충만함을 누리려면 우리가 많은 환난과 시련과 고통을 겪어야 한다. 다음 본문들을 주목하라:

> 제자들의 마음을 굳게 하여 이 믿음에 머물러 있으라 권하고 또 우리가 하나님의 나라에 들어가려면 많은 환난을 겪어야 할 것이라 하고. 행 14:22

> 그러므로 너희가 견디고 있는 모든 박해와 환난 중에서 너희 인내와 믿음으로 말미암아 하나님의 여러 교회에서 우리가 친히 자랑하노라 이는 하나님의 공의로운 심판의 표요 너희로 하여금 하나님의 나라에 합당한 자로 여김을 받게 하려 함이니 그 나라를 위하여 너희가 또한 고난을 받느니라. 살후 1:4-5

> 참으면 또한 함께 왕 노릇 할 것이요. 딤후 2:12

그러므로 하나님 나라에 들어가는 것은 초기의 절박함과 지속적인 과정 둘 다를 포함한다. 이런 점에서, 그것은 매직 킹덤에 들어가는 것과 꽤 비숫하다.

초기에는 회개와 믿음으로 들어가서 그 다음에도 들어가는 것이 지속되는 것, 즉 성령 안에서 의와 평강과 희락, 그리고 그리스도 안의 다른 모든 풍성함을 더 많이 누리는 추가적인 과정을 밟게 된다.롬 14:17

요한계시록 1:9은 이렇게 말한다:

나 요한은 너희 형제요 예수의 환난과 나라와 참음에 동참하는 자라.

이 본문에 대한 F. F. 브루스의 생각은 인상적이다:

그가 "나라"를 "환난"과 "참음" 사이에 배치한 것에는 되풀이되는 신약 성서의 주제가 깔려있다. 즉, 환난을 참는 것이 하나님 나라에 들어가는 길임을 암시하고 있다.17

하나님 나라는 "먹는 것"도 "마시는 것"도 아니다. 그것은 우리가 그리스도 안의 하늘 영역 안에서 받은 영적인 복에 부합하는 보이지 않는 나라이다.엡 1:3

우리는 초기에 예수님의 절대적인 주 되심에 항복함으로, 그리고 신의 성품에 참예함으로벧후 1:4 하나님 나라에 들어간다. 하지만 그 나라의 남아 있는 풍성함이 오는 세상뿐만 아니라 이 땅에서 경험되고 누려지기를 고대하고 있다.

구약성서가 우리에게 이 진리의 생생한 그림을 제공한다.

## 약속의 땅

내가 『영원에서 지상으로』대장간 역간에서 실례를 들어 설명했듯이, 가나안 땅은 측량할 수 없는 그리스도의 풍성함을 묘사하는 생생한 그림이다. 그것은 또한 하나님 나라의 그림이기도 하다.

바울은 에베소서에서 다음과 같이 고백한다:

> 모든 성도 중에 지극히 작은 자보다 더 작은 나에게 이 은혜를 주신 것은 측량할 수 없는 그리스도의 풍성함을 이방인에게 전하게 하시고. 엡 3:8

히브리서의 저자는 히브리서 4 장에서 약속의 땅인 가나안에 대해 말한다. 그리고 여호수아가 이스라엘 백성 모두를 가나안 땅저자는 안식의 땅으로 불렀음으로 인도할 수 없었음을 지적한다. 왜냐하면, 그들 중에 주님의 음성을 듣고도 마음을 강퍅하게 하고 주님의 약속을 믿지 않은 사람들이 있었기 때문이다.

그 세대는 자신들의 불순종과 불신 때문에 나중에 광야에서 죽었다.

히브리서의 저자는 계속해서 다음과 같이 말한다:

> 이미 그의 안식에 들어간 자는 하나님이 자기의 일을 쉬심과 같이 그도 자기의 일을 쉬느니라 그러므로 우리가 저 안식에 들어가기를 힘쓸지니 이는 누구든지 저 순종하지 아니하는 본에 빠지지 않게 하려 함이라. 히 4:10-11

이 역설을 주목하라. 가나안 땅에 들어간 사람들은 하나님이 창조하신 후에 안식하심 같이 자기의 일에서 "안식"한다고 했다. 그러나 그리고 나서 저자는 독자들에게 "저 안식에 들어가기를 힘쓰라"고 권면했다.

이스라엘이 어떻게 약속의 땅을 점령했는지를 우리가 이해하게 될 때 그 역설은 뚜렷해진다. 그들은 그 땅에 들어가기 위해 싸워야 했다. 그 땅의 충만함을 얻기 위해 침노해야violent 했다. 다른 어떤 방법으로는 완전히 들어갈 수 없었다.

이것에 하나님 나라의 명분을 위한 물리적인 폭력의 사용을 적용하는 것은 당치 않다. 그 대신, 이렇게 적용해야 한다: 하나님 나라는 흔들리지 않는 믿음의 끈질기고, 공격적이고, 절대적인 연습에 의해 주어진다. 이런 믿음은 야곱이 하나님의 사자와 겨루었을 때 작동했던 "절박한" 믿음과 맥을 같이 한다. 즉, 복을 주기 전에는 하나님의 사자를 가게 하지 않겠다던 그 믿음이다. 창 32:22-31

나는 나중에 이런 형태의 영적인 침노spiritual violence에 관해 더 다룰 것이지만, 그것이 하나님 나라에 온전히 들어가는데 있어 본질적인 요소이다.

초기에 이스라엘이 가나안 땅에 들어가는 것이 비교적 쉬운 일이었다. 여리고성이 급속히 무너지고 이스라엘은 곧 빠르게 그 땅으로 들어갔다.

믿음으로 칠 일 동안 여리고를 도니 성이 무너졌으며. 히 11:30

그러나 가나안 땅의 다른 곳들을 정복하는 것은 점진적으로 해야 하는 도전이었다. 마찬가지로, 우리가 처음 하나님 나라에 들어가는 것과는 달리, 그 나라 안에서 살며 풍성함을 누리는 것은 대가를 요구한다. 행 14:22; 살후 1:4-5

# 물무덤

회개와 믿음은 인간의 노력으로 되는 것이 아니다. 그것은 하나님께서 성령을 통해 가능케 하시는 마음의 자세이다. 고로, 하나님 나라의 복음은 노력이 아닌 은혜의 복음이다.

> 적은 무리여 무서워 말라 너희 아버지께서 그 나라를 너희에게 주시기를 기뻐하시느니라. 눅 12:32

당신이 예수 그리스도를 따르는 사람이라면 하나님의 은혜가 당신이 예수님을 믿도록 가능케 한 것이다. 예수님께서 자신이 누구인지를 밝히신 그대로 당신이 믿을 수 있도록. 하나님의 은혜가 당신으로 하여금 회개하고 복음을 믿게 한 것이다. 행 11:18; 딤후 2:25 하나님의 은혜는 또한 당신이 그리스도께 당신의 온전한 충성을 바칠 수 있게 했다.

1세기 때 사람들이 하나님 나라의 복음을 받아들일 때, 그들은 이전에 그들이 바쳤던 충성을 회개하고 예수님이 우주의 왕이라는 좋은 소식을 믿은 후, 그분의 이름으로 물 침례를 받았다.

침례는 옛 세상을 향해 죽는 것을 의미한다. 그것은 또한 하나님의 새 나라로 부활하고 태어난다는 뜻이다. 침례는 반대편으로 갈아탔음을 드러내는 행위이다. 즉, 세상 제도를 포기하고, 사탄의 조종을 받아 그것을 주도해온 통치자들과 권세들과 결별했음을 선포하는 것이다. 이것에 관해선 나중에 살펴볼 것이다.

하나님 나라에 들어가서 누리기 위해, 당신은 새롭게 출발해야 한다. 이 것이 바로 침례가 뜻하는 바이다. 즉, 당신의 모든 것을 뒤로하는 새 출발,

그리고 나라를 바꾸었다는 충성 서약이다. 벧전 3:21[2]

사도행전을 통틀어, 사도들의 메시지는 "회개하라, 믿으라, 침례받으라"였다. 그것은 "믿고 죄인의 기도를 읊어라"가 아니었다.[3]

이런 점에서, 침례는 오늘날 우리가 잃어버린 아주 깊은 뜻을 품고 있다. 만일 당신이 1세기 때 침례를 받았다면, 당신 자신의 무덤을 판 것이다. 드러내놓고 이 세상 제도에서 당신 자신을 분리시킨 것이다. 당신은 옛 나라에 묶였던 모든 줄을 끊어버린 것이다.

이런 이유로, 세상은 1세기에 예수님을 따랐던 사람들을 다른 나라를 위해 모든 것을 쏘기한 사람으로 여겼다. 그리고 이 나라는 이 세상 전체에 소유권을 주장했다.

당신은 침례에 의해서 더는 이 세상 질서에 속한 사람이 아니다. 당신이 더는 세상이 돌아가는 방식으로 살지 않는다. 당신이 새 피조물이 되었고 새 왕국, 새 나라의 일원이 되었음을 온 우주를 향해 선포하는 것이다.

> 그런즉 누구든지 그리스도 안에 있으면 새로운 피조물이라 이전 것은
> 지나갔으니 보라 새 것이 되었도다. 고후 5:17

물 침례는 요단강을 건너서 약속의 땅에 들어가는 것과 유사하다. 수3

이것이 물 침례가 얼마나 강력한 것인지를 말해준다. 그것은 당신이 인써전스에 가담했음을 보여주는 초기의 사인sign이다.[4]

---

2) 물 침례가 하나님 나라에 들어감을 드러내는 충성 서약이라면, 주의 만찬은 그 서약의 연장이다. 다음을 참조하라: 바이올라, 『다시 그려보는 교회』, 87-97.
3) 성서 밖의 전통인 "죄인의 기도"의 기원에 관해서는 다음을 참조하라: 프랭크 바이올라, 조지 바나, 『이교에 물든 기독교』(대장간, 2011), 250-252.
4) 물 침례의 신약성서적 의미에 관한 자세한 설명은 나의 온라인 자료인 InsurgenceBook. com의 "Rethinking Water Baptism"을 참조하라.

# 충성 바쳤던 모든 것을 향해 죽음

만일 당신이 1세기에 살면서 침례를 받았다면, 당신은 그 극적인 행위를 통해 다음과 같이 말하고 있는 것이다:

나는 남자이다. [나는 여자이다.] 나는 [당신의 나라]의 국민이다. 나는 이 것 저것에 중독되었었다. 그러나 나는 이 자리에 서서 막 죽으려 한다. 그 리고 기존의 '나'라는 사람은 사라질 것이다. 그것은 내가 변화되고 나와 관련되었던 것들을 포기하는 수준이 아니다. 그것은 '나'라는 남자가 [여 자가] 죽는 것이다.

또한 당신은 다음과 같이 말하는 것이다:

나는 나사렛 예수가 하나님의 아들이심을 믿는다. 나는 그분이 나의 죄를 위해 죽으셨고 죽음에서 부활하신 것을 믿는다. 나는 그분이 하늘에 오르 셔서 지금 세상의 주인이신 것을 믿는다. 따라서 나는 옛 세상과 단절되었 다. 나를 무덤에 데리고 가서 장사를 치러달라. 내가 바쳤던 모든 충성은 나와 함께 장사될 것이고, 나는 새로운 피조물, 예수님이 왕이신 새 나라, 새 왕국의 일원으로 물에서 올라올 것이다.

그 물 무덤에서 올라올 때, 당신은 옛 창조에 속하지 않은 새로운 피조 물로 나왔다. 새로운 하나님의 백성, 곧 에클레시아라고 불리는 새로운 나라의 시민 한 사람이 물에서 올라온 것이다. 즉, 하늘 나라의 물리적이 고 가시적인 본부인 에클레시아의 일원이 된 것이다.

1세기 때 회개하고, 믿고, 예수님의 이름으로 침례받은 사람들은 옛 세상과는 완전히 다른 가치 체계를 가진 새로운 세계에 속하게 되었다. 그들이 알았던 삶은 끝이 났고, 죽음에서 다시 살아나 세상의 새로운 왕을 위해 사는 사람들이 되었다.

> 무릇 그리스도 예수와 합하여 침례를 받은 우리는 그의 죽으심과 합하여 침례를 받은 줄을 알지 못하느냐 그러므로 우리가 그의 죽으심과 합하여 침례를 받음으로 그와 함께 장사되었나니 이는 아버지의 영광으로 말미암아 그리스도를 죽은 자 가운데서 살리심과 같이 우리로 또한 새 생명 가운데서 행하게 하려 함이라… 또한 너희 지체를 불의의 무기로 죄에게 내주지 말고 오직 너희 자신을 죽은 자 가운데서 다시 살아난 자 같이 하나님께 드리며 너희 지체를 의의 무기로 하나님께 드리라. 롬 6:3-4, 13

침례를 받은 사람이 아직도 정치제도에 관여할 수는 있지만 정치가 더는 그 사람을 정의하지는 않는다. 인종이나 사회적 지위도 마찬가지이다. 그 사람이 아직도 교육제도에 관여할 수는 있지만 더는 그것에 영향받지 않는다.

침례받은 사람은 더는 이 세상의 정치적, 교육적 기치에 충성을 바치지 않는다.

이것이 초기 그리스도인들이 이해했던 침례이다. 그것은 총체적이고 최종적인 종말을 뜻한다. 즉, 장사를 지낸 것이다. 그들의 과거는 지나갔고, 용서받았고, 잊혀졌다. 그리고 그들은 이제 전능하신 하나님 자신이 주도

하시고 인도하시는 새로운 문명 세계의 일원이 되었다.5)

## 짚고 넘어가야 할 일들

모든 성숙한 하나님의 종들은 이 한 가지를 알고 있다: 당신이 하나님께 진지하다면, 그분이 당신에게 진지하실 것이다.약4:8

옛 세상을 뒤로하고 거기서 떠나 하나님 나라에 들어간 사람들에게는 처음부터 짚고 넘어가야 할 어떤 일들이 있다.

나는 그 일들이 무엇인지 알 수 있는 일반적인 원리들을 제시하고자 한다. 하지만 구체적인 것은 피하려 하는데, 그 이유는 간단하다. 하나님의 사람들이 해야 되고, 하지 말아야 될 것에 관해 설교자나 교사들이 구체적으로 얘기하면 율법주의에 빠져버리기 때문이다.

그 어떤 사람도 다른 사람에게 자기의 개인적인 표준들을 주장할 권리가 없다. 이것은 성령이 할 일이다. 우리는 성서에서 하나님의 뜻에 관련된 일반적인 원리들을 발견할 수 있다. 하지만 그 원리들을 적용하는 것은 성령의 역할이다.

내가 1998년도에 하나님 나라의 복음을 전파하기 시작했을 때, 나는 어떤 규칙들을 주장하지 않았다. "해야 할 것들"과 "하지 말아야 할 것들"의 목록이나 "너는… 해라"와 "너는… 하지 말라"의 목록을 제시하지 않았다. 그런 식의 생각은 옛 언약 시대에 속한 것이다.

새 언약 아래서 우리는, 무엇이 그리스도께 적합한지 아닌지를 우리에게 가르쳐주는 하나님의 영을 받았다. 그리고 성령의 인도는 언제나 성서

---

5) 나는 "문명(civilization)"이라는 단어를 은유적으로 사용했다. "부족(tribe)"이라는 단어가 그것을 더 잘 묘사해준다. 나중에 이것에 관해 더 살펴볼 것이다.

의 일반적인 원리들을 따를 것이다.6)

> 너희는 주께 받은 바 기름 부음이 너희 안에 거하나니 아무도 너희를
> 가르칠 필요가 없고 오직 그의 기름 부음이 모든 것을 너희에게 가르
> 치며 또 참되고 거짓이 없으니 너희를 가르치신 그대로 주 안에 거하
> 라. 요일 2:27

> 형제 사랑에 관하여는 너희에게 쓸 것이 없음은 너희들 자신이 하나님
> 의 가르치심을 받아 서로 사랑함이라. 살전 4:9

새 언약의 약속은 하나님께서 그분의 영을 우리에게 주신 것이다. 그래
서 그분의 율법이 이제 우리의 마음과 심령 속에 있고, 예수님께서 그분의
영을 통해 우리에게 말씀하신다. 히 8:10-12

이것이 **인써전스**의 가장 큰 복 중의 하나이다.


## 주님을 위하는 사람들

하나님은 그분이 완전히 소유할 수 있는 사람들, 곧 하나님 나라의 백성
을 찾고 계신다.

> 밭은 세상이요 좋은 씨는 천국하나님 나라의 아들들이요 가라지는 악한

---

6) 오늘날 주 예수 그리스도는 기록된 그분의 말씀을 통해서, 그리고 그분의 영을 통해서
우리에게 말씀하신다. 나는 오늘날 주님의 음성을 어떻게 실제적으로 인지하고 그것에
반응할 것인지에 관해 다음의 책에서 자세히 설명했다. Leonard Sweet and Frank Viola,
*Jesus Speaks* (Nashville: Thomas Nelson, 2016) 이 책은 InsurgenceBook.com에서 찾을
수 있다.

자의 아들들이요. 마 13:38

디도서에 있는 바울이 한 말을 숙고해보라.

그가 우리를 대신하여 자신을 주심은 모든 불법에서 우리를 속량하시
고 우리를 깨끗하게 하사 선한 일을 열심히 하는 자기 백성이 되게 하
려 하심이라. 딛 2:14

NASB는 이 구절을 이렇게 번역했다:

… 그분 스스로를 위해 깨끗하게 하셔서 그분 자신의 소유된 백성이
되게 하려 하심이라.

나의 견해로는, 주님께서 완전히 그분의 소유가 된 큰 무리를 가져보신
적이 한 번도 없었다. 그리고 나는 앞으로도 그런 일은 없으리라고 거의
확신한다.

주님은 오로지 그분의 소유인 사람들을 찾고 계신다. 그리스도와 그분
의 확고부동한 왕국에 지속적으로 헌신하는 것이 돋보이는 사람들.

주님이 복음서들에서 하나님 나라에 관해 말씀하셨을 때는 언제든지 인
간이 상상할 수 있는 가장 높은 표준을 제시하셨다.

**인써전스**는 그리스도께서 가시는 곳은 어디나 함께 갈 사람들을 갖고 싶
으신 주님의 소원을 대표한다. 비가 오든지 맑든지, 죽든지 살든지, 성하
든지 쇠하든지, 기쁜 날이나 슬픈 날이나, 즐거우나 괴로우나, 물 속이나
불 속이나, 천국이든 지옥이든 예수님과 함께 동행할 사람들.

세상엔 이미 뜨뜻미지근한 그리스도인들로 넘쳐난다. 미적지근한 그리스도인들은 얼마든지 있다. 그리스도를 향한 헌신이 결핍된 그리스도인들은 아주 많다. 그러므로 주님은 완전히 그분의 것이 된 사람들을 찾고 계신다. 전적으로, 그리고 완전히 주님, 오직 그분에 의해서만 소유되기를 바라는 사람들.

> 내가 이것을 말함은 너희의 유익을 위함이요 너희에게 올무를 놓으려 함이 아니니 오직 너희로 하여금 이치에 합당하게 하여 흐트러짐이 없이 주를 섬기게 하려 함이라. 고전 7:35

바울의 이 말을 주목하라: "흐트러짐이 없이 주를 섬기게 undivided devotion to the Lord"

하나님은 당신과 나를 율법주의나 종교적 책무나 의무가 조금도 없이 그분에게 흐트러짐이 없는 헌신을 드리는 사람이 되도록 부르신다. 그분의 영광을 보고 그것에 사로잡힌 사람들이 되도록. 하나님의 온전하신 뜻에 도달하고자 항복한 사람들이 되도록.

그런 사람들은 오늘날 이 세상에서는 보기가 흔치 않다. 그러나 그들은 진정 존재하고, **인써전스**에 가담하고 있다.

## 무슨 말씀을 하시든지 그대로 하라

애굽에서 해방된 이스라엘의 1세대는 약속의 땅에 들어가지 못했고, 그 땅을 누리지도 못했다. 왜냐하면, 그들이 주님의 음성에 불순종했기 때문이다. 히브리서의 저자는 이스라엘의 이 비극적인 이야기를 기록한 후에

다음과 같은 진지한 말로 우리를 권면한다:

오늘 너희가 그의 음성을 듣거든 너희 마음을 완고하게 하지 말라. 히
4:7

나중에, 사울이스라엘의 초대 왕은 불순종의 연고로 왕위를 잃고 말았다. 삼
상 13-15

하나님 나라에 들어가서 그 나라를 누리는 것은 미래에 그 나라를 상속
받는 결과로 이어지는 평생의 과정이다. 그리고 그것은 주님의 음성을 듣
고 그것에 반응하는 것에 기초를 두고 있다.

제 4부의 남아 있는 장들에서, 나는 당신이 당신의 과거와 어떻게 깨끗
이 단절할 것인지에 관해 강한 어조로 그 방법을 제시하려고 한다. 그렇게
함으로써, 당신은 주님께서 당신을 하나님 나라의 충만함으로 인도하시
는 길을 활짝 열게 될 것이다.

구약성서의 이스라엘과 사울 왕 이야기는 우리가 주님의 말씀을 듣고도
그 말씀을 계속해서 불순종할 때 하나님 나라의 충만함을 잃을 수 있음을
가르쳐준다.

예수님의 어머니가 가나의 혼인 잔치에서 하인들에게 이렇게 말했다:
"무슨 말씀을 하시든지 그대로 하라" 요 2:5 당신이 예수 그리스도를 따르
는 사람이라면 당신은 하나님 나라 안에 있다. 그러므로 당신은 순수한 진
짜 권위 아래 있다.

주님께 온전히 헌신하는 사람들은 어디에 조정이 필요한지, 무엇을 버
려야 하는지, 언제 바꿔야 하는지 등을 마음 속에서 알게 될 것이다. 그들
의 영적 본능이 주님이 제시하시는 방향으로 그들을 인도할 것이다. 꼭 사

람에게서 들을 필요가 없다. 그리스도를 향한 헌신이 율법주의와 법적 의무를 없애버릴 것이다.

　요약하자면, 주님은 모든 세대에 걸쳐 그분이 완전히 소유할 사람들을 찾고 계신다. 전적으로, 철저하게, 총체적으로 그분의 소유가 되기를 바라는 사람들.

　주님, 다른 모든 것은 사라지고 주님만 남도록 우리를 마구 흔들어주시옵소서. 절대로 흔들릴 수 없는 오직 한 분, 당신만 남게 해주시옵소서.

> 너희는 삼가 말씀하신 이를 거역하지 말라 땅에서 경고하신 이를 거역한 그들이 피하지 못하였거든 하물며 하늘로부터 경고하신 이를 배반하는 우리일까보냐 그 때에는 그 소리가 땅을 진동하였거니와 이제는 약속하여 이르시되 내가 또 한 번 땅만 아니라 하늘도 진동하리라 하셨느니라 이 또 한 번이라 하심은 진동하지 아니하는 것을 영존하게 하기 위하여 진동할 것들 곧 만드신 것들이 변동될 것을 나타내심이라. 히 12:25-27

　이에 예수님의 어머니의 말을 다시 인용한다: "무슨 말씀을 하시든지 그대로 하라."

## 부도덕한 것들의 폐기

　바울은 그가 세운 모든 이방인 교회 안의 문제 때문에 고심한 것이 하나 있었다. 그것은 그 교회들이 있는 바로 그곳의 문화와 엮여 있었다.

　그 하나가 부도덕불의이다. 바울은 부도덕을 행하는삶의 방식으로 삼는 사람

들이 하나님 나라를 상속받지 못할 것이라고 말했다. 고전 6:9-10; 갈 5:21; 엡 5:5

나는 이것을 분명히 하고자 한다: 만일 당신이 지금 부도덕을 행하고 있다면, 당신을 깨끗이 씻어주고 덮어주기 위한 용서와 은혜가 있다. 더 좋은 것은, 당신을 용서한 그 동일한 은혜가 또한 그 죄를 그치도록 능력을 줄 수 있다.

> 모든 사람에게 구원을 주시는 하나님의 은혜가 나타나 우리를 양육하
> 시되 경건하지 않은 것과 이 세상 정욕을 다 버리고 신중함과 의로움
> 과 경건함으로 이 세상에 살고. 딛 2:1

당신이 주님의 나라에서 그분과 동행하고 그 풍성함을 누린다면, 그분 앞에서 부도덕을 처리하는 것이 매우 중요하다. 그리고 하나님의 영의 능력으로 그것을 폐기해야 한다.

## 우상시하는 것들의 말살

바울이 이방인 교회들 안에서 다룬 또 다른 문제는 우상숭배였다.

고대에는, 신이 사람들에게 임재하는 수단이 우상이었다. 우상이 신적인 존재의 가시적인 현현으로 여겨졌다. 그러므로 우상은 거짓 예배와 거짓 형상을 포함한다.

1세기의 우상숭배는 발견하기 쉬웠다. 사람들이 생명 없는 물체를 대상으로 섬겼기 때문이다. 하지만 오늘날엔 우상숭배를 감지하기가 쉽지 않다. 왜냐하면, 개개인이 사람, 소유물, 권력, 그리고 쾌락을 우상시하기

때문이다.

그리고 우리는 보통 그것들 중 하나가 우리의 삶에서 주님보다 우위를 차지하고 있다는 사실에 눈이 멀어있다.

사람들이 예수 그리스도의 아름다움, 위엄, 찬란함, 그리고 영광을 보지 못할 때 우상숭배에 빠진다. 결과적으로, 다른 어떤 것 곧 피조물 중의 하나가 그들의 눈에서 그분을 대체한다.

그런즉 내 사랑하는 자들아 우상숭배하는 일을 피하라. 고전 10:14

자녀들이 너희 지신을 지켜 우상에게서 멀리하라. 요일 5:21

자녀들아 너희 마음 안에 하나님의 자리를 차지하려는 모든 것에서 멀리하라. 요일 5:21, NLT의 번역

내가 십대 소년이었을 때 주님은 내 삶의 우상 하나를 지적해주셨다. 나에게는 내가 매우 아끼는 소중한 수집품이 있었다. 수집품 그 자체는 아무런 문제가 되지 않았다. 문제는 내가 그것에 강한 애착을 갖고 있고 그것이 주님과 경쟁을 했다는데 있었다. 따라서 그것은 나의 삶에서 우상이었다. 그러므로 나는 그것에서 벗어났고, 내가 그런 조치를 취했을 때 완전히 해방되었음을 느꼈다.

30 여 년 후, 그 수집품이 더는 나를 지배하지 못하기 때문에 나는 새로운 것으로 그것을 대체했다.

우리는 또한 하나님이 주신 복을 우리가 우상으로 바꿀 수 있기에 조심해야 한다.

민수기 21장에 보면, 모세가 만든 놋뱀을 쳐다본 이스라엘 백성을 하나

님께서 고쳐주신 이야기가 있다. 하나님께서 이스라엘 백성에게 그것을 보면 살 것이라고 말씀하셨다.민21:8 수백 년 후에도 이스라엘은 여전히 놋뱀을 갖고 있었고, 그것을 우상으로 섬겼다. **그들이 하나님이 주신 복을 경배의 대상으로 탈바꿈시켰던 것이다.**

히스기야는 왕이된 후 놋뱀을 부수고 그것을 **느후스단** 곧 "놋조각"이라고 불렀다. 우리는 우상에 대하여 이렇게 하라고 부르심을 받았다. 우상들을 부수고 가루로 만들어버리라고.

주님께 당신의 삶 속에 있는 우상들을 지적해주시기를 구하라. 당신이 방어적인 자세를 내려놓고 기꺼이 그것들과 결별하고자 한다면, 주님께서 그것들을 집어내주실 것이다.

우리는 나중에 우상숭배에 관해 더 살펴볼 것이다. 그런데 당신이 하나님 나라에 온전히 들어가고자 한다면 당신의 마음 속에 있는 모든 우상을 말살하는 것이 필수적이다.


## 부적절한 것들의 종말

당신은 예수님을 따르지 않는 사람과 멍에를 같이 하면서 부적절한 이성 관계를 맺고 있을 수도 있다.고후6:14

또는 당신을 세상으로 돌아가도록 이끄는 사람과 부적절한 친구 관계를 맺고 있을 수도 있다.

또는 당신이 결혼도 하지 않고 다른 신자와 함께 부적절한 동거 생활을 하고 있을 수도 있다.

신약성서는 또한 하나님 나라의 가치 대신 세상의 가치를 반영하는 부적절한 언행을 언급한다.엡4:29; 5:4; 골3:8

또, 다른 사람들에게 욕망을 불러 일으키는 부적절한 치장도 있다. 유감스럽게도, 진보적인 사람들뿐만 아니라 보수적인 그리스도인들도 이 주제에 관해 어리석게 들리지 않도록 말하는 것을 힘들어한다. 보수적인 사람 상당수가 모든 여성이 복장 규정을 따르기를 원한다. 어떤 사람들은 스커트를 입은 여자보다 히잡을 걸친 여자들을 더 편하게 여기기조차 한다!

반면에, 진보적인 사람 상당수가 여성이 물건 취급당하는 사실을 비난하지만, 여성들로 하여금 자신의 몸을 더욱더 드러내도록 종용하는 패션 산업에 대해서는 침묵하는데, 이것은 여성들이 물건 취급당하도록 종용하는 것이다.

당신의 마음이 주님을 향해 열려있다면 이 모든 문제에 관련해서 무엇이 부적절한지를 성령이 당신에게 보여줄 것이다. 보수적이든 진보적이든, 사람이 그 역할을 해서는 안된다.

하지만 하나님 나라의 삶을 지속하려면, 당신의 삶에서 부적절한 것들을 끝내야 한다.

## 훔친 것의 배상

만일 당신이 누구의 물건을 훔쳤다면, 그 사람에게 그것을 돌려주는 것이 배상이다.

만일 당신이 다른 사람에게서 무엇을 빌리고 돌려주지 않았다면, 그것은 사실상 훔친 것이다. 물론 의도적으로 한 것은 아니겠지만, 그럼에도 불구하고 그것은 훔친 것이다. 왜냐하면, 그 물건은 다른 사람에게 속한 것이기 때문이다.

때로는 우리가 금방 배상할 수 있고, 때로는 돌려주는데 몇 년씩 걸릴 수도 있다.

삭개오는 주 예수님을 만났을 때 그가 토색한 것에 대해 네 배씩 갚겠다고 했다. 삭개오가 배상을 하고 원상 복귀시킨 것이다.눅19

만일 당신이 다른 사람의 것을 취했는데 그것이 이제 수중에 있지 않다면, 성령이 그 사람에게 편지를 쓰도록 인도하실 것이다. 그 편지에 당신이 예수님을 구원자와 주인으로 모셨고 이제 당신의 과거를 처리하는 중에 있음을 밝히고.

나는 언젠가 다른 사람에게서 물건 하나를 빌린 적이 있었는데, 그것을 돌려주려고 그 사람에게 연락을 취했지만 응답이 없었다.그가 이사 중이었다 그래서 그가 이사를 끝내기 전에 그의 집 문 앞에 그 물건을 가져다 놓았다. 그것은 7 달러 정도 되는 작은 물건이었다. 하지만 나는 양심에 거리낌이 없기를 원했다.

나의 요점은 배상하는 것에는 언제나 길이 있다는 사실이다. 다른 한편으로는, 내가 사람들에게 책을 빌려주었는데 그들이 그 책들을 돌려주지 않은 적이 있었다. 그들에게는 그 책들이 기억에서 사라졌을 수도 있지만, 그것들은 도난당한 물건에 해당한다.

나는 사람들동료 그리스도인들을 포함해서에게 돈을 빌려주곤 했는데, 돈을 갚은 사람이 많지 않기 때문에 이제는 빌려주지 않는다. 그래서 나는 돈을 빌려주는 대신 그냥 주기 시작했다. 이렇게 함으로써, 그들이 나에게 배상해야될 필요가 없게 했다.

이것들은 어떻게 하면 배상이 실제적이 될 수 있는지의 몇 가지 예에 불과하다. 주님께서 이 영역에 대해 당신에게 말씀해주시도록 하라.

# 부정한 것의 제거

부정한 것들은 팔지 말고 없애버려야 한다.

무엇이 부정한 것인가? 악의 영들이나 죄와 관련된 것은 무엇이든 부정하다. 또는 당신으로 하여금 부정한 방식으로 살도록 유혹하는 것은 부정하다.

요술을 부리는 것이나 외설적인 것, 그리고 사악한 것과 관련된 것은 부정하다.

그것이 특정한 영화도 될 수 있고, 게임, 잡지 또는 물건도 될 수 있다. 또한 사람들로 하여금 권력과 부와 욕심을 신처럼 섬기게 하는 장소일 수도 있다.

1세기의 에베소는 당대에 전 세계적인 마법사들의 본거지였다. 마법사들은 마법의 묘약이 함유된 두루마리를 판매했다. 이 마법사들은 귀신을 주술로 불러오는 방법을 설명하는 값비싼 요술책들을 소유했다. 이 책들은 에베소에서 일상적으로 판매되었고 매우 가치가 높았다.

사도행전 19장에 보면, 바울이 에베소에 와서 하나님 나라의 복음을 전했을 때, 그 복음을 믿은 사람들이 그들이 소지해왔던 값비싼 요술책들을 불살라버리는 장면이 나온다. 그 불사른 책 값이 은 5만이었는데, 천문학적인 가치, 즉 오늘날의 화폐 가치로 7백만 달러가 넘는 액수였다.

그들은 그 책들이 부정했기 때문에 팔지 않고 제거해버렸다.

다시 강조하지만, 나는 율법주의자가 되기를 원치 않아서 당신에게 어떤 영화, 잡지, 물건, 그리고 장소가 부정한지를 말하지 않겠다. 이 문제를 주님께로 가져가면 그분이 보여주실 것이다. 만일 다른 사람에게 물어봐야 할 정도라면, 아마 그것이 당신에게 부정한 것일 것이다.

# 중독된 것을 끊어냄

우리는 중독된 문화 속에 살고 있다. 그리고 많은 사람이 중독에 시달리고 있다. 외설물 중독, 알코올 중독, 마약 중독, 그리고 처방약 중독 같은 것들이 있고, 음식 중독도 있다.

나는 "중독"이라는 단어를 과학적인 의미나 심리학적인 의미로 사용하는 것이 아니다. 나는 이 단어를 끊어내기가 불가능한 것처럼 보이는 습관을 지칭하는 일반적인 의미로 사용한다.

내가 경험하고 관찰한 바로는, 당신이 중독된 것을 끊어내지 않는다면 하나님 나라의 충만함 안에서 주님과 동행할 수 없다. 당신은 장애를 갖고 살게 된다.

중독은 그릇된 욕정에 뿌리를 두고 있고, 또 아름다움을 왜곡시키는 감각에 뿌리를 두고 있다. 그리고 이런 그릇된 욕정과 왜곡된 감각이 그리스도의 진정한 아름다움을 보지 못하도록 우리의 눈을 방해하고, 하나님을 향한 진정한 열정을 갖지 못하도록 우리의 마음을 억누른다.

나는 이렇게 말하고 싶다: 내가 아는 사람들 중 중독을 해결하지 못한 모든 사람이 그들의 영적 여정에서 한계에 도달했다.

따라서 하나님 나라에서 주님과 동행하려면 중독을 끊어야 한다. 좋은 소식은 어떤 중독이라도 끊어질 수 있다는 사실이다. 내가 듣기로는 지구상에서 가장 중독성이 강한 것이 정제된 아편인 헤로인heroin이다. 그러나 심지어 헤로인 중독조차도 끊어낼 수 있다. 내가 쓴 글 중에 어떻게 중독을 끊어낼지에 관해 설명한 것이 있다.[7]

---

7) InsurgenceBooks.com에서 "How to Break an Addiction"을 읽어보라.

# 공개적인 자백

당신이 앞의 여섯 가지 영역을 처리하는데 있어 경고할 말이 있다. 그것들과 관련해서 수치심을 불러일으키는 요소가 있는 것들을 공개하는 것은 지혜롭지 못하다.

나는 그리스도인들이 매우 수치스럽고 부적절한 것들에 관해 공개적으로 자백하는 경우를 여러 해 동안 보았었는데, 그것이 득보다는 해를 더 많이 끼쳤다. 공개적으로 죄를 자백하는 것과 관련해서, F. F 브루스가 우리에게 현명한 조언을 해준다.

> 자백은 죄만큼 공개적이어야 한다. 하나님께만 지은 죄는 하나님께만 자백해야 하고, 개인에게 지은 죄는 그 사람에게 자백해야 하고, 교회에게 지은 죄는 교회 앞에 자백해야 한다. 만일 일반 대중에게 죄를 지었다면 죄가 대중에게 끼친 영향만큼 자백해야 한다. 그리고 물질이나 도덕적 배상이 요구되는 부류의 죄를 지었다면, 그런 배상은 자백의 필수적인 일부분이다.18

브루스가 지적한 것을 요약하자면, 죄의 범위가 곧 자백의 범위이다. 또한 만일 그것과 관련해서 수치심을 불러일으키는 것이 있다면, 자백을 공개적으로 하지 말고 사적으로 해야 한다.8)

---

8) 이 주제는 이 책의 범위를 넘어서는 것이다. 하지만 의로운 사람들이 어떻게 수치스러운 일을 다루었는지의 실례를 참고하면 좋을 것이다. 요셉의 경우에, 마리아가 불륜을 저질렀다고 생각했을 때 그는 마리아와의 정혼을 드러내지 않고 가만히 끊고자했다. 요셉은 마리아가 공개적으로 수치당하는 것을 원치 않았던 것이다. 또한, 함이 그 아버지 노아의 수치를 밖에 나가서 고했을 때, 하나님은 그것을 기뻐하지 않으셨다. 에베소서 5:12에서, 어떤 것은 말하기도 부끄러운 것이라고 바울이 말했다.

당신의 남편, 아내, 자녀, 부모, 자매, 형제, 또는 친구에게 개인적으로 지은 죄는 당신과 당신이 죄를 지은 그 당사자 사이의 문제이다. 예수님은 이 원리를 다음과 같이 강조하셨다: 네 형제가 죄를 범하거든 가서 너와 그 사람과만 상대하여 권고하라 마 18:15

반면에, 만일 당신이 다른 사람에게 공개적으로, 또 공공연하게 죄를 지었다면, 그것을 목격한 사람들에게 공개적으로 자백해야 한다.

아울러, 예수님은 만일 누가 다른 사람에게 죄를 지었다면 먼저 사적으로 둘 사이에서 바로잡아야 한다고 말씀하셨다. 그리고 우선 죄를 지은 사람에게 회개할 기회를 여러 번 제공한 후에 공개적으로 죄를 다뤄야 한다. 마 18:15-17

바울은 예수님의 가르침과 맥을 같이 하며 이런 식으로 말했다: 계속해서 죄를 짓는 장로들에 대한 송사의 경우, 두세 증인의 믿을만한 증언이 있을 때는 공개적으로 그들을 책망해야 한다. 딤전 5:19-20 따라서 이런 극단적인 경우에는 공개적인 자백이 적절하다.

위의 예들이 영적인 원리이다. 성령이 구체적인 적용을 할 수 있도록 당신을 인도해줄 것이다.


## 우리의 몸을 드림

여호수아는 이스라엘 백성이 요단강을 건너기 전에 다음과 같이 말했다:

> 여호수아가 또 백성에게 이르되 너희는 자신을 성결하게 하라 여호와께서 내일 너희 가운데에 기이한 일들을 행하시리라. 수 3:5

"성결"이라는 단어는 하나님께 합당한 하나님 자신의 것을 그분께 드린다는 뜻이다. 그것은 사람이 주님을 위해 자신을 분리시키고, 구별시키고, 정결하게 한다는 뜻이다. 달리 말하자면, 성결은 예수 그리스도의 몸을 그분께 돌려드린다는 뜻이다.

로마서 1장부터 11장까지에서, 바울은 하나님의 자비하심에 관해 로마교회에 말한다. 그리고 12장에서는, 그리스도의 몸을 주제로 소개한다. 로마서 12:1−2을 이해하기 쉽게 바꾸어 표현해보겠다.

하나님께서 그분이 자비하심으로 너희에게 하신 일에 비추어서, 나는 이제 그 자비하심으로 너희를 권한다. 너희 몸을 하나님께서 받으실 만한 살아있고 거룩한 제사로 드리라. 왜냐하면, 이것이 너희가 드려야 할 이치에 맞고 합리적인 예배이기 때문이다. 그리고 이 세상 제도를 본받지 말고 너희의 마음을 새롭게 해서 변화를 받으라. 그렇게 하면, 너희가 너희 자신의 삶에서 하나님의 선하시고, 받으실만 하고, 온전한 뜻이 무엇인지를 분별할 수 있을 것이다.

이 본문에는 숙고해야 할 많은 것이 들어 있다. 이제 그것들을 더 깊이 살펴보겠다.

## 제단

구약성서에 있는 모세의 성막은 하나님의 집의 그림이다. 하나님의 백성이 성막에 들어가서 처음으로 마주하는 것은 번제단이었다. 이 제단은 희생과 죽음의 장소였다.

드넓은 초원에서 무리와 함께 서 있는 황소를 상상해보라. 제사장이 와서 그 황소를 무리 가운데서 분리시킨 후 성막 가까이로 끌고 온다. 성서에 의하면, 그 황소는 "성결"케 되었고, "정결"케 되었고, "구별"되었고, "분리" 되었고, "거룩"하게 되었다.

그 다음 그 황소는 제단에서 죽임을 당한다. 제사장은 그 황소가 죽임을 당하면 지체 없이 그것에서 손을 뗀다. 그 황소가 이제 하나님께 속하게 되었다는 사인sign이다.

이것이 바로 바울이 로마서 12:1-2에서 전달하려는 이미지이다. 제단 위에 놓여있다는 것은 우리가 우리 인생의 소유권을 상실했다는 뜻이다. 우리는 이제 주님의 손 안에서 우리를 전적으로 그분의 처분에 맡겼다.

바울은 로마의 그리스도인들에게 이렇게 말했다: "하나님께서 너희 몸을 소유하시도록 하라. 너희 몸을 향해 그분께서 가진 뜻이 무엇이든지 그대로 하실 수 있게 하라. 너희 자신을 조금도 거리낌 없이 주님께 드리라. 제단을 바라보고 거기에 올라가서 이렇게 선언하라: '주님, 무엇을 원하시든지 저는 당신의 것입니다. 저는 주님의 손에 고삐를 넘깁니다.'"

이것을 알아야 한다: 당신이 발걸음을 떼어 제단 위에 당신을 올려놓는다면, 당신이 철저하게 끝장나는 지점으로 주님께서 당신을 데려가실 것이고, 그 너머까지도 데려가실 것이다.

그러나 주님은 당신에게 선택권을 주신다. 당신은 당신 자신의 삶을 살기를 고수하면서 당신의 손에 고삐를 쥘 수 있다. 하지만 하나님 나라의 충만함으로 들어가는 것은 당신에게 선택이 될 수 없다. 당신이 선택한 거기까지가 당신의 한계이다.

하나님 나라는 자신을 철저하게 하나님의 손에 맡기는 사람들을 필요로 한다. 자신의 몸을 하나님께 완전히 드리고 하나님의 철저한 다루심을 경험하며 먼 길을 돌아온 사람들.

## 너희의 이치에 맞는 섬김

하나님의 원대한 부르심은 당신과 내가 로마서 12:1-2에서 바울이 말한 제단에 관해 확실히 이해하는 것이다. 어떤 번역본은 이 본문을 다음과 같이 표현했다:

> 그러므로 형제들이여, 나는 하나님의 자비하심으로 너희에게 호소한다. 너희 몸을 거룩하고 받으실 만한 산 제사로 하나님께 드리라. 이것이 너희의 이치에 맞는 섬김이다. 그리고 이 세상을 본받지 말고 너희의 마음을 새롭게 함으로 변화를 받으라. 그러면 너희가 하나님의 선하시고, 받으실 만하고, 온전하신 뜻이 무엇인지를 분별할 수 있을 것이다.

"이치에 맞는 섬김"이라고 한 말을 주목하라. 또 다른 번역본에는 "예배의 영적인 섬김"으로 되어 있다.

바울에 의하면, 당신의 몸을 하나님께 산 제사로 드리는 것이 당신의 "이치에 맞는 섬김"이다. 그것은 예배의 행위이다. 당신도 알다시피, 주 예수 그리스도께서 십자가에서 그분 자신의 피로 당신의 몸을 사셨다. 그분이 상점에 들어가서, 당신을 발견하고, 돈을 꺼내어, 계산을 하시면서 이렇게 말씀하신 것이다: "좋아. [당신의 이름]은 이제 내 것이다." 이것이 구속redemption의 의미이다. 구속한다는 것은 도로 산다는 뜻이다.

단, 예수님은 당신을 사는데 금을 사용하시지 않았다. 그분 자신의 목숨을 사용하셨다.

너희 몸은 너희가 하나님께로부터 받은 바 너희 가운데 계신 성령의 전

인 줄을 알지 못하느냐 너희는 너희 자신의 것이 아니라 값으로 산 것

이 되었으니 그런즉 너희 몸으로 하나님께 영광을 돌리라. 고전 6:19-20

지금 당장 당신을 짓누르는 압박은 하나님으로부터 무엇을 빼앗는 것이다. 그 압박은 하나님이 정당하게 소유하신 것을 그분에게서 도둑질하는 것이다. 그 "무엇"이 바로 당신이다.

그가 모든 사람을 대신하여 죽으심은 살아 있는 자들로 하여금 다시는

그들 자신을 위하여 살지 않고 오직 그들을 대신하여 죽었다가 다시

살아나신 이를 위하여 살게 하려 함이라. 고후 5:15

고로, 이것이 예배의 자세이다: "저를 위한 것은 아무것도 없습니다. 모든 것이 주님을 위한 것입니다. 저는 예수 그리스도께 속했습니다. 주님이 저를 사셨으므로 저는 주님의 것입니다. 그러므로 저는 주님의 뜻을 행하기 위해 존재합니다. 저는 주님의 나라를 위해 여기에 있습니다. 저는 세상을 향해 죽었고 하나님을 향해 살았습니다."

너희는 이 세대를 본받지 말고 오직 마음을 새롭게 함으로 변화를 받

아. 롬 12:2

사실인즉, 누군가가 이미 당신을 소유했다. 그것이 당신의 배우자가 될 수 있고, 당신의 자녀, 부모, 직업, 집, 야망, 꿈, 소원, 명예 등도 될 수 있다.

어떤 것 또는 어떤 사람이 이미 당신을 소유하고 있다.

그러나 당신을 소유할 권리는 예수 그리스도께 있다. 왜냐하면, 예수님께서 그분 자신을 위해 당신을 사셨기 때문이다. 그렇지만, 그분은 당신을 소유하고 있음에도 불구하고, 뒤로 물러서서 당신의 인생에 대한 그분의 소유권을 강압적으로 주장하시지 않는다.

예수님은 이것을 다른 식으로 깨닫게 하셨다. 세금을 바치는 것이 옳은지를 누가 물었을 때 예수님의 반응은 대답 그 이상의 뜻을 내포하고 있다.

> 데나리온 하나를 가져다가 내게 보이라 하시니 가져왔거늘 예수께서 이르시되 이 형상과 이 글이 누구의 것이냐 이르되 가이사의 것이니이다 이에 예수께서 이르시되 가이사의 것은 가이사에게, 하나님의 것은 하나님께 바치라 하시니 그들이 예수께 대하여 매우 놀랍게 여기더라.
>
> 막 12:15-17

예수님에 의하면, 동전에 시저가이사, Caesar의 형상이 새겨져 있기 때문에 세금은 시저에게 속한 것이다. 마찬가지로, 우리는 하나님의 형상을 따라 지어졌고 하나님의 형상이 우리에게 새겨져 있으므로 우리는 하나님께 속했다.

따라서 나는 당신에게 다음과 같이 권한다: 당신의 인생을 하나님께 드리라. 당신 자신을 제단 위에 올려놓으라. 그러나 당신 안에 그렇게 할 마음이 없으면 하지 말라. 하지만 당신이 그렇게 하기로 결단했다면 그것을 철두철미하게, 빈틈없이, 총체적으로 하라.

우리의 몸은 정당하게 예수님께 속했다. 당신은 그분이 당신의 인생을 비참하게 만들고, 죄의식과 의무의 짐을 당신에게 지우기 위해서 당신을 사셨다고 생각하는가?

결코 그렇지 않다. 예수님은 당신을 사셔서, 당신이 그분 안에서 참된 공급을 받고, 진짜를 누리고, 정말 안전하도록 지켜주신다. "세상"이라고 불리는 가짜 제도 안의 모조품에 시달리지 않도록. 이것에 관해서는 나중에 다루게 될 것이다.

주님의 자비하심과 그분이 당신을 위해 하신 일에 비추어볼 때, 당신 자신의 인생을 "산 제사"로 그분께 드리지 않는 것은 비합리적이고 이치에 맞지 않다. 하지만 당신이 인생을 그분께 드릴 때 그분의 '이미, 하지만 아직' 왕국을 대표하는 최고의 영예를 안게 될 것이다.

## 영원한 결혼

당신 자신을 주님께 드리고 당신의 몸을 산 제사로 그분께 드린다는 것이 무슨 뜻인가?

그것은 당신이 완전해지기를 맹세한다는 뜻이 아니다. 내가 단언하건대, 그것은 불가능하다. 당신과 나는 잘못을 범할 것이다. 우리는 한참 모자랄 것이다. 우리는 실패할 것이다. 감사한 것은, 그리스도께서 피를 흘리셔서 그런 우리를 용서하셨고, 그 피가 우리를 덮었다는 사실이다.

우리는 그 대신 그리스도께 결혼 서약을 했다. 그리고 우리의 사랑이 뜨겁게 느껴지든지 차게 느껴지든지, 우리가 그분께 속했음을 인식한다.

만일 그리스도와 "결혼"했다는 말이 당신에게 낯설다면, 바울이 한 말에 귀를 기울여보라:

남편 있는 여인이 그 남편 생전에는 법으로 그에게 매인 바 되나 만일 그 남편이 죽으면 남편의 법에서 벗어나느니라… 그러므로 내 형제들 아 너희도 그리스도의 몸으로 말미암아 율법에 대하여 죽임을 당하였 으니 이는 다른 이 곧 죽은 자 가운데서 살아나신 이에게 가서 우리가 하나님을 위하여 열매를 맺게 하려 함이라. 롬 7:2, 4

내가 하나님의 열심으로 너희를 위하여 열심을 내노니 내가 너희를 정 결한 처녀로 한 남편인 그리스도께 드리려고 중매함이로다. 고후 11:2

이것을 이해하는 것이 **인써전스**의 본질이다.

## 혼을 부인함

나는 성서의 "혼soul" 이라는 단어가 우리의 마음, 의지, 감정을 포함한 다고 보는 신학자들의 견해에 동의한다.

바로 앞 장들에서 살펴본 표면적인 것들을 넘어, 주님은 우리로 하여금 그것보다 훨씬 더 깊이 들어가서 "우리의 혼을 부인"하라고 부르셨다.

무리와 제자들을 불러 이르시되 누구든지 나를 따라오려거든 자기를 부인하고 자기 십자가를 지고 나를 따를 것이니라 누구든지 자기 목숨 을 구원하고자 하면 잃을 것이요 누구든지 나와 복음을 위하여 자기 목숨을 잃으면 구원하리라 사람이 만일 온 천하를 얻고도 자기 목숨혼, soul을 잃으면 무엇이 유익하리요 사람이 무엇을 주고 자기 목숨과 바 꾸겠느냐. 막 8:34-37

누가복음 9:23-25에서는 예수님께서 하신 말씀에 혼의 동의어인 "자기자신, self" 라는 단어를 사용했다. 혼은 당신 자신이다. 주로 당신의 자연적인 목숨을 가리킨다. 그것은 당신의 인격이다. 당신의 혼을 부인한다는 것은 당신의 생각, 당신의 욕망, 그리고 당신의 뜻을 주님께 굴복시킨다는 뜻이다. 그것은 당신이 이기려고 하는 대신 기꺼이 지는 쪽을 택한다는 뜻이다. 주님과 다른 사람들을 위해 당신의 목숨을 내려놓는다는 뜻이다. 요 15:13

자기를 부인하라, 자기 십자가를 지라, 자기 목숨을 잃으라, 자기 목숨을 내려놓으라는 예수님의 말씀은 그냥 육체적인 죽음을 가리키지 않는다. 그 말씀은 십자가의 원리를 가리킨다. 즉, 하나님의 뜻을 행하기 위해 지금 당장 여기서 당신의 욕구를 부인하는 원리이다.

우리는 예수님을 따르는 제자로서 날마다 우리 자신을 부인하도록 부르심을 받았다. 눅 9:23

여기서 주님이 요구하시는 것은 인간적으로는 불가능하다. 그것은 과정을 필요로 한다. 따라서 그것은 단거리 경주가 아니라 마라톤이다. 하지만 예수님께서 "하나님으로서는 다 할 수 있느니라" 라고 말씀하신 그대로이다. 그러므로 우리는 하나님의 영에 의해 그분의 나라를 위해서 우리 자신을 부인할 수 있다.

인써전스는 주님을 위해서 자기를 부인하는 것으로 특징지어진다.


## 제단의 깊이

나는 앞에서 로마서 12:1-2에 관해 다룬 내용에 좀 더 살을 붙이기 원한다. 그것을 영어 성서 번역본인 NLT 버전을 통해 다시 살펴보겠다.

그렇다면 형제들이여, 하나님께서 너희를 위해 모든 것을 하셨기 때문에 너희 몸을 그분께 꼭 드리기를 권한다. 그것을 하나님께서 받으실 만한 거룩한 산 제사로 드려야 한다. 이것이 진정 그분을 예배하는 길이다. 이 세상의 행실과 풍습을 본받지 말고, 오직 하나님께서 너희의 사고방식을 바꾸셔서 너희를 새 사람으로 변화시키시게 하라. 그러면 너희를 향한 선하고, 만족스럽고, 온전한 하나님의 뜻을 너희가 알게 될 것이다.

혹시 주님께서 당신의 인생을 주장하시기 위해 어떤 대가를 지불하셨는지를 알고 있는가? 사람이 상상하기 힘들 정도의 고통을 당하셨다. 사실, 당신도 모든 것을 지불해야 한다. 이런 이유로, 그것이 하루 아침에 될 수는 없다.

이와 같이 너희 중의 누구든지 자기의 모든 소유를 버리지 아니하면 능히 내 제자가 되지 못하리라. 눅 14:35

나는 여러 해 동안 이 길을 걸어왔는데, 아직도 내 삶에서 주님 앞에 포기해야할 부분을 발견한다.

하지만 당신의 삶을 성결케 하는 것이 과정일지라도, 시작은 과감해야 한다.

하나님 나라는 안락한 환경에서 이루어지지 않는다. 우리가 고통과 희생을 거쳐 그 나라에 들어가는 것이다.

일단 당신이 자신을 제단 위에 올려놓는다면, 당신이 더는 당신 자신의 소유가 아니다. 당신은 이제 주님의 것이다. 하지만 이것이 어디까지 갈지를 알아야 한다. 그것은 우리 대부분이 생각하는 것보다 더 심오하다.

많은 그리스도인이 거래하려는 자세로 제단에 올라간다. 그리고 이것이 그 계약서의 내용이다: "주님, 저는 저의 인생을 주님께 드립니다. 단, 주님께 바쳐진 저를 써주시옵소서."

이것은 거래이다. 황소가 제단에 놓여 있을 때, 그 황소에게는 자신의 뜻이 없다. 하나님께서 어떻게 자기를 사용할 것인지, 아니면 사용하실지 아닐지, 아무런 조건이 없다. 황소에게 무엇을 하실지는 하나님 소관이다. 오직 그분께만 결정권이 있다.

황소는 죽임을 당한 후에 번제로 주님께 바쳐진다. 따라서 황소에겐 미래가 없다. 황소에겐 철저하고 완전한 종말이 오는 것이다.

그렇다면 당신에게 묻겠다: 당신은 기꺼이 당신의 미래를 잃어버리고 그것 전부를 하나님의 손에 맡기겠는가? 하나님은 당신을 사용하실 수도 있고, 아니면 당신을 평생토록 모호한 가운데 살게 하실 수도 있다. 당신은 이래도 괜찮은가?

하나님께서 당신을 "하나님의 쓰임받는 일꾼"으로 전혀 인정받지 못하게 결정하실 수도 있다. 하나님께서 당신의 영적 사역에 있어 다른 사람들로부터 전혀 칭송을 받지 못하게 선택하실 수도 있다.

그렇다면, 당신과 내가 왜 우리 자신을 제단 위에 번제로 드려야 하는가?

그 유일한 이유는 주님의 마음과 합하기 위함이다. 오로지 주님의 기쁨을 위해 우리가 불태워지고 없어져야 한다.

그것을 제단 위의 불 위에 있는 나무 위에서 불살라 번제를 드릴지니
이는 화제라 여호와께 향기로운 냄새니라. 레 1:17

그릇은 어떻게 사용될지를 스스로 선택하지 않는다. 이것은 주인의 선택이다. 다시 강조하자면, 번제는 주님을 위한 것이다. 태워서 재를 만드는 것은 하나님의 기쁨과 만족을 위함이다.

당신을 사용할지 말지는 하나님의 선택에 달려있다. 그러나 한 가지는 분명하다. 만일 하나님께서 당신을 쓰시기로 선택하신다면, 그분은 당신이 지속적인 열매를 맺기 전에 우선 당신의 인생에서 일하셔야 한다.

달리 말하자면, 하나님을 섬기겠다는 우리의 고질적인 야망도 죽고 불타서 재가 되어야 한다. 한마디로, 우리를 위한 하나님의 선택은 우리가 재가 되는 것이다. 그리고 그 재 가운데서 주님은 그분의 만족스러운 제물의 향기로운 냄새를 취하시게 될 것이다.

당대의 종교 지도자들을 향한 예수님의 말씀을 주목하라:

> 너희가 서로 영광을 취하고 유일하신 하나님께로부터 오는 영광은 구하지 아니하니 어찌 나를 믿을 수 있느냐. 요 5:44

우리가 하나님 자신보다 다른 사람들에게서 영광영예을 구할 때는 언제나 믿음에 방해가 된다.

하나님 나라는 제사를 위한 제단 위에서 발견된다.


## 재능을 잿더미로

이 제단의 주제에 관해 좀 더 고찰해보겠다. 많은 그리스도인이 그리스도께 올 때 자신의 타고난 재능을 그분께 드려야 된다는 생각을 갖고 있다. 피아노를 잘 치는 사람이 하나님 나라에 들어오면 이제 주님을 위해 크게 쓰임받는 피아니스트가 되기를 기대하며 그 피아노 실력을 드린다.

말 잘하는 재능이 있는 사람이 구원을 받으면 이제 하나님 나라에서 크게 쓰임받는 설교자가 되기를 기대하며 자신의 말재주를 드린다. 심지어 자신의 훌륭한 은사와 재능으로 하나님을 섬기며 그분께 호의를 베푼다는 생각까지 하기도 한다.

여기서 문제는 이런 기대의 이면에 인간의 야망이 도사리고 있다는 사실이다. 이 사람들은 단지 자신의 야망을 이 세상에서 하나님 나라로 바꾼 것뿐이다. 그러나 그 뿌리는 같다.

얼마든지 세상의 야망에 종교적 희생의 옷을 입힐 수 있다.

그런 경우에, 혼을 부인한다는 것은 자신의 음악적 재능, 말재주, 또는 다른 재능을 주님께 완전히 항복한다는 뜻이다. 즉, 그 모든 재능을 예수님의 십자가 밑에 내려놓고, 만일 주님께서 그 재능을 다시는 사용하시지 않는다 해도 우리가 아무렇지도 않아야 한다.

우리가 자신을 주님께 드릴 때, 우리의 타고난 재능은 주님께 속한 것이다. 그리고 그분은 그것을 가지고 무엇이든 하실 수 있다. 이것은 우리의 타락한 인생이 아닌 그분의 생명에 의한 원동력으로, 그것이 죽고 다른 형태로 다시 살아나는 것을 포함한다. 또는 주님께서 그냥 그것을 잿더미로 만들어버리실 수도 있다.

나는 내가 하는 말이 현대 교회가 교인들에게 종용하는 것, 즉 그들에게 얼른 자신의 은사를 "발견"해서 "사용"하라고 하는 것에 배치됨을 아주 잘 알고 있다. 그러나 이런 것은 하나님의 마음이 아니다. 로마서 12장에서, 바울이 우리의 몸을 제사로 드리라고 권면한 것에 이어서 영적인 은사들을 논한 것은 우연이 아니다.

나는 하나님께 드리는 우리의 제사가 얼마나 심오한지를 당신이 인식하기 바란다. 왕이신 그리스도께 항복한다는 것은 그분의 발 아래로 모든 것을 내려놓는다는 뜻이다. 이 모든 것엔 우리의 야망, 재능, 꿈, 명예, 소원, 그리고 은사까지도 포함된다. 그것은 만일 그냥 모호한 삶을 사는 것이 우리를 향한 하나님의 뜻이라면 이것까지도 받아들인다는 의미이다.

이런 자세가 하나님 나라 안으로 철저히 들어가는 사람들의 특징이다.

## 당신의 미래를 끝장내다

제물이 된 황소의 예로 돌아가보겠다.

황소의 관점에서 보면, 그에겐 미래가 없다. 그는 끝장난 것이다. 참된 성결은 우리가 무엇을 성취하기 위해 여기에 있지 않다는 뜻이다. 우리의 꿈과 야망과 염원이, 그것이 세상적이든 종교적이든 관계없이 화염 속에서 깡그리 타버리는 것이다.

서구의 기업이 추구하는 바가 오늘날 수많은 그리스도인 안에 스며들어 있다. 그것은 우리가 힘써서 얻어야 할 것이 "더 크게"와 "더 많이" 라고 가르친다. 그 결과, 헤아릴 수도 없이 많은 그리스도인이 하나님을 위해 뭔가 큰 일을 해야 한다는 야망을 수용하고 있다. 그러나 양파를 벗겨내듯 그 중심을 파악해보면 이 모든 것의 배후에 자기사랑이 도사리고 있다.

진실로, 하나님께 쓰임받고 인정받기를 즐기는 것, 그리고 하나님께 가치있는 존재로 보이려 하는 것이 제단 위에 놓여서 불타고 재가 되어야 한다.

제단은 또한 우리가 기꺼이 우리의 명성reputation을 잃어버린다는 의미이다. 단언컨대, 만일 당신이 하나님 나라에서 그분과 끝까지 동행한다면 반발, 핍박, 중상, 비난을 불러일으킬 것이다.

당신에게 묻겠다: 당신은 기꺼이 당신의 명성을 십자가로 보내겠는가? 그것이 불타서 재가 되는 것을 바라볼 용의가 있는가?

당신의 마음에 그럴 용의가 있다면 하나님께서 당신을 만나주실 것이다. 하나님은 그분이 원하시는 것을 얻기 위해 당신으로 하여금 깊은 수렁을 통과하도록 하실 것이다.

솔직히 말해서, 당신은 스스로 이것을 할 수 없다. 나도 마찬가지이다. 그 누구도 할 수 없다. 그러나 하나님의 은혜와 자비하심에 의해 당신은 시작할 수 있다. 그리고 당신 자신을 주님께 맡기고 또 맡길 수 있다.

왜 그렇게 해야 하는가? 예수 그리스도께서 이런 사람들을 소유하시도록 하기 위함이다: 철저하게 예수 그리스도의 것이 되는 것, 오직 그분의 것이 되는 것 외에는 그 어떤 야망도 없는 사람들.

이것이 **인써전스**를 일으키는 동기이다.

## 하나님 나라의 헌장

헌장charter은 주권 국가의 조건, 권리, 특권을 명시한 공적 문서이다. 소위 산상 수훈으로 알려진 마태복음 5장부터 7장은 하나님 나라의 헌장을 제시한 것이다.

우리는 예수님의 사역에서 미래의 하나님 나라가 이 땅에 도래한 것을 보게 된다. 하나님 나라는 옛 세상을 뚫고 들어가는 새 세상이다. 그리고 산상 수훈은 그 새 세상의 삶이 어떤 모습인지를 묘사한 것이다.

무엇보다도, 마태복음 5장부터 7장은 왕이신 예수 그리스도의 성품을 묘사한다. 그리스도께서 그분의 삶을 우리 안에서, 그리고 우리를 통해서 사시도록 할 때, 그분의 성품이 우리 안에서 표현될 것이다.

하나님 나라의 헌장은 이 모든 것을 포함한다: 오른편 뺨을 맞으면 왼편도 돌려 대고, 억지로 오리를 가게 하면 십리도 가고, 부당한 일을 당해도 원수를 사랑하고, 용서받을 자격이 없는 사람을 용서하는 것.

그것은 모든 상황에서 남에게 대접을 받고자 하는대로 남을 대접하는 것이고, 우리 자신이 치른 값으로 다른 사람들이 혜택을 받는 것이다.

우리 개인은 하나님 나라의 표준에 걸맞게 사는 것이 불가능하다. 그러나 그리스도의 생명에 의해 살아가기를 배우는 사람들의 지역 공동체는 그것을 표현할 수 있다.

이런 이유로, 산상 수훈은 우선적으로 주님의 제자들에게 주어진 것이다. 즉, 그것은 하나님의 주권적 통치를 받는 핵심적 집합체가 되기 위해 부르심을 받은 사람들을 향한 것이다. 마 5:1-2

## 영적인 침노

이스라엘 백성이 물리적인 침노physical violence에 의해 가나안 땅을 정복했듯이, 우리는 오늘날 영적인 침노spiritual violence에 의해 하나님 나라로 "밀고 들어간다."

> 침례자 요한의 때부터 지금까지 천국은 침노를 당하나니 침노하는 자는 빼앗느니라. 마 11:12

> 율법과 선지자는 요한의 때까지요 그 후부터는 하나님 나라의 복음이 전파되어 사람마다 그리로 침입하느니라. 눅 16:16

침노의 동의어는 "공격적인 절박함" 이다.

절박함을 가지고, 그리스도의 충만함을 경험하지 못하도록 가로막는 것들에 대하여 강하게 밀어붙이는 사람들만이 하나님 나라의 충만함으로 들어가게 될 것이다.

당신이 그 나라를 얻기 위해 더 강하게 밀어붙일수록 당신의 시민권도 더 확실해질 것이고, 당신의 변화도 더 크게 일어난다.

당신이 삶의 세부적인 영역 하나하나를 무자비하고, 절박하고, 끈질긴 자세로 다루게 될 때, 주님께서 당신의 인생을 마음대로 하실 수 있도록 그분께 내어드리는 것이다. 즉, 당신이 하나님 나라의 충만함을 경험하게 되는 대문을 활짝 여는 것이다.

T. 오스틴 스팍스는 그것을 이런 식으로 표현했다.

하나님 나라는 단지 거기에 들어가는 것보다 훨씬 더 큰 것을 의미한다. 또한 회심하는 것 그 이상의 어떤 것을 의미한다. 우리가 상상했던 것보다 더 엄청난 것이 우리 인생을 향한 하나님의 목적 안에 들어있다. 그리고 우리가 그 안으로 들어간다면 무자비한 간절함이 우리를 특징지어준다. 우리는 절박하고 진지해야 한다… 우리가 주님이 뜻하시는 모든 것 안으로, 즉 우리가 이미 본 것뿐만 아니라 그분이 목적하신 모든 것 안으로 들어갈 수 있는 유일한 길은 절박해지고, 무자비하게 간절한 사람이 되고, 다음과 같이 말할 수 있는 사람이 되는 것이다: "하나님의 은혜로, 그 어떤 것도, 그 누구도, 아무리 좋은 것이라도 나의 길을 막아설 수는 없다. 나는 하나님과 함께 이 길을 간다." 당신이 주님과 함께 하는 그 길에 서 있을 때 하나님께서 거기서 당신을 만나주실 것이다.19

사실인즉, 만일 우리가 우리를 가로막는 것들을 철저하게 다루지 않는다면 그리스도 안에서 거기까지가 한계일 것이다.

> 이러므로 우리에게 구름 같이 둘러싼 허다한 증인들이 있으니 모든 무
> 거운 것과 얽매이기 쉬운 죄를 벗어 버리고 인내로써 우리 앞에 당한
> 경주를 하며. 히 12:1

그러므로 나는 당신이 주님의 임재 안에 들어가서 당신의 인생에서 떨쳐버려야 할 것들에 선전 포고할 것을 권한다. 나는 당신이 아무것도 감추지 않고 주님 앞에 최대한 모든 것을 다 내놓고 처리할 것을 조언한다. 당신을 위해서만이 아니라 하나님 나라를 위해서. 왜 그런가? 예수 그리스도께서 그분 자신을 위해 뭔가를 얻으실 수 있도록 하기 위함이다. 그 어떤 것도 흔들거나 무너뜨릴 수 없는 뭔가를. 마 7:24-27

**인써전스**에 가담한 모든 사람은 주님이 그들의 인생에서 더 넓은 영역을 얻으실 수 있도록 주님 앞에서 모든 것을 무자비하게 처리해왔다.

## 묵은 땅을 기경함

묵은 땅은 밭갈이나 기경한 적이 없는 땅이다. 그것은 갈아엎은 적이 없는 굳은 땅이다. 500 에이커60만 평를 소유한 농부가 200 에이커를 사용하지 않고 남겨두었다면 그 땅이 묵은 땅이다.

당신 안에 예수 그리스도를 위해 한 번도 깨진 적이 없는 부분이 있다. 당신 안에 한 번도 갈아엎은 적이 없는 땅이 있다. 당신 안에 한 번도 경작하거나 씨를 심은 적이 없는 땅이 있다. 당신 안에 그리스도를 위해 한 번도 밭갈이하거나 사용하거나 기경한 적이 없는 남겨둔 땅이 있다.

땅이 너무 딱딱해서 끝이 날카로운 삽으로도 팔 수 없는 밭을 상상해보라. 그리고 농부가 날카로운 날로 흙을 파헤쳐서 무르게 하고, 유연하게 하고, 씨를 심을 수 있게 하는 장면을 상상해보라.

마찬가지로, 주님께서 바라시는 것도 당신의 마음 속에 있는 묵은 땅을 기경하는 것이다.

> 너희가 자기를 위하여 공의를 심고 인애를 거두라 너희 묵은 땅을 기경 하라 지금이 곧 여호와를 찾을 때니 마침내 여호와께서 오사 공의를 비 처럼 너희에게 내리시리라. 호 10:12

그러므로 나는 다음과 같이 도전하고 싶다: 주님께서 당신의 전부를 소유하실 때까지 당신을 더 얻으실 수 있도록 허용하라. 하나님 나라의 풍성함을 담을 수 있는 더 큰 그릇이 있어야 한다. 그리고 이것은 그릇이 깨지는 것을 요구한다.

어떻게 하면 되는가? 이 질문에 대한 답을 다음 장에서 다룰 것이다.

## 하나님과 함께 싸우기

사람이 자신의 마음 속에 있는 묵은 땅 기경하기를 바라면서 하나님과 함께 절박함으로 싸울 때 어떤 모습일지를 야고보가 다음과 같이 그렸다.

> 그런즉 너희는 하나님께 복종할지어다 마귀를 대적하라 그리하면 너 희를 피하리라 하나님을 가까이하라 그리하면 너희를 가까이하시리라 죄인들아 손을 깨끗이 하라 두 마음을 품은 자들아 마음을 성결하게

하라 슬퍼하며 애통하며 울지어다 너희 웃음을 애통으로, 너희 즐거움
을 근심으로 바꿀지어다 주 앞에서 낮추라 그리하면 주께서 너희를 높
이시리라. 약 4:7-10

나는 내 자신의 예를 드는 것보다 내 친구들의 경험을 얘기하려고 한다.
그들이 주님 앞에서 절박하게 처리했던 예를 들고자 한다. 그들은 특정한
목표를 이루기 위해서 이렇게 했는데 그 예를 들자면 다음과 같다: 하나님
의 임재를 구하기 위해, 고질적인 죄들을 제거하기 위해, 기도의 응답을
위해, 하나님 나라 안에서 더 나아가기 위해, 하나님의 인도를 받기 위해,
주님이 더 깊이 역사하실 수 있도록 길을 예비하기 위해, 등등.

예: 집 밖에서 비를 맞으며 기도하기, 주님을 구하기 위해 여러 날 동안
금식하며 기도하기 물만 마시고, 얼굴을 바닥에 묻고 밤새도록 기도하기, 손
을 꽉 쥐고 하나님을 향해 외치며 기도하기, 침대를 치고 베개를 던지고
벽을 차고 목소리를 높여 기도하기, 하나님의 얼굴을 구하며 기도하는 몇
주 동안 TV와 영화를 끊기. 결혼한 부부의 경우, 주님 앞에서 몸을 굴복시
키기 위해 한동안 부부 관계를 끊기. 고전 7:5

같은 맥락에서, 바울은 노예처럼 자신의 몸을 쳐서 복종시키는 것에 관
해 언급했다.

내가 내 몸을 쳐 복종하게 함은 내가 남에게 전파한 후에 자신이 도리
어 버림을 당할까 두려워함이로다. 고전 9:27

이것들은 단지 하나님 안에서 거룩하게 살려고 하는 사람들이 주님 앞

에서 자신을 절박하고 무자비하게 다루었던 몇 가지 예에 불과하다.9)

이것을 마음에 새겨두라: 내가 주님 앞에서 절박하고 무자비하게 처리하는 것에 관해 말할 때, 그것은 당신이 하나님 앞에서 홀로 은밀하게 하는 것을 의미한다. 바울이 한 말을 기억하라: 하나님 앞에서는 "미쳤고", "정신이 나갔고", "자기 자신이 아닌" 것처럼 할 수 있지만, 다른 사람들 앞에서는 "정신이 온전한" 모습이다. 고후 5:13

절박함은 하나님 나라의 화폐이다. 당신이 더 절박할수록 하나님 나라 안에서 더 넓은 영역을 얻을 수 있다.

인써전스에 가담한 사람들은 하나님 나라를 침노하는 것의 의미를 이해한다.

## 타인이 아닌, 당신 자신을 다루라

내가 당신의 인생에서 제거해야 할 문제들을 무자비하게 다루라고 조언할 때, 그것은 그리스도 안의 형제나 자매를 무자비하게 다루는 것을 의미하지 않는다.

그리스도인인 우리는 다른 사람들에게 무엇을 하라고 강요하면 안된다. 고로, 내가 당신을 위해, 오직 당신 자신을 위해 썼음을 기억하고 실천하라.

또한, 다른 사람에게 보이기 위해 당신의 문제를 처리하는 잘못을 범하지 말라. 그것들을 지혜롭고, 신중하고, 수치심을 불러 일으키지 않게 처리하라.

---

9) 복음서에 등장하는 몇몇 사람들이 하나님 나라를 어떻게 침노했는지, 그 특정한 예들을 InsurgenceBook.com의 음성 메시지 "Pressing Into the Kingdom"에서 찾을 수 있다.

율법주의는 티끌만도 없이, 당신의 주님 앞에서 은밀하게 처리하라. 만일 어떤 고질적인 것이 당신을 장악하고 있다면, 당신이 신뢰하는 한두 명에게 도움 청할 것도 고려해보라. 그러나 다시 말하지만, 은밀하게 하라.

이 문제들을 처리하는 것이 **인써전스** 안에서 전진하는 것이다.

## 무엇이 우리를 제단 위에 머물게 하는가?

당신이 번제단 위에 자신을 올려놓았다면, 무엇이 당신을 거기에 머물게 하는가? 무엇이 거기서 당신을 내려오지 못하게 하는가?

나는 두 가지가 당신을 거기에 계속 있게 한다고 믿는다. 이 두 가지는 위조하기 쉽기 때문에, 그것들에 관해 당신 자신을 상기시키는 방법을 찾는 것이 현명할 것이다.

1. 예수 그리스도께서 당신을 소유하신다는 사실을 깊고 확고하게 인식함. 우리는 이것을 쉽게 망각한다. 따라서 규칙적으로 상기하는 것이 도움될 것이다.
2. 그리스도의 사랑. 처음에 당신을 제단 위에 올려놓게끔 강권했던 그 사랑이 당신을 거기서 내려오지 못하도록 하는 동일한 사랑이다.

> 그리스도의 사랑이 우리를 강권하시는도다 우리가 생각하건대 한 사람이 모든 사람을 대신하여 죽었은즉 모든 사람이 죽은 것이라 그가 모든 사람을 대신하여 죽으심은 살아 있는 자들로 하여금 다시는 그들 자신을 위하여 살지 않고 오직 그들을 대신하여 죽었다가 다시 살아나신 이를 위하여 살게 하려 함이라 고후 5:14-15

> 하나님의 사랑 안에서 자신을 지키며 영생에 이르도록 우리 주 예수 그
> 리스도의 긍휼을 기다리라. 유 21

여러 해 전에, 나는 한 교회에서 그리스도 안에 있는 영광스러운 우리의 자유에 관해 일련의 메시지를 전했다. 이 메시지에 반응하여 젊은 자매 하나가 모임에서 이렇게 말했다:

주님께서 나를 자유롭게 하신 그 순간이 주님께서 나를 사로잡으신 순간입니다.

이것은 기억할 가치가 있는 말이다.

바울은 우리의 인생을 주님께 드리는 것에 관해 말하기 전에, 로마서 12장에서는 "하나님의 자비하심"으로, 고린도 후서 5장에서는 "그리스도의 사랑"으로 권면했다.

우리로 하여금 예수 그리스도께 우리의 인생을 완전히 드리도록 힘을 주는 것이 하나님의 사랑과 자비하심이다. 하나님은 당신과 나를 세상 제도로부터 불러내셔서 하나님 나라의 풍성함으로 데리고 가시는데, 이 부르심이 사랑에서 출발한다.

> 우리 조상들에게 맹세하신 땅을 우리에게 주어 들어가게 하시려고 우
> 리를 거기서 인도하여 내시고. 신 6:23

그렇다면, 필요한 것은 주님의 사랑에 의해 계속해서 강권되고, 또 추진되는 것이다.

따라서 주님이 그분의 사랑으로 당신을 만나시도록 허용하는 것이 당신의 규칙적인 실천이 되게 하라.

당신이 "저는 오직 주님만을, 그리고 주님을 아는 것만을 원합니다" 라고 말할 수 있도록 그분의 온화한 자비를 바라보는 것이 습관화되게 하라.

이런 점에서 볼 때, 워치만 니는 다음과 같이 올바로 고찰했다.

> 그러므로 사랑이 성결의 기초이다. 그 누구도 주님의 사랑을 감지하지 않고 자신을 성결케 할 수 없다. 그는 자신의 삶을 성결케 하기 전에 주님의 사랑을 봐야 한다. 주님의 사랑이 보이지 않는다면 성결에 관한 말은 헛된 것이다. 주님의 사랑을 볼 때 성결은 필연적인 결과가 될 것이다.[20]

이것을 실제로 적용시키기 위해 추천할 것이 있다: 때때로 이 책의 제 2 부 끝에 있는 "실천에 옮기기"로 가서 그것을 다시 실행하여 보라.

요약하자면, 그리스도를 향한 당신의 사랑을 재확인하는 가장 최선의 방법은 당신을 향한 그분의 사랑을 다시 음미하는 것이다.

## 제단의 모서리

그리스도인으로 살아온 나의 인생을 통틀어, 나는 청년 남녀들이 제단의 모서리까지 왔다가 뒤로 물러나는 것을 지켜봐왔다. 세상 유혹의 어떤 부분이 그들을 불러냈기 때문이다.

어떤 사람들에게는 그것이 일확천금의 기회였고, 어떤 사람들에게는 예수 그리스도에겐 관심이 없는 남자 친구나 여자 친구였다. 또 어떤 사람들에게는 그것이 유명해지고, 명성을 얻고, 또는 경쟁에서 이기는 기회였다.

그들은 세상을 향해 "예" 라고 대답하고, 하나님 나라를 향해서는 "아니요"라고 대답했다. 이 청년들에겐 내가 지금까지 강조한, 하나님 나라를 향한 절박함이 결여되어 있었다.

그러므로 그리스도의 사랑에 당신의 마음을 활짝 열고, 그 사랑이 당신을 강권하게 하라. 지금 당장, 그리고 미래에도.

## 규칙 대 생명

나는 앞의 장들에서 무거운 주제들을 다루었지만 어떤 규칙도 제시하지 않았다. 또한 구체적인 적용도 제시하지 않았다. 당신이 위로부터 태어난 사람이라면 당신에게는 영적 본능이 있다. 당신의 마음이 주 예수님과 그분의 나라에 속했다면 당신은 그 본능을 분별하고 따를 수 있다.

한 가지 충고할 것이 있다. 만일 당신을 가르치는 교사가 당신의 영적 본능에 배치되는 것들을 가르친다면, 당신이 그 본능에 귀를 닫을 가능성이 있을 것이다.

여러 해 전에 한 교회에서, 하나님은 잃어버린 영혼이나 가난한 사람들에게 아무런 관심이 없다고 가르치는 교사를 본 적이 있다. 하나님은 교회와 그 안에 있는 사람들에게만 관심이 있다는 것이었다.

그 결과는? 나는 한때 잃어버린 영혼과 가난한 사람들에게 관심이 있던 그리스도인들이 그것들에 흥미를 잃어버리는 것을 보았다. 무슨 일이 일어난 것인가? 그 사람들이 성령의 음성을 그 교사의 말로 대체한 것이다. 그리고 그들이 자신의 영적 본능을 묵살해버린 것이다.

이런 이유 때문에 잘못된 가르침이 매우 위험한 것이다. 만일 우리가 잘못된 가르침을 받아들인다면, 우리는 성령의 음성에 면역력을 갖게 될 것이다.

그리스도께서 당신 안에 사신다면 당신은 가난한 사람들을 돕고자 하는 본능을 가졌다. 그리고 잃어버린 영혼이 구원받는 것을 보고자 하는 본능을 가졌다. 또한 당신은 하나님 나라의 충만함으로 들어가서 그것을 누리지 못하게 하는 것들을 처리하는 본능을 가졌다.

다시 강조하자면, 나는 당신이 주님 앞에서 처리할 수 있도록 통로를 제공하기 위해서 이 책의 이 부분을 쓰고 있다. 만일 당신에게 반론이 있다면 그것을 주님께로 가지고 가라. 나의 목표는 당신이 **인써전스**에 가담하는 것과 그 안에서 전진하는 것을 보는 것이다.

## 실패에서 살아남기

**인써전스**에 가담한 사람들의 특징 중 하나는 그들이 어떤 것에서도 살아남을 수 있다는 것이다. 캄캄할 때든지 밝을 때든지, 건조기든지 우기든지 관계없이, 예수 그리스도를 향한 그들의 헌신은 결판이 났고, 번복될 수 없다. 그도 그럴 것이, 그 어떤 것도 그들을 넘어뜨릴 수 없기 때문이다. 실패조차도.

그리스도인의 삶은 경주로 묘사된다. 바울은 자신이 경주를 잘 마친 것에 기뻐했다.딤후 4:7 누군가가 갈라디아 교인들의 경주를 막고 트랙에서 이탈시켰다.갈 5:7 히브리서의 저자는 독자들에게 인내로 경주할 것을 권면했다.히 12:1 우리는 또한 사람이 경주에서 실격될 수 있음을 보게 된다. 고전 9:24-27

지난 30 여 년 동안 나는, 하나님께 크게 쓰임받는 사역자들을 포함해서 그리스도인들이 힘차게 경주를 시작했다가, 심지어 트랙을 태울듯한 열정을 가지고 출발했다가, 몇 년이 못가서 종적을 감추는 경우를 봐왔다.

그 이유들 중 하나는 그들이 실패에서 살아남지 못했기 때문이다.

그 트랙엔 실패에서 살아남지 못한 사람들의 시체가 즐비하다. 그래서 그들은 기권하고 사라져버린다.

내가 이 책에서 제시하는 표준은 높다. 아니, 불가능하다. 그러나 왕과 그분의 나라에 자신을 철저하게 드린 사람들은 쟁기를 손에서 놓지 않는다. 그들이 실패할 때조차도.

나는 베드로를 증인으로 청하겠다. 시몬 베드로의 죄만큼 더 크게 보이는 죄를 지은 사람은 아마 없을 것이다. 일반적으로 "사도 중의 으뜸"이라고 알려진 이 남자는 평생토록 사람에 대한 두려움과 씨름을 했다. 그는 그의 가장 어두웠던 시기에 예수님을 배반했다. 한 번도 아니고, 두 번도 아닌, 세 번씩이나. 그리고 그것도 정치 지도자나 종교 지도자도 아닌 여종 앞에서.

하지만 베드로는 그 실패에서 살아남았다. 예수 그리스도께서 베드로에게 자비를 베푸셨을 뿐만 아니라, 얼마 지나지 않아서 그분의 양을 먹이라는 사명을 주셨다.

유대인과 이방인에게 하나님 나라의 문을 열었던 장본인인 베드로는 여러 해가 지난 후 또 다시 사람을 두려워했다. 예루살렘에서 안디옥을 방문한 어떤 지도자들이 베드로에게 이방인과 함께 식사하지 말라고 권고했을 때 그는 압박을 받고 물러났다. 이런 이유로, 바울은 베드로의 위선을 지적하며 그를 면전에서 꾸짖었다.

그래서 베드로가 포기해버렸는가? 아니다. 그는 다시 한 번 실패에서 살아남았다.

마지막으로 그의 말년에, 전통에 따르면 베드로가 순교를 피하려고 로마를 탈출하기 시작했다. 그러나 도성을 나가려 할 때 그의 앞에 예수님께서 나타나셨다. 그는 "주여, 어디로 가시나이까?" 라고 물었다. 라틴어로 쿠오 바디스[Quo Vadis?] 예수님은 "나는 다시 십자가에 못박히기 위해 로마로 간다" 라고 대답하셨다.

그 이야기에 의하면, 베드로가 돌아서서 로마에 들어가 그의 주님을 위해 십자가에 못박혔다.

베드로는 당신과 나처럼 실패 투성이였다. 하지만 그는 자신의 잘못에도 불구하고 하나님 나라의 복음을 순종했다.

그리고 그것은 **인써전스**에 가담한 모든 사람에게도 해당한다. 그들은 자신의 실패를 성공과 똑같이 여겼다. 그들이 성공도 **배설물로** 여겼기 때문이다. 그들에게 중요한 것은 실패나 성공이 아니라, 자신이 그렇게 싸울 수 있는 특권에 합당한 자로 여겨진다는 사실이었다. 그리고 자신의 실패와 좌절에도 불구하고 주님을 알기 위해 전진을 계속하고 경주를 마치는 것이었다.

인내로써 우리 앞에 당한 경주를 하며. 히 12:1

나는 선한 싸움을 싸우고 나의 달려갈 길을 마치고 믿음을 지켰으니.
딤후 4:7

그러므로 우리가 여호와를 알자 힘써 여호와를 알자 그의 나타나심은 새벽 빛 같이 어김없나니 비와 같이, 땅을 적시는 늦은 비와 같이 우리에게 임하시리라 하니라. 호 6:3

## 재설정하기

우리 대부분에게, 주님과 동행하는 것은 새로운 출발을 요구한다. 이것이 1세기 때 회개와 침례가 대표한 것, 즉 과거와의 완전한 단절과 새로운 시작이었다.

만일 당신이 새 그리스도인이라면 내가 지금까지 말한 것이 그리스도와 함께 하는 당신의 삶에 튼튼한 기초를 세워줄 것이다. 만일 당신이 오래된 그리스도인이라면 이것을 회심한 첫날이라고 여기라. 이것이 그리스도인으로서의 당신의 삶을 재설정하고 **인써전스**의 적극적인 일원이 되는 기회이다.

당신은 이제 당신의 옛 생활을 뒤로 하고 그것에서 깨끗이 손을 떼었다. 당신은 과거와 단절하고 당신의 하나님 앞에서 그것을 정리했다.

## 론을 만나다

나는 론Ron을 대학생 때 만났다.

론과 나는 여러 개의 캠퍼스 기독교 단체에 가담했었는데, 그는 주님께 온전히 헌신된 형제였다.

그러나 여러 해가 지난 후, 론은 자신이 십대 청소년 때부터 외설물에 깊이 중독되어왔음을 나와 다른 사람들에게 고백했다. 그는 거기서 자유롭게 되기 위해 무자비한 절박함으로 매진했고 주님은 그것을 귀히 여기셨다.

흥미로운 것은 그의 중독이 그가 인식한 적이 없었던 영역에서도 주님께 항복하지 못하도록 타협하게 했다는 사실이다. 하지만 그는 중독에서 해방된 후에 삶의 다른 모든 영역도 주님께 항복할 수 있었다.

그 결과, 주님을 향한 론의 갈급함이 급격히 증가했고 그 어느 때보다도 영적인 것들을 감지하기 시작했다. 그는 또한 그가 기대한 것 이상으로 하나님의 복을 경험했다. 그리고 주님께서 젊은 자매를 만나게 하셔서 결국 결혼에 골인하게 되었다.

론은 그의 중독에 대하여 무자비한 태도를 취했고, 주님께서 힘을 주셔서 거기서 해방되었다. 해방과 함께 주어진 영적 유익은 그가 기대했던 것 그 이상이었다.

이런 경험은 하나님 나라를 위해 과감하게 결단한 모든 사람들에게 유효하다.


## 셸리를 만나다

셸리Shelly는 전통적인 기독교 가정에서 자라났다. 그녀는 오랫동안 세계에서 가장 큰 교단에 속했었는데, 그 교단은 잃어버린 영혼을 위해 은혜의 구원을 전하고 구원받은 사람들에게 종교적 의무를 지우는 것으로 알려졌다.

여러 해 후에, 셸리는 내가 사역했던 공동체의 모임에 참석하기 시작했다. 그리고 때마침 하나님 나라의 영광스러운 복음에 관해 열변을 토하는 메시지를 난생 처음으로 듣게 되었다.

셸리는 그리스도의 눈부신 아름다움과 위엄에 매료되었다. 그리고 마음을 꿰뚫는 하나님 나라의 메시지에 사로잡혔다. 그래서 그 메시지에 마음을 열고 그 어느 때보다도 주님을 사랑하기 시작했다.

셸리는 그 공동체 모임과 계속 함께 하면서 그리스도의 은혜와 타협할 수 없는 하나님 나라의 본성에 관해 더 많은 것을 배웠다. 그리고 하루는 모임 중에 일어나서 다음과 같이 간증을 했다:

나는 어려서부터 그리스도인으로 자라났고, 이 모임에 와서 여러분들과 함께한 지 1년쯤 되었습니다. 나는 가끔 기독교 라디오 방송을 듣곤 하는데 최근에 한 여자 가수가 부르는 노래가 흘러나왔습니다. 그 가수의 노래 가사는 그녀가 얼마나 무가치한지, 그리고 하나님을 기쁘시게 하기 위해 얼마나 더 열심을 내야 하는지에 관한 것이었습니다. 그녀는 자신의 의는 더러운 누더기이므로 자신의 영적인 삶에 노력이 더 필요하다고 했습니다. 나는 잠시 멈추고, 불현듯 내가 더는 그 노래와 공감할 수 없음을 깨달았습니다. 내가 공감할 수 없었던 것은 그리스도 안에서 나 자신을 보는 새로운 눈을 갖게 되었기 때문입니다. 나는 오랫동안 무가치함과 죄의식과 죄책감 때문에 고심했었습니다. 그러나 이제 그런 것들이 전부 사라졌습니다. 나에게 더는 그런 것들이 없고 주님의 사랑 안에서 자유를 만끽하고 있습니다.

셸리가 이 간증을 나누었을 때 그 방 안에 환호성이 울렸고, 다른 지체들도 같은 맥락의 간증을 쏟아놓기 시작했다.

그것은 정말 멋진 경험이었다. 셸리는 1세기의 그리스도인들이 소유했던 것과 똑같은 영적 깨달음을 얻게 된 것이다. 즉, 그녀가 그리스도 안에 있고 그리스도는 그녀 안에 있다는 진리를 깨닫게 되었다. 그리고 하나님 나라의 복음, 곧 은혜와 순결함의 급진적인 복음이 종교적이고 인위적인 모든 것에서 그녀를 해방시켰다.

# 보좌에 다가가기

나는 지금부터 10년 후, 또는 20년 후, 아니 30년 후에라도 당신이 이렇게 말할 수 있기를 기대해본다: "나는 [날짜]년도에 **인써전스**를 읽었을 때 난생 처음으로 예수 그리스도께 내 인생을 드렸고, 그분은 그것을 받으셨습니다."

나는 당신이 주님 앞에서 위의 고백을 할 수 있을 때까지 그분과 겨룰 것을 권한다.

로마서 12:1-2에서, 바울은 로마의 그리스도인들에게 그들의 몸을 산 제사로 드리라고 권면했다. 하지만 그는 더 나아가서 그들에게 이 세상을 본받지 말라고 했다.

다음의 제5부에서 나는 세상 제도the world system에 관해, 그리고 그 제도가 얼마나 우리의 속 깊이 스며들어 있는지에 관해 살펴볼 것이다. 하지만 우선은, 세상 제도를 향해 무자비한 태도를 갖지 않고서 그것과 단절한 사람은 역사상 한 명도 없음을 당신이 알기 원한다. 우리의 뿌리는 생각보다 아주 깊다. 그러므로 그것과 결별하려면 사력을 다해 뿌리째 뽑아낼 것이 요구된다. 아니면 우리 스스로를 속일 뿐이다.

많은 그리스도인이 세상과 제단 사이의 어중간한 상태에서 주님과의 관계를 유지하기 원한다. 그들은 세상의 즐거움도 다 누리고 하나님 안의 즐거움도 다 누리길 원한다.

그러나 그것은 불가능하다. 우리는 두 주인을 섬길 수 없다. 당신은 이 세상을 본받고 살면서 자신을 제단 위에 올려놓을 수 없다.

내가 지금까지 다룬 내용 전체에 비추어서, 나는 당신이 아래의 기도를 주님께 드리면서 나와 함께 그분의 보좌에 다가가기를 원한다.

주 예수님, 주님은 저에 대해 모든 권리를 가지셨습니다. 저는 주님의 최고봉을 찾는 사람들 중에 속하기에 합당히 여겨지기를 원합니다. 어떤 것도 감당할 수 있고 흔들리지 않는 사람들 중의 하나로, 자신을 조건 없이, 거래하지 않고, 또는 요구 사항 없이 주님께 드리고, 또 드리는 사람들 중의 하나로 합당히 여겨지게 하옵소서.

저는 영광이나, 축복이나, 또는 쓰임받는 것도 구하지 않습니다. 저는 단지 경주할 수 있는 특권에 감사할 따름입니다.

주님, 저는 오직 주님만을 위해, 그리고 주님의 나라만을 위해 존재하는
주님의 백성 중에 있기를 원합니다.
주님의 완벽한 소유인 사람들 중에,
변화된 사람들 중에,
항복한 사람들 중에,
십자가를 지는 사람들 중에,
죽은 사람들 중에,
부활한 사람들 중에,
하늘에 오른 사람들 중에,
온전히 주님의 것이 된 사람들 중에,
주님을 위해, 주님에 의해, 주님을 향해 사는 사람들 중에,
골짜기와 높은 산도 통과할 수 있는 사람들 중에.
주님, 제가 있는 곳과 주님이 계신 곳 사이의 공백을 없애주시옵소서. 제 안
에 더 깊이 역사하소서.
시계를 던져버리고 달력을 잊어버리는 은혜와 자비를 주시옵소서. 이것이
시간을 요한다는 사실을 저는 알고 있지만, 바로 지금 시작할 것을 결단합

니다.

주님, 아무것도 남지 않게 하옵소서.

제 마음 속에 있는 묵은 땅을 뒤엎어주시옵소서.

제가 이전에 한 번도 본 적이 없는 더 높은 것을 볼 수 있게 하옵소서.

주님의 나라와 주님의 영광을 위하여.

아멘.


주님은 당신을 그분의 나라로 부르신다. 살후 2:12 주님은 당신이 "천국의 아들들 하나님 나라의 백성"이 되어 마 13:38 인써전스에 가담하기를 원하신다.

그러므로 들어가라. 그리고 온 것을 환영한다.

# 실천에 옮기기〉〉

하나님 나라의 고귀하고 거룩한 것들에 관해 실천에 옮기지 않고 그냥 듣고 읽기만 하는 것은 아무런 소용이 없다. 이런 점에서, 나는 당신이 다음의 연습 문제를 풀어볼 것을 권한다. 그것은 당신 인생의 영적 목록을 작성하는 것과 주님과 함께 각 항목을 무자비하게 처리하는 것을 포함한다. 이것들이 "대청소" 하는 항목들임을 상기하라.

하나님의 자비하심과 은혜로,

1. 당신의 삶에서 부도덕한 것들의 목록을 작성하고 그것들을 끊어버리라.

2. 당신의 삶에서 우상시하는 것들의 목록을 작성하고 당신의 마음 속에서 그것들을 말살시키라.

3. 당신의 삶에서 부적절한 것들의 목록을 작성하고 그것들을 끝장내라.

4. 당신의 삶에서 남의 물건을 훔쳤던 것들의 목록을 작성하고 그것들을 돌려주고 배상하라.

5. 당신의 삶에서 부정한 것들의 목록을 작성하고 그것들을 제거하라.

6. 만일 당신이 무엇에 중독되었다면 InsurgenceBooks.com에 있는 "How to Break an Addiction"을 읽고 거기서 제시하는 과정을 밟아나갈 계획

을 세우라.

7. 만일 당신이 한 번도 침례받은 적이 없거나, 침례를 받았더라도 그때 그 의미가 무엇인지를 제대로 이해하지 못했다면(단지 몸을 물에 적신 것 뿐이라 면), InsurgenceBooks.com에 있는 "Rethinking Baptism"을 읽고 기도하는 마음으로 침례받을 것을 고려해보라. 또는 침례의 의미를 새롭게 이해 하고 다시 침례를 받으라

나는 많은 사람이 다시 침례를 받고 큰 유익을 얻는 것을 보아왔다. 예 수님은 그분의 교회들이 타락했을 때 한 교회에게 "처음 행위를 가지라" 고 권면하셨다:

그러므로 어디서 떨어졌는지를 생각하고 회개하여 처음 행위 를 가지라 만일 그리하지 아니하고 회개하지 아니하면 내가 네 게 가서 네 촛대를 그 자리에서 옮기리라. 계 2:5

8. 마지막으로, 당신의 몸과 혼과 영을 하나님께 산 제사로 드리라. 이런 것 을 해보는 것도 좋다: 당신의 주 예수 그리스도께 노골적으로 솔직한 편 지를 써보라. 편지의 서두를 이런 식으로 시작해보라:

사랑하는 주님, 이것의 저의 인생입니다.

그 다음, 당신의 인생이 무엇으로 이루어져있는지를 써보라. 괜찮은 부 분과 나쁜 부분. 당신의 재능과 은사. 당신이 고심하고 있는 것들. 당신의

소원과 꿈과 야망. 그 편지가 이런 식으로 전개될 수 있다:

> 주님, 이 편지는 저의 삶입니다. 저에겐 [당신의 야망]이 있습니다… 저의
> 꿈 중 하나는 [당신의 꿈] 입니다… 저에겐 [당신의 재능]이 있습니다… 저
> 는 [당신이 고심하고 있는 것]과 씨름을 하고 있습니다… 저는 [당신에게
> 있는 우상이나 부적절한 것]을 아직 끊어내지 못하고 있습니다…

당신이라는 사람을 이루고 있는 모든 것을 써보라. 그리고 냉정할 정도
로 정직하게 써보라. 그 편지를 쓰는데 며칠씩 걸릴 수도 있을 것이다.

편지를 다 쓴 후에 접어서 봉투에 넣고 봉인을 하라. 그리고 봉투 겉에
다음과 같이 쓰라: "[당신의 이름]의 인생."

로마서 12:1–2을 확실히 상기하면서, 편지를 태울 불을 준비하라. 그것
은 번제단을 상징하는 불이다.

당신이 완전하게 되거나 다시는 죄를 짓지 않겠다고 맹세하는 것이 아
니다. 그 대신, 이렇게 고백하는 것이다: "주님, 저의 인생을 주님께 드리
오니 받아주시옵소서. 저는 상징적으로 제단에 올라가서 저의 인생을 주
님께 바칩니다. 저의 인생 전부를 바칩니다."

이 기도를 하고 나서 당신이 쓴 편지를 불 속에 던지고 그것이 타는 것을
지켜보라.

그 다음, 기쁨으로 주님을 높이거나 노래를 부르며 그분을 경배하라.

이것은 당신의 마음에서 기꺼이 우러나와야할 성질의 것이다. 그것은
규칙이나 율법이나 요구 조건이 아니다. 그것은 제안이다.

나는 여러 해 전 이것을 한 지역의 에클레시아에 제안했는데, 그것에 참
여한 모든 사람에게 놀랍고도 잊을 수 없는 경험이었다. 그것을 행한 모든

지체의 인생에 진정한 이정표가 되었다. 그 에클레시아는 봉인된 자신들의 편지를 들고 벽난로 앞으로 갔다. 그리고 한 사람씩 그 편지를 불 속으로 던졌다. 그들은 그들의 "몸"<sup>복수형</sup>을 "산 제사"<sup>단수형</sup>로 드렸다.

그러므로 당신도 그룹으로나 개인적으로 이것을 행할 수 있다. 이것은 **인써전스**와 운명을 같이 하기 위한 아주 괜찮은 방법이다.

하지만 아직도 더…

# 5부

# 영광스러운 우리의 자유

신약성서에서 그리스도의 주 되심에 복종하는 것은 성령의 자유와 밀접한 관계가 있다. 하나님은 우리가 그분의 은혜에 의해 자유롭게 살도록 창조하셨다. 그러나 이 자유는 우리가 예수님을 온전히 의지하고 우리 자신을 그분의 주 되심 아래 두었을 때 경험된다. 제 5부에서 우리는 그리스도 안에 있는 우리의 총체적인 자유를 살펴보고, 아울러 제 1부에서 소개했던 율법주의와 방탕주의의 실마리를 찾아 더 고찰해볼 것이다. 많은 장을 할애해서 그리스도의 몸과 마귀 사이, 그리고 하나님 나라와 세상 제도 사이의 지속적인 싸움에 관해 살펴보겠다.

# 자유로운 과격파

과격한 종교 테러리스트들과 과격한 그리스도인들신약성서적인 의미로의 차이는, 한마디로 과격한 그리스도인들은 완전히 자유롭다는데 있다.

하나님 나라의 복음에 반응한 사람은 그 어떤 것에도 예속되어 있지 않다. 종교적인 율법과 규칙을 포함해서.

그 사람은 두려움, 죄책감, 수치심, 죄의식, 종교적 의무, 또는 부담에 의해 하나님을 섬기지 않는다. 그는 그리스도 안에서 자유롭다. 하지만 주 예수 그리스도와 그분의 나라에 과격하게, 그리고 전적으로 헌신되어 있다.

인써전스를 특징짓는 것은 타락한 인간들의 마음을 사로잡은 살아 숨쉬는 그분을 향한 전적인 충성, 전적인 항복, 그리고 전적인 헌신이다.

**나는 이 사람들을 자유로운 과격파라고 부른다.**

유감스러운 것은, 오늘날 헤아릴 수 없이 많은 그리스도인이 옛 언약의 율법 아래 있는 유대인이나 코란 아래 있는 무슬림처럼 산다는 사실이다. 그들은 내재하는 성령에 의해 살지 않고 외적인 율법 "조문letter"에 의해 살려고 애를 쓴다.고후 3:6 그렇게 함으로써, 그들은 부지중에 신약성서를 냉랭한 규칙서 내지는 사문서로 탈바꿈시킨다.

오늘까지 모세의 글을 읽을 때에 수건이 그 마음을 덮었도다 그러나 언제든지 주께로 돌아가면 그 수건이 벗겨지리라 주는 영이시니 주의 영이 계신 곳에는 자유가 있느니라. 고후 3:15-17

율법 조문은 죽이는 것이요 영은 살리는 것이니라. 고후 3:6

그렇게 접근하는 것은 하나님의 영과 예수 그리스도의 은혜에 의해 움직이고 자라나는 **인써전스**의 능력을 소멸시켜버린다.

## 대조

방탕주의 복음은 이렇게 말한다: "당신은 하나님 나라에서 환영받는다. 그리고 당신은 변화될 필요가 없다."

율법주의 복음은 이렇게 말한다: "당신이 변화되기 전엔 하나님 나라에서 환영받을 수 없다."

하나님 나라의 복음과 왕이신 예수 그리스도는 이렇게 말한다: "나는 너를 내 왕국으로 환영한다. 그리고 그 결과, 너는 변화될 것이다."

## 완전히 받아들여지고, 완전히 해방됨

하나님 나라의 복음은 자유를 낳는다. 바울이 줄기차게 "하나님의 자녀들의 영광의 자유"라고 부른 그 자유이다.

> 그 바라는 것은 피조물도 썩어짐의 종 노릇 한 데서 해방되어 하나님의
> 자녀들의 영광의 자유에 이르는 것이니라. 롬 8:21

그 복음은 우리를 율법의 속박율법주의 뿐만 아니라 육신의 속박방탕주의에서 해방시킨다.

복음의 놀라움은 당신이 지금 그리스도 안에서 거룩하고, 의롭고, 온전하다는 사실이다. 그리스도 안에서 거룩하신 하나님이 당신을 완전히 받

아주셨다.

　　이제는 그의 육체의 죽음으로 말미암아 화목하게 하사 너희를 거룩하
　　고 흠 없고 책망할 것이 없는 자로 그 앞에 세우고자 하셨으니. 골 1:22

　　내가 『예수는 지금』대장간역간에서 제시한 바와 같이 당신은 새 언약 아래
있다. 따라서 당신이 죄의식을 갖거나 죄책감에 시달릴 이유가 없다. 만일
당신이 죄책감이나 죄의식에 시달린다면 그것은 당신이 그리스도의 피에
서 돌아서서 그리스도 안의 당당한 지위를 스스로 차버렸기 때문이다.

　　물론 사람이 육신을 따라 살면 성령이 그의 양심을 비추실 것이다. 그러
나 그렇게 비추실 때 그것은 정죄하기 위함이 아니라 구제하기 위함이다.
그리고 그리스도 안에 있으면서도 새로운 본성을 거스르며 사는 사람보
다 더 비참한 사람은 없을 것이다.

　　그러나 우리는 승리를 향해 가는 것이 아니라 승리로부터 사는 것이다.
내가 Revise Us Again에서 지적한 것처럼, 그리스도인의 삶은 이미 되어
진 당신what you already are이 되어가는 것이다.21

　　사실인즉, 당신이 그리스도 안에 있다면 정죄받지 않는다. 왜 그런가?
예수 그리스도께서 이미 당신을 위해 죽으심으로 값을 치르셔서 당신이
지은 죄의 형벌에서 완전히 속량하셨기 때문이다. 하지만 그것이 전부가
아니다. 그리스도는 부활하시고 하나님 우편에 앉으셔서 당신을 위해 간
구하고 계신다. 롬 8:34

　　당신이 그리스도 안에 있기 때문에 하나님은 당신을 위하신다. 고로, 누
가 당신을 대적할 수 있겠는가? 롬 8:31 하나님께서 당신을 위하여 그분의
아들을 아끼지 않으셨으므로 당신에게 필요한 모든 것 또한 아낌없이 주

실 것이다.롬 8:32 당신을 송사할 자는 아무도 없다.롬 8:33 그리고 우주에 있는 그 어떤 것도, 이 땅에 있는 그 어떤 사람도 당신을 하나님의 사랑에서 끊을 수 없다.롬 8:35-39

이것이 하나님 나라 안에 있는 당신의 인생이 시작된 지점이고, 또 끝나는 지점이다.

## 자유롭게 된 사로잡힌 자

찰즈 킹슬리는 다음과 같이 옳게 지적했다.

자유에는 두 가지가 있는데, 하나는 사람이 자기가 좋아하는 것을 하는 거짓 자유이고, 다른 하나는 사람이 자기가 해야 하는 것을 하는 진짜 자유이다.22

주 예수 그리스도는 "하나님 곧 우리 아버지의 뜻을 따라 이 악한 세대에서 우리를 건지시려고 우리를 대속하기 위하여 자기 몸을" 주셨다.갈 1:4

이 구절에서 하나님의 뜻은 하나님의 영원한 목적을 가리킨다. 그 목적은 당신을 이 악한 세대 곧 세상 제도에서 건지시는 것이다.

바울이 갈라디아교회에 보낸 뛰어난 편지를 어떻게 시작했는지 이것이 보여준다. 예수 그리스도 안에 있는 우리의 놀라운 자유를 펼쳐주는 편지가 이렇게 시작되었다.

예수님께서 사랑하신 베다니의 나사로를 기억하는가? 나는 나사로가 주 예수님을 만나기 전의 당신과 나를 대표한다고 믿는다.

나사로처럼, 우리도 우리의 죄 때문에 죽었었다. 하나님 보실 때 죽었고, 생명에서 떨어져나갔었다. 우리에게 아무런 소망이 없었다. 그도 그럴 것이, 우리가 시체 냄새만 풍기고 있었기 때문이다.

그때 예수님께서 우리의 인생 안으로 오셨다. 그분의 넘치는 자비와 은혜로 "나오라"고 하시면서 우리를 부르셨다. 그리고 그 부르심 안에서 우리를 완벽하고 완전하게 받아주셨다. 아무 조건 없이 받아주신 것이다.

그렇다. 하나님께서 우리를 받아주신 것은 당신이 얼마나 기도를 많이 했는지, 얼마나 성서를 많이 읽었는지, 얼마나 전도를 많이 했는지와 상관 없다.

나사로가 무엇을 해서 이 부르심을 얻어낸 것이 아니다. 그는 그것을 받을 자격이 없었다. 그것은 하나님의 자비와 은혜에서 비롯된 것이다. 예수님은 사랑하는 마음으로 나사로를 부르셨다. 요 11:3, 5

유감스러운 것은, 오늘날 헤아릴 수 없이 많은 그리스도인이 예수님께 온 이후로 다람쥐 쳇바퀴 돌듯하는 종교 행위를 답습하고 있다는 사실이다. 그들은 점수 매기기를 그만두신 하나님에게 환심을 사려고 노력하고 있다. 그들은 하나님을 위해 "아주 괜찮은" 사람이 되려고 노력하면서 죄의식과 죄책감 속에 살고 있다.

여기에 요지부동의 사실이 있다: 하나님께서 당신을 받아주시는 것은 오직 믿음에 의해 당신이 그분의 사랑받는 아들 안에 있다는 사실에만 연결되어 있다.

> 이는 그가 사랑하시는 자 안에서 우리에게 거저 주시는 바 그의 은혜
> 의 영광을 찬송하게 하려는 것이라. 엡 1:6

나사로는 수족을 베로 동인채로 무덤에서 걸어나왔다. 그리고 주님께

서 주위에 있던 사람들에게 "풀어놓아 다니게 하라"고 말씀하셨다.

마찬가지로, 예수님은 당신의 죽은 영을 생명으로 부활시키셨을 뿐만 아니라, 당신을 종교적 속박에서도 자유롭게 하셨다. 왜 그렇게 하셨을까? 당신이 자유롭게 되어 그분을 사랑하게 하시려고 그렇게 하셨다.

> 그리스도께서 우리를 자유롭게 하려고 자유를 주셨으니 그러므로 굳
> 건하게 서서 다시는 종의 멍에를 메지 말라. 갈 5:1

요약하자면, 예수 그리스도의 통치 아래서 누리는 자유가 당신 자신의 자유보다 훨씬 더 크다.

## 사탄의 주된 공격

하나님의 자녀를 대적하는 사탄의 주된 전술은, 속임수를 도구로 사용하는 것을 넘어 하나님의 사랑에 금이 가게 하는 것이다. 아울러, 그리스도 안에 있는 그들의 거룩하고 완전한 지위에서 그들을 내려오게 하는 것이다.

하나님의 원수는 다음과 같은 것을 제시하면서 주님을 헐뜯으려 한다: "하나님은 너를 적대시 한다. 그는 너를 떠났다. 그는 너를 공정하게 대하지 않는다. 그는 너의 기도를 듣지 않는다. 그는 너를 돌보지 않는다. 그는 너를 따돌리고 미적지근한 다른 사람들에게 복을 준다. 하나님만을 위해 사는 것은 전혀 가치가 없다. 도대체 너에게 남는 게 무엇이냐?"

어디서 많이 듣던 소리 아닌가?

우리의 원수는 끊임없이 하나님을 헐뜯고 우리의 생각 속에서 그분의

사랑을 의심하게 만든다. 이것이 에덴동산에서 아담과 하와에게 했던 사탄의 수법이다. 그리고 광야에서 예수님에게 했던 그의 수법이다.

사탄의 의도는 그리스도께서 다 이루신 일에서 당신을 밀어내고, 당신 자신의 노력 위에 당신을 올려놓으려는 것이다.

그는 당신을 종교의 쳇바퀴 위에 도로 기어오르도록 유인해서 당신의 행위로 하나님을 만족시키려는 노력을 기울이게 한다.

당신을 정죄 아래 있게 하기 위해서 사탄은 무엇이든 다 할 것이다. 이런 이유로, 그는 하나님의 자녀를 양심 안에서 "밤낮" 고소하는 "우리 형제들을 참소하던 자"이다.계 12:10

그러나 당신에게는 하나님 아버지와 함께 있는 대언자, 의로우신 예수 그리스도가 계심을 상기하라. 그분은 당신을 위해 자신의 목숨을 주신 분이다. 요한의 말을 숙고해보라.

> 나의 자녀들아 내가 이것을 너희에게 씀은 너희로 죄를 범하지 않게 하려 함이라 만일 누가 죄를 범하여도 아버지 앞에서 우리에게 대언자가 있으니 곧 의로우신 예수 그리스도시라 그는 우리 죄를 위한 화목제물이니 우리만 위할 뿐 아니요 온 세상의 죄를 위하심이라. 요일 2:1–2

그렇다면, 우리의 생각을 파고드는 이런 공격에 우리가 어떻게 맞서 싸울 수 있는가? 다만 그리스도의 피를 신뢰하고, 하나님 아버지께서 보시는 그대로 당신도 그것을 보라. 그 피는 당신의 죄를 용서하고, 깨끗하게 하고, 전부 덮기에 충분하다. 따라서 예수님의 피가 죄의식과 죄책감을 없애는 유일한 해독제이다.

우리는 "어린 양의 피"에 의해 "우리 형제들을 참소하던 자"를 물리친

다. 계 12:10-11

> 찬송하리로다 하나님 곧 우리 주 예수 그리스도의 아버지께서 그리스
> 도 안에서 하늘에 속한 모든 신령한 복을 우리에게 주시되 곧 창세 전
> 에 그리스도 안에서 우리를 택하사 우리로 사랑 안에서 그 앞에 거룩
> 하고 흠이 없게 하시려고 그 기쁘신 뜻대로 우리를 예정하사 예수 그
> 리스도로 말미암아 자기의 아들들이 되게 하셨으니 이는 그가 사랑하
> 시는 자 안에서 우리에게 거저 주시는 바 그의 은혜의 영광을 찬송하
> 게 하려는 것이라 우리는 그리스도 안에서 그의 은혜의 풍성함을 따라
> 그의 피로 말미암아 속량 곧 죄 사함을 받았느니라. 엡 1:3-7

## 그리스도를 위해 자유롭게 됨

내가 하는 말을 주의 깊게 읽기 바란다. 당신은 그리스도를 위해for 살기
위하여 그리스도에 의해by 자유롭게 되었다. 예수님은 당신이 죄를 향해to
자유롭게 되라고 죽으시지 않았다. 그분은 당신이 죄로부터from 자유롭게
되라고 죽으셨다.

그러므로 그리스도 안의 자유는 그리스도로부터의 자유가 아니다.

자유는 당신이 바라는 것을 하게 하는 능력이다. 예수님의 참 제자들 곧
그들 안에 하나님의 생명이 거하는 사람들은 하나님 나라를 위해 살기를
원한다. 진짜 그리스도인으로서 속박 가운데 살기를 바라는 사람은 없다.
그리고 자신과 다른 사람들에게 해를 끼치는 사상과 행동에 사로잡히기
를 원하는 참 그리스도인도 없다.

그러나 가짜 자유가 있는데, 그것은 노예를 삼는다. 이 가짜 자유는 자

유를 가장해서 나타나는 속박이다. 베드로는 이런 부류의 "자유"에 전쟁을 선포하며 다음과 같이 지적했다.: "그들에게 자유를 준다 하여도 자신들은 멸망의 종들이니." 벧후 2:19

만일 누가 자유에 관해 설교했는데 그 설교를 들은 모든 사람의 삶 속에서 세속적인 일들이 발생한다면, 그 설교자가 자유에 관해 설교하지 않았을 가능성이 농후하다. 그는 다른 어떤 것을 설교한 것이다.

## 율법의 행위

어떤 학자들은 로마서와 갈라디아서에 있는 "율법의 행위" 라는 말이 오직 구약성서의 특정한 의식에 관한 율법만을 가리킨다고 주장해왔다. 구체적으로, 할례, 안식일, 그리고 음식에 관한 법 같은 것들을 말한다.1)

하지만 면밀히 살펴보면 이 주장은 허점투성이이다. 바울의 생각에는, 만일 사람이 하나님을 기쁘시게 하려고 할례를 받으면 그는 또한 모세의 율법 전체를 다 지켜야 한다.

> 내가 할례를 받는 각 사람에게 다시 증언하노니 그는 율법 전체를 행
> 할 의무를 가진 자라. 갈 5:3

"율법의 행위" 라는 말은 모세의 율법을 순종하여 나온 행위 자체를 가리킨다. 그것은 율법에 의해 명령되고, 요구되고, 규정된 행동을 가리킨

---

1) 이 학자들은 "바울에 대한 새 관점"으로 알려진 주장을 고수한다. 나는 이 관점의 어떤 부분에는 동의한다. 특히 그것이 어떻게 구원의 근거를 하나님의 더 큰 목적 안에 두는지에 동의한다. 하지만 나는 그것이 주장하는 율법주의와 "율법의 행위"에 관한 가르침은 미흡하다고 믿는다.

다. 그것은 율법이 명령하는 모든 것을 행하고 율법이 금지하는 모든 것을 삼가하려는 시도이다. 그리고 그것은 모세의 율법 전체를 염두에 둔 것이지, 특정한 일부분이 아니다.

성서에서 계명이라는 말을 읽을 때마다 나 스스로에게 "나는 이것을 순종해야 한다. 그리고 나는 그것을 순종하기 위해 최선을 다할 것이다" 라고 말한다면, 내가 나 자신을 율법의 행위 아래 둔 것이다.

그러나 여기에 문제가 있다. 율법은 거울이다. 따라서 만일 내가 그것을 순종하려고 노력한다면 둘 중의 하나가 벌어진다.

1. 내가 정죄 아래 있게 된다. 왜 그런가? 내가 즉시 율법을 순종할 수 없음을 발견할 것이기 때문이다. 바울은 사람이 율법에 의해 자기가 죄인인 것을 깨닫게 된다고 말했다.롬 3:20; 7:7-20 그는 또한 "죄의 권능은 율법"이라고 했다.고전 15:56

달리 말하자면, 만일 내가 율법의 요구대로 살려고 노력한다면, 나의 육신 안에 이미 들어있는 죄를 유인하는 것이다. 이것은 율법이 죄를 드러내고 일깨우긴 하지만 하나님의 계명을 지키게 하는 능력은 주지 못하기 때문이다.

로마서 7장을 읽으면 율법을 자신의 능력으로 순종하려고 노력하는 사람의 경험또는 자서전을 당신이 볼 수 있을 것이다. 그 사람은 영구적인 좌절과 죄책감에 시달리며 살게 된다.

2. 율법을 순종하려고 노력할 때 벌어질 다른 하나는 나 스스로를 속이는 것이다. 어떤 사람들은 자신의 얼굴에 때가 없다고 상상한다. 그래서 그들은 자신이 실제로 율법을 순종하고 있다고 생각한다. 사실은 그렇지 않은데 말이다.

그렇지만, 진짜 문제가 되는 것은 율법이 무엇을 말하는지에 대해 그들이 충분한 지식을 갖고 있지 않다는 사실이다. 그 대신, 그들 자신이 지키고 있다고 믿는 어떤 계명들에만 초점을 맞추고, 그들이 실제로 지키지 않는 다른 계명들은 무시해버린다. 따라서 그들은 스스로를 속인다.

다시 강조하자면, 오늘날 많은 그리스도인이 구약의 유대인들처럼 살고 있다. 이것과 관련해서, F. F. 브루스는 이렇게 피력했다.

만일 우리가 바울의 서신들을 모세오경으로 탈바꿈시킨다면 그가 무덤 속에서 너무 속상해할 것이라고 나는 생각한다.23

만일 사람이 정직하다면 이런 식으로 접근한 결과는 패배이다. 만일 그가 정직하지 못하다면 그 결과는 위선이다.

이것이 율법주의가 낳은 자식이다.

## 율법주의자의 네 얼굴

모든 율법주의자는 네 얼굴을 갖고 있다.

**얼굴 1.** 율법주의자는 종교적 의무나 하나님의 심판에 대한 두려움으로 행동한다. 율법주의자가 교회의 모임에 참석하는 이유는 종교적 의무 때문이다. 그가 기도하는 이유도 종교적 의무 때문이다. 성서를 읽는 이유도 종교적 의무 때문이다. 그는 하나님의 심판 또는 하나님께 버림받을 것을 두려워한다. 그는 율법의 도덕적 책무 아래 있다. 그의 동기는 자기중심적이다. 거기엔 자유가 없다. 그것은 단지 속박일 뿐이다.

얼굴 2. 율법주의자의 두 번째 얼굴은 자기의 힘을 발휘해서 행동을 취하는 것이다. 그녀는 거룩해지려고 노력한다. "선한 그리스도인"이 되려고 애를 쓴다. 그녀는 이를 악물고, 손톱을 깨물고, 주먹을 불끈 쥔다. 그녀는 사실상 하나님을 만족시키려고 최선을 다하는 것이다.

얼굴 3. 율법주의자의 세 번째 얼굴은 자기 자신의 개인적인 표준들을 첨가해서 그것들을 하나님의 요구와 동일시하는 것이다. 아울러, 그는 그 표준들을 다른 모든 사람에게 강요한다. "매일 성서를 읽으십시오. 매일 기도를 해야 합니다. 매일 한 사람에게 전도를 하십시오. 세상 음악을 들으면 안됩니다. 불경스럽거나 폭력적인 내용이 들어간 TV 프로그램을 시청하지 마십시오." 기타 등등. 흥미로운 것은 이런 구체적인 명령을 성서에서 찾을 수 없다는 사실이다.

얼굴 4. 율법주의자는 독선적이고 비판적이다. 그녀는 다른 사람들이 그녀의 개인적인 표준들을 지키는지 확인하느라고 무척 바쁘다. 그러나 애석한 것은 그녀가 속고 있다는 사실이다. 그녀는 그녀가 정죄하는 모든 사람 못지않게 자신도 황폐하고 타락했다는 사실에 무지하다.

이것은 우리를 죄의 측정기준으로 안내해준다.


## 죄의 측정기준

언젠가 필립 얀시의 친구 중 하나가 이렇게 말했다: "그리스도인들은 자신들과 다른 식으로 죄를 범하는 다른 그리스도인들을 향해 크게 분노한다."24

나는 동성애가 다른 모든 범죄 중에서 가장 심각한 죄아마 살인을 제외하고라고 믿는 교단에서 자라났다.

그 교회의 상당수 교인들이 특정한 죄들에는 초지일관 독선적이었다. 자기가 최악이라고 생각하는 죄들을 범하지 않은 사람들은 물론 겉으로 그런 특정한 죄들에 걸려 넘어진 동료 교인들보다 스스로를 더 "깨끗하다"고 여겼다.

나는 내가 초신자였을 때 이와 같은 태도를 취했던 것이 후회스럽다. 아이러니한 것은 이 똑같은 사람들이 험담, 중상, 분노의 폭발, 다른 사람들의 동기를 비판함, 그리고 거짓말 등은 못 본 체했다는 사실이다. 그리고 이런 "가벼운" 죄들이런 식으로 생각한다을 합리화시키기 위해 늘 변명을 늘어놓았다. 아울러, 우리 대부분은 가난, 인종차별, 성차별, 종족학살, 그리고 노숙자 문제 같은 것들에는 매우 무관심하고 냉담했다.

나중에, 나는 이 다른 문제들에 관심을 갖기 시작했다. 그리고 사회악을 가장 나쁜 죄로 보는 기독교 단체의 지지자가 되었다. 이 사람들은 가난을 해소하고, 종족학살을 종결시키고, 노숙자 문제를 해결하려고 노력하는데 실패하는 것을 가장 심각한 죄로 여겼다. 하지만 그들은 유감스럽게도 성적인 죄들은 거의 못 본 체했다. 죄에 대한 그들의 견해가 위에서 언급한 첫 번째 그룹의 그리스도인들과는 정반대였다.

이런 점에서, 야고보는 눈이 번쩍 뜨이게 하는 지적을 했다: "누구든지 온 율법을 지키다가 그 하나를 범하면 모두 범한 자가 되나니."약2:10

같은 맥락에서, 예수님은 다음과 같이 말씀하시면서 사람들의 생각을 뒤집어놓으셨다: "옛 사람에게 말한 바 살인하지 말라 누구든지 살인하면 심판을 받게 되리라 하였다는 것을 너희가 들었으나 나는 너희에게 이르노니 형제에게 노하는 자마다 심판을 받게 되고 형제를 대하여 라가라 하는 자는 공회에 잡혀가게 되고 미련한 놈이라 하는 자는 지옥 불에 들어가게 되리라." 마5:21-22

그리고 또 이렇게 말씀하셨다: "또 간음하지 말라 하였다는 것을 너희가 들었으나 나는 너희에게 이르노니 음욕을 품고 여자를 보는 자마다 마음에 이미 간음하였느니라." 마 5:27-28

바울의 경우도 마찬가지이다. 그는 성적인 죄들을 "분냄", "분열", "이단", "탐욕을 부리는 것", 그리고 "모욕" 같은 것들과 같은 목록에 집어넣었는데, 이 모든 것은 회개하지 않으면 하나님 나라를 유업으로 받지 못하는 죄들이다. 갈 5:19-21; 고전 6:9-10 위의 구절들에서, 야고보와 예수님과 바울은 모든 그리스도인이 소위 "티dirt" 만큼의 죄만 있어도 유죄임을 지적하면서 요일 1:8 죄의 경중을 가릴 수 없음을 분명히 밝혔다.

예수님께는 정욕과 간음이 같은 선상에 있다. 분노와 살인도 마찬가지이다. 바울에게는, 모욕과 분노의 폭발이 음행 못지않게 심각하다.

내가 좋아하는 이야기 중 하나가 이 포인트를 매우 재치있게 짚어준다. 전하는 바에 따르면, 찰즈 스펄젼이 D. L. 무디를 자신이 주관하는 집회의 강사로 초빙한 적이 있었다. 무디는 초청을 수락하고 와서 집회 내내 담배의 해로움에 관해, 그리고 주님께서 그리스도인들이 담배 피는 것을 원치 않으심에 관해 설교했다.

흡연가였던 스펄젼은 강단을 이용해서 동료 사역자를 정죄하는, 무디의 비열하게 보이는 언사에 놀라움을 금치 못했다.

이에 스펄젼은 무디가 설교를 마쳤을 때 연단에 올라가서 이렇게 말했다: "미스터 무디, 당신이 포크fork를 내려놓는다면 나도 시가cigar를 내려놓겠습니다."

무디가 비만이었기 때문이다.

이 이야기는 요점을 잘 정리해준다.

조지 맥도날드의 유명한 말이 있다: "나는 악인에 대한 하나님의 인내를 이해할 수 있다. 하지만 하나님께서 경건한 사람들에 대해 어떻게 그리 오래 참으실 수 있는지가 참 궁금하다."

만일 우리가 "너의 죄가 내 죄보다 더 심각하다" 놀이를 한다면, 예수님께서 지상에 계실 때 무엇이 그분의 피를 끓게 했는지를 보는데 소홀하면 안된다. 그분이 누구에게 가장 분노하셨는가? 그 대답은 성서를 읽은 사람이라면 누워서 떡먹기이다. 그것은 독선적이고, 경건하고, 정죄를 일삼고, 비판적인 바리새인들이었다. 즉, 다른 사람들의 의를 판별하는 자칭 모니터monitor였다.

바리새인들은 종교 엘리트로서의 지위를 한껏 즐기면서 "죄인들"을 수치와 경멸과 소외의 대상으로 취급했다.

예수님께서 가장 오래 참으신 대상은 누구였는가? 내가 처음 발을 들여놓았던 교단이 가장 심각한 "죄인들"로 경멸했던 바로 그 사람들이었다. 예수님 안에서 피라미드가 다시 한 번 뒤집혔다.

사람이 다른 사람들 속에 있는 것을 "티" 라고 부르는데는 능숙하지만 자기 자신 안의 티를 보지 못한다면, 그는 아주 위험한 처지에 놓여있는 것이다. 그런 것이 바리새인의 본성이었다. 타인의 죄는 잘 보면서 자신의 죄의 무게를 보는 눈은 멀게한 죄를 하나님은 더 심각하게 취급하신다.

요약하자면, 모든 죄는 같은 나무의 소산이다. 모든 죄가 다 심각한 것이다. 그리고 모든 죄가 예수님을 십자가에 못박았다. 그러므로 우리가 범한 죄는 가볍게 취급하고 다른 사람들의 죄를 과장할 때는 언제든지, 그 죄가 무엇이든지, 우리가 속는 것이다.

하나님께 감사해야 할 것은 예수님께서 우리가 지은 모든 죄의 값을 치르시고 그 죄의 지배로부터 해방되는 능력을 우리에게 주셨기 때문이다. 그러므로 우리는 죄와 관련해서 우리 자신에게는 가혹하고 다른 모든 사람에게는 자상한 사람이 되어야 한다.

죄의 이슈에 관해서, 신약성서는 그리스도인의 현재의 신앙 여정에 강조점을 두고 있다. 그 사람이 특정한 죄를 계속해서 짓고 있는가? 이것이 회개의 이슈가 대두되는 지점이다. 회개한다는 것은 그 죄를 멈춘다는 뜻이다. 그것은 예수님께서 말씀하신 바 "가서 다시는 죄를 범하지 말라"는 뜻이다. 따라서 만일 우리가 형제나 자매가 지금 "범죄한 것"을 알게 된다면, 그리스도 안에서 그들이 회복되는 길을 찾아야 한다.갈 6:1

그런데 우리가 그렇게 할 때 매우 중요한 것이 있다. 우리가 다른 사람들의 처지에서, 우리 자신이 대우받기 원하는 그대로 그들을 대하는 것이다. 즉, 우리 또한 연약하므로 우리를 구원하는 하나님의 은혜에 온전히 의탁하고, "너 자신을 살펴보아 너도 시험을 받을까 두려워하라"갈 6:1는 말씀을 새기면서 그들을 대하는 것이다.

## 율법에서의 자유

이 세상엔 두 종류의 자유가 있다: 당신의 육신이 원하는 것을 하는 자유이것은 실제로 속박이다, 그리고 하나님께서 원하시는 것을 하는 자유.이것이 진짜 자유다

만일 누가 율법에서 자유를 얻었다고 주장하면서 세상에 얽매여있다면, 그들은 속고 있는 것이다. 그들은 그리스도 안에서 자유로운 것이 아니라 노예가 된 것이다.

율법은 모세의 율법을 줄인 말이다. 율법은 613 가지의 법을 포함하는데, 그 중 365 가지는 부정적이고, 248 가지는 긍정적이다.

바울은 로마서 7장에서 율법은 거룩하고 의로우며 선하다고 말했다. 로

마서 3장에서는 그리스도 안에 있는 우리가 율법을 파기하지 않고 그것을 굳게 세운다고 했다. 그리고 디모데 전서 1장에서는 율법이 옳은 사람을 위하여 세운 것이 아니라 불법한 자를 위하여 세웠다고 말했다.

하나님은 우리가 죄인이라는 사실을 계시하시려고 율법을 주셨다. 이 것이 바울이 왜 로마서 7장에서 "율법으로 말미암지 않고는 내가 죄를 알지 못하였으니" 라고 말했는지의 이유이다.롬7:7

갈라디아서 3장과 4장에 의하면, 그리스도께로 온 사람에게는 율법이 더는 필요없다. 율법은 우리를 그리스도께로 인도하는 초등교사이다.갈 3:24 우리가 우리의 인생을 예수님께 드린 후에는 율법이 다른 역할을 한다는 것을 깨닫게 된다. 그것은 우리에게 예수 그리스도의 이야기를 보여준다.2)

다시 강조하자면, 율법이 의로운 자를 위하여 있는 것이 아니라 불의한 자를 위하여 있음을 신약성서는 분명히 밝히고 있다. 그것은 잃어버린 영혼들을 위해 있는 것이다. 즉, 잃어버린 영혼을 그리스도께로 인도하려고 있는 것이지, 그리스도 안에 있는 사람들을 위해 있는 것이 아니다. 그런데 이것은 나의 견해가 아니다. 바울에게서 들어보라:

> 그러나 율법은 사람이 그것을 적법하게만 쓰면 선한 것임을 우리는 아 노라 알 것은 이것이니 율법은 옳은 사람을 위하여 세운 것이 아니요 오직 불법한 자와 복종하지 아니하는 자와 경건하지 아니한 자와 죄인 과 거룩하지 아니한 자와 망령된 자와 아버지를 죽이는 자와 어머니를 죽이는 자와 살인하는 자며 음행하는 자와 남색하는 자와 인신 매매를

---

2) 구약의 율법이 예수님의 이야기를 어떻게 말하고 있는지는 다음을 참조할 것: Sweet and Viola, *Jesus: A Theography*.

하는 자와 거짓말하는 자와 거짓맹세하는 자와 기타 바른 교훈을 거스르는 자를 위함이니 이 교훈은 내게 맡기신 바 복되신 하나님의 영광의 복음을 따름이니라. 딤전 1:8-11

믿는 사람들에게는 예수 그리스도가 "율법의 마침"이 되신다. 롬 10:4; 8:3-4; 고전 15:56; 고후 3:6; 갈 5:18; 엡 2:15; 골 2:13-14

바울은 율법을 대하는 그의 자세를 다음과 같이 요약한다:

내가 율법으로 말미암아 율법에 대하여 죽었나니 이는 하나님에 대하여 살려 함이라. 갈 2:19

유대인들에게 내가 유대인과 같이 된 것은 유대인들을 얻고자 함이요 율법 아래에 있는 자들에게는 내가 율법 아래에 있지 아니하나 율법 아래에 있는 자 같이 된 것은 율법 아래에 있는 자들을 얻고자 함이요 율법 없는 자에게는 내가 하나님께는 율법 없는 자가 아니요 도리어 그리스도의 율법 아래에 있는 자이나 율법 없는 자와 같이 된 것은 율법 없는 자들을 얻고자 함이라. 고전 9:20-21

바울이 언급한 "그리스도의 율법 아래" 라는 말의 더 좋은 번역은 "그리스도께 적법한" 이다. 따라서 강조점은 분명하다. 바울은 모세의 율법에서 자유롭지만, 어떤 존재에게는 적법한 사람이다. 그 존재가 바로 주 예수 그리스도이시다.

한 작가가 율법의 역할에 대해 잘 요약해놓았다:

"달려라, 존, 달려라" 라고 율법이 명령하지만,

그러나 우리에게 손도 발도 주지 않았지.

훨씬 더 좋은 소식을 복음이 가져오더니,

"날아라" 라고 손짓 하며 우리에게 날개를 달아주었지.25

**인써전스**에 가담한 사람들은 그들이 율법에서 자유롭게 된 것을 알고 있다.

## 은혜의 사도

은혜는 하나님께서 당신의 지금 그 모습 그대로를 받아주신 하나님의 역사이다. 은혜는 당신 자신의 노력이 아닌 다른 분의 공로 때문에 하나님 아버지께서 당신에게 호의를 베풀어주신 것이다. 은혜는 당신의 선한 행실이나 나쁜 행실, 성공이나 실패에 관계없이 하나님께서 당신을 완전하고 완벽하게 받아주신 것이다.

당신은 은혜가 또 무엇인지 아는가? 은혜는 하나님께서 당신을 참고 견디시는 것이다! 그렇다. 주님은 당신이 그분의 뜻을 거스르는 것들을 행하도록 놔두시고, 여전히 당신을 사랑하시고, 당신을 돌보시고, 당신을 받아주신다. 왜?

**왜냐하면 당신이 그분의 자녀이기 때문이다.**

당신은 이 땅의 아버지들 중에, 자신의 아들이나 딸이 지켜야 할 가정의 규칙을 어겼다고 혈육 관계를 끊어버리는 아버지를 상상할 수 있는가? 대부분의 아버지는 결코 그렇게 하지 않는다. 그들은 여전히 자녀를 받아준다. 심지어 자녀가 고집불통이고 불순종을 해도 받아준다.

당신의 하늘 아버지는 얼마나 더 인내하시겠는가?

그러므로 은혜는 당신을 참고 견디고, 나를 참고 견딘다. 은혜는 당신이 하는 일이나 하지 않는 일에 근거하지 않고, 예수 그리스도께서 하신 일에 기초해서 당신을 받아준다.

하지만 은혜는 또한 당신에게 하나님의 뜻에 반응하는 능력을 준다. 그리고 그 능력은 당신 자신의 것이 아니다. 그것은 **그분의 능력** 곧 **그분의 생명**이다.

> 너희 안에서 행하시는 이는 하나님이시니 자기의 기쁘신 뜻을 위하여
> 너희에게 소원을 두고 행하게 하시나니. 빌 2:13

하나님 나라의 복음은 하나님의 은혜 위에 세워진다. 이것이 그 복음이 왜 또한 은혜의 복음으로 알려졌는지의 이유이다. 우리가 하나님의 은혜 밖에서는 절대로 그 복음에 반응하거나 순종할 수 없다.

## 방탕주의를 소개함

바울은 평생토록 율법주의자들과 싸웠다. 하지만 그는 또한 정반대의 오류인 방탕주의와도 싸움을 벌여야 했다. 유다는 방탕주의를 이렇게 묘사했다:

> 이는 가만히 들어온 사람 몇이 있음이라 그들은 옛적부터 이 판결을 받기로 미리 기록된 자니 경건하지 아니하여 우리 하나님의 은혜를 도리어 방탕한 것으로 바꾸고 홀로 하나이신 주재 곧 우리 주 예수 그리스도를 부인하는 자니라. 유 4

베드로와 바울도 방탕주의를 향해 다음과 같이 경고했다:

> 너희는 자유가 있으나 그 자유로 악을 가리는 데 쓰지 말고 오직 하나
> 님의 종과 같이 하라. 벧전 2:16

> 형제들아 너희가 자유를 위하여 부르심을 입었으나 그러나 그 자유로
> 육체의 기회를 삼지 말고 오직 사랑으로 서로 종 노릇 하라. 갈 5:13

방탕주의는 하나님의 은혜를 부도덕으로 바꿔버린다. 그들은 그리스도 안에 있는 그들의 자유를 그들의 육신의 욕구를 충족시키는 기회로 삼는다.

방탕주의는 하나님께서 당신을 조건없이 받아주셨기 때문에 당신이 나가서 아무리 죄를 많이 지어도 상관하시지 않는다는 사상이다. 당신이 "은혜 아래" 있기 때문에 당신이 무엇을 하든 상관없다. 이런 식으로 생각한다

그러나 이것은 하나님의 은혜를 왜곡한 것이다. 그리고 그것은 단지 다른 부류의 속박, 곧 육신의 속박으로 인도할 뿐이다.

바울이 갈라디아서에서는 율법주의에 정조준했지만, 고린도 전서에서는 방탕주의와의 전쟁을 선포했다.

바울은 고린도 전서에서 당신이 "그리스도 예수 안에서 거룩하여지고 성도라 부르심을 받은" 존재임을 선포하면서 고전 1:2, 은혜에 공격을 퍼붓기 시작했다. 하지만 더 나아가서 이렇게 말했다: "너희는 너희 자신의 것이 아니라 값으로 산 것이 되었으니." 고전 6:19-20

우리는 예수님의 제자로서 목표물에 적중하도록 부르심을 받았다. 우리는 방탕주의자나 율법주의자가 아닌, 은혜 아래서 은혜의 능력에 의해 사는 사람들로 부르심을 받았다.

# 다른 종류의 율법

성령을 통해 그리스도의 내재하는 생명에 의해 사는 사람은 법 아래 있는 사람이다. 단, 그것은 모세의 율법이 아니다. 또는 어떤 설교자가 자신의 개인적인 표준들에 맞게 만들어낸 법도 아니다.

그런게 아니고, 내가 말하고자 하는 법은 "그리스도 예수 안에 있는 생명의 성령의 법"이다. 롬 8:2 이 법은 중력의 법칙과 비슷하다. 그것은 지속적인 힘 또는 능력이다.

당신과 나에겐 내재하시는 주님이 거하시다. 예수 그리스도께서 성령에 의해 우리 안에 사시기 때문에 하나님의 율법이 우리의 마음에 기록되었다. 이것은 새 언약의 약속이다. 히브리서 8장과 고린도 후서 3장을 보라

영적인 사람들은 그들 안에 있는 주님의 생명에 의해 사는 사람들이다. 그들은 본능적으로 하나님의 뜻이 무엇인지를 알고 있다. 요일 2:27

성령이 그들을 인도할 때 그들은 어떤 대가를 치르더라도 주님의 생명에 자신을 맡긴다. 대부분은 그리고 생명과 평안이 그 결과이다. 롬 8:6

그래서 외형적인 율법이 더는 사문서와 냉랭한 명령으로 가득한 표면적인 것이 아니다. 그것이 그리스도의 내재하는 생명으로 전환되었다.

인써전스에 가담한 사람들에게 있어, 그리스도에 의해 사는 것은 원대한 부르심이다.

# 세기의 대결

인간이 창조된 이후로 이 땅을 놓고 영토 전쟁이 계속되어왔다. 빼앗고 빼앗기는 숨막히는 대결의 연속이었다. 하나님께서 정당하게 소유하신 땅을 하나님의 원수가 계속 지배하기를 원했다.

이 우주적 대결은 왜 이 세상에 악이 그토록 판을 치고 있는지의 이유이다.

우주의 중심 이슈는 지금도, 그리고 항상 그래왔듯이 **누가 예배를 받을 것인가? 누가 보좌에 앉을 것인가? 누가 주도할 것인가?** 이다. 사실, 이 질문들은 눈에 보이는 창조 세계에서 벌어진 모든 일의 배후에 서 있다.

예배를 "경배와 찬양" 노래를 부르거나 예수님의 이름을 높이는 교회 모임에 참석하는 것으로 생각하지 말라. 예배의 의미는 훨씬 더 심오한 질문들에 닿아있다. 말하자면, 예배는 전부 다 누가 우리의 인생 위에 권위를 갖고 있는가에 관한 것이다. 또 누가 우리를 복종시킬 것인가? 누가 최고의 자리를 차지할 것인가? 누가 우리의 사랑과 충성과 헌신을 받을 것인가? 이런 질문들에 관한 것이다.

참 예배는 하나님을 향한 절대적인 헌신과 항복과 복종이다. 우리는 오직 하나님의 무한한 은혜와 자비에 감사한 만큼 예배한다. 따라서 예배는 하나님의 은혜에 대한 깊은 감사에 기초하고 있다.

A. W. 토저는 예배를 이런 식으로 옳게 표현했다:

> 그리스도인에게는, 모든 것이 예배에서 시작되고 예배에서 끝난다. 사람
> 이 개인적으로 하나님을 예배하지 못하게 가로막는 것은 무엇이든지 적
> 절하게 처리되고 없애버려야 한다. 무엇보다 먼저 예배는 태도, 마음의 자

세, 그리고 한결같은 행위임을 마음에 새겨야 한다. 그것은 육체의 태도가
아니고 하나님을 향한 마음의 내면적인 행위이다.26

그렇다면, 예배는 우리 삶의 자세와 우리 마음의 태도이다. 그것이 우리가 왜 살고, 숨을 쉬고, 존재하는지의 이유이다. 로마서 12:1에 의하면, 예배는 행위가 아니라 생활방식이다.

## 한계를 정함

예배의 한계를 정해놓고 예수 그리스도를 섬기려는 사람들은 적에게 등을 내보이는 것이다. 원수는 그가 예수님을 공격했던 것처럼 쏠 수 있는 모든 것으로 그들을 향하여 퍼붓는다.

당신이 기억한다면, 사탄이 광야에서 예수님을 향해 퍼부은 세 가지 시험 중 하나가 예배에 관한 이슈였다. 그가 주님을 시험하는 장면이 이렇게 묘사되어 있다: "마귀가 또 그를 데리고 지극히 높은 산으로 가서 천하 만국과 그 영광을 보여 이르되 만일 내게 엎드려 경배예배하면 이 모든 것을 네게 주리라." 마4:8-9

사탄에게 예배하는 것과 이 세상 나라세상 제도를 위해 사는 것은 밀접한 관계가 있다.

마귀는 시작 때부터 하나님의 권위에 도전해왔다. 구약성서를 통틀어, 마귀는 하나님의 백성이 유일한 참 신이신 하나님께 "예배" 하는 것을 단념케 하려고 우상숭배를 사용했다. 우리에게 예배하여 달라고 손짓하는 세상 제도의 매력적인 요소들을 통해서 사탄은 오늘날도 똑같은 짓을 반복하고 있다.

# 통치 대 장악

하나님의 목표는 사람들을 통해, 즉 하나님의 형상을 지닌 대리자들을 통해 세상을 **통치하시는 것**이다.

사탄의 목표는 참 신이신 하나님의 권위를 거부하도록 사람들을 조종해서 세상을 장악하려는 것이다. 모든 사교 집단, 거짓 종교, 압제 정권, 그리고 테러 집단의 총체적인 목표는 세상을 장악하는 것이다.

따라서 지금 두 개의 왕좌가 겨루고 있다. 그리고 그 전투는 당신의 영혼을 사이에 두고 벌어지고 있다.

고로, 다음과 같은 결론이 논리적인 것 같다: 우리가 참되고 살아계신 하나님 이외의 다른 어떤 것을 예배할 때, 하나님께서 우리에게 다스리라고 주신 능력을 원수에게 양도하는 것이다. 이것이 왜 사탄이 예배의 문제를 놓고 예수님을 시험했는지 그 이유를 분명히 말해준다. 그리고 사탄이 에덴동산에서 아담과 하와를 성공적으로 시험했을 때 어떻게 사람의 권위를 강탈했는지도 분명히 말해준다.

당신과 내 인생의 모든 사탄의 활동은 예배의 문제를 놓고 벌어지는 것이다. **인써전스**는 전부 하나님의 통치를 위해 굳게 서는 것과 사탄의 장악을 저지하는 것에 관한 것이다.

그러나 여기에 좋은 소식이 있다. 하나님의 통치는 결국에 가서 승리할 뿐만 아니라 결코 중단되지 않을 것이다.

> 그가 이방 사람에게 화평을 전할 것이요 그의 통치는 바다에서 바다까지 이르고 유브라데 강에서 땅 끝까지 이르리라. 슥 9:10
>
> 또 충성된 증인으로 죽은 자들 가운데에서 먼저 나시고 땅의 임금들의

머리가 되신 예수 그리스도로 말미암아 은혜와 평강이 너희에게 있기를 원하노라 우리를 사랑하사 그의 피로 우리 죄에서 우리를 해방하시고 그의 아버지 하나님을 위하여 우리를 나라와 제사장으로 삼으신 그에게 영광과 능력이 세세토록 있기를 원하노라 아멘. 계 1:5-6

하나님 나라를 사회 운동과 개혁의 문제로 만들어버린 사람들은 우주의 중심 이슈를 놓친 것이다.

제도적인 죄와 개인적인 죄는 사람들이 창조주 대신 피조물을 예배했기 때문에 세상에 들어온 것이다. 따라서 사회정의를 위하는 일에 아무리 숭고한 노력을 기울인다 해도 예배의 이슈가 해결되고, 선포되고, 구현되지 않는다면, 그 숭고한 노력은 전부 허사가 될 것이다. 왜냐고? 개인적인 죄와 사회적인 죄의 해결책뿐만 아니라 그 뿌리를 완전히 간과하기 때문이다.

하나님 나라는 규칙이나 활동에 의해서가 아니라 그 나라의 왕과의 관계에 의해 통치된다. 예수 그리스도는 십자가에서 제도적인 죄와 개인적인 죄의 뿌리를 처리하셨다. 그리고 거기서 또한 참된 예배를 되찾는 길을 열어놓으셨다.

오늘날 하나님 나라를 위해 굳게 서 있는 사람들은 예수님께 충성하는 예배를 드려왔고, 이것에서 다른 모든 것이 흘러나온다.

# 죄의 우상숭배

"죄" 라는 단어는 단지 잘못된 행동을 뜻하지 않는다. 그것은 문자적으로 "과녁을 벗어나다" 라는 뜻이다. 죄는 사람들에게서 하나님의 목적을 따라 설계된 것을 박탈한다. 즉, 하나님의 형상을 본받고 이 땅에서 그분의 권위를 행사하는 것을 박탈해버린다.

로마서 3:23에 의하면, 죄는 우리로 "하나님의 영광에 이르지" 못하게 한다. 그러나 하나님의 영광은 그분의 표현이다. 사람들은 하나님의 그 영광 또는 그 형상을 가시적인 형태로 나타내게 되어 있다. 이것이 하나님의 원래의 목적이다.롬 8:28 이것이 왜 죄가 예배의 이슈인지의 이유이다. 바울이 로마서 1:23에서 말했듯이, 사람들은 "썩어지지 아니하는 하나님의 영광"을 썩어질 우상을 예배하는 것으로 바꾸어버렸다.

사람들은 죄를 지었을 때 하나님의 영광을 잃어버렸고, 하나님께서 주신 그들의 권위를 마귀바울이 고린도 후서 4장에서 "이 세상의 신" 이라고 지칭한 존재에게 넘겨주었다.

모든 죄의 본성은 자기중심이다. 그리고 자기중심의 뿌리는 우상숭배이다. 따라서 우상숭배는 모든 죄의 핵심이다. 사람들은 죄를 지을 때 하나님 위에 자신을 높여 스스로를 예배하거나, 하나님께서 만드신 피조물 중의 어떤 것을 예배한다.롬 1:23-25

구체적으로 말하면, 사람들이 자신의 인생을 능력에 넘겨줄 때 그들은 크라토스kratos라는 거짓 신을 예배하는 것이다.

사람들이 재물에 자신의 인생을 넘겨줄 때 그들은 플루투스plutus라는 거짓 신을 예배하는 것이다.

그리고 사람들이 욕정에 자신의 인생을 넘겨줄 때 그들은 아프로디테

aphrodite라는 거짓 신을 예배하는 것이다.

이 거짓 신들은 실제로 악령의 세계에 있는 영적인 존재들이다.신32:16-17 그것들은 우상들을 배후에서 조종하는 악령의 힘이다.시96:5; 106:36-37; 고전10:19-22 달리 말해서, 성서에 의하면 우상들은 악령을 대표한다.

우상숭배는 우리가 살고 있는 이 시대에서는 분별하기가 쉽지 않다. 그러나 사실을 말하자면, 우리의 마음이 재물이나 쾌락이나 권세에 연결되어 있을 때 그것은 고대의 이교도가 나무에 새긴 조각상에 절하는 것과 실질적으로는 똑같다.

그리므로 시험은 우리의 마음을 참되고 살아계신 하나님으로부터 거짓 신에게로 유혹해서 이끌어가려는 원수의 노력이다. 이것이 벌어질 때 우리는 하나님의 권위를 나타내는 사람들로 살아가는 우리의 능력 일부를 외계의 존재에게 강탈당하는 것이다. 그리고 우리는 하나님의 영원한 목적을 성취하는 "과녁을 벗어나게" 된다.

이것이 본질적으로 아담과 하와가 어떻게 마귀에게 장악당했는지를 보여준다. 최초의 사람들은 사탄의 시험에 빠져 그에게 무릎을 꿇고, 이 땅을 다스리라고 하나님께서 그들에게 주신 능력을 강탈당했다.

죄의 본성nature은 자기중심이고 죄의 핵심core은 우상숭배이지만, 죄의 본질essence은 자만pride이다. 그리고 경쟁과 갈등을 낳은 주범이 바로 자만이다. 인써전스 안에 이것들이 설 땅은 없다.


## 죄를 재정의 하기

구약성서에는 죄를 지칭하는 두 개의 다른 단어가 추가로 사용되었다. 허물(또는 죄과, transgression, 반역이라는 뜻과 죄악iniquity, 왜곡이라는 뜻이 그것들이다.

죄는 우리로 하여금 하나님의 영원한 목적을 벗어나게 하는 독소이다. 죄는 우리를 도발하여 하나님의 의도에 반항하게 하고, 자만을 통해 우리 스스로를 우상화시켜 우리에게 주어진 참된 사명을 왜곡시킨다. 그래서 우리를 자기 자신, 즉 자기 관심, 자기 연민, 자기 고집, 자기 만족 등에 흠뻑 빠져들게 한다.

죄는 우리를 죽이는 매혹적인 미끼이다. 우리는 죄에 저항하기 위해 더 멋진 아름다움, 더 넘치는 사랑스러움을 필요로 한다. 우리의 눈이 주님의 아름다움을 보는데 열려있지 않을 때, 그것은 영적인 지루함 같은 영적 위험요소에 열려있게 된다.

마틴 로이드 존스가 이렇게 말한 것으로 알려졌다: "어떤 의미에서, 죄는 언제나 지루한 삶의 산물이다."

윌리암 블레이크는 이런 말도 안되는 소리를 했다: "남아도는 길은 지혜의 궁전으로 인도해준다."27 그렇지 않다. 남아도는 길은 지루함과 죽음으로 인도한다. 그리고 그 길에는 그런 길을 걷기로 선택한 시체들이 즐비하다.

죄를 한마디로 요약하면 하나님으로부터의 독립이고, 그것은 선악을 알게하는 지식 나무로 구체화된다. "하나님이 말씀하시더냐?", 이것이 시험하는 자가 여자를 자기 만족과 독립의 환상으로 유혹하며 그녀에게 내민 도전장이다. 그리고 남자도 덩달아 당하고 말았다.

그러므로 결국 죄는 언제나 능력을 상실하게 한다. 즉, 하나님의 영원한 목적을 드러내기 위해 사용되도록 설계된 능력을 잃게 한다. 죄는 이 세상에서 주님의 통치를 찬탈해온 외계의 세력에게 그 능력을 넘겨준다.

**그리고 죄는 언제나 노예 상태로 전락시킨다.**

이것은 구약성서의 고대 이스라엘 이야기 전체에서 훤히 드러나 있다.

이런 점에서, 우상숭배는 인류의 주된 죄이다. 우리가 하나님 이외의 다른 어떤 것또는 어떤 사람을 예배했기 때문에 하나님으로부터 떨어져 나갔고, 이것이 우리를 온갖 부도덕한 것들로 몰고간 것이다. 롬1:18-32

우리는 그리스도의 아름다움을 바라보고 예수님께서 보여주신 사랑을 경험할 때 그분을 예배하도록 이끌리고, 우리에게 있는 거짓 신들이 아무리 매력적으로 보여도 그것들을 포기하게 된다.

주님의 아름다움은 그리스도인의 삶에 불을 지른다. 그리스도의 아름다움은 우리에게 구애하고 우리의 마음을 사랑으로 채워준다.

예수님은 "내가 땅에서 들리면 모든 사람을 내게로 이끌겠노라"고 말씀하셨다. 요12:32 이 말씀은 그리스도의 십자가를 가리킨다. 예수님께서 우리를 향한 그분의 사랑을 보여주시기 위해 어디까지 기꺼이 가셨는지는 십자가에 다 계시되어 있다.

우리가 예수님께서 십자가에서 우리를 위해 하신 일과 오늘날 우리를 어떻게 대하시는지를 제대로 볼 때, 그분을 예배하도록 이끌리게 된다. 그리고 이것이 우리가 다른 어떤 것도 예배하지 않도록 우리를 해방시켜 준다.


## 두 왕국 이야기

성서의 이야기는 서로 전쟁 중에 있는 두 왕국의 이야기이다: 하나님 나라와 사탄의 나라. 사탄의 나라는 또한 "세상"이라고 불린다.

하나님의 생명에 관해 가장 많이 기록한 신약성서의 저자는 요한이다. 요한복음, 요한 일서, 요한 이서, 요한 삼서, 요한계시록에서 요한이 분명히 강조한 것은 예수 그리스도의 생명이다. 즉, 신적 생명, 영원한 생명, 진짜 생명, 풍성한 생명이다.

흥미로운 것은 세상 제도에 관해 제일 많이 기록한 신약성서의 저자 역시 요한이라는 사실이다.

이것에는 이유가 있다. 당신과 내가 그리스도 안에서 전진할 수 있는 유일한 길은 세상과 관련된 모든 것을 처리하는 것이다. 하나님 나라의 삶에 더 깊이 들어가는 사람은 성서가 "세상"이라고 부르는 것에 대해 통찰력을 가진 사람이다. 이것이 바로 요한이 우리에게 가르쳐주는 것이다.

"세상"이라고 번역된 헬라어 단어는 코스모스*kosmos*이다. 요한은 이 단어를 약 105번 사용했다.

코스모스는 땅이라는 의미로 사용될 때도 있다. 또는 땅에 거주하는 사람들의 의미로 사용되기도 한다. 하지만 요한과 바울은 종종 타락한 인류를 지배하는 제도system를 지칭하기 위해 이 단어를 사용했다.

고대 헬라어에는, 코스모스세상의 의미 중에 "질서 있게 정리함"과 "인간의 존재를 위한 제도의 다양성"이라는 것도 있다.28 "세대"와 "세상"으로 번역된 헬라어 단어 *aion*은 세상 제도가 지배하는 현 시대를 가리킨다. 하나님 나라가 온 땅을 통치할 때 도래할 시대와 대조적인3)

워치만 니는 세상 제도를 다음과 같이 탁월하게 정의했다:

> 가시적인 것들의 배후에서 우리는 무형의 뭔가를 만나게 되는데, 그것이 계획된 제도이다. 그리고 이 제도 안에 잘 조화된 기능 곧 완벽한 질서가 있다… 따라서 정돈된 제도인 "세상"이 존재한다. 그리고 그것은 배후에

---

3) *Kosmos*(세상)와 *aion*(세대)은 둘 다 에베소서 2:2에 함께 사용되었다. W. F. Vine, *Vine's Expository Dictionary of New Testament Words* (McLean, VA: MacDonald Publishing Company, 1989), 1256.

서 조종하는 통치자 곧 사탄에 의해 지배된다.29

그러므로 "세상"은 땅 위에서 작동하면서 가시적이고 자연적인 모든 것에 연결되어 있는 제도이다. 세상 제도는 특정한 방향으로 집요하게 끌어당긴다. 그리고 그 방향은 언제나 하나님에게서 멀리 떨어져 있다. 이것은 사탄이 세상을 주관하기 때문이다. 따라서 세상의 자연적인 풍조는 하나님 나라에 적대적이다.

바울은 다음과 같이 지적하며 이 "풍조"에 관해 언급했다: 우리가 그리스도를 믿기 전에 "세상 풍조를 따르고 공중의 권세 잡은 자를 따랐으니 곧 지금 불순종의 아들들 가운데서 역사하는 영이라" 엡 2:1-2

F. F. 브루스는 세상 제도를 이런 식으로 묘사했다:

> 한편으로, 세상은 하나님이 창조하셨고, 하나님이 사랑하시는 하나님의 세계이다. 물론 지금 하나님으로부터 멀어져 있지만 구속되어 하나님과 화목하게 되어야할 세계이다. 다른 한편으로, 세상은 하나님을 완전히 대적하는 영에 의해 지배받고 있다. 물질적 지위와 사리사욕의 무가치한 목표에 이끌려 하나님을 제외시키는 방식으로 조직된 세계이다. 이것은 그리스도인의 길이 이끄는 목표와는 완전히 다른 세계이다.30

존 하워드 요더는 브루스와 워치만 니에 공감하며 다음과 같이 말했다:

> 정치 "세계", 경제 "세계", 문화예술 "세계", 스포츠 "세계", 지하 "세계", 그리고 또 다른 주체들은 각각 질서와 저항이 섞인 악한 영의 혼합물이다. … 그것은 반란의 상태로 존재하는 피조물의 질서이다.31

같은 맥락에서, 클린턴 아놀드는 이렇게 말했다:

바울이 말하는 "세상"*kosmos*과 "이 세대"*aion*의 개념은 많은 현대 번역자가 구조적인 악으로 규정한 것과 거의 일치한다… 바울이 사탄을 "이 세상*aion*의 신"으로 부른 것에는 타당한 이유가 있다. 왜냐하면 사탄은 "믿지 아니하는 자들의 마음을 혼미하게 하여 그리스도의 영광의 복음의 광채가 비치지 못하게" 하는 존재이기 때문이다.고후 4:4 우리는 다음과 같이 정당하게 말할 수 있다: "사탄은 우리의 실존을 주관하는 많은 구조물의 신이다."32

그렇다면, 세상 제도는 구속받지 못한 인류 안에 팽배해있는 만물의 질서이다. 그것은 하나님과 독립된 상태로 작동하는 이 세상의 제도들이다.

단도직입적으로 말해서, 당신과 내가 하나님 나라의 삶을 살아가는데 있어 성장을 가로막는 최고의 방해꾼은 세상 제도이다.

주님께서 찾으시는 사람은 마음이 나뉘지 않은 사람이다. 우리 마음이 타협으로부터 자유할 때까지 하나님께서 우리로 하여금 그 마음을 무자비하게 다루도록 해주시기를 바란다.

너희가 주의 잔과 귀신의 잔을 겸하여 마시지 못하고 주의 식탁과 귀신의 식탁에 겸하여 참여하지 못하리라. 고전 10:21

너희는 하나님과 재물을 겸하여 섬길 수 없느니라. 눅 16:13

토저는 이렇게 말하며 정곡을 찔렀다:

> 기독교가 너무 세상에 얽혀있어서 많은 사람이 얼마나 철저하게 신약성
> 서의 표본을 놓쳐버렸는지를 절대로 추측하지 못한다.33

　인써전스에 가담한 사람들은 심지어 역경과 고통을 통해서라도 하나님
으로 하여금 그들의 삶 속에 역사하시도록 해서, 아무런 경쟁자 없이 예수
그리스도만을 예배하기 위해 그들의 마음을 깨끗하게 한다.
　우리가 세상 제도를 더 잘 이해하려면, 그것이 어떻게 잉태되었고 출생
했는지를 이해하는 것이 중요하다.

## 잉태된 세상 제도

　영원 전에, 창조된 천사들의 가장 높은 존재 중 하나가 하나님께 반란을
일으키고 하늘의 영역에서 쫓겨났다. 교만이 루시퍼Lucifer의 마음을 가득
채웠고 시기가 그의 영혼을 움켜쥐었다.
　어떤 사람들은 그가 하나님의 아들을 시기해서 그분을 밀어내고 자기
안에, 그리고 자기를 위하여 하나님의 통치를 가로채려 했다고 추정하기
도 했다.
　또 어떤 사람들은 새 창조인류를 통해 땅을 통치하시려는 하나님의 의도
를 파악한 루시퍼가 그들을 시기했다는 생각을 제시하기도 했다.
　루시퍼의 교만과 시기의 기원이 무엇이든지, 그는 하나님의 원수가 되
었고 하나님께서 창조하신 땅에 자리를 잡았다.
　에덴동산에서 최초의 사람들이 마귀에게 무릎을 꿇었을 때 흑암의 나라
가 이 땅에 잉태되었다. 흑암의 나라는 세상 제도의 다른 이름이다.
　하나님은 세상 제도를 아주 싫어하신다. 하나님께서 세상 제도를 싫어

하시는 이유는 그것이 사람들을 그분의 아들에게 오지 못하게 하고 하나님의 영원한 목적을 방해하기 때문이다.

그리스도 안에 있는 모든 사람은 흑암의 나라에서 빛의 나라로 옮겨졌다.골 1:12-13 그것이 흑암의 나라라고 불리는 이유는 사탄이 숨어서 은밀하게 활동하고, 자기의 영향권 아래 있는 사람들의 마음을 혼미하게 해서 그들이 자기의 계략을 알아채지 못하게 하기 때문이다.고후 4:4

결과적으로, 흑암의 나라에 있는 사람들은 그들이 어두움에 갇혀있기 때문에 이 사실을 알지 못한다. 그것이 흑암의 나라라고 불리는 이유는 눈먼 상태가 그것을 특징짓기 때문이다.

> 그 중에 이 세상의 신이 믿지 아니하는 자들의 마음을 혼미하게 하여
> 그리스도의 영광의 복음의 광채가 비치지 못하게 함이니 그리스도는
> 하나님의 형상이니라. 고후 2:2

## 세상 제도의 출생

아담과 하와가 에덴동산에서 하나님을 반역했을 때, 세상 제도가 잉태되었다. 그때 하늘에서 떨어진 존재인 사탄은 "이 세상의 신"이 되었고 고후 4:4, "공중의 권세잡은 자"가 되었다.엡 2:24)

하나님은 원래 사람들에게 땅을 다스리라고 하셨다.창 1:26-28; 시 8:4-6 그러나 최초의 사람들은 에덴동산에서 땅을 포기하고 사탄에게 소유권을 넘겨주었다.

---

4) 바울은 에베소서 2장에서 마귀의 영역인 공중을 언급했다. 공중이 악의 영들이 활동하는 영역이라는 개념은 유대 문학에 흔히 나타난다. 그들은 "공중의 영들" 이라고 불린다.

최초의 사람들은 불순종에 의해 크게 반역을 저지르고 하나님께서 그들에게 주신 통치권을 하늘에서 쫓겨난 존재에게 넘겨주었다. 그 결과, 인류는 하나님의 영원한 목적을 방해했다. 사탄은 "이 세상의 임금"이 되어 요 12:31; 14:30; 16:11, 천하 만국을 예수님에게 주겠다는 제안을 할 수 있었는데, 이는 세상 모든 나라가 그의 지배 아래 있었기 때문이다. 마 4:8-10; 눅 4:6-7; 요 5:19

자끄 엘륄은 다음과 같이 분명하게 말했다:

> 그리고 놀라운 것은, 이 본문들에 의하면 [마태복음 4장과 누가복음 4장] 모든 권세, 즉 이 세상 나라들의 모든 권력과 영광, 정치와 정치 권력과 관련된 모든 것이 마귀에게 속한다. 그것이 전부 다 그에게 주어졌고, 그는 그것을 자기가 원하는 존재에게 준다… 이 사실은 예수님이 마귀의 제안을 거절하신 사실 못지않게 중요하다. 예수님은 마귀에게 그것이 사실이 아니라고 말씀하시지 않았다. 너는 왕국들과 국가들 위에 권세가 없다. 그분은 이 주장에 이의를 제기하시지 않았다.34

이렇게 아담과 하와가 마귀에게 넘겨주었을 때, 세상 제도가 **잉태되었**다. 하지만 세상 제도는 아벨의 형제인 가인이 하나님 앞을 떠날 때 그에 의해서 **태어났다**. 다음 본문을 숙고해보라:

> 가인이 여호와 앞을 떠나서 에덴 동쪽 놋 땅에 거주하더니 아내와 동침하매 그가 임신하여 에녹을 낳은지라 가인이 성을 쌓고 그의 아들의 이름으로 성을 이름하여 에녹이라 하니라. 창 4:16-17

이 말을 주목하라: 가인이 "여호와 앞을 떠나서"와 "성을 쌓고."

가인은 하나님으로부터 독립된 성(도시, city)을 쌓았다.

그런데 가인이 하나님 앞을 떠난 후 "놋 땅"에 거주했는데 그곳의 위치가 "에덴 동쪽"이었다. 흥미롭게도, 고대 이스라엘 백성이 "동쪽"이라고 했을 때 그들은 페르시아와 앗시리아와 함께 바빌론을 염두에 두었다.나중에 이스라엘의 원수가 될 나라들

결과적으로, 만일 에덴이 나중에 약속의 땅이 된 가나안 안에 위치했다면우리가 이미 지적한 바와 같이, 놋 땅이 바빌론 안에 위치했다고 믿는 것이 타당하다. 이 개념은 성서를 통틀어 계속 이어지는 예루살렘과 바빌론 사이의 대결 이야기와 완벽하게 맞물려있다. 하나님의 임재는 가나안 안의 예루살렘에덴에 있고, 바빌론놋 땅은 하나님의 임재로부터의 추방을 나타낸다.

우리는 창세기 4장을 계속 읽을 때 가인이 세운 도시에녹가 다음과 같은 요소들을 포함한 것을 발견하게 된다:

- 공급 가축으로 대표되는, 창 4:20.
- 쾌락 악기로 대표되는, 창 4:21.
- 안전 구리와 쇠로 대표되는, 무기와 방어시설을 만드는데 사용됨, 창 4:22.

하나님이 제외된 공급과 쾌락과 안전은 세상 제도의 주성분이다. 그것들은 타락한 인간 문명의 중심요소이다. 존 뉴전트는 다음과 같이 통찰력 있게 논평했다:

이 목록을 보고 도시 생활의 핵심적 본질이 음식, 쾌락, 산업이라는 것을

알게 되는 것은 어렵지 않다. 그것이 우리가 아는바 문명의 시작이다… 대장장이와 전쟁 사이의 밀접한 관계는 열왕기하 24:16을 보면 명백하다. 대장장이가 유능한 용사일 것이라고 추정되기 때문이다… 이 내용은 문명을 미화하는 것으로 끝나지 않고, 살인과 가중된 보복으로 귀결된다.창 4:23-24[35]

에녹의 도시는 타락한 인류의 사회생활을 대표한다. 공급, 쾌락, 안전은 하나님을 제외시킨 이 세상에서 사람들이 소유하려고 구하는 것들이다.

## 타락하기 전

최초의 사람들은 죄에 빠지기 전에 에덴동산에서 하나님의 임재를 의식하며 살았다. 그리고 그들이 공급과 즐거움과 안전을 찾은 것은 하나님의 임재 안이었다.

그러나 가인이 하나님 앞을 떠났을 때 그의 안에 채워야 할 허공이 있었다. 그래서 가인은 그 허공을 채우려고 에녹 성을 쌓았다.

오늘날도 사람이 하나님의 임재를 떠날 때는 언제든지 채워야 할 허공이 생긴다.

에덴동산에서는 공급과 즐거움과 안전을 하나님 안에서 찾을 수 있었기 때문에 그것들은 다 순수했다. 그러나 에녹 성에서는 그것들이 뒤틀려버렸고 사람들을 속박했다.

그렇다면, 세상은 무엇인가? 세상은 인간에게 꼭 있어야 하는 공급과 즐거움과 안전을 뒤틀어서 사람들을 사슬로 매고, 올가미를 씌우고, 엉키게 하고, 예속시키는 제도이다.

　이 세 가지 요소를 하나님의 임재 밖에서 찾을 때, 그것들은 육신의 정욕과 안목의 정욕과 이생의 자랑으로 탈바꿈된다.


## 하나님이 다시 시작하다

　우리는 성경의 이야기를 읽으면서 세상 제도가 땅을 점령했음을 배우게된다. 사람들은 점점 더 타락하고 하나님은 대홍수로 땅을 파괴하셨다.

　오직 노아와 그의 가족만이 살아남았고, 하나님은 그분의 영원한 목적의 회복을 추구하시면서 모든 것을 다시 시작하셨다.

　주님의 소원은 사람들이 그분의 형상을 나타내고 그분의 통치를 구현하는 것이다. 그분의 소원은 하늘 나라가 땅에 임해서 널리 퍼지는 것이다. 흥미로운 것은 하나님께서 아담에게 주신 사명이 새로 시작된 세계 안의 노아에게로 이양되었다는 사실이다.

　노아는 세 명의 아들을 두었다. 하지만 그중 하나인 함은 옛 세상의 것을 가지고 왔다. 함의 손자인 니므롯은 또 다른 도시를 세웠는데 그 이름이 바벨이었다. 바빌론의 다른 이름이다.

　그리고 바벨과 함께 세상 제도는 이 땅에 다시 등장했다.

　한참 동안 하늘 나라는 땅에 임하지 않았다. 에덴동산이래로 한 번도 없었다.

# 타락한 인간 문명

창세기 4장에 있는 이야기로 돌아가서 다시 살펴보기로 하자.

타락한 인간 문명은 가인의 후손인 라멕과 함께 소개되었다. 걷잡을 수 없는 정욕이 일부다처제, 칼에 의한 보복, 그리고 압제의 모습으로 처음 등장하는 것을 우리는 라멕에게서 보게 된다. 창세기 4장에 나오는, 라멕이 보복에 대해 읊은 시를 "칼의 노래"로 일컫는다.5)

라멕의 아들들은 전쟁을 위한 무기, 쾌락을 위한 악기, 그리고 음식을 위한 사업을 일으켰다. 간단히 말해서, 세상 제도는 평범한 것들음식, 음악, 금속이 인류의 삶을 소유하고 엉키게 할 때까지 하나님을 제외시켜 제도화하는 것이다.

존 뉴전트는 더 나아가서 다음과 같이 통찰력있게 덧붙였다:

창세기 4장에서, 라멕의 유산은 발전의 구도가 아니라 퇴보의 구도이다. 만일 그렇다면, "악기를 잡은 사람들"은 부정적인 어감을 풍긴다고 볼수 있다. 마치 장막에 거하는 자들과 대장장이들처럼. 그들의 직업은 도시에 사는 사람들이, 진정시키는 음악 소리로 하나님의 선한 창조에서 멀어진 그들의 감각을 마비시키는 방법을 가리킬 수도 있다. 그것은 고대의 왕들이 그들의 목표를 이루기 위해 음악을 이용하는 방법을 가리킬 수도 있다… 가인의 후손들은 하나님의 선한 창조에서 그들이 멀어진 것을 단지 제도화한 것에 불과하다. 그래서 하나님의 구원은 다른 곳으로부터 와

---

5) 존 C. 뉴전트는 인간 문명이 창세기 4장에서 시작되었다고 주장한다. 다음을 참조할 것: *The Politics of Yahweh* (Eugene, OR: Cascade Books, 2011), 23, 34-36; John Nugent, *Polis Bible Commentary, Genesis 1-11*, vol. 1 (Skyforest, CA: Urban Loft Publishing, forthcoming), Genesis 4:17-24. 아울러, 영적인 관점에서 본 인간 문명의 역사는 다음을 참조할 것: Watchman Nee, *Changed into His Likeness* (Fort Washington, PA: CLC Publications, 2007), 23-77.

야만 한다.36

하나님께서 홍수를 보내시고 다시 시작하신 후에, 타락한 인간 문명은 다시 등장했고 발전하기까지 했다. 우리는 성서에서 "나라왕국"라는 단어가 바벨바빌론과 함께 처음으로 등장하는 것을 볼 수 있다. 창 10:10

바벨은 나라-국가nation-state의 시작이다. 뉴전트에 의하면, "따라서 국가는 자기보호를 위한 인간의 노력에서 비롯된 타락한 제도이다."37

의미심장하게도, 성서에서 "나라왕국" 라는 단어가 마지막으로 사용된 것도 또 다시 바빌론과 관련되어있다. 계 17:17 바빌론은 인간 문명의 잘못된 모든 것의 두드러진 상징이다.

나라-국가와 인간의 계층의 기원을 살피는 것은 이 책의 범위를 벗어난 것이지만, 나는 다른 곳에서 그것에 관해 자세히 추적했다.6)

이스라엘이 "모든 나라와 같이" 왕을 원했을 때 하나님께서 심히 못마땅해하신 것을 상기하라 삼상 8장 하지만 주님은 이스라엘의 요구를 허락하셨고, 그분 자신의 목적을 따라 다양한 왕들을 사용하셨다. 그들이 이스라엘에 피해를 입혔는데도 불구하고.

내가 『영원에서 지상으로』에서 추적한 바와 같이, 성서는 두 도시의 이야기이다. 바빌론과 예루살렘, 옛 사람의 도시 대 새 사람의 도시. 이 두 도시는 세상 제도와 하나님 나라 사이에 진행중인 전쟁을 대표한다.7)

---

6) 나의 온라인 자료실인 InsurgenceBook.com의 "The Origins of Human Government and Hierarchy"를 참조할 것. 이 글에서 나는 하나님이 사람들을 위해서가 아니라 천사들의 영역을 위해 계층을 만드셨다는 개념을 지지하는 증거를 제시했다. 그리고 나라-국가 정부는 원래 하나님의 의도가 아니다.

7) 프랭크 바이올라, 『영원에서 지상으로』, 제 2 부를 참조할 것. 자끄 엘륄도 그의 책 『머리 둘 곳 없던 예수』The Meaning of the City (Eugene, OR: Wipf & Stock, 2011, 대장간 역간)에서 두 도시의 이야기를 추적했다.

# 거짓된 안전

성서를 통틀어, 도시는 인간이 스스로를 하나님으로부터 소외시킨 것을 대표한다. 에녹, 바벨, 소돔, 니느웨, 애굽, 바빌론, 등. 전부 다 하나님 없는 삶을 예시한다.

인간을 향한 하나님의 원래의 뜻은 도시가 아닌 동산이었다. 에덴동산의 삶으로 귀환시키시려는 하나님의 시범계획으로서의 이스라엘은 타락한 인간 문명의 표준에 의해 사는 사람들이 아닌 부족tribal people이 되기 위해 부르심을 받았다.[8]

도시는 인간이 의도적으로 스스로를 하나님으로부터 소외시켜서 생겨났다. 그것은 자기보호와 안전을 제공하기 위해 세워졌다. 거짓된 안전이다. 물론 하나님은 도시가 그분의 본래의 뜻이 아님에도 불구하고 구속의 목적을 위해 여전히 그것을 사용하신다.

그러나 하나님의 임재를 떠난 것과 관련해서, 질병이 아담과 함께 발발하였고, 그것이 가인과 함께 더 심해졌고, 니므롯과 함께 불치로 바뀌었다.

심지어 이스라엘까지도 그들을 통치할 왕을 요구함으로 거짓된 안전에 굴복해서 그것을 수용했다. 하나님은 다른 모든 나라와 같이 왕을 갖겠다는 그들의 결정에 몹시 못마땅해하셨다. 하나님께서 그들의 왕이신 것을

---

8) 모세오경(율법)에서 하나님이 그분의 백성을 위해 설계하신 것은 "발달된 문명"이 아니라 부족(tribe)이었다. 그리고 신약성서에서 자신의 사람들을 향한 하나님의 비전도 마찬가지이다. 이스라엘이 다른 모든 나라와 같이 되기 위해 왕을 요구하기 전에, 히브리인들은 부족의 삶을 살았었다. 그들에겐 중앙 정부가 없었고, 그 대신 분권화된 연맹이 있었다. 이스라엘 백성이 그들의 땅에서 흩어졌을 때만 이방의 통치방식 아래서 타락한 도시들에서 살았다. John C. Nugent, *The Politics of Yahweh*, chaps. 2, 3, 7을 참조할 것. 하나님의 의도인 에클레시아는 타락한 인간 문명이 아닌 부족과 유사하다. 바이올라의 다시 그려보는 교회를 참조할 것.

그분의 백성이 거부했고, 결국 그들을 실망시키고 말 인간 왕에게 그들의 안전을 맡겼다. 삼상 8:1-22

도시, 국가, 정부, 사업, 또는 군대에 당신의 신뢰와 소망을 두는 것은 어긋난 소망이고 거짓된 안전의 증거이다.

> 많은 군대로 구원 얻은 왕이 없으며 용사가 힘이 세어도 스스로 구원
> 하지 못하는도다 구원하는 데에 군마는 헛되며 군대가 많다 하여도 능
> 히 구하지 못하는도다 여호와는 그를 경외하는 자 곧 그의 인자하심을
> 바라는 자를 살피사 그들의 영혼을 사망에서 건지시며 그들이 굶주릴
> 때에 그들을 살리시는도다 우리 영혼이 여호와를 바람이여 그는 우리
> 의 도움과 방패시로다 우리 마음이 그를 즐거워함이여 우리가 그의 성
> 호를 의지하였기 때문이로다 여호와여 우리가 주께 바라는 대로 주의
> 인자하심을 우리에게 베푸소서. 시 33:16-22

자끄 엘륄은 이런 식으로 지적했다.

> 예수님이 그분의 나라가 이 세상에 속한 것이 아니라고 하셨을 때, 그분이
> 의도하신 바를 분명하게 말씀하신 것이다. 그분은 세상의 그 어떤 나라에
> 도 정당성을 주시지 않았다. 그 나라의 통치자가 그리스도인이라 할지라도38

**인써전스**에 가담한 사람들은 그들의 안전을 오직 예수 그리스도께만 맡겨왔다. 그들의 신뢰는 칼이나 선거가 아닌, 그분의 영과 그분의 십자가의 능력 안에 있다.

# 세상 제도를 향한 하나님의 태도

하나님께서 땅과 그 안에 있는 사람들을 사랑하시지만, 세상 제도는 그분의 원수이다. 그리고 하나님은 그것을 격정적으로 싫어하신다.

> 이 세상이나 세상에 있는 것들을 사랑하지 말라 누구든지 세상을 사랑하면 아버지의 사랑이 그 안에 있지 아니하니 이는 세상에 있는 모든 것이 육신의 정욕과 안목의 정욕과 이생의 자랑이니 다 아버지께로부터 온 것이 아니요 세상으로부터 온 것이라 이 세상도, 그 정욕도 지나가되 오직 하나님의 뜻을 행하는 자는 영원히 거하느니라. 요일 2:15~17

요한에 의하면, 세 가지 주된 시험이 세상 제도를 구성하고 있다.

- 육신의 정욕 아프로디테 여신
- 안목의 정욕 – 물질주의와 탐욕 플루투스 신
- 이생의 자랑 – 세상의 권세와 야망 크라토스 신

야고보가 세상 제도에 관해 말한 것을 숙고해보라.

> 간음한 여인들아 세상과 벗된 것이 하나님과 원수 됨을 알지 못하느냐 그런즉 누구든지 세상과 벗이 되고자 하는 자는 스스로 하나님과 원수 되는 것이니라. 약 4:4

흥미롭게도, 세상을 구성하는 시험은 뱀이 에덴동산에서 하와를 시험할 때 사용한 세 가지 시험에서 볼 수 있다.

> 여자가 그 나무를 본즉 먹음직도 하고 보암직도 하고 지혜롭게 할 만
> 큼 탐스럽기도 한 나무인지라 여자가 그 열매를 따먹고 자기와 함께
> 있는 남편에게도 주매 그도 먹은지라. 창 3:6

이 동일한 세 가지 시험이 사탄이 예수님을 시험했을 때 광야에서 고개
를 쳐들었다. 둘째 아담예수님의 시험은 첫째 아담의 시험을 재생한 것이
다.

감사하게도, 둘째 아담은 시험 하나하나를 전부 물리치셨다.

## 제도의 배후에 있는 사고방식

신약성서에서 세상 제도의 배후에 있는 사고방식은 사탄 또는 마귀이
다. 예수님께서 그렇게 말씀하셨다:

> 이제 이 세상에 대한 심판이 이르렀으니 이 세상의 임금이 쫓겨나리라
> … 이 세상의 임금이 오겠음이라 그러나 그는 내게 관계할 것이 없으니
> … 심판에 대하여라 함은 이 세상 임금이 심판을 받았음이라. 요 12:31;
> 14:30; 16:11

그리고 바울도 그렇게 말했다:

> 그 중에 이 세상의 신이 믿지 아니하는 자들의 마음을 혼미하게 하여.

고후 4:4

그 때에 너희는 그 가운데서 행하여 이 세상 풍조를 따르고 공중의 권
세 잡은 자를 따랐으니 곧 지금 불순종의 아들들 가운데서 역사하는
영이라. 엡 2:2

우리의 씨름은 혈과 육을 상대하는 것이 아니요 통치자들과 권세들과
이 어둠의 세상 주관자들과 하늘에 있는 악의 영들을 상대함이라. 엡
6:12

요한도 그렇게 말했다:

온 세상은 악한 자 안에 처한 것이며. 요일 5:19

요한의 말을 주목하라: "온 세상"은 악한 자의 권세 아래 있다.
이것을 분명히 이해해야 한다. 마귀는 이 땅을 지배하는 세상 제도의 우
두머리이다.9) 그렇지만, 당신은 예수 그리스도를 영접했을 때 세상의 영
을 받지 않았다. 그 대신, 세상 제도에 맞서는 하나님의 영이 당신 안에 거
한다.

우리가 세상의 영을 받지 아니하고 오직 하나님으로부터 온 영을 받았
으니 이는 우리로 하여금 하나님께서 우리에게 은혜로 주신 것들을 알
게 하려 하심이라. 고전 2:12

---

9) 이것에 관한 학자적 관점은 다음을 참조할 것: Clinton Arnold, *Powers of Darkness*
(Downers Grove, IL: InterVarsity Press, 1992, 80−82, 92−93, 203−4.

언젠가는 세상 제도가 자취를 감추게 될 것이다. 그것이 예수 그리스도의 손에 파괴될 것이고, 그분의 흔들리지 않는 나라가 그것을 완전히 대체할 것이다.

이것이 인써전스의 소망이다.

## 세상에 투자하지 말라

만일 국내에서 제일 큰 은행이 지금부터 6개월 안에 가라앉을 것이고, 그 은행에 돈을 맡긴 모든 사람이 그 돈을 다 잃고 말 것이 사실이라고 가정해보라. 당신이 그 은행에 돈을 그대로 놔둔다면 그건 너무 어리석지 않은가?

마찬가지로, 세상 제도도 시간의 흐름 속에 마지막을 향해 가고 있다. 언젠가는 그것이 사라져버릴 것이다. 그리고 이것이 세상 제도를 향한 우리의 애착으로부터 벗어남에 있어 당신과 내가 가질 수 있는 가장 큰 계시 중의 하나이다.

**세상 제도는 이제 망조가 들었다.**

세상 제도의 손안에 있는 모든 나라에는, 그것이 경제적이든, 정치적이든, 교육적이든, 군사적이든, 종교적이든, 무엇이든 관계없이, 하늘의 잉크로 그 위에 쓴 "망했음"이라는 글자가 새겨져 있다.

이것을 명심하고, 우리는 하나님이 세상 제도를 얼마나 싫어하시는지, 그리고 그것이 당신의 영혼에 얼마나 큰 원수인지를 계속 살펴볼 것이다.

## 세상을 사랑하지 말라

하나님의 백성인 이스라엘은 세상 제도를 대표하는 애굽을 사랑했기 때문에 광야에서 죽어갔다. 이스라엘은 그 마음이 애굽의 세상 쾌락에 얽매여있었기 때문에 숭고한 가나안 땅을 취하는데 실패했다.

> 그들에게 일어난 이런 일은 본보기가 되고 또한 말세를 만난 우리를 깨우치기 위하여 기록되었느니라. 고전 10:11

세상 제도에 관한 통찰력을 우리에게 주는 다음의 본문들을 숙고해보라. 이 구절들에는 그것이 예수님과 그분의 참 제자들을 미워하는 내용이 포함되어 있다.

> 세상이 너희를 미워하면 너희보다 먼저 나를 미워한 줄을 알라 너희가 세상에 속하였으면 세상이 자기의 것을 사랑할 것이나 너희는 세상에 속한 자가 아니요 도리어 내가 너희를 세상에서 택하였기 때문에 세상이 너희를 미워하느니라. 요 15:18-19

> 내가 아버지의 말씀을 그들에게 주었사오매 세상이 그들을 미워하였사오니 이는 내가 세상에 속하지 아니함 같이 그들도 세상에 속하지 아니함으로 인함이니이다 내가 비옵는 것은 그들을 세상에서 데려가시기를 위함이 아니요 다만 악에 빠지지 않게 보전하시기를 위함이니이다 내가 세상에 속하지 아니함 같이 그들도 세상에 속하지 아니하였사옵나이다. 요 17:14-16

> 모든 사람에게 구원을 주시는 하나님의 은혜가 나타나 우리를 양육하시되 경건하지 않은 것과 이 세상 정욕을 다 버리고 신중함과 의로움

과 경건함으로 이 세상에 살고. 딛 2:11-12

이로써 그 보배롭고 지극히 큰 약속을 우리에게 주사 이 약속으로 말미암아 너희가 정욕 때문에 세상에서 썩어질 것을 피하여 신성한 성품에 참여하는 자가 되게 하려 하셨느니라. 벧후 1:4

만일 그들이 우리 주 되신 구주 예수 그리스도를 앎으로 세상의 더러움을 피한 후에 다시 그 중에 얽매이고 지면 그 나중 형편이 처음보다 더 심하리니. 벧후 2:20

너희는 이 세대를 본받지 말고 오직 마음을 새롭게 함으로 변화를 받아. 롬 12:2

무릇 하나님께로부터 난 자마다 세상을 이기느니라 세상을 이기는 승리는 이것이니 우리의 믿음이니라. 요일 5:4

아울러, 세상은 하나님의 영을 받을 수 없다. 요 14:17 그리고 세상의 지혜는 하나님께 어리석은 것이다. 고전 1:20-21; 3:18-19

위의 본문들을 요약하자면, 우리는 그리스도 안에 있고 그리스도는 우리 안에 있다. 그러므로 우리는 이 세상 나라에 애착을 가지면 안된다.

유다의 말을 숙고해보라:

이 사람들은 분열을 일으키는 자며 육에 속한 자며 성령이 없는 자니라 사랑하는 자들아 너희는 너희의 지극히 거룩한 믿음 위에 자신을 세우며 성령으로 기도하며 하나님의 사랑 안에서 자신을 지키며 영생에 이르도록 우리 주 예수 그리스도의 긍휼을 기다리라. 유 19-21

유다에 의하면, "세상적 사고"의 해독제는 스스로를 하나님의 사랑 안에 두는 것이다.

이것은 우리를 이 책의 제 2 부로 돌아가게 한다. 주님의 사랑에 당신 자신을 열라. 그것이 세상에 이끌리지 않도록 당신을 지켜줄 것이다.

## 하나님으로부터 멀어지는 경향

세상 제도에 붙어있는 촉수는 아주 많고 다양하다. 그것들은 교육, 패션, 정치, 연예, 과학 기술, 경제, 정의, 종교 등의 제도이다.

만일 당신이 이 모든 제도의 커튼을 열어보면 더 큰 제도를 발견하게 될 것이다. 그리고 그 커튼 뒤에 제도 안의 제도가 있을 것이다. 즉, 사람들을 노예로 만들고 그들의 창조주로부터 떨어져나가도록 설계된, 끈질긴 활동으로 유혹하는 거미줄을 만나게 된다.

만일 당신이 커튼을 더 열어보면 세상 제도의 배후에 보좌가 있음을 알게 될 것이다. 그리고 창조의 하나님은 그 위에 앉아 계시지 않는다.

세상 제도 안에 있는 모든 것은 본연의 경로를 가지고 있다.엡2:2 당신은 그것이 고유의 유전자를 갖고 있다고 말할 수 있다. 그리고 그 유전자는 특정한 경향에 의해 움직인다.

이 경향의 배후에 있는 사고방식이 하나님의 원수이기 때문에 그것은 언제나 하나님에게서 멀리 떨어져 있다. 이 하나님의 원수는 오직 한 가지 주된 목표를 갖고 있다: 당신과 나를 예수 그리스도에게서 멀리 끌고가서 우리가 그분의 임재 밖에서 안전, 쾌락, 공급을 찾도록 우리를 시험한다.

## 당신 자신을 떼어놓기

우리는 예수님의 제자로서 세상 제도와 아무런 관련이 없다. 우리는 하나님을 위하여 이 세상의 것들을 사용하고 지배한다. 그러나 우리는 그것들에 몰두하거나 애착을 가지면 안된다.

> 세상 물건을 쓰는 자들은 다 쓰지 못하는 자 같이 하라 이 세상의 외형은 지나감이니라. 고전 7:31

고로, 예수님을 따르는 사람들은, 예술, 교육, 과학, 사업, 경제, 정치 등을 활용할 수 있다. 단, 그것들과 연결된 제도에 얽매이지 않고 주님을 위해 그것들을 사용한다면. 왜냐하면, 그 제도가 언제나 반드시 하나님으로부터 멀어져서 그 본연의 경로로 회귀할 것이기 때문이다.

하나님의 사람들이 세상에 있는 것들을 활용하는 것과 관련해서 워치만 니는 다음과 같이 피력했다:

> 그러나 조심해서 걸으라. 왜냐하면, 당신은 하나님의 원수가 지배하는 영토에 발을 디디고 있고, 당신이 경계하지 않는다면 누구든 걸려들 수 있는 그의 계략에 넘어갈 수 있기 때문이다… 당신이 조심해서 걷지 않는다면, 사탄의 덫 어딘가에 걸려들 것이고 하나님의 자녀로서 누리던 당신의 자유를 잃게 될 것이다.39

하나님 나라의 주권적 통치 아래 온전히 거하는 사람들의 손 안에서는, 세상의 물질적인 것들이 그 나라의 발전을 위한 도구로 사용될 수 있다.

하나님 나라 안에 있지 않은 사람들의 손 안에서는, 그것들이 흑암의 나라를 위한 도구이다.

달리 표현하자면, 우리의 힘을 세상 제도와 그 배후에 있는 거짓된 신들에게 굴복하기를 거부하고 그것들부터 우리 자신을 떼어놓으라고 하나님께서 우리를 부르셨다.

크라토스이생의 자랑와 관련해서, 예수님께 헌신한 사람들은 하나님께 영광을 돌리고 그분의 영원한 목적을 이루는 방법으로써, 어떻게 하나님의 능력을 발휘할 수 있는지를 배우고 있다.

플루투스안목의 정욕와 관련해서, 예수님께 헌신한 사람들은 돈을 사랑하거나, 비축하거나, 남용하지 않고, 어떻게 그것을 사용하고 지혜롭게 나눠줄 수 있는지를 배우고 있다. 우리는 돈으로 하나님을 섬길 수 있다. 그러나 하나님과 돈을 겸하여 섬길 수 없다. 마 6:24.

아프로디테육신의 정욕와 관련해서, 예수님께 헌신한 사람들은 어떻게 독신주의와또는 결혼을 존중하고 유지할 수 있는지를 배우고 있다.

나는 여러 해 동안 기독교 청년들이 주님을 따르기 시작하는 것을 지켜보았다. 그들 각 사람이 처음에는 매우 열성적이었지만, 세상의 유혹이 그들의 문을 두드리고 있었다. 그리고 그들은 하나님으로부터 떨어져나가 세상 제도의 밧줄에, 즉 육신의 정욕, 세상의 야망, 또는 물질주의의 흡인력에 꽁꽁 묶여버렸다.

세상 본연의 경로는 언제나 그 셋 중의 하나로 끌고 간다. F. F. 브루스는 다음과 같이 멋지게 표현했다:

> 그리스도인은 세상의 정당한 주인을 위해 하나님이 없는 그 세상을 탈환하라고 거기에 보내심을 받았다. 그러나 그것은 여전히 "하나님이 없는

세상"으로 남아있고, 그리스도인에겐 마음에 들지 않는 환경이다. 그는 거기서 편안할 수 없다… 세상에 있지만 거기에 속하지 않고, 세상에 관여는 하지만 동시에 그것에서 분리되어 있음을 강조하는 내용은 신약성서의 많은 곳에서 찾아볼 수 있다.40

이런 이유로, **인써전스**에 가담한 사람들은 세상 제도에 전쟁을 선포해왔다.


## 세상 대 죄

죄와 세상은 같은 것이 아니다. 죄는 해를 입히고, 세상은 소유한다.

세상은 당신과 나를 노리고 있다. 잃어버린 영혼들은 이미 세상의 것이기 때문에 세상은 결코 그들을 노리지 않는다. 세상은 이미 그들을 소유하고 있다.

그렇다. 세상은 하나님의 사람들을 노린다. 그리고 세상은 처음부터 그렇게 해왔다. 애굽이 하나님의 백성인 이스라엘을 집요하게 따라붙었다. 소돔도 그렇게 했고 바빌론도 그렇게 했다.

롯은 소돔 가까운 곳에 장막을 쳤고, 궁극적으로 소돔에 매료되어 정욕의 도시인 그곳에 정착했다. 롯에게서 배울 수 있는 교훈이 있다. 당신의 장막을 세상 가까이에 치거나 세상과 승부하려 하지 말라. 만일 그렇게 한다면, 세상 제도의 조류에 휩쓸려 결국 익사해버린 자신을 발견한다 해도 놀라지 말라.

세상은 외형적인 것이다. 반면에, 죄는 내면적인 것이다. 그리고 세상적인 것은 죄처럼 쉽게 알아볼 수 없다.

아내를 구타하는 주정뱅이를 생각해보라. 주정뱅이가 한바탕 주정을 하고 아내에게 폭력을 가한 것은 누가 뭐래도 죄이다. 그것은 쉽게 감지된다.

그러나 건축에 사로잡혀 유명해지고 싶은 야망을 갖고 있는 건축가를 생각해보라. 밤낮을 가리지 않고 이 목표가 그의 마음과 생각을 지배하고 있다. 그 건축가는 영적인 것들엔 관심이 거의 없다. 위대한 건축가가 되고 싶은 그의 집착이 그의 영적 관심사들을 질식시켰다. 세상은 세상적인 그 건축가를 세상적인 야망으로 뒤얽히게 했다.

험담을 습관적으로 퍼뜨리는 젊은 여자를 생각해보라. 그녀는 심지어 다른 동료 그리스도인들 속에 불화의 씨를 심으면서 뜬금없는 말을 지어내기도 한다. 이것은 누가 봐도 죄이다.

하지만 값비싼 옷과 보석류에 심취해있는 젊은 그리스도인 여자를 생각해보라. 그렇게 하는 것은 그런 것들로 치장하면 어떤 남자와 결혼에 골인하게 될지가 결정되기 때문이다. 그 남자가 예수 그리스도와 그분의 나라엔 관심이 별로 없더라도 관계없이. 이것이 세상적인 것이다.

따라서 누가 봐도 확실한 죄가 있고, 세상적인 것이 숨어있을 수도 있다. 또는 존 하워드 요더가 말한 대로 "고상한 세상적인 것"


## 대단한 위장

세상은 죄가 하는 것보다 스스로를 더 잘 위장한다. 죄는 까맣고 세상은 파스텔이다.

당신이 만일 교육제도를 사용하고 있다면, 그 제도 배후에 있는 간악한 사고방식을 조심하라. 만일 당신이 정치제도를 사용하고 있다면, 그 제도 배후에 사악한 실체가 있음을 알아야한다. 만일 당신이 대중문화제도를 사용하고 있다면, 그 제도 배후에 있는 기만적인 특성을 조심하라.

이런 이유 때문에, 이 세상의 제도들에 관여해온 수많은 사람이 그것들 안에서 절망적으로 휘말려버렸다. 그리고 그것들이 상당수의 사람들을 타락시켰다.

이 제도들의 배후에 있는 영적인 세력은 주님의 나라를 향해 적대적이다. 이것은 하나님이 그분의 자녀들을 빛과 소금이 되도록 이 무대로 인도할 수 없다는 뜻이 아니다. 다만 그들은 그 제도들의 배후에 있는 어둠의 세력을 이해해야 한다. 그리고 절대로 그것들 안에 그들의 소망과 꿈을 두면 안된다.

만일 세상이 당신을 낮은 수준의 정욕으로 무너뜨릴 수 없다면, 감지할 수 없는 더 높은 수준으로 공격할 것이다. 세상의 핵심적인 특성은 오염과 소유이다. 세상은 왕과 그분의 나라로부터 우리의 마음을 다른 곳으로 돌리게 한다.

당신이 얼마나 오래 그리스도인으로 살았는지는 상관없다. 세상은 여전히 당신에게 문제이다. 내가 35년 이상 그리스도인으로 살아왔지만, 세상은 계속해서 내 문을 두드리고 있다.

우리가 주님 안에서 더 나아갈수록 스스로 이런 질문을 해야 한다: "나 자신에게 이 세상에 연결되어 있는 무엇이 있는가? 세상이 내 안에 자리잡고 있는가?"

세상 제도는 불신자 고유의 거주지이다. 에클레시아가 믿는자 고유의 거주지이듯이.

예수님을 따르는 사람들로서 우리의 충성심, 정체성, 안전, 즐거움, 그리고 공급은 흑암의 나라가 아닌 빛의 나라 안에 있다. 그것은 세상 제도가 아닌 하나님의 가족 안에 있다. 우리는 하나님의 가족 안에 들어왔을 때 우리의 진짜 정체성에 접속되어 예수님의 이야기가 우리의 이야기가 되었다.10)

이것이 **인써전스**에 가담한 사람들을 그렇지 않은 사람들과 구별짓는 핵심적인 특징들 중 하나이다.

## 오염된 강

당신은 세상 제두를 오염된 강에 비유할 수도 있다. 당신이 이 강물 속에 들어가면, 그 물이 당신을 휩쓸어버릴 것이다. 물줄기가 너무 세기 때문에 그것이 당신을 하나님으로부터 떠나게 할 것이다.

흥미로운 것은 이 강에 다른 지류가 있다는 사실이다.

하나의 지류는 세상적인 대중문화의 지류이다. 교단들과 기독교 운동들 전체가 이 지류를 회피하는 것 위에 세워졌다. 그들은 특정한 영화와 TV 프로그램의 시청을 강하게 반대하고, 특정한 행사와 장소의 출입을 금한다.

또 다른 지류는 소비문화의 지류이다. 어떤 기독교 운동들은 소비문화를 특징짓는 욕심과 탐욕과 물질주의의 악을 가차없이 공격하면서 이 지류를 단호하게 반대해왔다.

이 오염된 강의 또 다른 지류는 제국의 지류이다. 이 지류를 목표물로 삼는 사람들은 전쟁, 폭력, 국가 우상 민족주의 등의 악에 관해 목소리를 높인다.

---

10) 나는 이것을 Leonard Sweet와 공저한 *Jesus Manifesto*의 3단원에서 비교적 자세히 설명했다. 그 단원의 제목은 "If God Wrote Your Biography" 이다.

이 모든 지류는 똑같이 오염된 강의 일부이다. 달리 말하자면, 그것들은 전부 세상 제도의 일부이다.

그러나 문제는 세상적인 대중문화의 지류에서 헤엄치지 않는 많은 사람이 소비문화의 지류 안에서 거의 익사하고 만다. 제국의 지류를 회피하는 사람들은 세상적인 대중문화의 지류에 에워싸여있다. 그리고 제국과 세상적인 대중문화의 지류 둘 다를 회피하는 어떤 사람들은 소비문화의 지류 안에서 왔다 갔다 하는 것을 즐긴다.

그러나 각각의 지류는 세상의 일부이고 어느 지류에서 헤엄을 친다고 해도 세상적인 것이다.

세상 제도 곧 이 세대의 영은 구석구석 스며들어 있고, 그 촉수들은 멀리, 그리고 넓게 퍼져 있다.


## 그들 중에서 나오라

세상 제도에서 빠져나온다는 것은 우리의 돈을 금고에 보관하고, 비누나 샴푸나 수돗물을 사용하지 않고, 광야로 가서 은둔한다는 뜻이 아니다.

그것은 세상의 배후에 있는 생활방식, 습관, 가치관, 행위, 영광을 저버린다는 뜻이다. 그리고 다시는 세상의 물질을 신뢰하지 않는다는 뜻이다.

세상 제도 속에서 사는 사람들을 향한 하나님의 말씀은 과거나 지금이나 항상 "나오라!" 이다.

구약성서의 이야기 전체를 볼 때, 그 배경과 주인공들은 계속 바뀌지만 줄거리는 늘 똑같다.

하나님은 노아의 시대에 세상 제도를 심판하셨고, 노아에게 "나오라!"

고 명하셨다. 그리고 나서 하나님은 방주에 의해 노아를 살리셨다. 모두를 몰살시키는 홍수를 통과한 여덟 명이 방주 안에서 구출되었다.

의미심장하게도, 여덟은 부활과 새로운 시작을 나타내는 숫자이다. 할례가 8일만에 행해졌고, 예수님은 8일째인 일요일, 새로운 주가 시작하는 날에 부활하셨다.

노아와 그의 가족은 방주에서 나와서 새로운 세계 곧 새로운 창조에 발을 디뎠다. 성령의 상징인 비둘기는, 옛 세상을 파묻은 물에서 새 땅이 온전히 드러나기까지 쉴 곳을 찾지 못했다. 이런 점에서 방주는 물 침례를 대표한다. 벧전 3:20-22

그 다음, 하나님은 아브라함이라는 이름을 가진 사람을 부르셔서 갈대아 우르(이곳이 바빌론이다)를 떠나라고 하셨다. 아브라함을 향한 주님의 말씀도 "나오라!"였다.

아브라함은 우르를 떠나 제단을 쌓고 장막을 치고 살았다.

아브라함이 제단을 쌓았다는 것은 이런 의미였다: "나는 철저하게 주님께 바쳐졌다. 나는 이 세상과 아무런 관련이 없다. 나는 바빌론을 떠났다."

아브라함이 장막을 치고 살았다는 것은 이런 의미였다: "나는 이 세상 소속이 아니다. 나는 여기에 연결된 줄이 없다. 나는 곧바로 짐을 싸서 이사할 수 있다. 주님이 인도하실 때는 언제든지, 그리고 인도하시는 곳은 어디든지. 내가 이 세상에 심어놓은 뿌리는 없다. 나는 천막 안에 산다."

아브라함의 자손인 이스라엘 백성은 400년 동안 애굽에서 노예로 살았다. 그리고 하나님께서 이스라엘에게 하신 말씀도 "나오라!"였다. 하나님은 이스라엘 백성을 애굽에서 해방시키시려고 모세라는 사람을 일으키셨다.

주님은 두 가지 방법에 의해 그분의 백성을 애굽에서 데리고 나오셨다:

양이 죽임을 당하는 것과 홍해를 건너는 것.

양을 먹는 것은 그리스도에 참예하는 것을 대표하고 고전 5:7-8, 홍해를 건너는 것은 물 침례를 대표한다. 고전 10:1-2

위의 이야기들을 종합해볼 때, 오늘날 당신과 나를 향한 하나님의 부르심은 무엇인가?

## 오늘날의 부르심

주님께서 오늘날 새 언약 아래에 있는 그분의 사람들에게 무슨 말씀을 하시는지 주목하라.

너희는 믿지 않는 자와 멍에를 함께 메지 말라 의와 불법이 어찌 함께 하며 빛과 어둠이 어찌 사귀며 그리스도와 벨리알이 어찌 조화되며 믿는 자와 믿지 않는 자가 어찌 상관하며 하나님의 성전과 우상이 어찌 일치가 되리요 우리는 살아 계신 하나님의 성전이라 이와 같이 하나님께서 이르시되

"내가 그들 가운데 거하며

두루 행하여

나는 그들의 하나님이 되고

그들은 나의 백성이 되리라"

그러므로

"너희는 그들 중에서 나와서

따로 있고

　　부정한 것을 만지지 말라

　　　내가 너희를 영접하여

　　너희에게 아버지가 되고

　　　너희는 내게 자녀가 되리라

　　　　전능하신 주의 말씀이니라"

　하셨느니라. 고후 6:14-18


이 부르심은 요한계시록에서도 반복된다:


　"무너졌도다 무너졌도다 큰 성 바벨론이여"…

　　"내 백성아, 거기서 나와"

　　　그의 죄에 참여하지 말고

　　그가 받을 재앙들을 받지 말라. 계 18:2, 4


　이것을 분명히 이해해야 한다. 주님은 세상 제도를 싫어하신다. 왜냐하면 세상 제도가 그분이 사랑하시는 신부인 에클레시아를 주님에게서 떼어 놓으려 하기 때문이다. 바빌론이 그리스도의 신부와 똑같은 재료로 구성되어 있는 것은 우연이 아니다. 계 17:4-5, 21:9-21

　바빌론은 에클레시아의 모조품이고 형편없는 대용품이다.11) 바빌론은 인간의 정치적인 힘의 극치, 인간의 이기심의 조직, 그리고 인간 문명의 번성을 대표한다.

---

11) 내가 『영원에서 지상으로』에서 설명했듯이, 요한계시록 21장과 22장의 새 예루살렘은 그리스도의 신부, 에클레시아, 어린 양의 아내를 상징한다. 그것은 물리적인 구조물이 아니다. 예수님은 물리적인 건물과 결혼하시기 위해 오시지 않는다.

세상 제도에 대해 주님께서 당신과 나에게 하시는 말씀은 분명하다. 그것은 여전히 "나오라!" 이다.

## 당신에게 세상은 무엇인가?

나는 세상에 속한 구체적인 것들이 무엇인지를 일일이 말하지 않겠다. 그리고 이 책에서 지금까지 그것을 말하지 않았다. 그렇게 하는 것은 나로 율법주의자가 되게 하는 것이다. 그리고 우리가 다시 인간의 규칙과 규범으로 돌아가는 것이다.

내가 말할 수 있는 것은 전부 당신이 이미 알고 있는 것이다. 그리고 만일 당신이 알지 못하면 열린 마음으로 주님께 구하라. 만일 당신의 마음이 주님께서 보여주신 것에 기꺼이 반응한다면, 그분께서 당신을 위해 세상이 무엇인지를 분명하게 지적해주실 것이다.

요한은 요한일서 2장에서 세상이 무엇인지를 우리에게 말해준다. 그는 이 장의 마지막 부분에서, 우리의 삶 속에 있는 세상이 무엇인지를 계시해줄 성령의 기름 부음이 우리에게 있음을 알려준다.

> 너희는 주께 받은 바 기름 부음이 너희 안에 거하나니 아무도 너희를 가르칠 필요가 없고 오직 그의 기름 부음이 모든 것을 너희에게 가르치며 또 참되고 거짓이 없으니 너희를 가르치신 그대로 주 안에 거하라. 요일 2:27

오늘날 하나님께서 이 땅의 모든 도시 안에 세상 제도로부터 자신을 완전히 분리시킨 사람들을 가지시기를 바란다.

예수 그리스도께서 그분을 따르는 모든 사람을 위해 값으로 사신 자유 안에 굳게 서 있는 사람들을.

이 세상 나라에 등을 돌리고 하나님 나라를 향해 그들의 마음을 연 사람들을. 제단을 쌓고 장막을 친 사람들을.

홍해를 건너고 진짜 양을 먹은 사람들을. 한 번만이 아니고 계속해서 먹는 사람들을.

그러므로 당신의 삶 속에 있는 세상이 무엇인지를 주님께 묻고 거기서 "나오라!"

## 세상을 처리하기

세상 제도에 대한 당신의 태도는 예수 그리스도 안에서의 당신의 위치와 하나님 나라에서의 당신의 효용성을 결정한다.

우리에겐 사탄과 세상 제도를 물리치신 주님이 거하신다.

흑암의 나라세상는 당신과 나를 노예로 삼고 눈을 멀게 했다. 그러나 예수님은 "이 악한 세대에서 우리를 건지시려고"갈 1:4, 빛, 해방, 생명, 자유, 평안, 기쁨의 나라로 우리를 인도하시려고 오셨다.

나는 예수 그리스도께서 우리에게 보장해주신 자유 안에서 굳게 서라는 바울의 말에 공감한다.

> 그리스도께서 우리를 자유롭게 하려고 자유를 주셨으니 그러므로 굳건하게 서서 다시는 종의 멍에를 메지 말라. 갈 5:1
>
> 이제는 너희가 하나님을 알 뿐 아니라 더욱이 하나님이 아신 바 되었거늘 어찌하여 다시 약하고 천박한 초등학문으로 돌아가서 다시 그들에

게 종 노릇 하려 하느냐. 갈 4:9

세상에서 나와서 우리 자신을 철저하고 완전하게 예수님과 그분의 나라에 드리라는 부르심은 바로 지금 당신을 향하고 있다. 의무와 죄의식과 두려움에서 나온 것이 아닌, 주님의 말씀에 정중하게, 기꺼이, 그리고 사랑스럽게 반응하라는 부르심이다. 왜냐하면, 그리스도께서 당신에게 영광스러운 자유를 주셨기 때문이다.

윌리엄 랄프 잉게가 진지하게 한 말이 여기에 딱 들어맞는다:

이 세대의 영과 결혼한 사람은 누구든지 다음 세대에는 홀아비가 된 자신을 발견하게 될 것이다.41

이 책은 전부 앞으로의 전진에 관한 것이다. 그것은 그리스도 안에서 더 높이 솟아오르는 것에 관한 것이다. 내가 제시하는 표준은 이 땅에서 흑암의 세력과 대항하여 굳게 서서 다음과 같이 선언하는 한 무리의 사람들을 위한 것이다:

우리는 그리스도를 우리의 공급으로, 그리스도를 우리의 즐거움으로, 그리스도를 우리의 안전으로 삼는다. 우리는 세상 제도로부터 해방되었고, 예수 그리스도께서 우리에게 주신 영광스러운 자유 안에 굳게 서 있다. 우리는 율법주의 없이, 두려움 없이, 죄의식이나 죄책감 없이 그리스도를 따르고 있다. 주님의 아름다움과 영광이 우리를 사로잡았다. 우리는 주님 앞에 엎드려 우리가 가진 모든 것을 드려 그분을 예배하지 않을 수 없다.

이것이 **인써전스**의 기도이다.

## 욕심에서의 해방

숫자를 세기 좋아하는 사람들을 위해, 성서에서 가장 자주 언급된 죄를 꼽는다면 그것은 우상숭배이다. 두 번째는 탐욕인데, 이것을 다른 말로 욕심이라고 한다.

요한은 "안목의 정욕"이라는 표현을 사용해서 욕심에 대해 말한다.요일 2:6 주목할 만한 것은, 바울이 탐욕과 우상숭배를 동일시한다는 사실이다.

> 그러므로 땅에 있는 지체를 죽이라 곧 음란과 부정과 사욕과 악한 정욕과 탐심이니 탐심은 우상 숭배니라. 골 3:5

욕심은 미국과 같은 잘 사는 나라들에서는 아주 흔하다. 그리고 욕심에 사로잡혀 있는 사람들은 종종 그들이 그것에 붙잡혀 살고 있다는 것을 감지하지 못한다.

참으로, 예수님은 사람들에게 욕심을 경계하라고 확실하게 경고하셨다. 왜냐하면, 그것이 묵살되기 쉽기 때문이다.

> 삼가 모든 탐심을 물리치라 사람의 생명이 그 소유의 넉넉한 데 있지 아니하니라. 눅 12:15

잘 생각해보라. 누군가 자신이 욕심의 문제를 놓고 씨름하고 있다는 사람의 얘기를 들어본 것이 언제인가? 사람들이 자기가 정욕이나 분노나 험담의 문제와 씨름한다는 말은 해도, "나의 주된 시험거리는 욕심입니다"라고 시인하는 사람을 나는 본 적이 별로 없다.

나는 언젠가 그리스도인인 저명한 작가의 인터뷰를 읽은 적이 있다. 그 인터뷰에서, 그 작가는 자기가 가족과 함께 있을 때에도 사업에 대해 생각하지 않는 것이 너무 어렵다고 고백했다.

이 작가의 인생 전체가 그의 직업에 둘둘 말려있었다. 그는 좀처럼 하나님 나라에 관해 말하거나 글을 쓰지 않았다. 그가 말하거나 글을 쓰는 것의 대부분은 사람들이 어떻게 돈을 더 잘 벌 수 있는지에 관한 것이었다.

이 작가가 자신이 돈을 신으로 섬기고 있다는 사실을 인식하고 있을까? 아마 그렇지 않을 것이다.


## 재물의 유혹

돈은 구약성서에서는 우상숭배 다음으로, 신약성서에서는 하나님 나라 다음으로 자주 언급되는 주제라고 알려져있다.

예수님은 타당한 이유로 "재물의 유혹"에 관해 말씀하셨다.<sup>막 4:19</sup> 재물은 기만적이다. 플루투스 신에게 경의를 표하는 사람들은 돈이 자신들을 쥐고있음을 거의 의식하지 못한다.

> 부하려 하는 자들은 시험과 올무와 여러 가지 어리석고 해로운 욕심에 떨어지나니 곧 사람으로 파멸과 멸망에 빠지게 하는 것이라. 딤전 6:9
>
> 돈을 사랑함이 일만 악의 뿌리가 되나니 이것을 탐내는 자들은 미혹을 받아 믿음에서 떠나 많은 근심으로써 자기를 찔렀도다. 딤전 6:10

> 너는 이것을 알라 말세에 고통하는 때가 이르러 사람들이 자기를 사랑
> 하며 돈을 사랑하며 자랑하며. 딤후 3:1–2

나는 지금까지 살아오면서 사업을 시작한 많을 사람을 알아왔다. 그런데 소수의 사람을 제외하고는 대부분이 그들의 사업에 완전히 얽매여있었다. 그리고 그들에게 예수 그리스도와 그분의 나라는 뒤로 밀려버렸다. 그리스도가 아닌 그들의 사업이 그들을 소유했다.

내가 그리스도인들이 사업하는 것 자체가 잘못이라고 말하는 것이 아니다. 니는 단지 주의를 요하기 위해 제안하고 있다. 예수님과 바울이 부자가 하나님 나라에 들어가는 것이 매우 어렵다고 경고하면서 주의를 요한 바로 그것을 말하고 있다. 마 19:23–24

사업이 사람들의 생각을 소모시키고 그들의 결정을 지배할 때, 그들은 사업을 우상화시키는 것이다. 그 사업은 그들의 시간을 빼앗아가고 종종 건강을 망쳐놓는다. 그 결과, 하나님 나라는 그들의 땅의 "일" 뒷자리로 밀려난다. 하나님 나라의 말씀은 질식해버린다.

> 세상의 염려와 재물의 유혹과 기타 욕심이 들어와 말씀을 막아 결실하
> 지 못하게 되는 자요. 막 4:19

욕심또는 다른 모든 우상인지 아닌지는 대부분의 시간 동안 당신의 생각을 점유하는 것이 무엇인지를 보면 알 수 있다.

거의 알려지지 않은 사실이 있는데, 그것은 돈이 세상 제도에 의해 단련된다는 사실이다. 이것이 예수님께서 왜 돈을 "불의의 재물"이라고 부르셨는지의 이유이다. 눅 16:9

자끄 엘륄이 정확하게 말했다: "우리가 이것을 잊지 말자: 예수님에게는 돈이 맘몬Mammon의 영역 곧 사탄의 영역이다."42

워치만 니는 이것에 공감하며 이렇게 말했다:

> 세상의 본질은 돈이다. 당신은 돈을 만질 때마다 세상을 접하는 것이다. 여기서 질문이 생긴다: 우리가 어떻게 세상의 것이라고 확신하는 것을 갖고 있으면서 동시에 세상 제도에 말려들지 않을 수 있을까?... 재정에 관한 신약성서의 열쇠는 우리 자신을 위해 아무것도 쥐고 있지 말라는 것이다. "주라 그리하면 너희에게 줄 것이니", 이것이 우리 주님의 말씀이다.눅 6:38 "저축하라, 그러면 네가 부하게 될 것이다"가 아니다! 말하자면, 하나님의 증식increase의 원리는 주는 것이지, 저장하는 것이 아니다.43

인써전스에 가담한 사람들은 돈을 사용하지만 그것과 결부된 위험을 잘 인식하고 있다. 돈을 우상화하는 것은 너무나도 쉬운 일이다. 이것은 예수님 당시나 우리가 사는 시대나 똑같다. 주님께서 "너희가 하나님과 재물을 겸하여 섬기지 못하느니라"라고 하신 말씀을 기억하라 마 6:24

그 당시 주님의 말씀을 들었던 사람 대부분 가난했음을 주목하라. 부한 자들의 시험거리는 그들의 재물을 신뢰하는 것이고, 가난한 자들의 시험거리는 재물을 탐하는 것이다. 둘 다 하나님 나라를 방해하는 것이다.

## 돈 이야기

어떤 성서의 버전엔 돈이라는 단어가 "맘몬mammon"이라고 번역되어있

다.12)

> 한 사람이 두 주인을 섬기지 못할 것이니 혹 이를 미워하고 저를 사랑
> 하거나 혹 이를 중히 여기고 저를 경히 여김이라 너희가 하나님과 재물
> 맘몬을 겸하여 섬기지 못하느니라. 마 6:24

맘몬은 바빌로니아의 돈과 부의 신인데, 그리스의 신 플루투스와 유사
하다.

돈을 사랑하는 것이 어떤 번역본들에는 "더러운 이득"이라고 되어있
다.딤전 3:3, 8; 딛 1:7, 11; 벧전 5:2 재물을 사랑하는 것이 1세기 때는 문제였고,
오늘날엔 아주 큰 문제이다.

우리가 스스로에게 돈에 관해 말하는 내면의 이야기는 매우 중요하다.
많은 사람들에게, 사람이 버는 돈의 액수가 그들의 가치와 정체성의 일부
를 측정하는 척도이다.

사람들은 스스로에게 이렇게 말한다: 만일 그들이 특정한 액수의 돈을
번다면, 그것은 그들이 가치를 갖고 있다는 뜻이다. 따라서 그것이 그들
의 가치의 척도이다.

서구 사회에서는, 사람들이 더 많은 "물질"을 얻기 위해 더 열심히, 그리
고 더 오래 일하는데, 그 물질 대부분은 그들에게 필요없는 것들이다. 그
런 풍요는 관계성과 공동체에서 멀어지게 하는 특정한 전염병을 키운다.
사람들에게 그런 관계성과 공동체를 위한 시간이 없기 때문에 또 상습적인 중독과 이기
심 같은 전염병을 키운다.

우리 마음에 자리잡아야 할 진짜 질문은 이것이다: **돈이 얼마면 충분한**

---

12) 예를 들면, 킹제임스 버전의 마 6:24; 눅 16:9, 11, 13.

가? 그리고 나는 그것을 무엇과 기꺼이 교환할 수 있는가?

왜냐하면, 언제나 교환이 벌어지고 있기 때문이다.

여러 해 전에 나는, 한 청년들의 그룹이 보기 드물게, 그리고 아름답게 하나님 나라를 드러내다가 새로 시작하는 사업에 합류하기 위해 그곳을 떠나 다른 도시로 이주하는 것을 지켜보았다. 그 사업은 그들에게 더 부유하게될 것을 약속했다.

그때 이 사람들은 자신의 의도가 좋다고 생각했다. 그러나 그들은 하나님 나라 위에 세상을 두기를 선택했다. 그들이 이 사실에 눈이 멀어 있었던 것이다.

1년 안에, 그 청년 모두가 주님을 떠나 세상 제도 안으로 돌아갔다. 그들은 욕심의 유혹을 인식하지 못하고 그것에 사로잡혔다. 나는 그 이후로도 여러 번 이 똑같은 시나리오가 연출되는 것을 지켜보았다. 주인공들만 바뀌고, 똑같은 비극으로 막을 내렸다.

욕심을 측정하는 또 다른 척도는 당신이 재물을 얻기 위해 기꺼이 저버리는 것이 무엇인지에서 찾을 수 있다. 특히 하나님의 것들을 포기하는 것을 보면 알 수 있다.

A. W. 토저는 다음과 같이 못박았다.

나는 아브라함이 아무것도 소유하지 않았다고 말했다. 하지만 이 가난한 사람이 부자가 아니었는가?… 그는 모든 것을 가졌지만 아무것도 소유하지는 않았다. 거기에 영적인 비밀이 있다. 오직 포기의 학교에서만 배울 수 있는 달콤한 마음의 신학이 있다… 그분께 헌신한 모든 것은 안전하고, 헌신되지 않은 것은 진정 아무것도 안전하지 않다. 우리의 은사와 재능 또한 그분께 항복되어야 한다. 그것들은 그 자체로, 즉 하나님께서 우리에

게 빌려주신 것으로 인식되어야 하고, 어떤 의미로도 결코 우리의 소유로
여기면 안된다… 우리가 진실로 날이 갈수록 하나님을 더 친밀하게 알게
된다면, 우리는 이 포기의 길로 가야만 한다.44

우리가 그리스도의 십자가 밑에 우리의 소유 전부를 놓을 때, 우리의 마음은 그것들로부터 자유롭게 된다. 그리고 그것들이 더는 주님과 경쟁하는 우상이 되지 않는다.

만일 당신이 욕심에 얽매여있다면, 해독제는 당신을 붙잡고 있는 것들을 다른 사람들에게 나눠주는 것이다. 이것이 분명 예수님께서 부자 청년 관원에게 하신 말씀이다.막 10:17-31

부자 관원의 소유가 많았다는 것이 문제가 아니다. 문제는 그 소유가 그를 붙잡고 있었다는데 있다.

땅의 소유의 문제에 관해서는 내가 침례자 요한과 예수님과 바울의 신발끈도 풀 수 없는 사람이지만, 나는 그리스도인으로 살아온 날 동안 내 소유를 기부해왔다. 그리고 그렇게 했을 때 엄청난 자유를 누리게 되었다.

문제는 소유 자체가 아니고, 우리를 그 소유에 예속시키는 소유권의 정신이다. 그 차이를 아는 것은 본질적으로 하나님의 역사이다. **인써전스**에 가담한 사람들은 이것을 아주 잘 이해한다. 그들은 또한 사람으로는 할 수 없지만 하나님께는 모든 것이 가능하다는 것을 알고 있다.마 19:26

오직 하나님만이 재물의 우상을 부숴버리실 수 있다.

# 소유권의 정신

하나님 나라는 우리 인생에 독점적 청구권을 갖고 있다. 우리는 하나님 나라 안에서 아무것도 소유하지 않는다. 우리는 단지 우리에게 주어진 것을 관리할 뿐이다.

우리는 하나님 나라에서 우리 자신의 필요를 채우기 위해서만 일하지 않는다. 우리는 "가난한 자에게 구제할 수 있도록" 하기 위해 일한다.엡 4:28

하나님 나라의 시민인 우리에게는, 예수 그리스도가 우리의 인생에서 모든 충성, 사랑, 목표, 또는 야망 위의 최우선을 차지한다. 하지만 우리의 인생에서 다른 모든 것 위의 가치와 우선순위를 반영하는 두 가지가 있다: 우리의 달력과 우리의 지갑이 그것들이다. 우리가 우리에게 있는 시간과 돈을 어떻게 사용하는지가 다른 무엇보다도 하나님 나라와 함께 하는 우리의 현주소를 보여준다.

그 두 가지는 우리가 하늘의 문화에 속했는지, 아니면 세상의 문화에 속했는지를 보여준다. 물질적인 것들에 집착하고 사로잡히는 것은 세상 제도에 속한 사람들의 삶의 방식이다. 하나님 나라 밖에 있는 사람들은 그들의 필요와 소원이 어떻게 채워질지를 늘 걱정한다.마 6:19-34 요컨대, 예수님께서 이렇게 말씀하셨다: "이는 다 이방인들이 구하는 것이라."마 6:32 로마제국의 문화는 근심과 소외와 중독에 시달렸다. 이것은 오늘날 우리 사회에서도 마찬가지이다. 우리는 어려서부터 행복이 개인의 재산과 우리 욕구의 만족에 달려있다고 배워왔다.

그러나 하나님 나라의 시민들에게는, 하나님 나라가 우리 인생의 최우선순위이다. 심지어는 그것이 우리 자신의 기초적인 필요를 채우는 것보다도 위에 있다. 유감스럽게도, 소위 번영의 복음이라는 것이 하나님 나라를 욕심을 위한 통로로 왜곡시켰다.

신약성서에 의하면, 하나님 나라는 "나를 축복해주세요 클럽"이 아니다. 우리는 하나님으로부터 물질 축복을 받으려고 하나님 나라에 들어가지 않는다. 예수님이 선하고 자비로우신 왕임에는 틀림없지만, 그분은 산타클로스가 아니다.

하나님은 창세기 1장에서 사람들에게 통치를 맡겼지, 소유권을 주신 것이 아니다. 우리는 하나님 나라에 들어갈 때 소유권을 버리고, 포기하고, 돈과 물질의 청지기가 된다. 이 진리를 이해하는 것은 과격할 정도의 후한 generosity과 감사를 불러일으킨다. 왜냐하면, 우리가 우리 자신에게 아무런 소유가 없음을 보게 되기 때문이다.

하나님 나라의 경제는 또한 세상의 경제와 근본적으로 다르다. 세상의 경제에는, 사람들이 비축해놓고, 저장해놓고, 축적해놓고, 물질에 붙잡혀있다. 하나님 나라의 경제에서는, 우리가 나눠주기 위해 돈을 번다. 그리고 우리가 주는 것에 의해 받는다. 우리 자신을 위해서가 아니라, 다른 사람들을 위해서. 초기 교회는 서로를 돌봐주었는데, 이것이 세상을 놀라게 했다.13)

요약하자면, 우리는 물질을 추구하거나 세상의 다른 사람들처럼 우리의 필요를 채우기 위해 살지 않는다.

놀라운 것은 하나님 나라의 경제가 세상의 경제가 돌아가는 것과 상관없이 돌아간다는 사실이다. 하나님 나라의 시민으로서, 당신과 나는 세상의 정부나 경제제도 아래 있지않다. 이런 이유로, 당신은 불황이나 경제공황, 또는 불경기에도 평안을 누릴 수 있다.

13) 자세한 것은 바이올라의 『다시그려보는 교회』 5단원을 참조할 것.

하나님 나라의 경제는 하나님 나라 안에 있는 사람들이 음식이나 옷이나 집이 없이 살지 않도록 책임을 진다.

예수님에 의하면, 당신이 하나님 나라를 위해 드린 것은 실제로 하나도 잃어버리지 않는다. 당신이 그것을 다른 형태로, 그리고 여러 배로 도로 받게 되는 것뿐이다. 눅 18:28-30

## 재물의 위험

신약성서에서 가장 강하게 복음을 전한 네 사람은 각각 우리에게 하나님 나라에 관한 귀중한 교훈을 가르쳐준다.

침례자 요한은 단지 낙타털로 만든 옷과 가죽띠와 샌들만을 소유했다.

땅을 창조하시고 완벽한 삶을 사셨던 분은 머리 둘 곳이 없었다. 마 8:20 나사렛 예수는 통으로된 옷과 샌들만을 소유하셨다. 그리고 그 둘 다 없는 채로 돌아가셨다.

결혼했던 베드로의 경우, 예루살렘교회가 그의 필요를 채워주었다. 하지만 그는 그의 가족의 필요만 남기고 그 외의 모든 것은 하나님 나라를 위해 사용한 것으로 추정된다. 걷지 못하는 거지에게 베드로가 한 말을 기억하라: "은과 금은 내게 없거니와." 행 3:6

다소 사람 바울은 천막을 만드는 일을 해서 살았다. 더 정확하게 말하면 가죽 기술자 하지만 그가 번 돈에서 자신의 기본적인 필요를 채우고 남은 것은 그의 사도적 사역을 위해 사용했다. 심지어 그가 에베소에서 훈련했던 사람들을 지원하기까지 했다. 행 20:34

바울도 예수님처럼 외투와 가죽으로된 두루마리 외에는 아무것도 소유하지 않은 채로 죽었다. 그리고 바울은 사형당하기 전에 디모데가 그가 있

던 감옥에 도착했을 경우에만 그것들을 소지했었을 것이다.딤후 4:13 같은
맥락에서, 예수님은 그분의 제자들을 보내셨을 때 전대를 가지지 말라고
하셨다.눅 10:4

위의 네 사람은 믿기 힘든 표준을 세웠다. 그들은 이 땅에서 나그네로,
외국인으로, 순례자로 살았다. 그들은 땅에 아무런 미련이 없었다. 이 세
상의 그 어떤 것도 그들을 좌우하거나 방해하지 못했다.

## 심란한 관찰

나는 부유한 사람들이 넘쳐나는 미국에 살고 있다. 나는 예수님을 따르
기 시작한 이래로 내가 볼 때 "부유한" 또는 "잘 사는" 사람들 몇 사람을
알고 있다.

그들은 모두 그리스도인을 자처하는 사람들이다.

그들은 모두 교회에 출석하고 성서를 읽는다. 그들이 모두 가끔 하나님
에 관해서 이야기 하지만, 그렇게 많이 하는 편은 아니다. 그들의 대화 대
부분을 차지하는 것은 그들의 경력이다. 즉, 그들의 재산의 원천이다.

나는 수년 간 그들과 한 사람씩 개인적으로 교제를 했다. 그리고 나는
그들 중 누구에게서도 하나님 나라 또는 하나님 나라의 대가에 관한 어떤
얘기도 들어본 적이 없다.

솔직히 말해서, 나는 그들 중 어느 누구도 이 책을 읽을 것이라 생각지
않는다. 그 이유는 그들이 오직 사업이나 지도력에 관한 책을 읽는 것에만
관심이 있는 것으로 보이기 때문이다.

이것을 언급하는 나의 요점은 그들을 정죄하기 위해서가 아니다. 도외
시된 진리의 중요성을 알리기 위함이다. 하나님은 신약성서에서 부유한

자들을 별로 탐탁하게 여기시지 않는다. 내가 다른데서 설명했듯이, 구약성서의 부유한 자들은 그리스도 안에 있는 우리의 부요함의 그림자이다. 그들은 하나님의 사람들이 어떻게 이 땅에서 부유하게 될 수 있는지 그 처방전을 제시하는 것이 아니다.

부유한 자가 하나님 나라에 들어갈 수 있는가? 그렇다. 그러나 예수님에 의하면, 그리 호락호락하지 않다.마 19:24 그리고 만일 당신이 재물이 하나님 나라로부터 어떻게 사람들의 주의를 딴데로 돌리는지에 관해 뭔가 겁나는 것을 정말로 읽기 원한다면, 야고보가 쓴 편지에서 부유한 신자들에게 무슨 말을 했는지를 읽어보라 약5:1-6 만일 당신이 잘 사는 사람이라면, 그것이 당신의 간담을 서늘하게 할 것이다.

> 다시 너희에게 말하노니 낙타가 바늘귀로 들어가는 것이 부자가 하나님의 나라에 들어가는 것보다 쉬우니라. 마 19:24
>
> 들으라 부한 자들아 너희에게 임할 고생으로 말미암아 울고 통곡하라. 약 5:1

나는 당신이 재물을 소유하거나 제법 수입이 많은 것에 죄의식을 잔뜩 느끼게 하려고 이 글을 쓰는 것이 아니다. 오히려, 나는 당신이 당신의 돈과 소유를 어떻게 보고, 또 그것들을 어떻게 사용할 것이냐에 관해 당신의 마음을 각성시키기 위해 이 글을 쓰고 있다. 나는 당신의 직업, 당신의 경력, 당신의 수입, 그리고 당신의 재물이 얼마나 당신의 마음과 생각을 사로잡고 있는지에 관해 당신을 도전하기 위해 이 글을 쓰고 있다.

당신이 이런 것들에 사용하는 시간과 비교해서 예수 그리스도를 구하고 그분의 나라를 위해 사는데는 얼마나 많은 시간을 할애하고 있는가? 하나님 나라를 위해 사는 것은 당신이 에클레시아 곧 하나님 나라의 공동체 안에서 보내는 시간을 포함한다. 아울러, 에클레시아를 위해서 보내는 시간과 에클레시아와 함께 보내는 시간도 다 포함된다.

결론적으로, 당신의 우선순위는 당신이 삶의 네 가지 화폐를 어떻게 사용하는지를 결정한다: 시간, 돈, 에너지, 그리고 관심. 과격할 정도의 후함radical generosity은 당신이 소유한 것이 당신을 소유하려는 것을 예방해준다.

끈질긴 후함relentless generosity은 하나님 나라의 열매이고, 당신이 이 땅에서 왕과 그분의 나라를 최우선순위에 놓은 결과이다. 낭비하는 후함extravagant generosity은 욕심을 물러나게 하고, 우리를 이 세상의 물질에서 떼어놓는다.

물질과 거리를 두는 원리에 관해 워치만 니는 다음과 같이 말했다:

그렇다면, 하나님의 뜻 안에서 우리의 물질을 가지는 비결은 무엇인가? 당연히 하나님을 위해 그것을 갖는 것이다. 말하자면, 불필요한 귀중품을 모으거나 막대한 저축을 하지 않고, 주님의 계좌에 보화를 쌓는 것을 아는 것이다. 당신과 나는 지금 이 순간 무엇이든지 완전하게 기꺼이 내어줄 수 있어야 한다. 내가 2천 달러를 포기하느냐 아니면 단돈 2 달러를 포기하느냐의 문제가 아니다… 그것은 내가 뼈아픈 후회를 하지 않고 나의 가진 것을 포기할 수 있느냐 아니냐의 문제이다… 나는 그렇게 살고 싶기 때문에 아무것도 가지려고 하지 않고, 가진 모든 것을 포기하라는 신호가 왔을 때 후회 없이 그것을 내려놓는다.45

하나님은 우리가 돈을 가진 것에 죄의식을 느끼기를 원하시지 않는다. 하나님은 우리가 감사하는 마음을 갖고, 그 감사한 마음이 어려움에 처한 사람들을 향해 후하게 넘쳐나기를 원하신다.

돈을 가지는 것이 문제가 아니다. 문제는 돈이 너무 자주 우리를 지배하는데 있다.

이것은 **인써전스**의 가장 도전적인 진리 중 하나이다.

## 기독교의 교외 생활방식에서 벗어남

경고: 이 장은 방어적인 태도를 초래할 수 있으므로, 열린 마음으로 읽어가기 바란다.

미국에서, 일반 그리스도인의 전형적인 생활방식은 부족함에 기초한다. 부족함의 사고방식은 이렇게 믿는 것이다: 물질이 부족하다. 그러므로 제일 중요한 것은 가장 싼 가격에 더 많은 물건을 취득하는 것이다. 이 사고방식을 가진 사람들에겐, 블랙 프라이데이Black Friday, 미국의 추수감사절 다음날가 쇼핑에 있어 연중 최고의 날 중 하나이다.

수많은 미국 그리스도인이 이 사고방식을 갖고 있다. 이 사람들은 더 좋은 집, 더 근사한 자동차, 그리고 불어나는 저축통장과 은퇴연금을 확보하기 위해서 산다. 이 모든 것이 그들의 자녀를 대학교에 보내고, 손주들을 키우고, 자녀와 손주들 역시 그들처럼 계속해서 더 많은 것을 얻도록 가르치는 목표와 함께 진행된다. 이런 소비자의 생활방식을 유지하기 위해 빚을 잔뜩 지고 사는 것이 또한 이 사고방식의 일반적인 특성이다.

어떤 기독교 사역자들은 더 많은 것을 얻기 위한 정욕을 합리화하기 위해 성서의 특정한 구절들을 '본문을 증빙자료로 사용하기proof-texting'에 기초해서 성립될 수 없는 신학 이론을 세우기까지 한다.

이 그리스도인들 대부분에게는, "교회에 다니는 것"이 이미 바쁘게 돌아가는 삶의 편리한 보조수단이다. 즉, 그들이 소중히 여기는 재산을 유지하고, 영양가 없는 대중문화에 막대한 시간을 쓰고, 다른 사람들과 고립되어 사는 삶의 보조역할이다.

나는 이런 생활방식을 "기독교의 교외 생활방식Christian suburbia" 이라고 부른다.

**인써전스**의 마음을 가진 사람들은 이런 생활방식을 극도로 거북하게 여긴다. 그들은 삶을 살아가는 더 고상한 방식이 있음을 뼛속 깊이 알고 있다.

그런 사람들은 하나님 나라의 생활방식을 갈구한다. 하나님 나라의 생활방식은 부족함이 아닌 풍족함에 기초한다. 하나님 나라의 사고방식을 가진 사람들은 하나님께서 그분의 사랑의 풍족함과 "영광 가운데 그 풍성한 대로"빌4:19 그들의 육적, 물질적 필요를 채워주실 것을 확신한다.

그들이 자신을 위해 어떤 물건을 살 때는 오직 필요에 의해, 또는 그것이 그들로 하나님 나라를 더 효과적으로 대표하는 사람이 되게 할 수 있을 경우에 행동으로 옮긴다. 하나님 나라의 사고방식을 가진 사람에게 가장 중요한 것은 더 많은 것을 취득하는 것이 아니라 관계성을 맺는 것이다.

이런 이유로, 하나님 나라의 사고방식을 가진 신자들은 사회의 현상유지를 무너뜨리는 일들을 하는 것으로 알려져왔다. 그들은 새로운 도시에서 하나님의 통치를 선포하고, 구현하고, 보여주기 위해 살던 집을 팔고, 직장을 그만두고, 하나님 나라의 사고방식을 가진 다른 신자들과 함께 삶을 나누는 곳으로 이주하기도 했다.

하나님 나라의 사고방식을 가진 사람들이 재산을 소유할 때는 언제든지 그것을 자신의 개인 소유로 여기지 않는다. 그 대신, 그들은 그들의 모든 소유가 주님께 속했고, 아울러 그리스도 안의 동료 형제와 자매들에게 속했음을 아주 잘 인식하고 있다.

그들의 삶은 과격할 정도의 후함radical generosity으로 특징지어진다. 그저 종교적인 미사여구에 그치지 않고, 실질적인 삶 속에서 그것이 실천된다.

결과적으로, 하나님 나라의 사고방식을 가진 신자는 이 세상의 어떤 것에도 붙잡혀있지 않다. 그래서 그는 그런 날이 오거나 필요가 생길 때를 염두에 두고, 자신의 재산을 팔아 그것을 다른 신자들과 나누며 살 준비가 되어있다. 예루살렘의 에클레시아는 그 초기의 어려운 상황에서 함께 공유하며 살았다.14)

덧붙이자면, 다른 그리스도인들을 돕기 위해 로마제국을 가로질러 돈을 운반하던 초기 그리스도인들의 능력은 대단했다.행 11:27-30; 고전 16:1-4; 고후 8

1세기 때, 에클레시아는 세상 문명 안에 있던 고유의 "문명"이었다. 그것은 세상의 것들과는 현저하게 다른 그 자체의 생명과 문화와 행동양식을 가졌다. 그리고 나는 하나님께서 그리스도의 몸 안에 다시 이런 역동적

---

14) 이 어려운 상황은 로마제국 각지에서 온 3천 명의 유대인이 구원을 받으면서 생겨났다. 그들이 자신의 집과 직장으로 돌아가지 않고 사도들이 살고 있던 예루살렘에 머물기로 작정했기 때문이다. 결과적으로, 이것이 당면한 재정적인 필요를 불러왔다. 그래서 신자들이 자신의 재산을 털어 공유하며 살게된 것이다.(행 2:44-45; 4:32-35) 재산을 공유하며 사는 것이 신약성서에서 예루살렘교회 특유의 경험이었지만, 그렇게 사는 삶의 바탕이된 원리는 재정적인 균등의 원리이다. 그리고 이 원리는 1세기의 모든 교회에서 준수된 원리이다.(고후 8:13-15; 엡 4:28) 고린도 후서 8장에서, 바울은 출애굽기 16장에 묘사된 "만나의 경제원리"를 언급했다. 이 경제원리는 비축하는 것을 금하고 모두의 필요가 채워지는 결과를 낳았다. 더 가진 사람들이 자신이 가진 여분을 부족한 사람들에게 나눠주었다.(고후 8:14 이하) 초기 에클레시아에서는, 돈이나 재산을 소유한 것에 안도감을 갖지 않고, 무덤에 들어갈 때까지 평생토록 서로를 돌보는 하나님 사람들의 공동체의 연결망을 신뢰했다. 하나님의 경제원리는 그때도 그랬고 지금도 여전히 "모두에게 충분하게" 이다. 다음을 참조할 것: Ched Myers, The Biblical Vision of Sabbath Economics (n.p.: Tell the Truth, 2002); Gene Edwards, The Early Church (Goleta, CA: Christian Books, 1974); Christian Smith, Going to the Root (Scottdale, PA: Herald Press, 1992); Hal Miller, Christian Community (Ann Arbor: Servant Books, 1979); Howard Snyder, The Community of the King (Downers Grove, IL: InterVarsity Press, 1977)

인 삶을 회복시켜주시기를 바라고 있다.15)

## 교회사의 증거

자기 재산을 자신의 소유로 여기지 않고 서로를 돌보고 또 가난한 사람들을 돌봐주던 초기 그리스도인들의 본능은 교회사에서도 찾을 수 있다.

여기에 몇 가지 실례를 들겠다:

그들(그리스도인)들은 세상의 물질 전부를 거의 공동 소유로 간주하고 그것들을 멸시한다.

**루시안 (2세기)**

그들(그리스도인)들은 서로 사랑한다. 그들은 과부들을 경시하지 않고, 고아들을 구해준다. 가진 사람이 가지지 못한 사람에게 아낌없이 내어준다.

**아리스티데스 (2세기)**

그래서 어떤 사람들의 눈에는 사랑의 위대한 역사가 우리에게 낙인을 찍은 것처럼 보인다. 그들은 이렇게 말한다. **보라, 그들이 서로를 얼마나 사랑하는지를**… 그들은 우리가 서로를 형제라고 부르는 것에 분노한다… 따라서 마음과 영혼이 하나된 우리는 재산을 나누는 것에 아무런 주저함이 없다. 우리는 아내를 제외한 모든 것을 공유하고 있다.

**터툴리안 (2세기 – 3세기)**

---

15) 자세한 것은 다음을 참조할 것: 프랭크 바이올라, 『유기적 교회 세우기』(대장간, 2010) 다시 강조하자면, 나는 "문명"이라는 단어를 에클레시아에 관련해서 비유적으로 사용하고 있다. 그것은 고도의 문명보다는 부족(tribe)으로 묘사되는 것이 더 낫다.

우리 그리스도인 형제들 대부분은 결코 자신의 몸을 사리지 않고 오직 서로를 생각하며 한없는 사랑과 충성을 보여주었다. 그들은 위험을 무릅쓰고 병자들을 돌봐주었는데, 병자들의 모든 필요를 채워주고 그리스도 안에서 그들을 섬기고, 그들과 함께 평온하고 행복하게 이생을 떠났다. 왜냐하면, 그리스도인 형제들이 그 병든 사람들에 의해 감염되었기 때문이다. 즉, 그들은 스스로 자기 이웃의 질병을 끌어안고 그들의 고통을 기쁘게 받아들였다. 많은 형제가 다른 사람들을 간호하고 돌보다가 그 병자들의 죽음이 그들에게로 전이되어 병자들 대신 죽었다… 우리들 중 최고의 형제들이 이런 식으로 그들의 생명을 잃었다.

**디오니시우스** (3세기)


불경한 갈릴리 사람들그리스도인들은 그들의 가난한 자들뿐만 아니라 우리의 가난한 자들도 구제한다. 가난한 자들을 그들의 아가페사랑의 잔치로 초청해서 마음을 사는 것이다. 마치 케익으로 어린아이들의 마음을 사듯이. 이교의 제사장들은 가난한 자들을 외면하지만, 저 미운 갈릴리 사람들은 자선하는 일에 스스로를 바친다. 그리고 거짓 동정심을 보이며 그들의 치명적인 오류를 확립하고 실천해왔다. 그들의 사랑의 잔치를 보라. 그리고 궁핍한 자들을 위해 펼쳐놓은 그들의 식탁을 보라. 그런 관습은 그들 중엔 일상이고 우리의 신들에겐 모독이다.

**로마 황제 줄리안** (4세기)


초기의 신자들은 개인의 재산을 공동의 재산으로 재정의했다. 에클레시아는 출생부터 노년까지 지속되는 안전한 장치를 실현했다. 이 그리스도인들은 스스로를 가족으로 보았고 서로를 돌봐주었다.

이런 점에서, 그들은 처음 3세기 동안 세 번째로 큰 "은행"을 설립했다. 서로를 돕기 위해 로마제국을 가로질러 돈을 운반하는 그들의 능력은 제국의 국고와 유대인 성전 금고 다음이었다.

## 우리의 자랑

**인써전스**에 가담한 사람들은 세상에 대하여 죽은 사람들이다. 따라서 하나님 나라에 속한 사람으로서 당신은 이 세상 제도 안에 있을 곳이 없고, 세상은 당신 안에 있을 곳이 없다.

그러나 여기에 좋은 소식이 있다: 예수 그리스도께서 이미 우리를 세상 제도에서 해방시키셨다!

> 이것을 너희에게 이르는 것은 너희로 내 안에서 평안을 누리게 하려 함
> 이라 세상에서는 너희가 환난을 당하나 담대하라 내가 세상을 이기었
> 노라. 요 16:33

주님은 이미 우리에게 이 자유를 주셨다. 우리의 할 일은 단지 그것을 적용하는 것이다.

다소 사람 바울은 주 안에서 자신이 한 일을 자랑하지 않은 사람이었다. 하지만 그가 자랑한 것이 있었다면 그것은 그가 그리스도와 그분의 십자가를 자랑한 것이다. 그리고 그는 이것에 의해 세상에 대하여 죽었다.

> 그러나 내게는 우리 주 예수 그리스도의 십자가 외에 결코 자랑할 것이
> 없으니 그리스도로 말미암아 세상이 나를 대하여 십자가에 못 박히고

내가 또한 세상을 대하여 그러하니라. 갈 6:14

종교는 우리로 하여금 우리 자신에 관련된 무엇을 자랑하게 만든다. 그러나 복음은 우리가 십자가 안에서 자랑하도록 인도한다. 그리고 바울이 무엇을 자랑했는가? 그 위대한 사도는 세상이 그를 대하여 십자가에 못 박히고 그가 세상을 대하여 십자가에 못 박힌 것을 자랑했다.

하나님은 당신과 내가 다른 어떤 것 안에서 자랑하는 것을 금하신다.

## 둘로 보임

출애굽 이야기를 생각해보라. 이스라엘 백성이 홍해를 건넜을 때 애굽의 군사들은 그들을 추적했다. 이스라엘 백성이 마른 땅을 밟으며 탈출했다는 것을 알지 못한 채 거기 남아있던 애굽 사람들은 홍해를 보고 이렇게 말했다: "우리는 그들을 찾을 수 없다. 그들은 사라져버렸다."

그리스도의 죽음 때문에 세상은 당신을 찾을 수 없었다. 세상의 기록에는 당신이 존재하지 않는다. 당신은 세상에 대하여 못박혔다.

하지만 하나님께서 홍해를 건너려 하는 애굽 사람들을 수장시키신 후에 그 동일한 홍해를 보시고는 이렇게 말씀하셨다: "애굽 사람들은 죽었고 수장되었다. 이제 애굽은 없다."

하나님의 기록에는 세상 제도를 대표하는 애굽이 죽어버렸다.

따라서 하나님의 눈 뒤로 가서 보고, 또 세상의 눈 뒤로 가서 보라. 세상의 눈 뒤에는 당신이 존재하지 않는다. 그리고 하나님의 눈 뒤에는 세상이 존재하지 않는다.

세상 제도는 2천 년 전에 예수 그리스도의 십자가에 못박혔다. 따라서 하나님의 관점에서는 세상 제도가 죽었고 당신의 위에서 행사하던 그것의 권세가 벗겨졌다.

인써전스에 가담한 사람들은 세상에 대하여 죽었고, 세상은 그들에 대하여 죽었다.

## 그림자 정부

그림자 정부는 실제적이고 실질적인 정치 권력이 공적으로 선출된 대표들에게 있지 않고 배후에서 정치적인 힘을 발휘하는 사적인 실세에게 있다는 개념이다.

우리가 살펴본 바와 같이, 세상과 그 제도를 움직이는 정부는 사실상 그림자 정부이다. 그것은 영적이고, 보이지 않고, 하나님의 원수에 의해 주관되는 세력이다.

좋은 소식은 그림자 정부 위에서, 그리고 그것 너머에서 활동하고 있는 다른 정부가 있다는 사실이다.

이 정부는 하늘 영역에 위치하고 이 땅을 계속해서 침노하면서 그림자 정부로부터 영토를 회복하는 과정에 있다.

나사렛 예수가 이 하늘 본부의 절대적인 통치자이시고 결국 모든 다른 나라, 곧 보이는 나라들과 보이지 않는 나라들을 전복시키게 되어있다.

인써전스에 자신을 바친 우리들은 하나님 자신의 왕국인 하나님 나라와 함께 가시적으로 그림자 정부를 무너뜨리면서 하나님께 영토를 돌려드리고 있다.

이 얼마나 흥분되는 전도유망한 일인가!

# 흔들리지 않는 나라

하늘에 있던 나라는 어떤 영적 존재가 하나님께 반란을 일으켰을 때 흔들렸고 다른 천사들은 전능자의 임재를 떠났다.

흑암의 나라는 예수 그리스도께서 십자가에서 사탄의 권세를 물리치셨을 때 흔들렸다. 골 2:14-15; 히 2:14

그러나 절대로 흔들리지 않을 나라가 있다! 그것은 예수 그리스도의 나라이다.

> 그러므로 우리가 흔들리지 않는 나라를 받았은즉 은혜를 받자 이로 말미암아 경건함과 두려움으로 하나님을 기쁘시게 섬길지니. 히 12:28

오늘날 사람들은 삶의 의미, 정체성, 중요성, 그리고 소속감을 추구한다. 이 우주적인 추구가 왜 갱단과 사교 집단이 횡행하고, 또 왜 극단적인 테러 집단이 존재하는지의 이유이다. 이런 집단들은 이런 근본 원리들을 결사적으로 추구하는 사람들을 모집한다.

하나님 나라는 이런 열망에 대한 진정한 대답이다. 그것들의 성취를 위한 다른 모든 제안은 가짜이다.

당신이 예수님을 이미 따르고 있는 사람이든지 아니든지, 나는 당신에게 권하고 싶다: 하나님 나라에 들어가라. 당신의 인생을 하나님 나라에 항복하라. 하나님 나라를 위해 당신 자신을 총체적으로, 완전히, 전적으로 포기하라. 하나님 나라에 당신의 전적인 충성과 충절을 바치라.

당신은 하나님 나라 안에서 의미, 정체성, 중요성, 그리고 소속감뿐만 아니라 결속력과 목적을 찾게 될 것이다. 당신은 또한 안전을 확보하게 될 것이다. 왜냐하면, 하나님 나라는 흔들리거나, 뭉개지거나, 무너질 수 없기 때문이다.

> 하늘의 하나님이 한 나라를 세우시리니 이것은 영원히 망하지도 아니할 것이요 그 국권이 다른 백성에게로 돌아가지도 아니할 것이요 도리어 이 모든 나라를 쳐서 멸망시키고 영원히 설 것이라. 단 2:44
>
> 그의 나라는 영원한 나라요 그의 통치는 대대에 이르리로다. 단 4:3
>
> 네[다윗] 수한이 차서 네 조상들과 함께 누울 때에 내가 네 몸에서 날 네 씨를 네 뒤에 세워 그의 나라를 견고하게 하리라 그는 내 이름을 위하여 집을 건축할 것이요 나는 그의 나라 왕위를 영원히 견고하게 하리라 나는 그에게 아버지가 되고 그는 내게 아들이 되리니 그가 만일 죄를 범하면 내가 사람의 매와 인생의 채찍으로 징계하려니와. 삼하 7:12–14
>
> 그가 큰 자가 되고 지극히 높으신 이의 아들이라 일컬어질 것이요 주 하나님께서 그 조상 다윗의 왕위를 그에게 주시리니 영원히 야곱의 집을 왕으로 다스리실 것이며 그 나라가 무궁하리라. 눅 1:32–33

다니엘 2:35에는, 예수 그리스도의 나라가 "태산을 이루어 온 세계에 가득"한 "돌"로 상징되어 있다.

이 세상의 모든 다른 나라는 흔들리고 망하게 될 것이다. 그리고 인간의 손에 의해 세워진 모든 나라는 하나님 나라가 될 수 없다. 단 2:34 모든 다른 충성은 속박을 불러온다.

오직 하나님 나라만이 자유와 기쁨을 불러온다. 그러므로 왕의 발 아래 무릎을 꿇으라. 그러면 당신이 다른 모든 것 위에 높이 서게 될 것이다.

그런 것이 인써전스의 본성이다.


## 팸을 만나다

팸Pam은 기독교 가정에서 자라났다. 그녀는 매주 일요일에 교회에 출석했고 성서를 성실하게 읽었다.

나는 팸이 한 청년과 사랑에 빠졌을 때부터 그녀를 알았다. 그녀는 그 남자친구와 사귄지 얼마 되지 않아 그와 잠자리를 같이 하기 시작했다. 그녀의 남자친구는 예수님을 마음에 받아들이고 교회에 출석했다. 그러나 그는 세상을 위해 사는 사람이었다.

팸이 이 관계를 계속하는 동안, 나는 그녀의 마음이 하나님의 것들을 향해 점점 냉랭해지고 세상의 것들을 향해서는 더 따뜻해져가는 것을 지켜보았다. 그녀의 관심사는 사치품, 최신 유행, 그리고 땅이 주는 위안으로 탈바꿈해버렸다.

하루는 팸이 가정에서 격식 없이 모이는 예수님을 따르는 사람들의 유기적인 모임에 참석했는데, 그 그룹에 속한 한 사람이 불일듯이 말씀을 전하면서 하나님 나라의 복음을 풀어놓았다.

팸은 깊이 감동을 받았고, 그녀의 눈이 열려 세상이 그녀에게 제공했던 행복의 거짓된 약속을 알아보게 되었다.

팸은 너무 감동을 받아, 침례의 의미인 세상 제도와 그 방식을 향해 죽었음을 온전히 이해하고 침례받기를 청했다.

팸은 하나님 나라를 위해 과격한 사람이 되었다. 그녀는 남자친구와 헤어지고 그녀의 인생을 예수 그리스도께 완전히 드렸다. 그녀가 결혼하고 싶기는 했지만, 그녀를 하나님 나라에서 탈선시키는 남자를 위해 예수님을 향한 헌신을 타협하지 않기로 결단했다.

팸은 여러 해 동안 독신으로 지내면서, 자신을 그리스도께 전적으로 헌신했다는 의미가 무엇인지를 다른 사람들에게 보여주는 살아있는 본보기로서 주님을 섬겼다.

세월이 흘러 그녀는 하나님 나라에 온전히 바쳐진 남자를 만나 결국 결혼하게 되었다. 내가 마지막으로 들은 소식에 의하면, 그들이 **인써전스**에 적극적으로 참여하고 있다.

## 팀을 만나다

팀Tim은 어렸을 때부터 하나님이 그분의 자녀가 부자가 되기를 원하신다고 배웠다. 그는 하나님의 사람들에게 번영을 약속한다는 특정한 성서 본문들에 신학을 세워놓은 기독교 운동에 속했었다. 그 신학은 그런 본문들에 균형을 잡아주는 구절들을 간과하고 또 정반대되는 수많은 본문을 무시하는 사상이다. 팀의 부모는 그를 대학에 진학시켰고, 그는 거기서 경영학을 전공했다. 팀은 젊은 나이에 자기 자신의 사업을 시작해서 그것이 급속도로 번창하게 되었다. 그는 30대 중반에 이미 백만장자가 되어 있었고, 갖고 싶은 것은 무엇이든지 가지게 되었다. "아메리칸 드림"이 그의 눈앞에 실재가 되었다.

그러나 문제가 있었다. 그의 사업은 밤낮을 가리지 않고 그를 몰두시켰다. 그의 사업을 위해 더 많은 고객을 확보하고, 사원들을 해고하고 새 사원들을 모집하고, 끝도 없는 문제들을 해결하는 것이 하루 일과가 되어버렸다. 그의 건강은 내리막길을 걸었고, 위궤양에 걸리기까지 했다. 더구나, 예수 그리스도는 그의 삶에서 차갑게 내쳐졌다.

팀은 그의 아내와 자녀들과 함께 교회에 정기적으로 출석했다. 그는 자기가 기도도 하고 때때로 성경도 읽는다고 말했다. 그러나 그의 마음은 주 예수님 이외의 다른 무엇으로 가득했다. 그의 사업이 더 크게 보였던 것이다.

그러던 어느 날, 그는 하나님 나리의 복음을 듣게 되었는데, 그 메시지가 그의 마음을 꿰뚫었다. 그 순간부터 주님은 예수 그리스도를 따르는 것이 팀에게 어떤 의미인지에 관해 그를 다루기 시작하셨다. 여러 주가 지난 후, 팀은 주님께서 하나님 나라를 위해 그의 사업을 희생하라고 그에게 말씀하시는 것을 분명하게 감지했다.

그는 이 문제를 놓고 씨름을 하고, 몸부림을 치고, 그의 마음 속에서 왔다 갔다를 반복했다. 그리고 아내에게 자신의 혼란스러운 마음을 털어놓았다. 그녀가 팀의 사업이 가져다주는 물질의 풍요로움을 사랑했지만, 주님께서 그녀의 마음도 역시 다루기 시작하셨다.

마침내, 팀은 자신과 주님 사이의 방해물이 되어왔던 것, 곧 그의 재산을 떨쳐버리기 위해 필수적인 절박함을 꽉 붙잡게 되었다. 그는 그의 사업을 팔았고, 그와 그의 아내는 그들의 생활을 상당히 줄이고 많은 소유에서 자신들을 벗어나게 했다.

그들은 또한 그들이 비축해놓았던 상당한 금액의 돈을 여러 사역과 가난한 사람들의 구제에 후하게 기부했다. 팀은 그와 그의 아내의 생활을 위해, 또 주님의 일을 계속 지원하기 위해 남은 돈을 투자했다.

그들의 삶을 간소화한 후에, 팀과 그의 아내는 하나님 나라의 사고방식을 가진 신자들의 그룹에서 하나님 나라를 위해 전심으로 자신들을 던졌다. 그 그룹은 어려움에 처한 사람들을 향한 하나님의 사랑스러운 통치를 드러내기 위해 적극적인 길을 모색하는 사람들의 모임이었다. 그렇게 함으로써, 팀과 그의 아내는 **인써전스**에 가담하게 되었다.

## 당신의 자유 안에 굳게 서라

예수님의 죽음 때문에 세상은 당신을 실제로 휘어잡지 못한다. 그러나 당신은 **스스로를** 그 속박으로 돌아가게 할 수 있다. 마치 당신이 선택한다면 스스로를 율법 아래로 돌아가게 할 수 있듯이.

주님의 생명이 당신 안에서 확대되면서 세상 제도에 대한 당신의 이해도 넓어질 것이다. 그리고 당신은 한층 더 그것에서 벗어나게 될 것이다.

당신은 하나님 나라에 더 깊이 들어가는 것을 세상으로부터 분리되는 것과 떼어놓을 수 없다. 이 둘은 밀접한 관계가 있다. 당신이 세상에서 벗어나지 않으면 그리스도와 그분의 나라 안에서 거기까지가 한계이다.

다시 강조하자면, 하나님은 세상 제도를 싫어하신다. 그것은 그분의 나라 안에서 살며 그 나라를 표현하는 것에서 당신을 탈선시키기 위한 하나님의 원수의 도구이다. 그리고 세상 제도가 하나님의 원수이므로 그것은 또한 당신의 원수이기도 하다.

이런 이유로, 바울은 "너희는 이 세대를 본받지 말고"라고 했다.롬 12:2

요한은 "세상을 사랑하지 말라"고 했다.요일 2:15

야고보는 "자기를 지켜 세속에 물들지 아니하는" 삶을 살라고 했다.약 1:27

예수님은 "세상이 너희를 미워하면 너희보다 먼저 나를 미워한 줄을 알라"고 하셨다.요 15:18

세상은 그것에 예속된 사람들을 충분히 확보하고 있다. 세상은 그것이 표방하는 것을 섬기는 사람들을 충분히 확보하고 있다. 세상은 시들어가는 보물과 공허한 약속을 사랑하는 사람들을 충분히 확보하고 있다.

고로, 세상은 당신 없이도 계속 잘 나갈 것이다. 그러므로 세상을 포기해야 하지 않겠는가? 그리고 우리를 노예로 삼으려는 이 세상 제도에 속하기를 거부하는 누군가를 예수 그리스도께서 얻으시도록 하라.

그 누군가가 당신이 되도록 하라.

## 하나님 나라를 위한 기도

주님, 저 자신과 이 책을 읽는 모든 독자를 위한 저의 기도는 우리가 주님의 복음에 순종할 수 있도록 주님께서 모든 은혜와 자비를 우리에게 주시는 것입니다. 우리는 이것이 우리의 한계를 넘어선 것임을 고백합니다. 그러므로 주님의 흔들리지 않는 나라와 그 폭발적인 메시지를 대표하는데 우리를 합당하게 하시는 주님께 철저히 의탁합니다. 한편으로는 율법주의에서 자유롭고, 다른 한편으로는 타협에서 자유로운 그 메시지를 대표하기에 합당하게 하여주시옵소서.

주님의 복음에 순종하는 사람들을 주님께서 다시 한 번 가지시옵소서. 당신의 놀라운 복음으로 무장해서 사람의 고하를 막론하고 그들 앞에 설수 있는 사람들을 가지시옵소서.

하나님 나라의 복음을 어떻게 전적으로, 그리고 모든 면에서 순종할 수 있는지를 우리에게 보여주시옵소서. 우리가 어느 영역에서 이 세상으로부터 깨끗하게 벗어나야 하는지를 우리에게 보여주시옵소서.

우리의 눈을 열어 주님께서 약속하신 대로 주님의 선하고 기뻐하시는 것을 기꺼이 행할 수 있는 능력을 우리에게 주시옵소서. 주님의 복음에 반응하는 충만한 은혜를 우리에게 주시옵소서.

아멘.

# 실천에 옮기기〉〉

제 5 부의 내용을 구체화하기 위해 나는 당신에게 다음 과제들을 제안한
다.

1. InsurgenceBooks.com의 음성 메시지 "For God So Loved the World vs.
   Love Not the World"를 들을 것.
   당신이 이 메시지를 다 들은 후에 당신의 마음을 움직인 것들을 놓고
   기도할 시간을 가지라.

2. 다음 본문들을 읽고 하나님 나라의 빛 안에서 그것들을 묵상할 것: 딤전
   6:8; 히 13:5; 빌 4:12.

3. 하나님 나라에 순종하는 것은 돈과 소유에 대한 우리의 관계성을 다시
   생각한다는 뜻이다. 누가복음 3:11에서 침례자 요한은 이렇게 말했다:
   "옷 두 벌 있는 자는 옷 없는 자에게 나눠 줄 것이요 먹을 것이 있는 자
   도 그렇게 할 것이니라."
   누가복음 19:8-9에서 삭개오는 주 예수님을 만났을 때 그의
   소유의 절반을 가난한 사람들에게 나눠주었다. 예수님은 구원이 삭개
   오의 집에 이르렀다고 말씀하셨다.
   도로시 데이는 이렇게 말했다: "만일 당신에게 옷 두 벌이 있다면, 당
   신이 가난한 사람들에게서 한 벌을 도둑질한 것이다."
   존 크리소스톰은 다음과 같이 지적했다: "우리의 재물을 가난한 사람
   들과 공유할 수 없게 하는 것은 그들에게서 도둑질한 것이고, 그들에게

서 생명을 빼앗는 것이다. 우리가 소유한 재물은 우리의 것이 아니고 그들의 것이다."47

가이사랴의 감독이었던 바실은 그의 글에서 이렇게 말했다: "누가 다른 사람의 옷을 도둑질했다면, 우리는 그 사람을 도둑이라고 부른다. 헐벗은 사람에게 옷을 입혀줄 수 있는데 그렇게 하지 않은 사람에게도 우리가 똑같은 이름을 붙여줘야 하지 않을까? 당신의 찬장에 있는 빵은 굶주린 자에게 속하고, 당신의 옷장에 걸려있는 옷도 그것을 필요로 하는 사람에게 속하고, 당신의 신발장에 썩히고 있는 신발도 맨발인 사람에게 속하고, 당신이 비축해둔 돈도 가난한 자에게 속한 것이다."48

우리의 소유를 공유하고 나눠주기 시작하기 전에는 우리가 그것에 얼마나 꽉 붙들려있는지 결코 알지 못할 것이다.

어떤 그리스도인들은 근근이 살아간다. 그들은 월급날을 기다리며 살고 있다. 그들에겐 어려운 사람들을 돕는 것, 훈련과 관계성을 위한 컨퍼런스에 참석하는 것, 그리고 하나님 나라의 자료가 책과 같이 저렴한 것까지도 같은 하나님 나라의 프로젝트에 쓸 여분의 돈이 없다. 당신이 이런 사람들 중 하나라면, 나는 당신이 어떻게 직업의 노예가 되지 않고 수입을 늘릴지 지혜와 공급을 허락해달라고 주님께 구할 것을 권한다.

다음 본문이 당신의 마음을 움직이는 동기가 되게 하라: "도둑질하는 자는 다시 도둑질하지 말고 돌이켜 가난한 자에게 구제할 수 있도록 자기 손으로 수고하여 선한 일을 하라." 엡 4:28

하나님 나라 안에서 우리는 나눠주기 위해 얻는다.

동시에, 많은 그리스도인이 막대한 돈을 저축통장, 적금, 증권, 본드 등에 비축하는데, 쌓아두는 진정한 목적 없이 그렇게 한다.

여기에 당신이 실행에 옮기기를 내가 권하는 제자도에 관한 두 가지

연습이 있다:

**연습 1** – 당신의 집에 있는 모든 방과 옷장과 서랍을 살펴보라. 만일 당신이 갖고 있는 것이 실제로 사용되지 않거나 정도에 지나치다면, 가난한 사람들에게 기부하라. 아니면 팔아서 그 돈을 가난한 사람들에게 나눠주라.16)

바울은 디모데 전서 6:17에서 이렇게 말했다: "네가 이 세대에서 부한 자들을 명하여 마음을 높이지 말고 정함이 없는 재물에 소망을 두지 말고 오직 우리에게 모든 것을 후히 주사 누리게 하시는 하나님께 두며."

예수님은 마태복음 6:19-21에서 이렇게 말씀하셨다: "너희를 위하여 보물을 땅에 쌓아 두지 말라 거기는 좀과 동록이 해하며 도둑이 구멍을 뚫고 도둑질하느니라 오직 너희를 위하여 보물을 하늘에 쌓아 두라 거기는 좀이나 동록이 해하지 못하며 도둑이 구멍을 뚫지도 못하고 도둑질도 못하느니라 네 보물 있는 그 곳에는 네 마음도 있느니라."

**연습 2** – 만일 당신이 무엇을 저장해놓은 사람이라면, 주님 앞에서 당신이 "보물을 땅에 쌓아둔" 사람이 아닌지 점검해보고 그것에 맞춰 행동을 취하라. 당신이 당신의 재정과 관련해서 무엇을 해야 하는지, 어떻게 반응해야 하는지 주님께 구하라.

---

16) 내가 이 책을 집필하는 동안 "최소한의 법칙(minimalism)" 이라 불리는 최근 동향이 있음을 알게 되었다. 예수님을 알지 못하는 세상 사람들이 그것을 권장하고 있다. 그것은 하나님 나라와 아무런 관련이 없다. 그것은 실제로 그저 또 하나의 소비자선택이다. 잡동사니의 정리, 최소한으로 줄이기, 규모의 축소 같은 것들은 새로운 "구매"이고 새로운 경제 상태의 상징이다. 결과적으로, "최소한의 법칙"은 재산을 취득하는 것 못지않은 세상적인 것이다. 내가 제5부에서 말하고자 하는 것은 "최소한의 법칙"이 아니다. 나는 하나님 나라의 복음에 순종하는 것을 말하고 있다.

4. 당신의 삶의 영적 목록을 작성해보라. 특히, 세상 제도에 속하고 당신의 삶을 붙잡고 있는 것들을 확인하라. 우리가 그것들의 이름을 정확하게 알아낸다면, 그것들을 받쳐주는 그만큼의 힘을 없앨 수 있다. 그러므로 세상에 속한 것들의 이름을 알아내는 것만으로도 절반은 성공한 것이다.

그것들 각각의 이름을 써보라. 그리고 나서, 성령의 능력을 의지하고 주님 앞에서 당신의 마음 속에 있는 하나하나를 포기하라. 포기했음을 소리를 내어 하나님께 아뢰라.

당신이 포기한 것에는 명확한 행동이 뒤따라야 한다. 그것은 당신이 속해있는 조직에서의 탈퇴를 의미할 수도 있다. 그것이 경력이나 직업을 바꾸는 것일 수도 있다. 또 그것은 "멍에를 함께 메는" 관계성을 끝내는 의미일 수도 있다. 왜냐하면, 당신이 관계성을 갖는 그 사람이 당신을 세상으로 끌고가는 사람일 수도 있기 때문이다. 그것은 분명 당신의 인생에서 하나님 나라를 구하는 것으로부터 당신을 이탈시키려는 것들과의 단절을 의미한다.

절박함으로 세상에서 벗어나라. 이것이 예수 그리스도께서 세상 제도로부터 당신을 해방시키셔서 당신으로 하여금 **인써전스**에 가담할 수 있게 한 자유를 적용하는 유일한 길이다.

당신이 결혼한 사람이라면, 배우자와 함께 당신의 결단을 의논하고, 당신의 생활방식, 삶의 표준, 당신이 공유하는 소유, 그리고 어려운 사람들에게 당신이 나누어줄 것 등과 관련해서 동의를 구하라.

# 6부

# 하나님나라의 전진

사도행전의 시작 부분부터 요한계시록의 끝 부분까지, 하나님 나라
와 우리의 관계성을 묘사한 주된 단어들은 **들어가다, 선포하다,** 그리고
**상속하다** 이다. 하지만 복음서들은 하나님 나라가 자라나고 확산되는
것에 관해 말하고 있다. 이 책에서, 나는 이 땅에서의 하나님 나라의 확
쟁을 불러일으키는 주제이다. 그러나 성서는 이 질문에 있어 우리에게
통찰력을 준다. 그리고 우리는 이제 그것을 탐구할 것이다.

# 첫 번째 문제

이 땅에서 하나님 나라가 어떻게 확산되고 전진하는지를 탐구하기 전에, 나는 날카로운 질문을 던지기 원한다.

만일 하나님 나라의 복음이 당신의 삶을 변화시키지 못한다면, 당신은 그것이 다른 사람들의 삶을 바꾸기를 어떻게 기대할 수 있는가?

이것이 우리 자신이 주님을 사랑하고 그분의 나라에 들어가는 이슈로 내가 이 책을 시작한 이유이다.

그러나 아직도 문제는 남아있다. 하나님 나라의 전진을 위해 주님과 함께 일하는 사람들은 먼저 그들 자신의 삶에서 하나님 나라를 경험하고 누려야 한다.

달리 표현하자면, 만일 하나님 나라의 복음이 당신을 변화시키지 못한다면, 당신은 그것이 다른 누구를 변화시키를 어떻게 기대할 수 있는가?

## 하나님 나라는 어떻게 오는가?

기독교계의 몇몇 분파에서는 교회가 세상을 더 나은 곳으로 만들기 위해 존재한다고 가르친다. 이것은 보통 정치 권력의 추구와 사회 운동에 참여하는 것을 포함한다.

"하나님 나라 세우기" 같은 구호가 이 운동을 묘사하는데 일반적으로 사용된다.

흥미롭게도, 신약성서는 하나님 나라 "세우는 것"을 우리에게 가르친 적이 한 번도 없다. 사실, 성서에 우리를 향하여 하나님 나라를 세우고, 자라나게 하고, 전진하게 하라는 말씀은 어디에도 없다.

오직 하나님만이 이 일을 하실 수 있다. 하지만 우리는 그 일에 하나님과 함께 동참하는 것이다.

바울은 그의 서신들 중 하나에서 "하나님 나라를 위하여 함께 역사하는 자들"이라고 했다.골4:11 그는 또한 자신과 다른 사람들을 "하나님의 동역자들"이라고 표현했다.고전3:9 같은 맥락에서, 마가는 "주님께서 함께 역사하사"라는 말로 주님께서 승천하신 후 제자들과 함께 일하셨음을 표현했다.막16:20

따라서 하나님은 그분의 나라를 전진시키시는 분이지만, 우리에겐 그 전진을 위해 그분과 함께 동역하는 역할이 있다.

나는 이것을 확신한다: 하나님의 사람들이 분명 세상에 영향을 끼치지만, 특히 우리가 예수님의 주 되심 아래서 살고 있을 때 그렇지만, 우리는 세상의 문제들을 고치라고 부르심을 받지 않았다.

자신들의 노력으로 세상을 더 나은 곳으로 만들려고 애쓰는 사람들이 때로는 세상을 더 망쳐놓았다. 그리고 그들은 종종 그 과정 속에서 자신을 소진시켜왔다. 사실인즉, 우리에겐 우리의 사회를 괴롭히는 헤아릴 수 없이 많은 문제를 고칠 수 있는 능력이 없다.

그렇다면, 하나님 나라는 어떻게 오는가? 하나님께서 하나님 나라를 이 땅에서 어떻게 전진시키시는가? 그리고 우리가 에클레시아의 지체들로서 그것을 이루기 위해 어떤 역할을 해야 하는가?

이 질문들에 대한 답이 앞으로 우리가 살펴볼 내용에 들어있다.

# 하나님 나라의 원천

그리스도인들은 지난 1800년 동안 그들의 육신의 힘으로 하나님 나라를 세우려고 노력해왔다. 그 결과는? 뼈아픈 실패와 좌절, 그리고 결국 소진 상태에 이르고 말았다.

내가 이미 앞에서 여러 번 주장했듯이, "그리스도인의 삶"이라 불리는 이것을 살기 위한 유일한 방법은 노력을 중지하고, 그리스도께서 그분의 삶을 우리 안에서, 그리고 우리를 통해서 사시도록 하는 비결을 발견하는 것이다.

유감스럽게도, "하나님 나라를 구하는 것"에 관심이 있는 많은 그리스도인이 예수 그리스도의 내재하시는 생명에 의해 사는 것에는 아무런 관심도 없다. 이 진리가 신약성서의 핵심인데도.

다음 본문들을 숙고해보라:

> 양들의 큰 목자이신 우리 주 예수를 영원한 언약의 피로 죽은 자 가운데서 이끌어 내신 평강의 하나님이 모든 선한 일에 너희를 온전하게 하사 자기 뜻을 행하게 하시고 그 앞에 즐거운 것을 예수 그리스도로 말미암아 우리 가운데서 이루시기를 원하노라 영광이 그에게 세세무궁토록 있을지어다 아멘. 히 13:20-21

> 너희 안에서 행하시는 이는 하나님이시니 자기의 기쁘신 뜻을 위하여 너희에게 소원을 두고 행하게 하시나니. 빌 2:13

> 내가 그리스도와 함께 십자가에 못 박혔나니 그런즉 이제는 내가 사는 것이 아니요 오직 내 안에 그리스도께서 사시는 것이라 이제 내가 육체

가운데 사는 것은 나를 사랑하사 나를 위하여 자기 자신을 버리신 하나님의 아들을 믿는 믿음 안에서 사는 것이라. 갈 2:20

그런즉 안식할 때가 하나님의 백성에게 남아 있도다 이미 그의 안식에 들어간 자는 하나님이 자기의 일을 쉬심과 같이 그도 자기의 일을 쉬느니라. 히 4:9-10

놀라운 것은, 심지어 예수 그리스도께서도 자신의 힘과 독자적인 주도에 의해 그리스도인의 삶을 사실 수 없었다는 사실이다.

그러므로 예수께서 그들에게 이르시되 내가 진실로 진실로 너희에게 이르노니 아들이 아버지께서 하시는 일을 보지 않고는 아무 것도 스스로 할 수 없나니 아버지께서 행하시는 그것을 아들도 그와 같이 행하느니라. 요 5:19

내가 아무 것도 스스로 할 수 없노라. 요 5:30

그리고 나서, 예수님은 우리에게도 똑같은 것을 말씀하셨다.

나를 떠나서는 너희가 아무 것도 할 수 없음이라. 요 15:5

살아 계신 아버지께서 나를 보내시매 내가 아버지로 말미암아 사는 것 같이 나를 먹는 그 사람도 나로 말미암아 살리라. 요 6:57

하나님 아버지께서 예수님에게 하신 말씀이 곧 예수님께서 당신과 나에게 하신 말씀이다. 예수님은 우리의 내재하시는 주님이시다.

우리 스스로가 주도해서 살아가는 것, 즉 독립심은 죄의 본질적인 면이다. 주님의 생명에 의탁하는 것은 의의 본질적인 면이다. 이런 이유로, 사탄은 예수님으로 하여금 그분 자신이 주도하고 하나님의 뜻 밖에서 뭔가를 하도록 그분을 시험했다.마 4:3, 5, 9 우리를 향한 사탄의 시험도 똑같은 성질의 것이다.

죄는 사람의 인생에서 왕이신 하나님을 끌어내리는 것이다. 의는 하나님을 그분이 계셔야 할 정당한 자리에 도로 모시는 것이다.

예수님이라는 한 알의 씨가 많은 씨를 내기 위해 땅에 떨어져 죽었다.요 12:24 그 많은 씨가 바로 당신과 나이다. 우리가 하나님 나라의 생명인 그리스도의 생명에 의해 살아감으로써 원수가 망쳐놓은 것을 회복하게 된다.

그리스도의 십자가가 이 모든 것을 가능하게 했다. 십자가는 원수가 해놓은 일을 원점으로 돌려놓고, 그리스도의 부활에 의해 새 창조의 시작을 가능하게 했다.

나는 다른 곳에서 그리스도의 생명에 의해 사는 법을 다루었다.1) 하지만 첫 단계는 그렇게 사는 것이 필수적이라는 것과 가능하다는 것을 이해하는 것이다. 이것이 아닌 것은 결코 하나님 나라를 전진하게 하지 못할 것이다.

그 이유는 하나님 나라의 원천이 물리적인 것이 아니라 영적인 것이기 때문이다. 그리고 하나님 나라가 가시적인 표현임에도 불구하고 그 본질은 하늘에 속한 것이기 때문이다.

---

1) InsurgenceBook.com의 "Living by the Indwelling Life of Christ"를 참조할 것.

# 정의에 목마름

최근에, 내 블로그의 구독자가 더는 블로그를 구독하지 않겠다고 통보해왔다. 이 블로그는 내가 그리스도를 영광스럽게 하고 그분의 생명에 의해 사는 삶과 관련된 것들을 토론하는 장이다.

내가 그녀에게 왜 구독을 끊기로 작정했느냐고 물었을 때 그녀는 이렇게 대답했다: "나는 사회 정의에 관심이 많습니다. 나는 정의에 목말랐고, 그것이 나의 열정을 불러일으킵니다."

이 사람은 하나님 나라를 사회 정의와 동일시해온 사람들의 한 실례이다. 그들은 그 과정 속에서 예수 그리스도가 홀대를 받는다는 사실을 간과하고 있다.

주 예수 그리스도 위에 "사회 정의"를 올려놓고 그것에 열정을 갖는 것은 실제로는 우상숭배이다. 그것이 우리의 충성을 그리스도로부터 세상을 섬기는 것으로 돌리기 때문에 우상숭배인 것이다.

비극적인 것은, 오늘날 수많은 그리스도인이 하나님 나라의 화신인 그리스도를 알고 그분에 의해 사는 것보다 세상을 더 나은 곳으로 만드는데 더 관심을 쏟고 있다는 사실이다.

인도적인 활동에 참여하는 것이 선하고 숭고하긴 하지만, 그런 활동은 상당수가 무신론자이고 불가지론자인 부유한 기업가들과 자선사업가들에 의해 행하여지고 있다. 이런 활동은 꼭 그리스도인들에게만 국한된 것이 아니다. 서구의 자선활동이 원래 기독교의 영향으로 시작되었다고 주장할 수는 있지만

인도적인 활동 자체만으로는 "하나님 나라의 일"이라고 정당하게 부를 수 없다. 어쨌든 성서적인 관점으로 볼 때 그렇게 할 수는 없다.

"하나님 나라의 일"은 그것에 가담한 사람들이 오직 왕이신 예수님께

항복했을 때만 가능하다. 만일 그렇지 않다면 "선한" 일, "숭고한" 일, 그리고 "인도적인" 일이라고 부를 수 있겠지만, "하나님 나라"의 일이라고 부를 수는 없다.

하나님 나라의 일은 예수 그리스도의 주권적인 왕 되심을 선포하고, 구현하고, 또는 드러낸다. 솔직히 말하자면, 당신은 세상적인 어떤 것에 "하나님 나라" 라는 꼬리표를 붙여서 그것을 영적으로 둔갑시킬 수 없다.

## 세상적인 것의 또 다른 부류

이 책을 집필하고 있는 동안, 미국의 특정한 부류에 속하는 사람들을 위해 정의를 실현하는데 초점을 맞춘 한 특수 "운동"에 관해 내가 어떻게 생각하는지를 누군가가 내게 물었다. 나의 대답은 이러했다: 인간 조직에클레시아가 아닌에 의해 주도된 그 운동은 어떤 명분을 위해 전념한다. 그 명분은 물론 숭고하지만, 그 조직이나 운동은 예수 그리스도의 나라의 복음을 전하지 않는다. 그러므로 그것은 하나님 나라의 도구가 아니다.

여기에 냉엄한 실재가 있다: 세상을 섬기는 것은 실제로 세상적인 것의 또 다른 부류가 될 수 있다. 세상의 문제들을 고치는 것에 초점을 둔 "사회 복음"이 시작된지 한 세기가 넘었다. 그러나 그것은 악, 부패, 폭력, 그리고 압제의 문제들을 해결하는데 실패했다.

하지만 더 비극적인 것은, 사회 복음이 하나님 나라의 복음의 그 영적 능력을 상실하게 만들었다는 사실이다. 최종 목표가 우리의 노력으로 세상을 더 나은 곳으로 만드는 것일 때, 예배의 필요는 사라져버린다. 아울러 그리스도의 내재하는 생명에 의해 살 필요도 사라져버리고, 세상을 주관하는 보이지 않는 영적 세력과의 싸움도 사라져버린다. 이것이 바로 왜 사회 복음의 초기 지지자 상당수가 사회 복음이 사람들을 종종 불신앙에 빠지게 한다고 주장했는지의 이유이다.

사회 복음이 진보적 성향으로 기울어진 것에 대해 H. 리처드 니버가 다음과 같이 통찰력있게 묘사했다:

진노가 없는 신이라는 존재가 죄가 없는 사람들을 십자가 없는 그리스도 라는 존재의 사역을 통해 심판 없는 한 나라로 데리고 왔다.49

사실인즉, 우리는 왕을 예배하지 않고 하나님 나라왕국의 일을 할 수 없다. 또 우리는 왕의 생명에 의해 사는 것에서 떨어져 있으면서 하나님 나라의 일을 할 수 없다. 그리고 이 두 가지 요소는 예수 그리스도의 십자가에 기초한다.

하나님 나라의 복음과 예수 그리스도의 십자가는 분리될 수 없다. 바울이 "십자가"와 "복음"을 상호 교환적으로 사용한 이유가 바로 이것이다.고전 1:17-18

A. W. 토저가 정확히 말했다: "내가 먼저 하나님을 향한 나의 사랑을 터득하기 전에는 결코 세상의 다른 사람들을 사랑할 수 없을 것이다."50

새로운 세대의 그리스도인들은 종종 사회 복음에 매료된다. 왜냐하면, 복음이 오로지 죽은 후에 천국으로 인도하는 것이라는 사상에 그들이 환멸을 느꼈기 때문이다. 그러나 그들은 사회 복음이 오랫동안 실패해왔다는 사실을 인식하지 못한다. 또 그들은 그것의 대안인 **하나님 나라의 복음**이 있다는 사실을 인식하지 못한다.

다시 강조하자면, 하나님 나라를 사회 정의와 동일시하는 사상은 예배를 완전히 도외시한다. 생각해보라. 만일 우리의 노력으로 하나님 나라를 세울 수 있다면, 우리가 왜 하나님을 예배하고 그리스도의 내재하는 생명에 의해 사는 것을 배울 필요가 있는가?

**우리는 할 수 없다.**

하나님 나라는 흑암의 나라가 뒤로 밀려날 때 전진한다. 그리고 이것은 우리의 삶 전체가 주인이신 예수님께 굴복되고 우리가 그분의 내재하는 생명에 의해 살 것을 요구한다. 오직 우리 안에 계신 성령만이 흑암을 뒤로 밀려나게 한다. 타락한 인간의 삶이 최선을 다해서 노력한다고 되는 것이 아니다.

유감스럽게도, 오늘날 많은 사람이 살아계신 인격의 예수님 없이 신학과 사회적 명분을 원한다. 그들은 예수님의 가르침을 취하고, 심지어 그것을 인용하기도 한다. 그러나 그들은 예수님을 돌아가신 분으로 취급한다. 그런 사람들은 하나님 나라의 일을 하는 것이 아니다. 그들의 노력이 아무리 숭고하다 할지라도.[2]

**인써전스**에 가담한 사람들은 "의에 주리고 목마른" 사람들이다. 하지만 그들은 의가 세상에서 여전히 활동하시는 살아계신 인격체라는 것을 이해한다. 그리고 그분의 이름이 예수님이라는 것을 이해한다.고전 1:30

이와는 대조적으로, 우리의 타고난 힘에 의해 되어진 활동은, 그 동기가 무엇인지에 관계없이, 별로 영적인 영향을 끼치지 못하고, 종국에는 소진하게 만든다.

그러므로 우리는 완전히 새로운 곳에서 시작해야 한다.

---

2) Leonard Sweet와 내가 공저한 *Jesus Manifesto*에서 이 일반적인 문제를 다루었다.

# 하나님 나라의 비밀

예수님은 하나님 나라를 여는 만능 열쇠Master Key이시다. 그분은 또한 하나님 나라의 공공연한 비밀이시다.

마태복음 13장과 14장에서, 예수님은 그분이 하나님 나라의 "비밀" 또는 신비라고 부르시는 것을 펼쳐놓으셨다. 하나님 나라의 주된 비밀은 그것이 지금 여기에 실제로 임했지만 주로 숨겨져있다는 사실이다.

이 세상의 정치적 지배를 전복시키는 대신, 하나님 나라는 하나님의 원수의 보이지 않는 통치에 전쟁을 선포한다. 이 세상의 정부들을 타도하는 대신, 하나님 나라는 인류의 영적인 삶에 변화를 일으킨다.

하나님 나라가 모든 사람에게 제공되는 선물이지만, 그것은 비밀리에, 감지할 수 없게, 수면 아래서 활동한다. 하나님 나라가 미래에 속하지만, 현재로 침노한다. 하나님 나라가 오는 세대에 속하지만, 이 세대에 도래해있다. 하나님 나라가 내일에 속하지만, 오늘 여기에 있다.

예수님께서 하나님의 통치를 드러내실 때는 언제든지 하나님 나라가 발견된다. 그것은 하나님의 뜻이 하늘에서 이룬 것같이 땅에서도 이루어지는 것이다. 그것은 예수님을 따르는 사람들이 하나님의 뜻을 세상에 재현하는 곳은 어디서든지 나타난다. 하나님 나라가 지금 여기에 있지만, 그것이 예수님께서 땅으로 재림하실 때 만발하게 될 것이다.3)

하나님 나라가 지금 그 나라의 통치에 복종하는 사람들의 마음과 삶 속에서 왕성하게 활동하지만, 나중에 세상 전체를 지배하게 될 것이다.

하나님 나라는 사람들에게 그 자체를 강요하지 않는다. 따라서 하나님 나라는 거부될 수 있다. 그것은 땅에 씨를 심는 사람과 비슷하다. 그 씨를

---

3) 그리스도의 재림에 관한 자세한 내용은 내가 Leonard Sweet와 공저한 *Jesus: A Theography*; "The Return of the King"의 16단원을 참조할 것.

제대로 받아들이는 옥토에서만 열매를 맺게 된다. 그리고 땅에 심겨진 씨처럼 하나님 나라도 조용히, 비밀리에, 그리고 보이지 않게 활동한다.

## 감춰졌다가 드러나는 하나님 나라

하나님 나라는 잡초 속에 심겨진 알곡과 비슷하다. 알곡과 잡초는 추수 때까지 함께 자란다. 그리고 마지막에 그 둘이 분리되면서 드러나게 된다.

하나님 나라는 겨자씨처럼 아주 작고 하찮게 보인다. 하지만 궁극적으로 큰 관목으로 자라난다.

하나님 나라는 누룩과 같아서 거의 감지할 수 없다. 하지만 누룩은 궁극적으로 반죽의 전체로 스며들게 된다.

하나님 나라는 사람이 모든 것을 포기하고 얻을 가치가 있는 보물과 진주와 같다. 하지만 그 보물은 감춰져있고, 그 진주는 사람의 시야 밖에서 만들어지고 있다.

하나님 나라는 보이지 않게 물 속에 쳐있는 그물과 비슷하다. 하지만 그것이 물 밖으로 올려져서, 잡힌 물고기가 모두에게 보여진다.

마태복음 13장과 14장에 있는 모든 비유의 요점은 하나님 나라가 감춰졌다가 드러나는 긴장 상태에 있다는 것이다. 그것은 조용히, 드러나지 않게, 사람들이 감지할 수 없게 활동한다. 하지만 그것은 마지막까지 천천히, 그리고 꾸준히 자라나서, 왕이 돌아오실 때 세상 전체를 정복할 것이다.

이런 이유로, 당신이 매일 뉴스를 접할 때 이런 질문을 하고 싶게 한다: "이 모든 혼돈 가운데 하나님 나라가 어디에 있단 말인가?"

안심해도 된다. 하나님 나라는 전진하고 있다. 하지만 대부분 비밀리에.

그러나 더 많은 사람이 **인써전스**에 가담하면서, 이 전진은 확대될 것이고 더 눈에 띄게 될 것이다.

## 급진적인 반전

예수님께서 행하신 일의 대부분은 반문화적이었다. 그분은 모든 형편 없는 사람들과 함께 식사하셨다. 그분은 사회의 언저리에 있는 사람들을 자신의 최측근으로 택하셨다. 그분은 늘 신성한 전통을 뒤집어놓으셨다. 이것이 예수님을 당대의 종교적, 정치적 기득권층과의 끊임없는 대결 구도로 몰아넣었다. 그분의 가르침과 삶은 혁명적이었다.

그 이유는 하나님 나라가 세상이 돌아가는 것처럼 돌아가지 않기 때문이다. 예수님의 거꾸로 뒤집힌 나라에서는, 힘이 재정의되고 가치가 뒤바뀐다.

- 하나님 나라에서는, 섬기는 자들이 높여지고 스스로를 높이는 자들은 낮아진다. 마 23:12; 눅 1:52; 14:11
- 하나님 나라에서는, 잃는 자들은 얻게 되고 얻고자 하는 자들은 잃게 된다. 마 10:39; 16:25-26; 눅 17:33
- 하나님 나라에서는, 자기를 높이는 자들이 낮아지고 마음이 겸손한 자들은 복을 받는다. 마 18:2-4; 눅 14:11
- 하나님 나라에서는, 지혜롭고 슬기 있는 자들에게는 진리가 숨겨지고 어린 아이들에게는 나타난다. 마 11:25

- 하나님 나라에서는, 큰 자들이 섬기게 되고 크고자 하는 자들은 낮아진다.마23:11-12
- 하나님 나라에서는, 지도력이 상명하달식이거나, 명령 계통을 따르거나, 계급에 의해서나, 직분에 기초하지 않고 , 섬기는 것과 겸손에 기초한다.마20:26-28; 23:5-9; 눅22:25-26
- 하나님 나라에시는, 나중 된 자가 먼저 되고 먼저 된 자가 나중 된다.마20:16; 막10:43-44
- 하나님 나라에서는, 주린 자들과 우는 자들이 배부르게 되고 웃게 된다.마6:25
- 하나님 나라에서는, 고난받는 자들이 위로를 받게 된다.눅16:25

하나님 나라의 반문화적이고 반직관적인 본성은 예수님 당시의 가장 종교적인 사람들이 왜 그 메시지를 이해하지 못했는지의 이유를 설명해준다. 아울러, 그것은 어째서 가장 종교적이지 않은 사람들이 그것을 더 잘 이해했는지의 이유를 설명해준다.

하나님 나라는 아름답고 복스러운 것이다. 하나님의 통치 영역은 사람들을 복되고, 만족스럽고, 행복하게 한다. 이런 이유로, 하나님의 의도는 언제나 그분의 나라를 하늘에서 땅으로, 영원에서 지상으로 연장시킨다. 이것이 우리가 창세기 2장에서 보는 에덴동산의 본질적인 확장이다.

따라서 에덴의 의미가 "기쁨" 이라는 것은 전혀 놀랍지 않다.

## 십자가와 인써전스

　신약성서는 하늘에 있던 하나님 나라가 땅에 도래한 이야기를 들려준다. 그리고 그리스도의 십자가가 이 이야기의 중심이다. 그 십자가는 또한 주님을 향한 우리 희생의 기초이다. 이것이 아래에 인용한 불후의 찬송가에 잘 표현되어있다.

　영광의 왕이 그 위에서 죽으신
　놀라운 십자가를 내가 바라볼 때,
　내게 가장 유익했던 것을 해로 여기고,
　내가 자랑했던 모든 것을 경멸하네.
　이전엔 세상이 전부 내것이었지만,
　이제는 그것이 너무 보잘것없네.
　놀랍고 신기한 하나님의 사랑이
　내 영혼, 내 인생, 내 모든 것을 달라 하네.51

## 왕의 공동체

　제대로 이해한다면, 에클레시아는 하나님 나라의 생명인 그리스도의 생명에 의해 사는 사람들의 모임이다. 이 생명은 또한 하나님의 생명과 영생영원한 생명으로 불린다.
　영생은 앞으로 올 시대의 생명이다. 그것은 하늘 나라의 생명이다. 당신과 내가 이 생명에 의해 살아갈 때, 우리는 하나님의 형상을 입고 그분의 권위를 행사하게 된다.

에클레시아는 다름 아닌 왕의 공동체이다. 그 공동체가 세워지는 모든 도시에서 그녀는 하나님 나라의 축소판, 표지판, 맛보기, 그리고 전조로 살아간다. 나는 에클레시아를 묘사하기 위해 "그녀"라는 말을 사용한다. 왜냐하면, 바울도 에베소서 5:25-27에서 그렇게 했기 때문이다. 에클레시아는 예수 그리스도의 신부이다.

에클레시아는 부활할 때에 있을 마지막 추수의 처음 열매이다. 그것은 하나님 나라의 모든 것을 알려주는 시범 프로젝트이다.

> 그가 그 피조물 중에 우리로 한 첫 열매가 되게 하시려고 자기의 뜻을 따라 진리의 말씀으로 우리를 낳으셨느니라. 약 1:18

> 그뿐 아니라 또한 우리 곧 성령의 처음 익은 열매를 받은 우리까지도 속으로 탄식하여 양자 될 것 곧 우리 몸의 속량을 기다리느니라. 롬 8:23

> 주께서 사랑하시는 형제들아 우리가 항상 너희에 관하여 마땅히 하나님께 감사할 것은 하나님이 처음부터 너희를 택하사 성령의 거룩하게 하심과 진리를 믿음으로 구원을 받게 하심이니. 살후 2:13

처음 열매는 완전한 추수의 약속이다. 그리고 그것은 그 추수의 시작이다. 이런 점에서, 미래의 부활과 온전한 하나님의 영광의 보증으로 성령이 우리에게 주어졌다. 성령이 보증이기 때문에 우리는 이 악한 세대에서 지금 성령의 능력을 경험할 수 있다.

히브리서의 저자가 말했듯이, 우리는 "내세의 능력"을 맛본 사람들이다. 히 6:5 맛보기는 실제적인 경험이다. 하지만 그것은 또한 온전한 식사의 약속이다.

에클레시아는 그녀가 하나님의 의도대로 살아갈 때 하나님께서 이미 세상을 바꾸셨음을 잃은 영혼들에게 드러내게 된다. 우리는 그리스도의 몸으로서 하나님의 승리와 주권적 통치를 지금 여기에서 구현하는 존재이다. 왜냐하면, 우리가 우리 자신을 그 통치 아래에 두고 그렇게 살아내는 것을 배우고 있기 때문이다. 그리고 하나님의 주권적 통치는 은혜의 통치이다.롬 5:21 우리는 그 통치에 의해 살고 그 통치를 드러내는 것이다.

따라서 당신이 예수 그리스도의 주권적 통치, 그분의 지배, 그분의 권위, 그리고 그분의 정부를 발견하기 원한다면, 에클레시아가 제대로 기능을 발휘할 때 그녀 안에서 발견하게 될 것이다.

## 그리스도의 집합적인 표현

하나님의 에클레시아는 땅에서 예수 그리스도의 권위를 행사하고 드러내기 위해 부르심을 받았다.마 16:19; 28:18 에클레시아는 예수님의 집합적인 표현이다. 그러므로 에클레시아는 하나님 나라를 구현한다.

고린도 전서에서, 바울은 에클레시아를 사람의 몸으로 비유했다. 그리고 나서, 그는 충격적인 말을 했다:

> 몸은 하나인데 많은 지체가 있고 몸의 지체가 많으나 한 몸임과 같이
> 그리스도도 그러하니라. 고전 12:12

"그리스도도 그러하니라" 라는 말을 주목하라. 바울은 실수로 이 말을 한 것이 아니다. 예수 그리스도는 그분의 에클레시아와 하나이다. 에클레시아는 땅에 있는 예수님의 집합적인 표현이다. 그것은 하나님께 반기를 든 이 현 세대 가운데 도래한 오는 세대의 발현이다.

인써전스에 가담한 사람들은 그들 안에 형성된 그리스도의 성품을 배우는 다른 사람들과 함께 얼굴을 마주하는 공동체 안에 있기를 고대한다. 그리고 함께 그들이 사는 곳에서 "하늘에서 이룬 것같이 땅에서도" 그 성품이 드러나기를 고대한다.

에클레시아는 주로 용서에 의해 특징지어진다. 즉, 이스라엘의 모든 빚을 탕감용서시켰던 하나님의 희년의 의미로 특징지어진다. 예수님께서 누가복음 4:19에서 "주의 은혜의 해" 라고 하셨을 때 그것이 희년을 가리킴을 기억하라.

예수 그리스도는 하나님 나라의 형태로 땅에 오신 우리의 희년이다. 그리고 에클레시아는 그녀의 삶의 방식으로 이 희년을 살아내도록 부르심을 받았다.

우리는 성령에 의해 오는 세대의 생명을 다가올 미래에서 뿐만 아니라 현 세대에서도 경험한다.

F. F. 브루스는 이렇게 피력했다:

> 그리고 성령의 역사에 의해 하나님의 사람들은, 고립된 개인들로 남아있는 대신, 그분께만 아니라 상호간에 연합하게 된다. 이것은 하나님의 영원한 목적 안에서 화목하게 될 우주의 표본으로서의 화목된 공동체를 형성하기 위한 연합이다.52

하나님의 계획은 세 가지 주된 방법으로 그분의 나라를 전진시키기 위해 그분의 도구로서 에클레시아를 사용하는 것이다: 선포, 구현, 그리고 시범.

그리스도의 몸이 이 세 가지 임무를 수행할 때는 언제든지, 그 몸의 지체들이 하나님 나라의 보이지 않는 영역에서 그것을 의식하며 걸어간다. 그리고 예수님께서 땅에 계실 때 그분이 걸어다니셨던 곳은 어디서든지 하나님 나라가 나타났던 것처럼, 그리스도의 몸이 그 나라의 왕을 선포하고, 구현하고, 드러내는 곳은 어디든지 그 나라가 나타난다.

예수님은 오직 위로부터 태어난 사람들만이 보이지 않는 하나님 나라를 "볼" 수 있다고 말씀하셨다. 요 3:3 인써전스에 가담한 사람들은 자신을 이 "보는 것"에 맞추고 그것에 따라 행동한다.

## 하나님 나라를 선포함

하나님 나라가 전진하는 하나의 방범은 사도적인 선포를 통해서이다. 이 선포는 침례자 요한마 3:1-2과 예수님눅 4:43과 함께 시작되었다.

예수께서 열두 제자를 불러 모으사… 하나님의 나라를 전파하며. 눅 9:1-2

요한과 예수님의 발자취를 따라, 초기 사도들과 복음 전하는 자들은 하나님 나라의 복음을 선포하며 사람들에게 회개하고 그 복음을 믿으라고 촉구했다. 행 2:38; 3:19; 8:12; 19:8; 20:21, 25; 28:31

로마 황제의 전령들이 제국에 새 주인이 등극했다는 좋은 소식을 알리기 위해 제국의 영토 곳곳으로 여행했듯이, 그리스도의 사도들전령들도 예수님께서 이제 세상의 주인으로 등극하셨다는 좋은 소식을 전하기 위해 보내심을 받았다.

하나님 나라의 복음을 선포하기 위해서는 무엇이 요구되는가? 그리 많지 않다. 몸만 있으면 된다. 하나님 나라의 복음은 그것을 전하는 사람 자신이 먼저 그것을 순종하고 경험할 것을 요구한다.

만일 사람이 하나님 나라의 복음을 순종하지 않고 그것을 전하려 한다면, 그의 말은 아무런 영향을 끼치지 못할 것이다.

사도적인 선포는 성령이 그리스도의 몸에 속한 지체들을 기름 붓고 보내서서 완전히 타협하지 않는 방식으로 복음을 선포함에 의해 오늘날도 계속된다. 그들은 자신이 이 복음을 직접 순종하고 경험해온 사람들이다.

하나님 나라의 복음은 **인써전스**의 메시지이다.


## 하나님 나라의 증인

하나님 나라의 사도적인 선포를 다른 말로 "증거" 라고 한다. 사도들은 하늘에서 하나님의 보좌에 등극하신 예수님의 "증인"으로 살았다. 그리고 그들은 다른 사람들에게 새로운 왕이신 예수님을 믿고 순종하라고 촉구했다. 행 1:8; 눅 24:44-48

하나님 나라를 선포하는 것은 사람들을 노예로 삼았던 흑암의 권세가 패배했음을 알리는 것이다. 그것은 사람들이 그 권세를 무찌르고 승리하신 분께 항복한다면 그 권세에서 해방될 수 있음을 선포하는 것이다.

하나님 나라를 알리는 것은 하나님께서 예수님의 인격으로 우리와 함께 계심을 선언하는 것이다. 아울러, 죄 사함, 회복, 압제로부터의 해방, 새 생명, 그리고 하나님을 우리의 아버지로 아는 것이 전부 우리에게 유효하다는 것을 선언하는 것이다.

> 영생은 곧 유일하신 참 하나님과 그가 보내신 자 예수 그리스도를 아
> 는 것이니이다. 요 17:3

사도들과 복음 전하는 자들은 죽은 후에 어떻게 하늘나라로 가는지에 관해 증거하지 않았다. 물론 이것이 영생의 의미도 포함하고 있지만. 그들은 오히려 나사렛 예수가 세상의 왕으로 등극하셨고 우리가 미래뿐만 아니라 지금 여기서 그분의 나라에 들어갈 수 있다는 사실을 증거했다.

사도들이 전했던 하나님 나라의 복음은 예수님의 재림 때 더 충만하게, 더 넓게 퍼질 것의 현존하는 실재로 사람들을 초청하는 변화의 복음이었다. 이것은 사람들에게 예수님을 믿으면 죽을 때 하늘나라에 갈 수 있다고 고취하는 대피의 복음the gospel of evacuation과 대조되는 복음이다.

사도행전은 우리에게 사도들과 복음 전하는 자들이 예수님께서 그들에게 명령하신 대로 로마제국 전역에 걸쳐 어떻게 하나님 나라의 복음을 선포했는지를 보여주지만, 에클레시아에게 쓴 신약성서의 서신들에서는 하나님 나라의 복음을 선포한 것에 그리 강조점을 많이 두지 않음을 우리는 보게 된다.

그 대신, 우리는 하나님의 사람들로 하여금 그들의 삶의 증거에 의해 하나님 나라의 복음을 증거하라고 권면하는 것을 많이 보게 된다. 베드로는 에클레시아의 지체들이 왜 그토록 다른 삶을 사는지의 이유를 불신자들이 물어보도록 살라고 권면했다.

> 너희 마음에 그리스도를 주로 삼아 거룩하게 하고 너희 속에 있는 소망에 관한 이유를 묻는 자에게는 대답할 것을 항상 준비하되 온유와 두려움으로 하고. 벧전 3:15

바울도 비슷한 관점으로 말했다:

외인에게 대해서는 지혜로 행하여 세월을 아끼라 너희 말을 항상 은혜 가운데서 소금으로 맛을 냄과 같이 하라 그리하면 각 사람에게 마땅히 대답할 것을 알리라. 골 4:5-6

그러나 복음을 선포하는 것이 매우 중요하긴 하지만, 그것이 하나님 나라를 전진시키는데는 충분치 않다. 하나님 나라는 또한 구현되고 드러나야 한다.

## 하나님 나라를 구현함

에클레시아는 그리스도의 왕 되심의 구현을 위해 부르심을 받았다. 말로만이 아니라 삶으로.

하나님 나라도 다른 모든 나라들처럼 그 고유의 문화를 갖고 있다. 인간과 자연의 영역에서는, 어느 나라 국민인지를 분별하는 것이 쉽다. 그들의 액센트, 사투리, 특정한 단어들을 발음하는 방식 등에 의해 분별할 수 있기 때문이다. 때로는 그들이 입은 옷으로도 분별할 수 있다.

마찬가지로, 하나님의 주권적 통치 아래 사는 사람들은 그들이 속한 나라를 반영하는 언어를 갖고 있다. 예수님은 우리의 입에서 나오는 것이 우리의 마음에 있는 것을 반영한다고 가르치셨다.마 12:34 착각은 금물이다. 하나님 나라의 생명에 의해 사는 사람들은 세상에 있는 사람들과는 다르게 말하게 될 것이다.엡 4:29; 5:4; 골 3:8

우리의 가치 또한 다를 것이다. 우리의 취미와 소일거리도 마찬가지이다. 경우에 따라서는 겹치기도 하겠지만, 하나님 나라의 시민들은 또한 세상에 속한 사람들이 갖고 있는 것과는 다른 취미와 다른 소일거리를 갖게 될 것이다.

아울러, 하나님 나라의 시민들이 관계성과 사업에서 처신하는 방식은 세상에 속한 사람들의 그것과는 구별될 것이다.

> 너희가 온 마게도냐 모든 형제에 대하여 과연 이것을 행하도다 형제들
> 아 권하노니 더욱 그렇게 행하고 또 너희에게 명한 것 같이 조용히 자
> 기 일을 하고 너희 손으로 일하기를 힘쓰라 이는 외인에 대하여 단정히
> 행하고 또한 아무 궁핍함이 없게 하려 함이라. 살전 4:10-12

세상 사람들과 똑같이 사는 그리스도인들은 결코 그들로 하여금 "속에 있는 소망"에 관해 질문하도록 베드로가 말한 것처럼 할 수 없을 것이다. 그러나 세상 사람들과 다르게 말하고, 행동하고, 살아가는 사람들은 종종 그런 질문을 받게 될 것이다. 그래서 바울은 이렇게 권면했다:

> 오직 너희는 그리스도의 복음에 합당하게 생활하라. 빌 1:27

## 더 나은 곳

어떤 그리스도인들은 세상을 "더 나은 곳"으로 만들기 위해 노력한다. 하지만 하나님 나라를 전진시키는 하나님의 방법은 에클레시아를 하늘에 있는 것같이 땅에서 "더 나은 곳"으로 만드는 것이다.

> 우리를 나라와 제사장으로 삼으신 그에게 영광과 능력이 세세토록 있
> 기를 원하노라. 계 1:6

우리는 그리스도의 몸에 속한 지체로서 세상을 바꾸라는 부르심을 받지 않았다. 우리는 바뀐 세상이 되라고 부르심을 받았다.

존 뉴전트가 재치있게 말했다:

하나님께서 주신 우리의 책임은 세상을 더 나은 곳으로 만드는 것이 아니고, 하나님께서 그리스도를 통해 이 세상에서 시작하신 더 나은 곳이 되는 것이다. 우리 자체가 하나님 나라의 일이다. 우리는 하나님께서 이미 해오신 일, 지금 하고 계신 일, 그리고 앞으로 하실 일을 선포하는 대사들이다. 하나님의 전략은 그분의 사람들이 이 세상을 고치는 것이 아니라 옛 세상 한 가운데 새 세상을 심고 그것을 통해 옛 세상을 향해 그분께로 오라고 청하는 것이다. 그리스도를 따르는 사람들로서, 그리스도의 몸과 새 인류와 새 창조가 바로 우리이다. 우리는 이미 옛 세상으로 침노한 새 세상이다. 새 창조는 남아있는 옛 세상 가운데 이미 시작되었다. 그것은 하나님 나라와 거기에 속한 사람들의 새 세상이다.4)

뉴전트는 옳은 말을 했다. 1세기에 에클레시아가 태어났을 때 로마제국은 인간이 고안하지 않은 뭔가를 보았다. 그것은 하나님께 속한 뭔가를 본 것이다. 자신을 희생하고, 자신을 주는 사랑을 베푸는 하나님 생명의 유전자를 구현하고 드러내는 사람들을 로마제국이 목격했던 것이다.

뉴전트는 다음과 같이 그 개념을 더 깊이 설명했다:

하나님의 사람들에겐 이 세상을 더 나은 곳으로 만들어야 할 책임이 없지만, 그리스도께서 이미 만드신 더 나은 곳이 되어야 할 책임이 있다…

---

4) John Nugent는 그의 책 *Endangered Gospel* (Eugene, OR: Cascade Books, 2016)에서 이 개념들을 발전시켰다.

초기 신자들은 하나님 나라의 복음을 선포하는데 있어서는 목소리를 사용했고, 그 복음을 공동체로 살아내는데 있어서는 눈에 보였다… 교회의 부르심은 하나님이 예수님 안에서 시작하신 더 나은 곳이 되는 것으로 모아진다.53

예수님 자신도 위와 같은 관점으로 말씀하셨음을 주목하라.

> 너희가 서로 사랑하면 이로써 모든 사람이 너희가 내 제자인 줄 알리라. 요 13:35

> 곧 내가 그들 안에 있고 아버지께서 내 안에 계시어 그들나를 따르는 사람들로 온전함을 이루어 하나가 되게 하려 함은 아버지께서 나를 보내신 것과 또 나를 사랑하심 같이 그들도 사랑하신 것을 세상으로 알게 하려 함이로소이다. 요 17:23

참으로, 에클레시아가 태어날 때 세상은 땅에서 하늘의 일부분을 보았다. 그리스도의 몸으로 삶을 공유하는 것에 의해, 믿지 않는 세상은 새 창조를 어렴풋이 감지했다. 하나님 나라는 초기 그리스도인들이 서로 나누었던 사랑의 교제에 의해 전시되었다.

예수 그리스도께서 부활하셔서 오순절에 그분을 따르는 사람들 속에 거하기 시작하셨을 때, 세상에 새로운 능력이 드러났다. 그것은 사람들 속에 들어간 하나님의 본성이 드러낸 능력이었다.벧후 1:4 그리고 그 본성은 얼굴을 마주하는 공동체 안에서 살아내는 사랑, 곧 자신을 주는 사랑이었다. 이 사랑이 삶을 공유하는 에클레시아 안에서 아주 강력하게 표현되어 로마제국을 뿌리째 흔들어놓았다.5)

---

5) 오순절에 무슨 일이 일어났는지에 대한 나의 생각은 InsurgenceBook.com의 "You Shall

여기에 하나님께서 지휘하시는 것처럼 살았던 사람들이 있었다. 그들은 메시아인 예수님이 주도하고 계신 것처럼 살았다. 그리고 그들은 미래가 임한 현재에 살고 있다고 믿었다.

하나님의 사람들로서 우리가 공유하는 삶은, 하나님께서 예수님을 통해 새 세상을 출범시키신 증거, 곧 그분이 이 세상 안에 남겨놓으신 유일한 증거이다. 예수님이 자신의 사역, 죽음, 부활, 그리고 승천을 통해 드러내신 새로운 사회 질서의 모델을 보여주시기 위해, 하나님은 그분의 나라 공동체인 에클레시아를 사용하신다.

오늘날 교회에 속한 당신과 다른 모든 그리스도인을 향한 나의 질문은 이것이다: 당신이 다른 지체들과 공유하고 있는 삶이 당신 주위의 세상에 하나님 나라를 구현하고 있는가? 만일 그렇다면, 어떻게 구현하는가?

## 교회의 중심성

하나님의 사람들이 오늘날 할 수 있는 가장 정치적이고 혁명적인 것은 그리스도의 주 되심 아래 함께 모이는 것을 배우고, 하나님 나라의 생명을 집합적으로 구현하는 것이다. 이것이 1세기에 "교회"가 무엇이었는지를 보여준다. 에클레시아는 그것을 지켜보는 세상 앞에 하나님의 주권적 통치를 구현하는 하나님 나라의 사회였다.

에클레시아는 삶을 공유하는 그녀의 모습에 의해 새로운 이야기를 들려주었는데, 그것은 세상이 말하는 이야기와는 근본적으로 다른 이야기였다.

단도직입적으로 말해서, 자신들의 국가를 위한 정의와 평화와 용서를

---

Not Taste Death"를 참조할 것.

원하는 하나님의 사람들은 그들의 지역 모임 안에서 그들이 추구하는 것들을 구현하는데 에너지를 써야 한다. 만일 그들이 에클레시아의 관계성 안에서 그것들을 하지 않는다면, 세상에서의 이 가치들을 위한 그들의 "일"은 그저 공허한 울림에 불과하다.

에클레시아는 세상 제도에 합류해서 세상을 향상시키기 위해 노력하지 않는다. 에클레시아는 세상 제도와 상반되는 삶을 살면서 세상에 속한 사람들에게 주인이신 예수님께 복종할 것을 촉구한다.

내가 『영원에서 지상으로』에서 주장한 바와 같이, 에클레시아는 하나님의 심장 박동이다. 그것은 또한 땅에서 그분의 일을 펼치는 중심이다. 하나님은 창조 때부터 신부, 집, 몸, 그리고 가족을 가지는 것을 목적으로 삼으셨다.

이것이 "교회 회복"의 이슈가 왜 그토록 지극히 중요한지의 이유이다. 현상 유지를 고수하고 타이타닉 안에서 의자를 재배치시키는 것에 만족하려고 필사적으로 싸우는 사람들에 의해 그 이슈가 공격을 받음에도 불구하고, 급진적인 교회 회복의 이슈를 향한 성령의 부르심은 변함없다.

우리는 모래 속에 머리를 파묻고 오늘날 그런 회복을 요청하는 그 예언적인 목소리를 무시할 수 있다. 그러나 우리가 그렇게 할 때, 세상은 "교회"에 전혀 감동되지 않은 채로 남겨질 것이다. 왜냐하면, 에클레시아가 땅에서 드러나도록 설계된 대로 하지 않기 때문이다. 즉, 하나님 나라의 모습을 별로 닮지 않은 교회의 꼴만 보여질 것이기 때문이다.

에클레시아의 주된 목적은 세상에서 그리스도의 임재가 되는 것과 에클레시아를 지켜보는 세상 앞에 하나님 나라 복음의 능력을 드러내는 것이다. 이것은 땅을 뒤흔드는 능력이다. 그리고 그렇게 전시된 것이 자연스럽게 세상을 축복하는 것으로 연결되는 것이다. 예수님께서 땅에 계시는 동안 세상을 축복하신 것처럼.

내가 다른 곳에서 말했듯이,

> 누가복음은 예수 그리스도께서 "행하시며 가르치시기를 시작" 하신 것을 기록한 책이다.행 1:1 그것은 이 땅에서의 그리스도의 삶과 사역의 시작을 기록한 책이다. 사도행전은 그리스도의 삶과 사역이 이 땅에서 그의 몸을 통해 어떻게 계속되었는지를 기록한 책이다. 사도 요한이 암시했듯이, 예수님이 이 세상에서 하셨던 것처럼 이제 교회도 같은 길을 걷고 있다.요일 4:17 54

## 하나님 나라를 드러냄

2008년에, 나는 『다시 그려보는 교회』라는 제목의 책을 출판했다. 나는 그 책에서 그리스도의 몸에 속한 지체들이 그들의 머리이신 그리스도께 복종할 때 지역의 에클레시아가 어떤 모습일지를 묘사했다.골 1:18

그 책은 이론이 아닌 내 자신의 경험에 기초해서 쓴 것이다. 그것은 또한 신약성서에 굳건히 뿌리를 두고 있다.

요약하자면, 『다시 그려보는 교회』대장간 역간는 지역의 에클레시아가 오늘날 현상 유지를 벗어나서 어떻게 하나님 나라를 선포하고, 구현하고, 드러낼 수 있는지의 분명한 비전을 제시한다.

내가 그 책에서 제법 넓은 범위를 다루었기 때문에, 그것을 여기서 되풀이하지는 않겠다. 처음 그 책을 읽은 사람들 중 그 혁명적인 메시지에 위협을 느낀 사람들이 있다는 것만 말해두겠다. 왜? 그것이 교회 관습에 관

련해서 수많은 신성한 소오랫동안 신성시되어 비판을 허용치않는 전통을 일컬음 – 역자
주에게 도전했기 때문이다.

흥미로운 것은, 처음 그 책을 공격한 많은 사람이 여러 해가 지난 후 이런 식으로 나에게 편지를 썼다는 사실이다: "내가 당신의 책에 대해 오해를 했었습니다. 이제 나는 하나님의 영원한 목적의 빛 안에서 교회 관습들에 관해 다시 생각할 필요를 느끼고 있습니다. 우리의 교회 관습들이 신약성서에 뿌리를 두고 있지 않기 때문에 하나님 나라가 고통을 받고 있습니다. 오늘날 잃어버린 영혼들이 대부분의 교회를 방문할 때, 예수 그리스도의 임재를 보거나 경험하지 못합니다."

내가 그 책에서 강조한 핵심 중 하나는 에클레시아가 그리스도의 머리 되심 아래 기능을 발휘할 때 통치자들과 권세들을 부끄럽게 할 것이라는 사실이다. 어떻게? 통치자들과 권세들을 물리치고 승리하신, 보이지 않는 부활의 주님에 의해 타락한 인류가 인도될 수 있음을 에클레시아가 보여줌으로써.

> 이는 이제 교회로 말미암아 하늘에 있는 통치자들과 권세들에게 하나
> 님의 각종 지혜를 알게 하려 하심이니. 엡 3:10

또한, 에클레시아 안의 형제와 자매들이 그리스도의 내재하는 생명에 의해 살면서 서로 주고 받는 더할 나위 없는 사랑과 돌봄이 잃어버린 영혼들에게로 흘러들어가게 된다. 즉, 그런 사랑과 돌봄이 그들 앞에서 하나님 나라가 사실상 도래했음을 드러내는, 만져지고, 보여지고, 위치를 찾을 수 있는 표지판으로서의 역할을 하게 되는 것이다. 아울러, 하나님의 충성스런 천사들뿐만 아니라 적대적인 우주의 통치자들과 권세들도 에클

레시아의 임재에 의해 하나님의 각종 지혜와 영광을 목격하게 된다.6)

이렇게 해서, **인써전스**에 가담한 사람들은 땅과 하늘의 영역 둘 다의 증인으로서 하나님의 영원한 목적을 위해 굳게 서 있다.

## 하나님 나라는 어떻게 생겼을까?

하나님 나라는 서로를 돌보는 사람들처럼 생겼다. 그것은 서로를 위해 자신의 목숨을 바치는 사람들처럼 생겼다. 또 그것은 연장된 가족으로 사는 사람들처럼 생겼다. 그리고 그것은 각 지체가 다른 지체들에게 일어난 일에 영향을 받는, 친밀하고 기능을 발휘하는 몸처럼 생겼다.

> 만일 한 지체가 고통을 받으면 모든 지체가 함께 고통을 받고 한 지체
> 가 영광을 얻으면 모든 지체가 함께 즐거워하느니라. 고전 12:26

하지만 그것은 또한 이것들처럼 생겼다:

굶주린 자들을 먹이고,

헐벗은 자들을 입히고,

가난한 자들을 축복하고,

눈먼 자들의 눈을 뜨게 하고,

병자들과 약한 자들을 돌보고,

사탄에게 묶인 자들을 해방시키고,

그리스도의 죽음과 부활을 통해 다른 사람들을 용서하고, 또 죄 사함을

---

6) 천사들은 사람들의 일을 보고 있다. 그들은 보고 알게 된다.(고전 4:9; 벧전 1:12)

전하고,

가난한 자들에게 하나님 나라의 복음을 선포하고, 우리의 삶에 의해 그 복음을 드러낸다.

달리 말하자면, 에클레시아는 예수님께서 땅에 계셨을 때 하셨던 모든 것을 한다. 그리고 그녀는 예수 그리스도의 이름과 성령의 능력에 의해 그 것을 한다.

왜? 예수님께서 어제와 오늘의 하나님 나라이기 때문이다.눅 4:16-19; 행 10:38 그리고 에클레시아가 집합적으로 표현된 그리스도이기 때문이다. 고전 1:12-13; 12:12; 행 9:1-4

여기에 **인써전스**의 능력이 있다.

## 믿는 자의 권위

어떤 사람들은 사탄 위에 있는 예수님의 권위가 예수님 자신에게만 국한된 것이라고 주장한다. 그러므로 에클레시아는 그런 권위를 갖고 있지 않다고 생각한다. 그러나 이런 사상은 그리스도의 몸도 예수님께 기름을 부은 동일한 성령에 의해 기름 부음을 받았다는 사실을 고려하지 못한다. 고후 1:21-22; 요일 2:20, 27; 눅 10:17-19

예수님께서 우리 안에서, 그리고 우리를 통해서 계속 일하실 것을 그분 자신이 우리에게 말씀하셨다:

내가 진실로 진실로 너희에게 이르노니 나를 믿는 자는 내가 하는 일을 그도 할 것이요 또한 그보다 큰 일도 하리니 이는 내가 아버지께로 감

이라. 요 14:12

우리의 큰 대제사장의 머리에 부었던 기름 부음이 그분의 몸으로 흘러 내린다.시 133 그 결과, 그리스도의 몸은 예수님께 주어졌던 동일한 권위를 가지고 예수님이 땅에서 하셨던 사역을 세상에서 계속 수행한다. 이것이 우리가 사도행전 전체에서 볼 수 있는 "예수님의 이름으로" 기도하고 치유하는 것의 의미이다.

사실 사도행전과 서신들에는, 사탄에게 억압받던 사람들을 해방시키셨던 예수님이 하신 일과 동일한 사역을 그리스도의 몸이 수행한 예들로 가득하다.막 16:17-18; 행 3:6; 5:15; 6:8; 13:6-11; 16:16-18; 19: 11-12; 롬 15:19

> 자녀들아 너희는 하나님께 속하였고 또 그들을 이기었나니 이는 너희
> 안에 계신 이가 세상에 있는 자보다 크심이라. 요일 4:4

예수님께서 하나님 나라의 열쇠를 에클레시아에 주셨을 때, 동일한 권위로 그분의 사역을 수행하라고 에클레시아를 세상에 보내셨다.요 20:21-23 7)

바울을 부르셨을 때 하나님께서 하신 말씀을 주목하라:

> 일어나 너의 발로 서라 내가 네게 나타난 것은 곧 네가 나를 본 일과 장
> 차 내가 네게 나타날 일에 너로 종과 증인을 삼으려 함이니 이스라엘
> 과 이방인들에게서 내가 너를 구원하여 그들에게 보내어 그 눈을 뜨게

---

7) 성령의 은사 중 기적과 관련된 은사들에 관한 논의는 이 책의 범위를 벗어난 것이다. 하지만 나는 이 주제를 InsurgenceBooks.com의 There Must Be More에서 비교적 자세히 다루었다.

하여 어둠에서 빛으로, 사탄의 권세에서 하나님께로 돌아오게 하고 죄 사함과 나를 믿어 거룩하게 된 무리 가운데서 기업을 얻게 하리라 하더 이다. 행 26:16-18

하나님은 잃어버린 영혼들을 "사탄의 권세에서 하나님께로 돌아오게" 하시려고 계속해서 그리스도의 몸의 지체들을 사용하신다. 제자들에게 주신 예수님의 능력 충만한 말씀은 오늘날 여전히 당신과 나에게 적용된 다.

내가 너희에게 뱀과 전갈을 밟으며 원수의 모든 능력을 제어할 권능을 주었으니 너희를 해칠 자가 결코 없으리라. 눅 10:19 8)

믿기 힘들겠지만, 하나님께서 이 임무를 완수하게 하시려고 "지극히 큰 그분의 능력"을 에클레시아에게 주셨다. 엡 1:18-19 당신은 그리스도의 몸 에 속한 지체로서 우주의 모든 통치자들과 권세들 한참 위에 있는, 능력과 권위의 자리인 그리스도 안에 있다. 엡 2:6; 1:19-22 하지만 이 능력은 오직 그 리스도의 몸으로서 집합적으로만 충분히 표현될 수 있다. 땅에서 그리스 도를 표현하는 것은 몸이지, 지체 개개인이 아니다.

T. 오스틴 스팍스는 다음과 같이 옳게 고찰했다:

이 세상에서 내세울 것 없고, 별로 중요하지 않은 두 명의 성도가 진정 성

---

8) 뱀과 전갈은 사탄의 영역을 상징한다. 사탄 위에 있는 믿는 자의 권위와 영적 전쟁에 관한 성서적인 가르침을 가장 잘 다룬 것 중의 하나인 다음을 참조할 것: Clinton Arnold, *Powers of Darkness* (Downers Grove, IL: InterVarsity Press, 1992) 아울러, 다음을 참조할 것: Greg Boyd, *God at War* (Downers Grove, IL: InterVarsity Press, 1997), 269-93.

령 안에서 함께 할 때, 그들은 하늘과 땅의 모든 권세를 가지신 그분의 역할을 수행하는 도구일 수 있다. 그들과 함께 이 모든 과거의 한계들이 사라질 수 있고, 그들은 머지않아 땅 끝까지 이를 수 있다. 당신은 이것을 믿는가? 이것이 진정 부활하신 그리스도 안에서 우리가 누리는 영광의 의미이다.55

## 표지판

인간의 나라들은 강압과 힘과 폭력에 의해 전진한다. 그러나 하나님 나라는 용서, 고통, 이야기, 선포, 전시, 그리고 본보기에 의해 전진한다.

하나님 나라는 로마인들의 목을 베는 것이나 죄 많은 사회로부터 스스로를 격리시키는 것에 의해 전진하지 않는다. 그것은 왕의 원수들을 몰살시키는 것에 의해 오지 않고, 왕 자신의 죽음과 그분을 따르는 사람들의 자기 희생에 의해 오는 것이다.

우리가 이미 살펴보았듯이, 하나님 나라는 반죽 안의 누룩이나 땅 속의 씨앗처럼 조용히, 천천히, 그리고 수면 아래서 자란다. 하나님 나라는 왕의 백성들이 용서하고, 사랑하고, 그들의 주님의 십자가를 질 때 영토를 얻게 된다.

예수님의 기적은 하나님 나라의 표지판이었다. 듣지 못하는 사람들을 치유하신 것은 마음의 귀가 열려 진리를 듣는 것을 상징한다. 보지 못하는 사람들을 치유하신 것은 사람의 영의 눈이 열려 진리를 보는 것을 상징한다. 죽은 자를 살리신 것은 새 생명을 상징한다.

예수님께서 행하신 기사와 이적은 창조의 하나님께서 왕이 되셨음을 계시했다. 그리고 그분이 엉망진창인 이 땅에 임하셔서 그분에게 복종하는 모든 사람에게 용서, 평안, 공의, 자유, 그리고 온전함을 주시는 선하시고 자애로운 왕임을 계시했다.

> 하나님의 아들이 나타나신 것은 마귀의 일을 멸하려 하심이라. 요일 3:8

예수님께서 귀신을 내쫓거나 억눌린 사람을 치유하셨을 때는 언제든지, 하나님께서 단번에, 그리고 영원히 악의 뿌리를 잘라내실 그 십자가에서 사탄의 나라를 궁극적으로 물리치실 것을 예시하신 것이다.

에클레시아가 오늘날 땅에서 예수님의 사역을 계속할 때, 그것은 동일한 사역을 수행하고 있는 것이다.

**인써전스**를 통해, 그리스도의 사역은 계속된다.

## 하나님 나라의 세포 조직

하나님 나라에 들어간 사람들은 "과격화된" 사람들이지만 숨어서 암약하는 "잠복 조직sleeper cells"처럼 활동하지 않는다. 그들은 하늘에 있는 것 같이 땅에 임한 하나님 나라를 선포하고, 구현하고, 드러내는데 적극적이고, 가시적이고, 열정적이다.

내가 사역했던 몇몇 에클레시아는 그 공동체의 삶에서 기간을 설정하고 작은 "하나님 나라의 세포 조직kingdom cells"을 만들 계획을 세웠다. 그것은 그들의 지역사회 안에서 하나님 나라를 드러내는 창조적인 방법을 모색하는 것이었다.

그 작은 "하나님 나라의 세포 조직" 중 어떤 그룹은 그들의 도시 안에 있는 가난한 사람들을 섬겼다. 그리고 어떤 그룹은 과부와 홀아비들을 도왔다. 또 그중에 각각 노숙자들, 마약 중독자들, 임신한 십대들, 성적 인신매매단에 붙잡혔던 사람들 등을 돕는 그룹이 있었다.

그 그룹들 중엔 그 도시 안에서 이미 이런 일을 하는 다른 단체들과 조직들과 협력하기도 했다. 그들은 그들의 확신을 타협하지 않고 협력했다. 그들은 또한 거기서 복음을 증거하고 드러내면서 예수 그리스도를 소개했다.

그들이 이런 사역에서 그리스도의 영에 의해 인도를 받고 예수님의 이름과 성령의 능력에 의해 섬겼기 때문에, 그들이 한 일은 진정으로 "하나님 나라의 일"이었다. 물론 이런 경우에 그들이 협력했던 단체들은 하나님 나라에 속한 것이 아니지만.

그들은 세상의 문제들을 고치려고 노력하지 않았다. 그 대신, 그들을 지켜보는 세상 앞에 예수님의 사역을 전시한 것이고, 에클레시아가 하나님께서 만드신 더 나은 곳이라는 사실을 증거한 것이다.

## 브레이킹 굿

"브레이크 배드break bad" 라는 문구는 미국 남부에서 사용되는 말로써, 미친듯이 열광하고 도덕적 권위에 도전한다는 뜻이다. 나는 정반대의 의미를 전달하고자 "브레이크 굿break good" 이라는 문구을 사용한다.

신약성서에서 "선한 일" 또는 "선한 행실" 이라는 표현은 인간의 고통을 완화시키는 것을 염두에 두고 있다. 에클레시아가 그리스도의 생명에 의해 살아갈 때, 그녀는 "두루 다니시며 선한 일을 행하시고 마귀에게 눌린 모든 사람을" 고치신 예수님의 사역을 수행하게 된다. 행 10:38, 또한 요 10:32도

오늘날도 그리스도의 몸은 똑같다. 바울은 갈라디아교회에게 이렇게 말했다:

> 그러므로 우리는 기회 있는 대로 모든 이에게 착한 일을 하되 더욱 믿음의 가정들에게 할지니라. 갈 6:10

"모든 이에게 착한 일을 하되" 라는 표현은 하나님의 사람들은 그들에게 속한 사람들만을 돌봐야 한다고 믿는 사람들에 의해 종종 간과된다. 그러나 바울은 데살로니가 전서에서 같은 맥락으로 말했다:

> 또 주께서 우리가 너희를 사랑함과 같이 너희도 피차간과 모든 사람에 대한 사랑이 더욱 많아 넘치게 하사. 살전 3:12
>
> 삼가 누가 누구에게든지 악으로 악을 갚지 말게 하고 서로 대하든지 모든 사람을 대하든지 항상 선을 따르라. 살전 5:15

베드로도 같은 말을 했다:

> 너희가 이방인 중에서 행실을 선하게 가져 너희를 악행한다고 비방하는 자들로 하여금 너희 선한 일을 보고 오시는 날에 하나님께 영광을 돌리게 하려 함이라… 곧 선행으로 어리석은 사람들의 무식한 말을 막으시는 것이라. 벧전 2:12, 15
>
> 베드로는 또한 신자들만이 아닌, 모든 사람을 공경하라고 그의 독자들을 권면했다. 벧전 2:17

신약성서 전체에서, 하나님의 사람들은 어디서든지, 언제든지, 누구에 게든지 "선한 일"을 해야 한다고 권면한다.

이 선한 일을 하나님의 사람들에게, 그리고 그들을 위하여 해야 하는 것이 우선이지만 갈 6:10, 또한 "모든 사람"에게 해야 한다. 마 5:16; 엡 2:10; 딤전 2:10; 5:10, 25; 6:18; 살후 2:17; 딛 2:7; 3:8, 14; 히 10:24

> 이러므로 우리도 항상 너희를 위하여 기도함은 우리 하나님이 너희를 그 부르심에 합당한 자로 여기시고 모든 선을 기뻐함과 믿음의 역사를 능력으로 이루게 하시고. 살후 1:11

이 구절들에 언급된 선한 일이 우리 자신의 에너지로 하는 일을 가리키는 것이 아님을 유념하라. 그 대신, 선한 일은 나무에서 떨어진 열매와 비슷하다. 그것은 우리 안에 거하시는 그리스도의 생명에 의해 살아낸 산물이다. 흥미로운 것은, 하나님께서 우리가 태어나기도 전에 우리가 행하여야 할 선한 일을 미리 예비하셨다는 사실이다.

> 우리는 그가 만드신 바라 그리스도 예수 안에서 선한 일을 위하여 지으심을 받은 자니 이 일은 하나님이 전에 예비하사 우리로 그 가운데서 행하게 하려 하심이니라. 엡 2:10

진실로, 하나님의 에클레시아는 그녀의 왕을 위해 믿음과 사랑으로 자연스럽게 흘러나오는 선한 일에 의해 특징지어진다. 그런 선한 일은 하나님 나라에 속하지 않은 사람들에게 하나님의 사랑스러운 통치와 왕의 아름다움을 맛보게 한다. 딛 2:14

인써전스에 가담한 사람들은 세상에서 과감하게 "브레이크 굿"을 해왔다.

## 아름답게 꾸밈

우리는 하나님 나라가 영적이고 보이지 않지만 그것에 가시적인 실재가 있음을 발견한다.

당신이 기억한다면, 이 책의 첫 부분에서 우리는 왕의 눈부신 아름다움에 관해 살펴보았다. 회심이 놀라운 것은 예수 그리스도께서 성령에 의해 그분 자신의 아름다움으로 우리를 아름답게 꾸미는 작업을 진행하신다는 사실이다.

> 여호와께서는 자기 백성을 기뻐하시며 겸손한 자를 구원으로 아름답게 하심이로다. 시 149:4

> 자기 앞에 영광스러운 교회로 세우사 티나 주름 잡힌 것이나 이런 것들이 없이 거룩하고 흠이 없게 하려 하심이라. 엡 5:27

> 또 내가 보매 거룩한 성 새 예루살렘이 하나님께로부터 하늘에서 내려오니 그 준비한 것이 신부가 남편을 위하여 단장한 것 같더라. 계 21:2

> 무릇 시온에서 슬퍼하는 자에게 화관을 주어 그 재를 대신하며 기쁨의 기름으로 그 슬픔을 대신하며 찬송의 옷으로 그 근심을 대신하시고. 사 61:3

그렇다면, 하나님 나라를 드러내는 것은 왕의 아름다움을 표현하는 것이다. 하나님의 에클레시아인 어린 양의 아내는 예수님 자신이 소유하신 아름다움을 반사한다.

예수님께서 그분 자신의 아름다움으로 우리의 마음을 황홀하게 하시고 우리를 아름답게 꾸미심으로, 하나님 나라 밖에 있는 사람들이 우리 안에 있는, 그리고 우리를 통해서 나타나는 그리스도의 찬란한 아름다움을 감지하게 된다. 이것은 우리가 하나님의 생명의 영광을 보여주는 선한 일을 행할 때 특히 그렇다.

그러므로 **인써전스**는 그리스도의 아름다움을 알고 그것을 반사한다.

## 나를 축복해주세요 클럽이 아님

어떤 사람들은 예수님께서 오직 그분의 동족인 이스라엘 사람들에게만 사역하셨고, 유대인이 아닌 사람들에게는 선한 일을 드러내시지 않았다고 가르쳐왔다. 그들은 이런 견해를 받아들여서 에클레시아가 잃어버린 영혼들이 아닌 오직 에클레시아 안의 동료 지체들에게만 선한 일을 하도록 부르심을 받았다고 주장한다.

예수님이 "이스라엘의 집으로" 보내심을 받고 그분 곁에 이스라엘을 다시 창조하시려고 한 것은 사실이지만, 그분이 오직 동족인 이스라엘 사람들에게만 선한 일을 하셨다는 주장은 옳지 않다.

몇 가지 예를 든다면, 예수님께서 로마 백부장의 아들을 고치신 것 눅 7:1-10, 사마리아 여자와 그녀의 친구들에게 생명을 전하시며 섬기신 것 요 4, 거라사 지방에서 귀신 들린 자를 온전하게 하신 것 막 5:1-20, 그리고 이방인의 땅에서 많은 병자를 고치시고 먹이신 것 마 15:29-39, 등이 있다.

예수님은 단지 그분이 "선한 사람"이기 때문에 이방인들 중에서 이 선한 일들을 행하시지 않았다. 예수 그리스도는 동정심이 성육신한 분이다. 그리고 이 선한 행실들을 하나님 나라의 표지판으로 삼고 행하셨다.

> 그러나 내가 만일 하나님의 손을 힘입어 귀신을 쫓아낸다면 하나님의
> 나라가 이미 너희에게 임하였느니라. 눅 11:20

> 하나님이 나사렛 예수에게 성령과 능력을 기름 붓듯 하셨으매 그가 두
> 루 다니시며 선한 일을 행하시고 마귀에게 눌린 모든 사람을 고치셨으
> 니 이는 하나님이 함께 하셨음이라. 행 10:38

귀신을 내쫓으신 예수님의 사역은 하나님 나라가 사탄의 나라를 물리치고 승리했음을 드러낸 것이다.

아울러, 예수님의 사역은 이스라엘만을 위한 것이 아니고 세상 전체를 위한 것이다.마 28:19; 요 10:16 예수님은 마귀의 일을 멸하러 오셨고, 그 일은 이스라엘만이 아닌 인류 전체에 영향을 끼쳤다.요일 3:8 그리스도의 사역도 복음처럼 "먼저는 유대인에게요 그리고 헬라인에게" 주어졌다.롬 1:16

마찬가지로, 예수님을 따르는 사람들이 예수님이 주인일 때 에클레시아가 어떤 모습일지를 먼저 그들 안에서 서로 돌봄으로서 세상에 보여주지만, 그들은 또한 잃어버린 영혼들을 위해 선한 일을 행함으로 하나님 나라를 드러내도록 부르심을 받았다.

하나님 나라의 이런 측면을 제거하는 것은 에클레시아를 "나를 축복해 주세요 클럽"으로 바꾸어버린다. 즉, 에클레시아를 오직 그들이 속한 그룹의 사람들만을 돌보고 예수님께서 위하여 죽으신 세상을 묵살해버리는 사람들의 거룩한 동호회로 만들어버린다.

이런 일이 벌어질 때는 언제든지, 에클레시아가 고대 이스라엘의 죄를

재연하게 된다. 이스라엘과 관련된 하나님의 약속은 그녀를 통해 땅의 모든 나라가 복을 받는 것이었다. 그러나 이스라엘은 세상을 향해 빛이 되라는 부르심을 받았는데 빛을 발하는 대신, 자신만을 위해 하나님의 복을 착복하고 창문을 거울로 바꾸는 죄를 저질렀다.

우리가 바로 전 장에서 살펴보았듯이, "선한 일"은 하나님 나라와 아주 밀접한 관계가 있다. 그리고 우리는 그리스도의 몸에 속한 동료 지체들뿐만 아니라 잃어버린 영혼들을 위해 선한 일을 한다.

## 인도주의적 지원

세상이 관여하는 인도주의적 지원과 자선 활동의 "선한" 사업과, 신약성서가 말하는 "선한 일" 사이에는 엄청난 차이가 있음을 꼭 이해해야 한다.

겉으로 보기엔 둘 다 똑같아 보이지만, 보이지 않는 하나님의 영역에서는 그것이 현저하게 다르다.

신약성서가 가리키는 선한 일은 언제나 예수 그리스도의 이름또는 임재과 성령의 능력으로 일어난다. 그리고 "선한 일" 각각의 동기와 원천은 그리스도 자신이다.

> 하나님의 나라는 말에 있지 아니하고 오직 능력에 있음이라. 고전 4:20

그러므로 사실상 에클레시아가 수행하는 "선한 일"은, 공동체가 함께 하든지 공동체를 대표하는 지체들 개인이 하든지, 왕의 인격 안에서, 그리고 그분의 능력에 의해서 수행되는 그분의 공동체의 활동이다.

이런 이유로, 선한 일은 하나님 나라가 도래했다는 산 증거이고 또 하나님 나라가 구현하는 것의 표지판이다.

세상이 인도주의적 사업에 관여하거나 그리스도인들이 그들 자신의 능력과 힘으로 그런 일을 할 때는 그렇지 않다.

## 화목하게된 사람들의 교제

내가 이 책을 집필하는 동안 인종차별이 복마전 같은 이슈이다. 서구에서 많은 진전이 있어왔음에도 불구하고, 인종차별적인 태도와 사상이 여전히 크게 다가온다.

그러나 인종차별의 문제는 새로운 것이 아니다. 그것은 타락한 인류의 근본적인 요소에 내재되어 있다.

1세기 때의 세계는 인종차별과 압제로 어지럽혀져있었다. 1세기 유대인의 사고방식엔, 이방인들아프리카인, 로마인, 그리스인, 시리아인, 아시아인 등은 지옥의 불쏘시개로 창조된 사람들이었다.

유대인이 이방인을 "할례 없는 자" 라고 불렀을 때, 그것은 저주의 표현이었다. 그것은 엄청나게 모독스러운 이름이었다.

만일 유대인이 이방인과 결혼한다면, 유대인 부모가 그들의 자녀를 위해 장례식을 치렀다. 그들의 눈에는 그 자녀가 죽은 것이었다.

반면에, 이방인들은 유대인들을 인간 이하로 취급했다. 역사적으로 유대인들은 이방 나라들이집트, 앗시리아, 바빌론, 그리스, 로마 등의 손아귀에서 연달아 압제를 당해온 사람들이었다.

인류 역사 내내, 유대인과 이방인 사이에 있었던 것처럼 두 그룹 사이에서 그토록 적대감과 증오와 폭력이 난무한 경우는 결코 없었다. 그러나 웬

걸, 1세기 때 이 뿌리 깊은 인종간의 적개심을 초월하는 과격한 사람들의 그룹이 지구상에 출현했다.

스스로를 같은 가족의 일원이라고 여긴 사람들의 그룹이 나타난 것이다. 유대인, 이방인, 노예, 자유인, 부한 자, 가난한 자, 남자, 그리고 여자로 구성된 그룹이었다.

이 사람들은 예수님의 사역 초기에 예수님을 따른 사람들이었다. 로마 제국의 사람들은 이전에 서로 미워하던 사람들이 이제 서로 사랑하고 예수님의 이름 안에서 삶을 공유하는 것을 보고 어안이 벙벙해졌다.

그들이 마음으로 기쁨의 노래를 부르며 팔짱을 끼고 걸어가는 광경을 보라.


유대인과 이방인.

노예와 자유자.

부한 자와 가난한 자.

남자와 여자.


그들을 유심히 보라. 유대인과 이방인이 함께 식사를 하고, 함께 일을 하고, 거룩한 입맞춤으로 인사를 하고, 자녀들을 함께 양육하고, 서로를 돌보고, 서로간에 결혼을 하고, 서로를 위해 장례를 치러준다.

이 사실은 1세기 때 살았던 모든 사람의 신경을 건드렸다. 그것이 로마 제국을 뿌리째 흔들어놓았다.

예수 그리스도의 교회는 계급 없는 사회였다. 그 지체들은 사회적 신분이나 피부색이나 지위와 무관했다. 그들에겐, 그리스도의 몸 안에서 유대인도 없고 헬라인도 없었다. 노예나 자유인도 없었다. 부한 자나 가난한

도 없었다.

> 거기에는 헬라인이나 유대인이나 할례파나 무할례파나 야만인이나 스
> 구디아인이나 종이나 자유인이 차별이 있을 수 없나니 오직 그리스도
> 는 만유시요 만유 안에 계시니라. 골 3:11

처음 200년 동안에, 그리스도인들은 서로를 부를 때 성을 빼고 오직 이
름으로만 불렀다. 그 이유는?

그들의 성이 그 사회 안의 사회적 신분을 담고 있었기 때문이다.

모든 사회적 구분이 지워진 계급 없고 인종 없는 사회가 등장한 것이다.

그들의 생각엔, 유대인과 이방인, 노예와 자유인, 부한 자와 가난한 자
가 더는 존재하지 않았다. 초기 신자들은 스스로를 한 가족의 일원으로 보
았다. 그들은 새로운 인종이었다. 즉, 이 땅의 식민지나 이 땅으로부터 온
식민지가 아니고, 이 땅을 위한 식민지 곧 다른 영역에서 온 식민지로 보
았다.

예수님은 그분의 부활에 의해 유대인과 이방인을 분리시켰던 분열과 적
대감의 담을 헐어버리시고 그들로부터 새 인류를 출현시키셨다.

> 그는 우리의 화평이신지라 둘로 하나를 만드사 원수 된 것 곧 중간에
> 막힌 담을 자기 육체로 허시고 법조문으로 된 계명의 율법을 폐하셨으
> 니 이는 이 둘로 자기 안에서 한 새 사람을 지어 화평하게 하시고 또 십
> 자가로 이 둘을 한 몸으로 하나님과 화목하게 하려 하심이라 원수 된
> 것을 십자가로 소멸하시고. 엡 2:14-16

예수 그리스도는 새 창조의 첫 열매가 되셨다. 롬 8:29

바울은 고린도 전서 10:32에서 세 인종을 언급했다: 유대인, 이방인, 그리고 하나님의 **에클레시아**. 이런 이유로, 2세기 그리스도인들은 스스로를 "새 인류" 뿐만 아니라 "제 3의 인류"로 불렀다.

따라서 그리스도의 몸은 원래 천지창조가 나타내도록 설계되었던 하나님의 근원적인 형상의 회복이다. 유대인이나 그리스인, 노예나 자유인, 남자나 여자가 없는 형상이다.

> 너희는 유대인이나 헬라인이나 종이나 자유인이나 남자나 여자나 다
> 그리스도 예수 안에서 하나이니라. 갈 3:28

인종이 없는 이 새로운 공동체 안에서, 성, 인종, 계급, 그리고 사회적 신분을 갈라놓았던 선이 깨끗이 지워졌다. 그리고 영적 은사의 새로운 구분이 주어졌다. 이제 하나님의 에클레시아는 인종차별이 없고, 성차별이 없고, 계급차별이 없는 사회로 부르심을 받았다.

생각해보라. 예수님께서 새 인류를 형성하시기 위해 유대인과 이방인을 하나가 될 수 있게 하셨다면, 그분은 어떤 인종들도 하나로 불러모으실 수 있다. 아니라면 F. F. 브루스의 말을 들어보라:

> 유대인-이방인 사이의 장벽의 제거는 인류의 다양한 그룹을 분리시켜놓은 다른 장벽들도 제거한다는 약속을 담고 있다.56

브루스는 교회를 다음과 같이 정확하게 묘사했다: "지금 여기에서 하나님의 화목의 걸작품일 뿐만 아니라, 미래에 올 화목하게될 우주를 위한 하

나님의 시범 계획."57

정치적 해결책은 한계가 있다. 우리의 법을 조정하는 것은 언제나 제한적이다. 사법제도의 개혁으로는 충분하지 않다. 오직 에클레시아가 그리스도의 연합된 생명에 의해 살아낼 때, 그녀는 인종차별이 없는 세상이 어떤 모습인지를 보여줄 수 있다.

다시 한 번, 브루스는 이 문제를 깨끗하게 정리했다:

> 만일 교회가 우주적인 화목을 위한 하나님의 역사를 촉진하는 효과적인 도구라면, 그녀는 화목된 교제로 보여져야 한다. 만일 이 세상에서 볼 수 있는 신조, 계급, 인종, 또는 피부색의 장벽들이 에클레시아 안에서 용납된다면, 그녀는 다른 사람들에게 화목의 복음을 확신있게 선포할 수 없다. 만일 그것들이 그렇게 용납된다면, 그녀는 터무니 없는 세상적인 것으로 전락해버릴 것이고, 그녀의 증거는 무효화될 것이고, 땅의 소금이 그 맛을 잃어버리고 쓸모없게 될 것이다.58

존 하워드 요더는 같은 생각으로 화답했다:

> 교회는, 예를 들면 그 안에서 경제적, 인종적 차이들이 극복된, 별난 인류의 표본이 되어야 한다. 오직 그럴 때만 교회가 어떻게 그 차이들을 해결해야 하는지에 관해 교회를 둘러싼 사회를 향하여 할 말이 있을 것이다. 그렇지 않으면, 세상을 향해 자신들도 경험하지 못한 화목의 표준을 외치는 것이 결코 정직하거나 효과적이지 않을 것이다.59

하나님 나라에는 인종차별이 없다. **인써전스**에 가담한 사람들은 그들이 인종차별, 성차별, 노인차별, 등이 없는 새 인류에 속했음을 이해한다. 그리고 그들은 그것에 따라 살아간다.

하나님 나라의 복음은, 제대로 받아들여질 때, 그 복음을 받아들인 사람들 중에 인종차별과 인종적 갈등을 끝장낸다. 하나님 나라는 사회 정의를 위한 비전을 포함한다. 이 비전은 하나님의 경제, 하나님의 정의, 그리고 하나님의 정치를 반영하는 예수님을 따르는 사람들의 공동체들로 이 세상을 채우게 된다. 이것들 중 어떤 것도 이 세상에 속하지 않는다.

**인써전스**에 가담한 사람들은 그들의 삶에서, 그들의 집에서, 그리고 그들의 모임에서 이 비전을 구체화시킨다.9)


## 권세들의 결탁

신약성서는 "통치자들과 권세들" 또는 "정사와 권세" 라는 문구를 사용한다. 이 표현은 땅의 정권들뿐만 아니라 적대적인 우주의 세력악한 영들을 가리킨다.

통치자들과 권세들은 인간 통치자들, 나라들, 사회구조, 정치제도, 그리고 영적 실체를 포함한다.10)

---

9) 이 장은 Derwin Gray와 공저한, 내 블로그(frankviola.org)에 실린 논문 "The Race Card of the Early Christians" 에서 발췌한 것으로서, 이 발췌본은 내가 쓴 것이다.

10) 신약성서에서 "통치자들"과 "권세들" 이라는 단어는 종종 짝을 이루어 사용된다: 눅 12:11; 20:20; 고전 15:24; 골 1:16; 2:10, 15; 엡 1:21; 3:10; 6:12; 딛 3:1. 나는 다음과 같은 스캇 맥나이트의 견해에 동의한다: 통치자들과 권세들은 "구조보다는 초자연적인 존재들"을 강조하고, "하나님의 세상의 구조 안에서 활동하는 우주적인 흑암의 세력을 가리키는 힘"을 강조한다. Scot McKnight, *The Letter to the Colossians, NICNT* (Grand Rapids: Eerdmans, 2018), "Excursus: The Powers as Polluted Structures," 252–61. 아울러, 다음을 참조할 것: Clinton Arnold, *Powers of Darkness,* chaps. 6–15; Greg Boyd, *Crucifixion of the Warrior God,* vol. 2 (Minneapolis: Fortress Press, 2017), chaps. 21–23.

이 세상의 정치제도와 정부 구조는 거기에 관련된 사람들이 누구건 간에 영적 세계에 있는 우주의 악한 통치자들과 권세들의 영향을 아주 많이 받는다. 바울은 이렇게 말했다:

> 우리의 씨름은 혈과 육을 상대하는 것이 아니요 통치자들과 권세들과 이 어둠의 세상 주관자들과 하늘에 있는 악의 영들을 상대함이라. 엡 6:12

우주의 통치자들과 권세들은 "이 악한 세대" 안에서갈 1:4; 고전 2:8 인간의 권력정부, 정치 지도자, 등을 그들의 도구로 사용한다.

신약성서에서, 세상 제도를 주관하는 영적인 통치자들과 권세들은 권력을 휘두르는 땅의 지배자들과 권세들과 뒤얽혀있다. 이것이 사탄이 모든 정치 지도자와 정부 관리를 소유하고 있다는 뜻은 아니다.

또는 정부들이 선한 일을 할 수 없다는 뜻도 아니다. 그들은 종종 선한 일을 한다. 그러나 그것은 이 세상의 정치제도와 정부 구조가 이 악한 세대 안에서 적대적인 우주의 세력들에 의해 지배당하고 있다는 뜻이다.

이것이 사탄이 광야에서 예수님을 시험할 때 왜 이 세상 나라들을 그분께 주겠다고 할 수 있었는지의 이유를 설명해준다.마 4:8 그것은 성서가 왜 나라들이 사탄에게 속한 군주들 아래 있다고 말하는지의 이유를 우리에게 설명해준다.단 10:13-20 또 바울이 왜 사탄을 "이 세상의 신" 이라고 불렀는지의 이유를 설명해준다.고후 4:4 그리고 예수님께서 왜 사탄을 "이 세상의 임금" 이라고 부르셨는지의 이유를 설명해준다.요 12:31; 14:30; 16:11 그것은 또한 왜 그토록 많은 정치가가심지어 의로운 사람들까지도 궁극적으로 제도에 의해 부패해지는지의 이유를 설명해준다.

따라서 어떤 정당이 언제 정권을 잡았는지에 관계없이 적대적인 영적 세력들은 배후에서 땅의 통치자들을 조종하면서 활동한다. 동시에, 하나님은 이 통치자들의 활동 위에서 주권을 행사하신다. 그리고 하나님은 그분의 목적을 성취하시기 위해 그들을 명령하시고 정리하신다.단 2:21; 4:32; 5:21; 시 33:10; 잠 8:15

> 여호와께서 그의 보좌를 하늘에 세우시고 그의 왕권으로 만유를 다스리시도다. 시 103:19

하나님은 그분의 목적을 성취하시기 위해 앗시리아를 사용하셨고 사 10, 페르시아의 왕 고레스를 사용하셨고 사 45, 갈대아 사람들을 사용하셨고 합 1, 바빌론 왕 느부갓네살을 사용하셨다.렘 27 또한 하나님은 사회에 질서를 확립시키는데 인간의 정부들을 사용하신다. 물론 그것들을 직접 감독하시지는 않지만.11)

여기에 좋은 소식이 있다. 그리스도의 죽음과 부활 때문에 타락한 정치 구조 배후에 있는 우주의 적대적인 세력들은 하나님의 사람들인 우리 위에 영적 권위를 갖고 있지 않다. 골 2:15; 엡 6:14-18

사탄은 참소하는 자이다.슥 3:1, 욥 1:9-11; 계 12:10 그러나 그리스도께서 흘리신 피 때문에 사탄이 더는 하나님의 자녀들을 참소하거나 정죄할 수 없고, 그들을 두려움으로 마비시킬 수 없다. 히 2:14; 롬 8:34; 계 12:9-11

요약하자면, 그 누가 정권을 잡았다 하더라도 당신의 "친지들" 또는 다른 누구

---

11) InsurgenceBook.com의 "The Origins of Human Government and Hierarchy"를 참조할 것.

의 친지들, 당신의 소망을 결코 어떤 정부에도 두지 말라.12) 이 악한 세대에서 모든 정부는, 거기에 관련된 사람들이 누구건 간에, 그들의 영적 인식 수준에 관계없이, "적대적인 외부의 세력들과 한통속"이다. 예수님과 바울이 그 증거이다.

## 통치자들과 권세들을 쫓아냄

다시 한 번 예수 그리스도의 십자가를 살펴보고, 보이지 않는 영역을 자세히 들여다보자.

로마의 십자가에 못박혀 피를 흘리며 상상을 초월하는 고통을 당한 갈릴리 출신 죄없는 사람, 그분을 바라보라.

땅의 통치자들과 권세들은 하나님 아들의 옷을 벗기고 공중 앞에서 모욕을 주며 그분을 십자가 위에 들어올렸다.

그러나 이것은 영적 세계에서 벌어지고 있는 일이었다. 예수님은 그분의 죽음에 의해, 그분을 죽인 통치자들과 권세들에게 정확히 똑같은 일을 하고 계셨다. 골로새서 2:15에서 바울이 한 말을 들어보라:

> [예수는] 통치자들과 권세들을 무력화하여 드러내어 구경거리로 삼으시고 십자가로 그들을 이기셨느니라. 골 2:15

이 사실은 고린도 전서에서 바울이 한 말에 새로운 해석을 내려준다.

> 이 지혜는 이 세대의 통치자들이 한 사람도 알지 못하였나니 만일 알았

---

12) InsurgenceBook.com의 "A Word About Political Elections"를 참조할 것.

더라면 영광의 주를 십자가에 못 박지 아니하였으리라. 고전 2:8

바울은 왜 이렇게 말했을까?

그것은 이 세대의 우주적 통치자들과 권세들이 예수님을 죽음으로 몰아 넣음으로 그들 스스로 제 무덤을 팠기 때문이다. 주 예수 그리스도는 그분의 부당한 죽음을 통해 통치자들과 권세들의 정체를 드러내시고, 그들을 부끄럽게 하시고, 그들의 무장을 해제하시고, 그들을 쫓아내시고, 그들을 물리치셨다.

세상의 지배자들은 그들의 주권적 통치에 대한 예수님의 도전에 격분했다. 그래서 그들은 예수님을 벌거벗기고, 공중 앞에서 모욕을 주고, 갈릴리 출신 선지자를 이긴 승리를 만끽하고 있었다.

그러나 고대의 왕들이 그들의 대적들을 무장 해제시키고 개선하면서 승리의 가두행진을 했던 것처럼 진정한 왕이신 예수 그리스도도 통치자들과 권세들을 물리치시고 승리하셨다. 바울은 예수님을 그분이 정복한 자들을 포로로 잡고 끌고 오시는 개선장군으로 그렸다.

우리가 알다시피, 이 세대를 지배하는 우주의 통치자들과 권세들은 예수님을 죽음으로 몰기 위해 유대와 로마의 통치자들에게 영향력을 행사했다. 그리고 그리스도의 죽음에 의해 쫓겨난 자들은 그 우주의 지배자들이었다! 우리의 주님은 형세를 역전시키셨다.

십자가는 우주의 권세들을 상대로 한 영적인 격투기의 한판승이었다. 즉, 예수님께서 그들이 자기의 꾀에 자기가 넘어가게 하신 것이다. 예수님은 하나님의 권위를 부당하게 찬탈한 그들의 정체를 밝히셨다.

따라서 십자가는 궁극적인 트로이의 목마였다. 예수님이 이제 권세들 위에 으뜸이시므로, 우리는 그들의 처분이나 명령을 기다리지 않는다.

그[예수 그리스도]는 하늘에 오르사 하나님 우편에 계시니 천사들과
권세들과 능력들이 그에게 복종하느니라. 벧전 3:22

그의 힘의 위력으로 역사하심을 따라 믿는 우리에게 베푸신 능력의 지
극히 크심이 어떠한 것을 너희로 알게 하시기를 구하노라 그의 능력이
그리스도 안에서 역사하사 죽은 자들 가운데서 다시 살리시고 하늘에
서 자기의 오른편에 앉히사 모든 통치와 권세와 능력과 주권과 이 세
상뿐 아니라 오는 세상에 일컫는 모든 이름 위에 뛰어나게 하시고 또
만물을 그의 발 아래에 복종하게 하시고 그를 만물 위에 교회의 머리
로 심으셨느니라. 엡 1:19 22[13]

결과적으로, 우주의 통치자들과 권세들은 하나님의 자녀들 위에 영적
인 권세를 행사하지 못한다. 영적인 흑암의 지배자들은 무엇을 하든지 관
계없이 우리를 억류하거나 하나님의 사랑에서 끊을 수 없다. 롬 8:38 또는
죽음의 공포로 우리에게 압력을 가할 수도 없다. 히 2:14 우리는 또한 귀신
들린 자에게서 악령을 내쫓는 권세를 부여받았다. 눅 10:19 [14]

---

13) 또한 다음 구절들을 참조할 것: 골 2:10; 마 28:18; 눅 22:69; 빌 2:5-11.
14) 복음서에서 귀신들은 우주의 통치자들과 권세들과는 구별된 것처럼 보인다. 그 기록들
   을 보면, 귀신들이 보통 광야와 이방인들과 관련된 지역들에서 사람들을 억압하고 소
   유한다. 신약성서의 바울과 다른 저자들의 서신들에는, "귀신" 이라는 단어가 모든 악
   령의 실체를 가리키는 것으로 더 일반적으로 사용된다. 우리가 곧 살펴보겠지만, 우주
   의 통치자들과 권세들은 땅의 정부들에 영향을 끼치는 타락한 하늘의 존재들이다. 우
   리가 이미 지적한 바와 같이, 사탄은 첫 사람들이 창조되기 이전에 또는 창조됨과 동
   시에 쫓겨났다. 귀신들의 기원에 대해서는 학자들의 견해가 구구하다. 다양한 논리들
   을 상세히 설명하는 것은 이 책의 범위를 벗어나는 것이지만, 창세기 6장에 기초한 논
   리는 다음을 참조할 수 있다: Archie T. Wright, *The Origin of Evil Spirits* (Minneapolis:
   Fortress Press, 2015); Annette Yoshiko Reed, *Fallen Angels and the History of Judaism
   and Christianity* (Cambridge University Press, 2015); Michael Heiser, *Reversing Hermon*
   (Crane, MO: Defender Publishing, 2017) 복음서에 나오는 사탄, 귀신들, 그리고 마귀에
   관한 자세한 설명은 다음을 참조할 것: G. H. Twelftree, "Demon, Devil, Satan," *Dictio-
   nary of Jesus and the Gospels*, ed. Joel B. Green and Scot McKnight (Downers Grove, IL:

칠십 인이 기뻐하며 돌아와 이르되 주여 주의 이름이면 귀신들도 우리에게 항복하더이다. 눅 10:17

하지만 사탄과 그의 사자들이 패배하고 쫓겨났음에도 불구하고, 그들은 아직 전멸되지는 않았다. 예수님은 그분의 십자가에 의해 그들에게 구속 영장을 발부하셨다. 그리고 그리스도께서 이 땅에 다시 오실 때 그것을 구체화시키시고 사탄과 그의 사자들의 권세를 제거하실 것이다.

또 다른 예로, D-Day 연합군이 독일에 승리한 날와 V-Day 독일이 실제로 항복한 날 사이의 기간을 들 수 있다.15) 십자가에서 예수님은 타락한 우주의 권세들을 물리치셨지만 D-Day, 재림하실 때 그들을 영원히 쓸어버리실 것이다.V-Day

그 후에는 마지막이니 그가 모든 통치와 모든 권세와 능력을 멸하시고 나라를 아버지 하나님께 바칠 때라. 고전 15:24

클린턴 아놀드는 다음과 같이 명료하게 정리했다:

교회는 계속해서 "마무리짓는" 기간에 살고 있다. 마지막 승리는 확보되

---

InterVarsity Press, 1992) 귀신들은 그들의 기원과 관계없이 사탄을 위해 일하는 것으로 여겨진다. 눅 10:17-20; 마 9:34; 막 3:22; 눅 11:18에는 마귀가 귀신들과 연결되어 있다. 마태복음 25:41에서 예수님은 "마귀와 그의 사자들"을 언급하셨다. 요한계시록 12:9도 역시 사탄의 사자들을 언급했다. 사탄은 "이 세상의 신"이고 "공중의 권세잡은 자"이므로, 귀신들과 다른 타락한 하늘의 존재들을 지배해왔다.

15) Oscar Cullmann이 이 예를 들어 설명한 장본인이다. 나는 『예수는 지금』(대장간 역간)의 7단원 "세상의 주인"과 8단원 "오늘날의 예수 그리스도"에서 사탄 세력의 권세를 누르고 승리하신 예수님과 그들의 현재 활동 사이에 있는 긴장 상태를 더 자세히 설명했다.

었지만, 아직은 위험한 시간이고 싸워야 할 전투가 많이 남아있다. 사탄과 그의 세력은 끊임없이 교회를 공격하고, 믿지 않는 인류를 속박하고, 세계 전체에서 모든 악을 도모하고 있다.60

따라서 낙원은 "이미, 하지만 아직"이다. 우리는 두 시대가 겹쳐진 세계를 살고 있다. 모든 것이 인자이신 예수님의 발 아래 있음에도 불구하고, "지금 우리가 만물이 아직 그에게 복종하고 있는 것을 보지 못하고" 있다. 히 2:8

이것은 하나님 나라의 "이미, 하지만 아직" 이라는 긴장 상태의 일부이다. 세상 제도는 여전히 사탄의 나라에 속했지만, 또한 하나님의 주권에 의해 제한되어 있다.16)

## 배우들의 배후에 있는 세력

예수님을 죽음으로 내몬 유대인 종교 지도자들을 통해 활동하는 존재가 이 세대의 우주적 통치자들임을 예수님은 다음과 같이 확인해주셨다:

내가 날마다 너희와 함께 성전에 있을 때에 내게 손을 대지 아니하였도 다 그러나 이제는 너희 때요 어둠의 권세로다. 눅 22:53 17)

---

16) 나는 InsurgenceBook.com의 "The Origins of Human Government and Hierarchy"에서 통치자들과 권세들에 관해 더 자세히 설명했다.

17) 마찬가지로, 사탄은 유다로 하여금 예수님을 배반하도록 하기 위해 그에게로 들어갔다.(요 13:2, 27) 이것은 타락한 우주의 세력들이 어떻게 악한 사람들로 하여금 예수님을 십자가에 못박도록 영향을 끼쳤는지를 보여주는 또 하나의 예이다. 고린도 전서 2:8 을 참조할 것.

그렇지만, 예수님은 또한 로마제국의 지배자로 하여금 권세를 휘두르도록 허락하신 분이 하나님이심을 빌라도에게 말씀하셨다:

위에서 주지 아니하셨더라면 나를 해할 권한이 없었으리니. 요 19:11 18)

성서는 예수님이 죽는 것이 하나님의 뜻임을 분명히 말하고 있다. 눅 22:42; 롬 8:32

그러므로 예수님의 십자가는 하나님께서 그분의 완전한 뜻을 이루시기 위해 어떻게 통치자들과 권세들의 악한 활동을 사용하셨는지를 우리에게 보여주는 창문이다. 베드로는 이 두 힘을 함께 엮어 다음과 같이 말했다:

그[예수]가 하나님께서 정하신 뜻과 미리 아신 대로 내준 바 되었거늘 너희가 법 없는 자들의 손을 빌려 못 박아 죽였으나. 행 2:23

하나님께서 이 세대의 정부 지도자들이 존재하도록 허락하시고, 또 그들을 사용하시기까지 하셨기 때문에, 그들이 타락한 세상 제도에 속해서 종종 악을 만들어내는데도 불구하고, 그분의 사람들로 하여금 그들에게 복종하라고 하신다. 다음의 본문을 주목하라:

너는 그들로 하여금 통치자들과 권세 잡은 자들에게 복종하며 순종하 며 모든 선한 일 행하기를 준비하게 하며. 딛 3:1

---

18) 자끄 엘뢸은 예수님께서 "위에서" 라고 말씀하셨을 때 공중에서 활동하는 흑암의 적대적인 통치자들과 권세들을 가리키신 것임을 주장했다. 그러나 예수님께서 요한복음 전체에서 "위에서" 라는 말을 사용하실 때는 언제나 하나님께 관해 말씀하셨다. 자끄 엘뢸, 『무정부주의와 기독교』(대장간 역간).

인간의 모든 제도를 주를 위하여 순종하되 혹은 위에 있는 왕이나 혹은 그가 악행하는 자를 징벌하고 선행하는 자를 포상하기 위하여 보낸 총독에게 하라. 벧전 2:13-14

물론, 그 통치자들이 우리에게 하나님의 뜻에 반하는 것을 하라고 명령할 때 그건 예외이다. 그런 경우에, 우리는 사람이 아닌 하나님을 순종해야 한다. 행 5:27-32; 단 3, 6

로마서 13:1 에서, 바울은 다음과 같이 권면했다:

각 사람은 위에 있는 권세들에게 복종하라 권세는 하나님으로부터 나지 않음이 없나니 모든 권세는 다 하나님께서 정하신 바라. 롬 13:1

여기서 "정하신 바"의 더 좋은 번역은 "명하신 바" 또는 "정리하신 바"이다. 13:2의 "명"도 마찬가지이다. 존 하워드 요더는 그것을 이렇게 설명했다:

하나님은 권력들을 창조하시거나, 정하시거나, 규정하시면서 존재하라고 하시지 않고, 다만 그 권력들에게 질서를 명령하셨다. 즉, 그것들이 어디에 속하는지, 그것들의 위치가 어디인지를 주권적으로 말씀하셨다. 그것은 마치 정부가 없던 때가 있어서 하나님께서 새로운 창조적 발명을 통해 정부를 만드신 것처럼 보이지만 그렇지 않다. 인류 사회가 시작된 이래로 계급과 권위와 권력이 항상 있어왔기 때문이다. 그것이 죄가 들어온 이후로 다음과 같은 것들을 수반해왔다: 장악을 하고, 인간의 존엄을 모독하고, 실제적 또는 잠재적 폭력을 휘둘렀다. 하나님께서 이런 영역을 명하셔서 정부가 하는 일을 구체적으로 또는 도덕적으로 승인하시는 것이 아니다. 훈련 교관이 자기가 훈련하는 병사들을 만들어내지 않고, 도서관의 사서가 자기가 정리하는 책들을 만들거나 승인하지 않는다. 마찬가지로, 저항하는 "이미 있는 권력들"의 존재에 대해 하나님이 책임지시지 않는다. 또는 그것들의 형태나 정체성에 대해 책임지시지 않는다. 그것들은 이미 그렇게 되어 있기 때문이다. 그 본문이 말하는 것은 하나님께서 그것들을 명하셔서 하나님의 목적에 부합하도록 섭리로, 허락하심으로 그것들을 정렬시켰다는 사실이다. 이것은 모든 정부에 해당한다. 그것은 실질적이고도 정당한 주장이다. 그것은 헌법을 준수하는 민주주의뿐만 아니라 독재 정부와 폭군에게도 적용된다. 그것은 사실 악당이나 군대가 통치하는 정부에도 똑같이 적용될 것이다. 즉, 그런 정부들이 실제로 주권적 지배를 행사할 정도까지 적용될 것이다.61

자끄 엘륄은 이 세상 나라들이 세상 제도에 속했음에도 불구하고 하나님께서 여전히 그들을 선한 일에 사용하실 수 있음을 정확히 지적했다. 그는 국가의 권위에 대해 이렇게 말했다:

권력의 영이 만들어낸 소산들은 이 세상의 임금이 그것들에게 기대하는 것에서 벗어나 방향을 바꾸어 반대편을 위해 사용될 수 있다. 국가와 법에 은혜와 복음적 진리가 스며들 때, 국가는 종이되고 법은 정의의 도구가 될 수 있다. 그러나 이것은 예외이다. 마찬가지로, 돈도 맘몬의 의도 대로 사용되는 것에서 벗어나 은혜에 의해 나눠주는 쪽으로 방향이 바뀔 수 있다. 이것은 하나님께서 우리를 이 세상의 임금에게 내어주지 않았다는 사인sign이다. 그리고 어쩌면 사인이 더는 되지 않을지도 모른다62

# 커튼을 올림

정부가 사람들을 압제하고, 그들에게 고통을 주고, 그들을 희생시키는 것을 당신이 볼 때는 언제든지, 커튼을 올리면 줄을 잡아당기고 있는 타락한 인류를 보게 될 것이다.

하지만 다시 커튼을 올리면 그것을 주도하는 정부와 타락한 인간들의 배후에서 활동하는 적대적인 영적 실체들을 보게 될 것이다.

또 다시 커튼을 올리면 악한 일이 벌어지는 것을 허락하시는 하나님의 손을 보게 될 것이다. 물론 타락한 실체들의 자유 의지에도 불구하고 하나님은 잘못된 것들을 바로잡기 위해 악을 사용하시면서 그분의 영원한 목적을 이루신다. 엡 1:11; 롬 8:32

세상을 3차원의 장기판이라고 상상해보라. 하나님께서 장기판을 주도하시지만, 장기알은 각각 그 고유의 자유 의지를 갖고 있다. 장기의 고수인 하나님은 그분이 바라는 바대로 장기알들이 움직이도록 압력을 가하시지 않는다. 하지만 그분은 장기알 하나하나의 20수 앞까지를 훤히 보고 계신다. 하나님은 그들의 모든 움직임을 고대하실 뿐만 아니라, 그분의 적들의 움직임을 그들을 상대로 지혜롭게 사용하셔서 그 과정 속에서 뛰어난 전략으로 그들을 물리치고 승리하신다. 그리고 나서, 그 잔해에서 뭔가 선하고 영광스러운 것을 만들어내신다.

하나님의 주권과 타락한 권력 사이의 교차 지점이 이것과 같다. 동시에, 그것은 성서가 충분히 설명하지 않는 하나님의 신비이다. 그러나 우리는 하나님이 그분의 원수들의 움직임을 어떻게 고대하시고 감독하시는지를 보여주는 단서들을 성서 전체에서 찾을 수 있다.

사도행전에서, 우리는 하나님의 주권적 명령과 예수님을 죽음으로 내

몬 사람들의 악함 사이에서 벌어지는 상호작용을 볼 수 있다:

> 그[예수]가 하나님께서 정하신 뜻과 미리 아신 대로 내준 바 되었거늘
> 너희가 법 없는 자들의 손을 빌려 못 박아 죽였으나. 행 2:23

> 과연 헤롯과 본디오 빌라도는 이방인과 이스라엘 백성과 합세하여 하
> 나님께서 기름 부으신 거룩한 종 예수를 거슬러 하나님의 권능과 뜻대
> 로 이루려고 예정하신 그것을 행하려고 이 성에 모였나이다. 행 4:27-28

하나님 아버지께서 예수님을 십자가에 못박도록 법 없는 자들에게 "내
어" 주셨지만, 그것은 "하나님께서 정하신 뜻과 미리 아신 대로" 된 것이
다.19) 하나님의 인도하심과 마귀의 활동 사이에서 벌어지는 이 똑같은 상
호작용은 예수님의 광야 시험에서도 볼 수 있다:

> 그 때에 예수께서 성령에게 이끌리어 마귀에게 시험을 받으러 광야로
> 가사. 마 4:1

예수님이 성령에게 "이끌리어", "마귀에게 시험을 받으러" 가셨음을 주
목하라.

요약하자면, 우리는 그리스도를 하늘과 땅의 최고의 주인으로 신뢰하
도록, 그리고 땅의 모든 권력은 그분의 절대적 권위 아래에 있는 작은 하
급 권세로 여기도록 부르심을 받았다.

---

19) 하나님과 사탄 사이의 상호작용, 즉 사탄이 하나님의 주권 아래 활동하도록 허락하신
그 상호작용은 또한 사무엘하 24:1과 역대상 21:1 같은 본문들에 반영되어 있다. 사무
엘 하에 보면, 사탄이 다윗을 움직여 이스라엘의 인구조사를 벌였다. 역대상 21장엔 그
것이 하나님께서 하신 일로 되어 있다.

이런 점에서, 바울은 **인써전스**의 미래에 관해 소망으로 가득한 말로 권면했다:

> 만물을 살게 하신 하나님 앞과 본디오 빌라도를 향하여 선한 증언을 하신 그리스도 예수 앞에서 내가 너를 명하노니 우리 주 예수 그리스도께서 나타나실 때까지 흠도 없고 책망 받을 것도 없이 이 명령을 지키라 기약이 이르면 하나님이 그의 나타나심을 보이시리니 하나님은 복되시고 유일하신 주권자이시며 만왕의 왕이시며 만주의 주시요  오직 그에게만 죽지 아니함이 있고 가까이 가지 못할 빛에 거하시고 어떤 사람도 보지 못하였고 또 볼 수 없는 이시니 그에게 존귀와 영원한 권능을 돌릴지어다 아멘. 딤전 6:13-16

요한계시록의 저자도 다음과 같이 동의했다:

> 그들[바빌론의 조종을 받는 왕들]이 어린 양과 더불어 싸우려니와 어린 양은 만주의 주시요 만왕의 왕이시므로 그들을 이기실 터이요 또 그와 함께 있는 자들 곧 부르심을 받고 택하심을 받은 진실한 자들도 이기리로다. 계 17:14

## 통치의 계층

우리가 앞의 내용들을 하나로 묶으면 이런 식으로 정리할 수 있다.

하나님은 창조의 **궁극적인** 통치자이시다; 예수님은 우주의 **정당한** 통치자이시다.승천하신 이래로; 사탄은 이 세대에서 세상의 **실질적인** 통치자이다.

이 세대가 끝날 때 주 예수 그리스도는 모든 것 위에서 실질적으로 통치하실 것이다. 그리고 나서, 그분은 나라를 그분의 아버지께 드리고, 하나님께서 만유이시고 만유 안에 계실 것이다.

당신이 이것의 각주를 원한다면 고린도 전서 15:20-28에서 찾을 수 있다.

## 우주의 이야기

우리는 여기까지 오면서 하나님 나라의 이야기를 살펴보았다: 하늘에서 시작한 것, 타락한 것, 세상 제도를 잉태한 것, 아브라함이 부르심을 받은 것, 이스라엘이 형성된 것, 그리스도께서 오신 것, 교회가 탄생한 것, 인간의 정부 위에 있는 우주의 통치자들과 권세들의 역할까지.

나는 이번 장과 다음의 두 장을 통해 완전히 다른 각도에서 그 이야기를 바꾸어 살펴볼 예정이다. 그렇게 함으로써, 우리가 이미 살펴본 많은 주제가 모여져서 새로운 그림으로 등장하게 될 것이다.

창세기 6장에서, 하나님은 땅에 죄악이 가득해졌으므로 홍수를 보내셔서 세상을 심판하셨다. 홍수 이후에, 하나님은 다시 시작하셨다. 노아는 제단을 쌓고 하나님께 번제를 드렸고, 하나님은 노아와 그의 아들들에게 복을 주셨다. 하나님께서 아담에게 내리셨던 똑같은 명령을 노아에게 내리셨다: "생육하고 번성하여 땅에 충만하라" 창 9:1, 7 하나님은 또한 인류가 하나님의 형상대로 지음받았음을 노아에게 상기시키셨다. 창 9:6 20)

---

20) 아담이 처음 받았던 하나님의 명령은 창세기 1:22, 28에서 찾을 수 있다. 그것은 아브라함에게도 또 내려졌고 (창 17:2; 22:17-18), 야곱에게도 내려졌고 (창 35:11-12; 28:3-4), 노아에게도 내려졌다. 창조의 시작 때부터 하나님의 영원한 목적은 땅이 그분의 형상으로 채워지는 것이었다. 당신은 아담에게 내리신 명령("생육하고 번성하라")과 같

그래서 하나님은 노아와 함께 땅에서 그분의 나라를 새롭게 세우기 시작하셨다.

시간이 지나면서, 홍수 이전의 날들을 특징짓던 악함이 노아의 아들 중 하나인 함에 의해 재연되었다. 악한 가나안 사람들은 함의 후손이었다. 그리고 이스라엘의 원수인 이집트 사람들도, 바빌론 사람들도, 앗시리아 사람들도, 블레셋 사람들도 다 함의 후손이었다. 세상의 첫 나라인 바벨을 세웠던 니므롯도 역시 함의 후손이었다.

나는 다른 곳에서 바벨의 영적인 의미에 관해 기술했다.63 하지만 바벨 사람들의 교만과 불순종 때문에 하나님의 심판이 그들에게 임했다, 그들은 하나님께서 명령하신 대로 땅에서 생육하고 번성하는 대신 그들의 이름을 내기 위해 하늘에 닿으려고 중앙 정부를 세우는 선택을 했다.21)

하나님은 그들의 도모 전체를 벌하셨다. 그분은 그들의 언어를 혼잡하게 하시고 그들을 온 지면에 흩으셨다. 그리고 나서 하늘에 있는 존재들의 계층의 수에 따라 나라들을 나누셨다.

그러므로 새로운 나라들이 세상 전체에 생겨났고, 하나님은 뭔가 놀라운 일을 행하셨다. 하나님께서 사실상 나라들의 기득권을 박탈하셨다. 하나님은 그들을 직접 통치하시는 대신, 하나님께서 창조하신 하늘의 존재들로 그들을 주관하게 하셨다.

당신은 이것을 신명기 32:8에서 찾을 수 있다. 이 구절을 정확하게 번역

---

은 맥락의 표현을 신약성서에서도 찾을 수 있다.(행 6:7; 12:24; 19:20; 골 1:6, 10)

21) 창세기 11장에서, 바벨에 거주하는 사람들은 자신들을 위해 "이름"을 내려고 했다. 그 도시를 세웠던 니므롯은 "용사"로 묘사되어 있다. 흥미롭게도, 창세기 6장에서 땅에 악함이 극에 달했을 때 네피림이 "이름(명성)" 있는 "용사"로 묘사되어 있다.(창 6:4) 이것과 관련된 내용을 John Nugent, *Polis Bible Commentary*, Genesis 1–11, vol. 1, Genesis 11:1–9에서 찾을 수 있다. 창세기의 저자는 창세기 11장이 창세기 6장의 재연이라는 것을 암시하는 듯하다. 옛 사람의 뿌리가 홍수에서 뽑히지 않고 함의 계보에서 재등장했다.

하면 다음과 같다:

> 지극히 높으신 자가 민족들에게 기업을 주실 때에, 인종을 나누실 때
> 에 하나님의 아들들의 수효대로 백성들의 경계를 정하셨도다.

이 구절은 창세기 10-11장의 바벨에서 벌어진 일을 가리킨다. "하나님의 아들들" 이라는 문구는 하나님의 천군에 속한 하늘의 존재들을 가리킨다.욥 1:6; 2:1; 38:4-7; 시 29:1; 89:6 영어 성서 NLT 버전은 이 구절의 마지막 부분을 "하나님의 하늘 모임의 수효를 따라" 라고 번역했다.22)

하나님은 본질적으로 이렇게 말씀하신 것이다: "나는 인류를 끝냈다. 나는 그들을 온 땅의 새 나라들로 흩었다. 하지만 그들 모두의 기득권을 박탈했다. 그리고 나의 천군들로 각 나라를 주관하게 했다. 나의 천군들은 지금부터 세상 사람들에게 책임이 있다. 그러나 나는 나의 영원한 목적을 포기하지 않았다. 나는 전부 다시 시작할 것이고, 나 자신을 위해 새로운 나라를 세울 것이다. 나는 아브라함이라 이름하는 사람을 부를 것이고, 아브라함의 자손을 통해 새 나라를 세울 것이다. 이 새 나라는 나의 백성, 나의 소유, 나의 기업이 될 것이다. 그리고 나는 그들을 돌볼 것이다."

이것은 다음 구절에 의해 확인된다:

> 여호와의 분깃은 자기 백성이라 야곱은 그가 택하신 기업이로다. 신
> 32:9

---

22) 셉투아진트(헬라어 구약성서)와 사해사본은 이 번역을 확증해준다. 많은 학자가 이것이 가장 정확한 번역이라는데 동의한다. 최근의 번역인 "이스라엘 자손"은 이치에 맞지 않는다. 왜냐하면, 신명기 32:8이 가리키는 창세기 10장의 바벨 이야기에는 이스라엘이 존재하지 않기 때문이다.

그래서 하나님은 자신을 위해 새 나라를 세우시는 동안 낮은 존재들로 나라들을 관리하게 하셨다. 이것은 하나님께서 왜 창세기 11장에서 바벨 사람들을 심판하신 직후에 창세기 12장에서 아브라함새 나라인 이스라엘의 조상을 부르셨는지의 이유를 설명해준다.

> 여호와께서 너희[이스라엘]를 택하시고 너희를 쇠 풀무불 곧 애굽에서 인도하여 내사 자기 기업의 백성을 삼으신 것이 오늘과 같아도. 신 4:20

이스라엘은 하나님의 기업과 특별한 소유가 되어야 했다. 시 28:9; 33:12; 74:2; 79:1, 삼상 10:1; 렘 10:16

## 비극의 연속

하나님은 바벨에서 나라들의 기득권을 박탈하셨음에도 불구하고, 그들을 영원히 버리시지는 않았다. 그 대신, 하나님은 언젠가는 그들을 되찾으셔서 그분의 통치 아래로 데려오실 것을 약속하셨다. 사 66:18-23 그리고 이스라엘은 그 역사에 중심 역할을 하게 되었다.

그러나 비극이 다시 닥쳤다. 하나님께서 나라들을 맡기셨던 하늘의 존재들이 그분께 반기를 들었다. 그들의 타락한 경영이 시편 82편에 기록되어 있다.23)

---

23) 이것은 *The Jewish Study Bible*, 2nd ed. (Oxford, NY: Oxford University Press, 2014), 1361에 의해 확인된다.

하나님은 신들의 모임 가운데에 서시며 하나님은 그들 가운데에서 재
판하시느니라 너희가 불공평한 판단을 하며 악인의 낯 보기를 언제까
지 하려느냐. 시 82:1-2

시편 82:6-7에서 하나님은 나라들을 맡았던 천군들의 불멸을 거두실
것을 약속하시면서 그들을 심판하셨다.

그러나 너희는 사람처럼 죽으며 고관의 하나 같이 넘어지리로다. 시
82:7

그러나 시편 기자는 하나님께서 언젠가는 다시 나라들을 소유하실 것을
확인하면서 좋게 끝냈다.24)

하나님이여 일어나사 세상을 심판하소서 모든 나라가 주의 소유이기
때문이니이다. 시 82:8

다니엘 10장은 가장 높은 천사인 미가엘과 하나님께 충성하는 다른 천
사를 상대로 싸우는 "페르시아바사 군주"와 "헬라그리스의 군주"에 관해 말
하고 있다. 거기서 다니엘은 지정학적인 경영에 관해 얘기한다. 이스라엘
을 돌보는 미가엘과 다른 천사는 다른 나라들을 주관하는 흑암의 하늘 세

---

24) 이것을 Michael Heiser의 책 *The Unseen Realm* (Bellingham, WA: Lexham Press, 2015),
    110-15에서 찾을 수 있다. Heiser는 내가 제시한 관점 하나하나를 학자의 견해로 지지
    해주고, 그것에 대한 일반적인 이의에도 답해준다. 만일 당신이 이 장에서 말한 이야기
    의 어떤 부분에 의심이 간다면, Heiser의 책을 참조하라. 여기서 제시한 견해를 지지하
    는 모든 성서적, 역사적 고찰은 지면관계상 생략하기로 한다.

력을 상대로 싸우고 있다.

이 타락한 하늘의 존재들은 구약성서가 말하고 있는 "거짓 신들"과 이방의 "우상들"이다. 바울은 고린도 전서 10:19-22에서 이에 관해 말한다.

시편 2편에서 우리는 하나님과 "그의 기름부음 받은 자"를 향한 나라들의 적대감을 엿볼 수 있다.

> 어찌하여 이방 나라들이 분노하며 민족들이 헛된 일을 꾸미는가 세상의 군왕들이 나서며 관원들이 서로 꾀하여 여호와와 그의 기름 부음 받은 자를 대적하며 우리가 그들의 맨 것을 끊고 그의 결박을 벗어 버리자 하는도다. 시 2:1-3

그러나 비극은 거기서 끝나지 않았다. 하나님의 기업인 이스라엘 또한 나라들을 지배하는 하늘의 존재들에 의해 유혹을 받았다. 하나님의 백성이 그들을 예배하기 시작한 것이다.

> 가서 자기들[이스라엘]이 알지도 못하고 여호와께서 그들에게 주시지도 아니한 다른 신들을 따라가서 그들을 섬기고 절한 까닭이라. 신 29:26

> 그들은 하나님께 제사하지 아니하고 귀신들에게 하였으니 곧 그들이 알지 못하던 신들, 근래에 들어온 새로운 신들 너희의 조상들이 두려워하지 아니하던 것들이로다. 신 32:17

하나님께서 나라들을 맡겼던 하늘의 존재들을 예배하는 그분의 백성을 경고하셨음에도 불구하고, 그들은 여전히 그것을 반복했다.

또 그리하여 네가 하늘을 향하여 눈을 들어 해와 달과 별들, 하늘 위의

모든 천체 곧 너희의 하나님 여호와께서 천하 만민을 위하여 배정하신

것을 보고 미혹하여 그것에 경배하며 섬기지 말라. 신 4:19

너희 중에 남자나 여자나 가족이나 지파나 오늘 그 마음이 우리 하나님

여호와를 떠나서 그 모든 민족의 신들에게 가서 섬길까 염려하며. 신

29:18

흥미롭게도, 바울은 나라들을 주관하는 이 타락한 하늘의 존재들을 가리켜 통치자들, 권세들, 이 어둠의 세상 주관자들, 하늘에 있는 악의 영들이라고 했다. 엡 6:12 이것들은 지리적인 권위와 지역을 장악하는 세력을 지칭하는 용어이다. 64 바울은 나라들을 장악한 적대적인 하늘의 존재들을 가리켰다. 그리고 그것들도 사탄의 지배 하에 있다.25)

그러나 하나님께 감사해야 할 것은, 이야기가 거기서 끝나지 않기 때문이다. 다음 장에서 우리는 하나님께서 어떻게 그분 자신을 위해 나라들을 되찾으실 계획에 시동을 거셨는지를 살펴보게 될 것이다.

## 에덴이 회복되다

마이클 하이저는 구약성서가 다른 나라들을 상대로 한 이스라엘의 이야기이고, 또 세상의 거짓 신들을 상대로 한 이스라엘의 하나님 이야기임을

---

25) 사탄은 "이 세상의 신"과 "공중의 권세잡은 자"이기 때문에 (고후 4:4; 엡 2:2; 6:12) 통치자들과 권세들을 장악하고 있다. 아담은 에덴동산에서 사탄에게 이 땅의 통치권을 내주었다. 그때로부터, 마귀는 타락한 인간들, 타락한 하늘의 권세들, 그리고 귀신들, 즉 그의 지배 아래 있는 모든 것들 위에 군림해왔다.

지적했다.26)

하나님 나라의 계획은 언제나 에덴을 회복하는 것이었다. 즉, 하나님께서 사람들과 함께 거하시고, 그들은 그분의 형상을 드러내고 그분의 권위를 행사하는 곳의 회복이었다.

그 에덴동산으로 돌아가려는 충동은 하나님의 사람들 마음 속에 있을 뿐만 아니라, 또한 믿지 않는 사람들도 이 본능을 품고 있다. 조니 미첼의 불후의 명곡인 "우드스탁Woodstock"의 가사가 그 예이다: "그리고 우리는 스스로 동산으로 돌아가야 한다."

그런데 물론 우드스탁 콘서트가 우리를 동산으로 데리고 갈 수는 없다. 그렇다면, 하나님께서 어떻게 우리를 "동산으로 돌아가게" 하실까? 그리고 어떻게 타락한 어둠의 권세 아래 있는 나라들을 회복하실까?

예수님의 사역을 다른 각도에서 살펴보기로 하자. 예수님께서 공생애 중 한 번은 하나님 나라의 복음을 전파하라는 사명을 주시며 70명의 제자들을 보내셨다.눅 10:1, 9

왜 70명인가? 바벨에서 흩어진 후에 생긴 나라들의 수가 70개였기 때문이다.27) 70명의 제자들은 단지 원수의 지배 아래 있던 70개의 나라들을 반영하는 것이었다.

메시지는 명료하다: 하나님께서 기득권을 박탈하셨던 모든 70개의 나라에 예수님이 하나님 나라의 복음을 가져오신 것이다. 주님의 제자들은

---

26) 이것은 그가 한 말을 바꾸어 표현한 것이다. Heiser는 실제로 이렇게 말했다: "구약성서의 나머지 부분은 야훼[이스라엘의 하나님]와 그 신들[거짓 신들], 그리고 이스라엘과 그 나라들 사이의 대결이다." Heiser, *The Unseen Realm*, 123.

27) 어떤 번역엔 누가복음 10장에서 예수님이 72명을 파송하셨다고 되어있다. 마찬가지로, 헬라어 구약성서(셉투아진트)의 창세기 10장도 바벨에서 "모든 나라"가 72개라고 되어있다. 72개든 70개든 상관없이, 요점은 똑같다. 예수님의 제자들이 하나님 나라의 복음으로 나라들을 되찾기 시작했다는 사실이다. 다음을 참조할 것: Leon Morris, *Luke: Tyndale New Testament Commentaries* (Grand Rapids: Eerdmans, 1998), 198.

타락한 권세에서 그 나라들을 해방시키기 위해 그곳들로 파송되었다. 또 하나님의 왕권을 위해 그 나라들을 되찾기 시작하려고 그곳들로 파송되었다. 따라서 제자들이 이 하나님 나라의 임무를 수행하는 여행 기간에 어둠의 세력들과 전쟁을 벌인 것은 우연이 아니었다. 눅 10:17-20

그 사역 여행이 끝난 후, 예수님은 이스라엘 안에서 하나님 아버지께 기도하시며 하나님을 "천지의 주재" 라고 부르셨다. 눅 10:21 이 모든 것을 종합해 보면, 하나님께서 원수의 지배 아래 있었던 나라들을 되찾기 시작하심을 알 수 있다.

예수님께서 승천하시기 전 제자들에게 주신 마지막 명령은 나라들을 되찾는 이 사역의 계승이었다.

> 예수께서 나아와 말씀하여 이르시되 하늘과 땅의 모든 권세를 내게 주
> 셨으니 그러므로 너희는 가서 모든 민족을 제자로 삼아… 마 28:18-19

분명한 사실은 주님의 목표가 하나님 나라의 복음으로 모든 나라를 되찾으시는 것이다.

> 이 천국 복음이 모든 민족에게 증언되기 위하여 온 세상에 전파되리니
> 그제야 끝이 오리라. 마 24:14

예수님은 왜 하나님 나라의 복음이 모든 나라에 전파되기를 원하셨는가? 모든 나라의 백성이 죽을 때 하늘 나라에 갈 수 있게 하시려고 그렇게 말씀하셨을까? 아니다. 그 사도적 사명의 목적은 그때나 지금이나 여전히 사탄의 지배로부터 나라들을 해방시키고 하나님 나라를 위해 그들을 되

찾는 것이다.행26:18 그것은 "하늘에서 이룬 것같이 땅에서도" 에덴동산을 회복하는 것이다.

예수님은 제자들에게 사명을 주신 후에 하늘로 올라가셨다. 하지만 오순절에 그분은 성령과 함께 내려오셨다. 더는 시간과 공간의 제약을 받지 않게 오신 것이다.요14-16 이것은 우리를 사도행전 2장의 오순절 이야기로 연결시킨다.

내가 다른 곳에서 지적했듯이, 오순절에 일어난 일은 바벨에서 일어난 일을 역전시킨 것이다.28) 누가사도행전의 저자는 오순절에 벌어진 일을 묘사하면서 그의 독자들에게 바벨을 상기시키기를 원했다. 예를 들면,

- 사도행전 2:3에서, 불의 혀처럼 "갈라지는divided" 으로 사용된 헬라어 단어는 구약성서의 헬라어 버전에 있는 신명기 32:8에서 사용되었다.하나님께서 인종을 "나누실divided" 때에65

- 사도행전 2:6에서, "소동하여bewildered" 라는 헬라어 단어는 구약성서의 헬라어 버전에 있는 창세기 11:7에서 사용되었다.그들의 언어를 "혼잡하게 confuse" 하여66

- 사도행전 2장에 언급된 나라들은 창세기 10장에 언급된 나라들과 관련이 있다. 그 나라들의 이름만 새로 바뀌었을 뿐이다.67

- 바벨에서, 죄인들이 연합을 도모하려 했지만 하나님은 그들의 언어를

---

28) 자세한 것은 InsurgenceBook.com의 음성 메시지 "Vantage Point: The Story We Haven't Heard-Part II"를 참조할 것.

뒤섞어서 혼잡하게 하셨다. 오순절에, 하나님은 사람들을 연합시키셔서 다른 언어들을 말하게 하셨고, 그들은 서로 통하게 되었다.

오순절에 각 사람의 머리 위에 임했던 불은 성전이 봉헌되었을 때 하늘에서 내려왔던 불을 연상시킨다. 대하 7:1-3 메시지는 명백하다.

하나님은 오순절에 이 땅 위에 그분의 새로운 성전을 짓기 시작하셨다. 그 성전이 바로 에클레시아, 즉 나라들을 하나님께서 돌아오게 할 인써전스의 사람들이다.

이런 이유로, 에클레시아에 속한 사람들은 하나님의 통치 아래 있다. 그리고 에클레시아 밖에 있는 사람들은 원수의 지배 아래에 있다. 고전 5:4-13; 엡 2:1-3

그리스도의 죽음과 부활을 통해 성취된 이스라엘의 포로생활에서의 귀환은 구약성서에서 에덴동산의 회복으로 그려져 있다. 사 51:2-3; 겔 36:35[29]

## 땅 끝까지

예수님은 이 땅에 오셔서 사람들 위에 군림하는 적대적인 타락한 세력이 붙잡고 있는 것을 풀기 시작하셨다. 예수님은 죽고 다시 살아나셨을 때 그분 자신의 나라를 이 땅에 전진시키시면서 나라들 위에 있는 거짓 신들의 권세를 떨어뜨리셨다.

사도행전 2:9-11에서, 누가는 오순절에 그 자리에 있었던 사람들이 대표하는 나라들을 열거했다. 그 나라들은 창세기 10장의 바벨 사건 이후에

---

29) 포로생활에서의 귀환은 또한 아담에게 주신 사명에 포함되어 있다: "생육하고 번성하라"(겔 36:10-11, 29-30)

열거된 나라들과 일치한다. 그 모든 나라를 지도에서 찾는다면, 그 나라들이 동에서 서로 이동하는 것을 볼 수 있다.30)

흥미로운 것은 에덴동산이 동쪽에 자리잡고 있었다는 사실이다. 창 2:8; 3:24 그리고 하나님의 성전 입구도 동쪽에 있었다. 겔 40:6

예수님은 하나님 나라의 복음을 증거하라고 그분의 사도들에게 사명을 주셨을 때 이스라엘에서 시작해서 "땅 끝까지" 가게 될 것이라고 말씀하셨다.

> 오직 성령이 너희에게 임하시면 너희가 권능을 받고 예루살렘과 온 유대와 사마리아와 땅 끝까지 이르러 내 증인이 되리라 하시니라. 행 1:8
>
> 그러므로 너희는 가서 모든 민족을 제자로 삼아… 마 28:19
>
> 또 그의 이름으로 죄 사함을 받게 하는 회개가 예루살렘에서 시작하여 모든 족속에게 전파될 것이 기록되었으니. 눅 24:47

중요한 사실은 우리가 이것을 보게 되는 것이다: 사도행전 앞 부분에서는 2-12장 하나님 나라의 복음이 이스라엘에 왔고 유대와 사마리아, 뒷 부분 13-28장에서는 다소 사람 바울이 그 복음을 나라들로 가지고 갔다. 그리고 사도행전 2장의 목록이 동에서 서로 열거되어 있는 것처럼 바울도 동에서 서로 옮겨갔다. 안디옥에서 갈라디아로, 갈라디아에서 그리스로, 그리스에서 로마로

바울은 로마서 15장에서 그가 먼저 로마를 방문한 후에 서바나Spain로 갈 마음이 있음을 피력했다. 24절과 28절 왜 서바나인가? 우선, 서바나가 로

---

30) Michael Heiser는 사도행전 2장에 열거된 나라들과 창세기 10장에 열거된 나라들을 비교하는 지도들을 제공한다. 이 둘이 명백하게 일치하는 것을 볼 수 있다. *The Unseen Realm* (Bellingham, WA: Lexham Press, 2015), 300-301.

마의 서쪽이므로 바울이 계속 서진하려 했던 것이다. 하지만 더 놀라운 것은, 창세기 10장에 "모든 나라"가 기록되었을 때 가장 서쪽에 위치한 나라가 다시스라는 사실이다.

이 다시스가 바로 서바나이다.68

바울은 창세기에 언급된 나라들을 동에서 서로 이동하면서 그 당시의 "땅 끝까지" 가려고 했던 것이다.31) 그의 목표는 로마서 11:25에 언급한 "이방인의 충만함" 또는 "이방인의 충만한 수"라고 말한 것을 성취하는 것이었다.32)

이것은 예수님께서 마태복음 24:14에서 하신 말씀과 잘 들어맞는다. 즉, 하나님 나라의 복음이 세상의 끝이 올 때까지 모든 나라에 전파되어야 한다는 말씀이다.

따라서 우리는 하나님 나라의 복음이 유대인들만을 위한 것이라고 오해하는 사람들의 주장이 옳지 않음을 명확하게 볼 수 있다. 메시아는 땅에 있는 모든 나라를 되찾기 원하신다. **하나님 나라의 복음은 모든 나라를 위한 것이다.**

그것은 유대인과 이방인 둘 다를 위한 것이다.

> 이 일 후에 내가 보니 각 나라와 족속과 백성과 방언에서 아무도 능히
> 셀 수 없는 큰 무리가 나와 흰 옷을 입고 손에 종려 가지를 들고 보좌
> 앞과 어린 양 앞에 서서. 계 7:9

---

31) 이 통찰력을 Michael Heiser에게서 엿볼 수 있다.(*The Unseen Realm*, 303) "땅 끝까지"가 우리 시대와는 다르다는 것을 주목하라. 예를 들어, 고대엔 남 아메리카와 북 아메리카가 있음을 알지 못했다.

32) Heiser, *The Unseen Realm*, 303-4. 이것은 아브라함의 자손이 땅의 모든 나라를 축복할 것이라는 하나님의 약속의 성취이다.(창 22:18) 이 자손이 바로 그리스도이고, 그분이 아브라함의 자손인 이스라엘에서 오셨다.(갈 3:16)

때가 이르면 뭇 나라와 언어가 다른 민족들을 모으리니 그들이 와서 나의 영광을 볼 것이며. 사 66:28

그[인자 같은 이]에게 권세와 영광과 나라를 주고 모든 백성과 나라들과 다른 언어를 말하는 모든 자들이 그를 섬기게 하였으니 그의 권세는 소멸되지 아니하는 영원한 권세요 그의 나라는 멸망하지 아니할 것이니라. 단 7:14

따라서 메시아가 나라들을 "기업"으로 받게 되리라는 구약성서의 약속이 예수님 안에서 성취되었다.

내가 여호와의 명령을 전하노라 여호와께서 내게 이르시되 너는 내 아들이라 오늘 내가 너를 낳았도다 내게 구하라 내가 이방 나라를 네 유업으로 주리니 네 소유가 땅 끝까지 이르리로다. 시 2:7-8

주 하나님 곧 전능하신 이시여 하시는 일이 크고 놀라우시도다 만국의 왕이시여 주의 길이 의롭고 참되시도다 주여 누가 주의 이름을 두려워하지 아니하며 영화롭게 하지 아니하오리이까 오직 주만 거룩하시니이다 주의 의로우신 일이 나타났으매 만국이 와서 주께 경배하리이다. 계 15:3-4

오순절 이래로, 하나님은 나라들을 되찾아오셨다. 그리고 하나님은 세상이 끝날 때까지 그것을 계속하실 것이다. 하나님 나라는 전부 사실상 땅을 되찾으시려는 예수 그리스도에 관한 것이다. 그 땅이 그분의 정당한 소유이기 때문이다. 골 1:6 선지자가 예언한 대로 될 것이다.

시온의 딸아 노래하고 기뻐하라 이는 내가 와서 네 가운데에 머물 것임이라 그 날에 많은 나라가 여호와께 속하여 내 백성이 될 것이요 나는 네 가운데에 머물리라 네가 만군의 여호와께서 나를 네게 보내신 줄 알리라. 슥 2:10-11

인써전스의 사람들은 이 세계적인 땅 되찾기 작업에 동참하게 된다.33)

## 현세의 당면 과제

우리는 정치적 견해가 다양한 시대에 살고 있다. 수많은 그리스도인이 그저 세상이 돌아가는 눈으로 똑같이 보면서 정치적인 토론에 임하기 때문에 서로 분열될 정도로 그 분위기가 아주 가열되어 있다.

그리스도인들이 페이스북 같은 곳에서 매일 참여하는 그 모든 정치적인 대립은 하나님 나라가 무엇인지에 대해 완전히 오해하고 있음을 반영한다. 그것은 또한 예수님께서 "하나님 나라의 복음"이라고 부르신, 1세기에 전파되었던 그 복음에서 우리가 완전히 벗어나 있음을 확실히 말해준다.

분명히 해둘 것이 있다. 하나님 나라를 보수 우익과 혼동하는 실수를 범하지 말라. 하나님 나라의 복음은 보수 우익을 몹시 화나게 할 것이다.

하나님 나라를 진보 좌익과 혼동하지 말라. 하나님 나라의 복음은 진보

---

33) 이사야 54:3-5은 이렇게 말한다: "네 자손은 열방을 얻으며… 이는 너를 지으신 이가 네 남편이시라… 그는 온 땅의 하나님이라 일컬음을 받으실 것이라." 이것은 예수 그리스도가 그분의 자손이요 신부인 에클레시아를 통해 나라들을 기업으로 받으실 것을 약속한 예언이다. 그리고 주님은 하늘의 하나님이실 뿐만 아니라 땅의 하나님으로도 불리게 될 것이다.

좌익도 격노케 할 것이다.

하나님 나라를 자유주의 운동, 티파티, 흑인 민권 운동, 월가의 시위, 또는 다른 어떤 정치적 운동과 혼동하지 말라.

하나님 나라의 복음은 **인써전스**의 먼지만으로도 이 모든 운동을 훨씬 앞지른다.

하나님 나라의 복음은 하늘의 것이다. 그것은 사람의 제도와 아무런 상관이 없다. 그 제도가 정치적이든지, 종교적이든지.

예수 그리스도의 주 되심은 복음의 열쇠를 쥐고 있다. 그것은 주변과 언저리의 한 가운데에 있다. 그것의 두드러지고 명확한 메시지당신이 그것을 놓칠 수 없다는 뜻는 나사렛 예수가 세상의 정당한 왕이요 주인이라는 사실이다. 따라서 그분께 복종하라. 그분께 당신의 인생을 드리라. 다른 숭고한 명분에게 하지 말고. 이 둘은 같은 것이 아니다

당신이 서양에 살고 있다면, 두 가지 우상 또는 거짓 신은 국가주의 nationalism와 자본주의이다. 나는 미국에 살고 있는데, 이 두가지 우상은 이 나라를 꽉 붙잡고 있다.

사람들은 이 우상들을 위해 죽이고, 희생하고, 목숨을 바친다. 나라 사랑국가주의과 돈 사랑자본주의의 명분으로 모든 것이 정당화된다. 그리고 이런 사고방식이 심지어 기독교계 안에도 흘러들어왔다.

예수님의 가르침은 이 두 가지 거짓 신의 이름으로 무시되거나 희석된다.

미국에서는 특히 40세 이상의 사람들 안에 국가주의nationalism 정신이 아주 깊숙이 배여있다. 40세 이하의 사람들 안에서는 세계주의globalism 정신이 굳게 자리잡고 있다.

오해하지 말라. 국가주의와 세계주의 둘 다 하나님 나라와는 거리가 멀

다. 왜냐하면, 이 둘은 이 세상의 나라들에게 충성을 바치기 때문이다.

성서에 의하면, 당신은 다른 나라의 시민이다. 당신의 시민권은 하늘에 있다. 그리고 당신의 완전한 충성심 역시 거기에 속한다.

동양의 주된 우상들 또는 거짓 신들은 한편으로는 교육과 사업이고, 아니면 다른 한편으로는 사회주의와 공산주의이다.

수많은 사람이 그런 것들 이외에는 생각할 줄을 모른다.

그러나 **인써전스**는 모든 우상을 완전히 말살해버린다.


## 매트릭스에서 플러그를 뽑음

1999년에 나온 영화 '매트릭스The Matrix'는 내가 말하고자 하는 것의 좋은 예이다. 어둠의 나라인 세상 제도가 이 땅의 모든 것에 스며들었다. 그것은 인류의 존재 자체와 얼기설기 엮여있다. 그것은 우리 모두와 끊을래야 끊을 수 없는 핵심이다.

그러므로 당신의 필요는 단지 당신의 죄가 사함을 받는 것이 아니다. 당신은 뭔가 한참 더 큰 것을 필요로 한다. 당신은 이 타락한 압제적인 제도로부터 해방되어야 한다. 세상 제도에 묶인 끈 전부를 끊고, 매트릭스에서 플러그를 뽑아야 한다.

이 세상 나라는 우리가 하나님의 마음에 이끌리고, 사로잡히고, 매료되지 못하도록 우리를 산만하게 만든다. 이런 이유로, 예수 그리스도는 이 세상 제도와 철저하게 맞서서 싸우셨다.

이 땅에, 사업에 완전하고 철저하게 사로잡혀 있으면서 예수 그리스도의 이름을 부르는 사람들이 있다.

이 땅에, 교육에 완전하고 철저하게 사로잡혀 있으면서 예수 그리스도의 이름을 부르는 사람들이 있다.

이 땅에, 대중문화에 완전하고 철저하게 사로잡혀 있으면서 예수 그리스도의 이름을 부르는 사람들이 있다.

내가 사업하는 것이 잘못이라고 말하고 있는가? 그것이 관건이 아니다. 만일 당신이 사업체를 갖고 있다면 왜 그것을 갖고 있는가? 그리고 당신의 삶이 그것에 얼마나 묶여있는가?

만일 당신이 교육을 받고있다면, 왜 그것을 하고 있는가? 교육을 받는 대부분의 사람들은 부를 얻기 위해서 그렇게 한다.

나는 주님께서 우리가 얼마나 세상적이지, 그리고 우리가 얼마나 이 땅의 것들에 얽매여 있는지를 노출시키셔서 처리해주시기를 바라며 우리 모두에게 권면하고 있다. 자신을 하나님 나라에 바친 사람은 이렇게 선언할 수 있다: "나는 재산에 관심이 없다. 그리고 가난해도 상관없다. 나는 지위, 야망 또는 교육을 많이 받은 자부심 같은 것들에 관심이 없다. 나는 오직 그리스도와 그분의 나라에 관심이 있다."

하나님 나라의 복음을 타협하지 않고, 위축되지 않고 선포하기 위해 통치자들, 왕들, 대통령들, 정치가들, 그리고 많은 사람 앞에 설 수 있는 사람들을 하나님께서 이 땅에 두시기를! 하나님께서 **인써전스**를 위해 사는 사람들을 가지시기를!

## 정체성 정치학을 버림

"정체성 정치학identity politics"은 특정한 정당에 투표하는 특별한 종교, 인종, 또는 사회적 신분의 사람들이 가진 경향을 가리킨다. 이런 이유에 의해, 그것은 아주 분열적이고, 예수 그리스도와 그분의 나라가 아닌 세상 제도를 향한 충성을 반영한다.

예를 하나 들어보겠다.

안나의 가족은 수십 년 동안 특정 정당에게 투표를 했었다. 그녀의 가족은 또한 그들이 속한 인종에 정체성을 두었다. 안나의 친지들도 마찬가지였다.

그러던 어느날 안나는 하나님 나라의 복음을 듣게 되었고, 그녀가 그리스도 예수 안에서 초기 그리스도인들이 "제 3의 인류"라고 불렀던 사람들에 속했음을 발견하게 되었다. 즉, 그녀가 이제 유대인, 이방인, 흑인, 백인, 아시아인, 남미인 등이 없는 새 인류에 속했음을 알게된 것이다. 골3:11

안나는 전심으로 하나님 나라의 복음을 받아들였고, 그날부터 그녀의 정체성을 더는 평생 몸을 담았던 그녀의 인종이나 정당에 두지 않았다.

그 결과, 안나는 똑같은 하나님 나라의 복음을 믿는 다른 인종의 사람들을 품기 시작했고, 그들을 자신의 골육으로 여기기 시작했다. 안나는 또한 세상의 소망이 그녀가 평생 몸을 담았던 정당을 포함해서 그 어떤 정당에 있지 않다는 결론에 도달하게 되었다.

안나의 새로운 열정은 하나님 나라가 되었다. 즉, 새 창조 외에는 다른 어떤 인종도 인식하지 않는 나라, 그리고 예수 그리스도 외에는 다른 어떤 정치적인 표방도 지지하지 않는 나라에만 열정을 품게 되었다.

그 결과는? 안나의 친지들과 가족은 그녀를 실질적으로 외면했다. 그들은 이제 그녀를 자신의 인종과 정당을 배반한 배신자로 여겼다.

그러나 이것이 예수님과 그분의 나라를 향한 그녀의 완전한 헌신을 단념케 할 수 없었다.

그런데 여기에 뜻밖의 결말이 있다: 안나의 가족과 친지들이 모두 예수님을 그들의 구세주로 받아들였다.

이것은 정체성 정치학이 얼마나 삶 속에 깊숙이 스며들어 있는지를 보여준다. 그리고 그것은 가족과 관련해서 치러야 할 하나님 나라의 대가에 관해 예수님께서 말씀하신 혼란스러운 것들의 예이다.[34]

나는 안나처럼 또 다른 인종과 정당에 심취한 경우의 예를 얼마든지 들 수 있지만, 당신이 요점을 파악했다고 믿는다.

하나님 나라의 복음은 정체성 정치학을 해체해버린다.

## 땅의 권세를 향해 고함

하나님 나라를 전진시키시는 하나님의 방식은 결코 물리적인 폭력이나 정치적인 권력의 행사를 통해 되지 않는다. 또는 시저의 측근이 되기를 구해서 한 자리를 차지함으로 되지 않는다. 하나님은 심령이 가난한 자, 온유한 자, 긍휼히 여기는 자, 애통하는 자, 마음이 청결한 자, 화평하게 하는 자, 그리고 의를 위해서 박해를 받는 자를 통해 그분의 나라를 전진시키신다.마 5:3-10

하나님은 그분 자신의 사람들을 그들의 목숨을 바치고 고통을 감내하는 신적인 역량으로 무장시키신다. 그것은 예수님께서 처음 하나님 나라를 시작하셨던 것과 똑같은 방식이다.

땅이 이제 정당하게 예수 그리스도의 주 되심 아래 있기 때문에, 그분의 종들은 때때로 땅의 권력을 행사하는 사람들을 향해 예언적인 증거를 드러내게 될 것이다. 그리고 그들은 성령을 통해 그것을 하게 된다.

그가 와서 죄에 대하여, 의에 대하여, 심판에 대하여 세상을 책망하시

---

34) InsurgenceBook.com의 "The Radical Cost of the Kingdom"을 참조할 것.

리라 죄에 대하여라 함은 그들이 나를 믿지 아니함이요 의에 대하여라

함은 내가 아버지께로 가니 너희가 다시 나를 보지 못함이요 심판에 대

하여라 함은 이 세상 임금이 심판을 받았음이라. 요 16:8-11

하나님의 영은 에클레시아를 통해 세상 전체에 책임을 묻는다.

우리가 알다시피, 예수님은 승천하신 이후 이제는 땅을 정당하게 주관

하신다. 이것은 땅의 정치 지도자들을 포함한다. 결과적으로, 만일 정부

관리가 이 세상의 진정한 주인에 위배되는 방식으로 행한다면, 그 관리는

하나님께서 그 사람에게 주신 권세를 강탈하는 것이다.

그런 경우엔, 하나님의 사람들이 때로는 예언적인 말로 하나님의 마음

을 그 관리에게 전달하지 않을 수 없게 된다. 즉, 하나님께서 그들에게 악

이 아닌 선을 베풀라고 주신 권세를롬 13:1-5 남용한 것에 대해 그들을 꾸짖

을 수 있다.

이것의 예를 바울에게서 찾을 수 있다. 즉, 바울이 빌립보에서 불법적으

로 구타를 당했을 때 관리들이 권세를 남용한 것에 대해 꾸짖었던 경우이

다. 행 16:37-39

지극히 높으신 이가 사람의 나라를 다스리시며 자기의 뜻대로 그것을

누구에게든지 주시는 줄을 알기까지 이르리라. 단 4:32

다시 강조하자면, 하나님은 사람들을 통해 세상을 다스리시기를 의도

하셨고, 이 목적을 결코 포기하시지 않았다. 창 1:28 예수님은 사람들을 저

주에서 해방시키셔서 그들이 하나님의 원래 의도 대로 땅을 다스리게 하

셨다. 계 5:9-10

그렇다면, 사람이 예수님을 주로 시인할 때는 언제든지 권세를 향해 진리를 말하는 것이다.35) 성령은 하나님의 사람들의 사역을 통해 죄에 대하여, 의에 대하여, 심판에 대하여 세상을 책망한다. 요 16:7-11

이것이 **인써전스**가 드러내는 메시지이다.

## 통치받는 자가 통치하다

하나님 나라에서 통치하는 사람들은 통치를 받아온 사람들이다. 그러므로 하나님의 권위를 행사하는 사람들은 우선 그들의 삶 속에서 그분의 권위에 복종하는 것을 알아야 한다.

다윗은 우선 그가 통치를 받을 때까지 통치할 수 없었다. 그리고 예수님은 우선 하나님 아버지께 온전히 복종할 때까지 하나님의 권위를 행사하시지 않았다. 빌 2:6-10; 히 5:8

유감스럽게도, 수많은 그리스도인이 그들의 환경 앞에서 무기력하다는 생각에 세뇌를 당하고, 기만을 당하고, 속임을 당해왔다. 그러나 사실은 당신에게 하나님의 영이 있기 때문에 당신은 당신이 생각하는 것보다 훨씬 더 강하다.

예수님은 십자가와 내재하는 성령을 통해 그분의 나라를 활발하게 돌아가도록 하신다. 이것이 바로 왜 예수님께서 그분의 일을 수행하게 하시려고 12 제자를 부르셨는지의 이유이다. 하나님 아버지는 예수님을 통해 일하셨고, 이제 예수님은 그분을 따르는 사람들을 통해 일하신다.

우리는 주님의 내재하는 생명에 의해 살 때, 그리스도의 증인이 된다.

---

35) "권세를 향해 진리를 말하다" 라는 표현은 일반적으로 정치적 권력을 차지하고 있는 사람들에게 하나님의 진리를 말하는 행위를 가리키기 위해 사용된다. 이 문구는 1950년대 중반에 퀘이커 교도들에 의해 처음 만들어졌음이 분명하다.

비극적인 것은, "증인" 이라는 말이 다른 사람들에게 예수님이 그들의 죄를 위해 죽으셨음을 말해주는 것이라는 사상으로 축소되었다는 사실이다. 그러나 내가 이미 말했듯이 신약성서는 증인이라는 말을 다른 사람들에게 예수님이 세상의 주인이라고 말한다는 뜻으로 사용한다. 그리고 "예수님이 주인" 이라고 말하는 것은 다른 누구도 주인이 아니라는 뜻이다.

달리 말하자면, 예수님은 세상에서 에클레시아를 통해 그분의 통치를 행사하신다. 즉, 새 창조, 그분의 몸, 그리고 땅에 있는 그분의 임재로서의 에클레시아를 통해 다스리신다.

결과적으로, 그리스도의 몸은 힘이 없는 사람들뿐만 아니라 권력을 가진 사람들에게도 때때로 하나님 나라를 선포한다. 이것은 에클레시아가 하나님께서 그녀에게 주신 영적 권위를 행사하여 하나님 나라를 드러내는 또 하나의 방법이다.

하나님 나라가 예수님과 함께 땅에 도래하기 전에, 침례자 요한은 회개에 중점을 둔 하나님 나라를 전파했다. 이 복음은 요한으로 하여금 권력을 가진 자들에게 진리를 말하게 했는데, 결국 이것이 그를 죽음으로 내몰았다.

하나님의 사람들이 때로는 성령의 인도에 의해 권력을 가진 자들에게 외쳐야 함을 느끼게 될 것이다. 그러나 이런 식의 "권세를 향해 말하는 것"은 정치적 우익과 좌익의 화두와는 거리가 멀다. 그것은 "권력을 잡은 자들"이 그리스도의 주 되심을 강탈하고 그분의 나라의 가치들을 뒤엎으려하는 것을 볼 때 나오게 될 것이다. 그리고 그것은 예수 그리스도를 드러내게 될 것이다.

따라서 오늘날 권세를 향해 말하는 사람들은 반발을 각오해야 한다. 하지만 이것이 **인써전스**가 힘을 얻는 방법이다.

# 소금과 빛

예수님은 하나님 나라의 사람들이 "열매를 맺게" 될 것이라고 말씀하셨다. 하나님 나라는, 거기에 들어가서, 누리고, 구현하게 될 때, 그 생명을 드러내는 가시적인 열매를 맺는다.

> 그러므로 내가 너희에게 이르노니 하나님의 나라를 너희는 빼앗기고
> 그 나라의 열매 맺는 백성이 받으리라. 마 21:43

하나님 나라의 열매를 묘사하는 다른 방법은 "소금"과 "빛"이라는 단어를 통해서이다. 마 5:13-15

소금은 보존하고 빛은 밝게 비춘다. 소금은 음식의 맛을 내고, 빛은 어둠을 물리친다. 소금은 보이지 않게 작용하고, 빛은 환히 보이게 작용한다.

다시 말하자면, 예수님은 소금과 빛에 대해 말씀하셨을 때 사람의 고통을 완화시키는 선한 행실을 가리키셨다.

> 이같이 너희 빛이 사람 앞에 비치게 하여 그들로 너희 착한 행실을 보
> 고 하늘에 계신 너희 아버지께 영광을 돌리게 하라. 마 5:16

1세기의 에클레시아는 "네 자손으로 말미암아 천하 만민이 복을 받으리라"창 26:4 라고 약속하신, 아브라함을 통해 이스라엘에게 주신 하나님의 사명을 성취하는 소금과 빛이었다.

예수님의 부활과 승천은 하나님께서 여전히 기적 행하심을 증명하거나

예수님께서 재림하실 것을 증명하는 것 그 이상이다. 부활과 승천은 하나님의 사람들이 하늘의 생명으로 땅에 식민지를 개척하는 하나님의 재창조 계획의 시작이다. 이것이 사실상 주님께서 가르쳐주신 기도의 의미이다:

나라가 임하시오며 뜻이 하늘에서 이루어진 것 같이 땅에서도 이루어지이다. 마 6:10

이 본문에서 우리는 하나님 나라가 하나님의 주권적인 뜻이 땅에 드러나는 것임을 배우게 된다. 그리고 하나님의 뜻은 그분의 사람들이 서로 사랑할 때 표현된다. 1세기에 있었던 하나님의 에클레시아는 서로를 향한 그들의 사랑 때문에 "천하를 소동케" 했다. 이것은 또한 2세기 때도 해당한다. 한 이방인이 그리스도인 공동체에 관해 로마 황제에게 올린 보고서에 "그들이 서로를 얼마나 사랑하는지요" 라는 말이 있다.

내가 다른 곳에서 주장했듯이, 하나님의 에클레시아는 하나님께서 그녀에게 의도하신 대로 기능을 발휘할 때 세상의 가장 위대한 복음전도자이다.

하나님의 주권적 통치의 세 가지 요소는 의와 평안과 사랑이다. 세상이 하나님의 평안이 그분의 사람들의 삶 속에 깃들어 있는 것을 볼 때, 그들에게 있는 서로를 향한 사랑을 볼 때, 그리고 그들이 드러내는 의를 볼 때, 깊은 인상을 받지 않을 수 없다.

에클레시아는 이런 방식으로 예수님께서 주인이심을 증거한다. 그녀는 그리스도께서 보좌에서 통치하심을 드러내는 확실한 증인이다.

예수님은 그분의 제자들이 하나가 되어 서로 사랑할 때 하나님 아버지께서 그분을 보내셨음을 세상이 알게 될 것이라고 말씀하셨다. 요 13:35;

에클레시아가 세상에 있는 그리스도의 주 되심의 확실한 증거이므로, 하나님의 원수는 그녀가 세워지는 곳은 어디서든지 그녀를 무자비하게 공격하고 괴롭혀왔다. 사도행전과 바울의 서신들을 읽기만 해도 곳곳에서 이런 공격과 괴롭힘을 보게 될 것이다.

오늘날도 믿는 사람들의 그룹이 그들이 사는 도시에서 하나님의 집으로 굳게 서서 함께 삶을 공유함으로 그분의 나라를 표현하는 곳은 어디서든지 똑같은 일이 벌어진다.

소금이 소금통 안에 들어있을 때는 소용없다. 주님의 부르심은 그분의 사람들이 소금통 밖으로 나와서 사람들 앞에서 그들의 선한 행실을 드러내는 것이다.

**인써전스**에 가담한 사람들은 그저 "형제를 사랑한다"는 구호에 그치지 않고, 형제를 위해 목숨을 바친다.

## 먼저 그 나라를 구함

예수님께서 하나님 나라에 관해 하신 말씀 중 가장 자주 인용되는 것들 중 하나는 이것이다:

> 그런즉 너희는 먼저 그의 나라와 그의 의를 구하라 그리하면 이 모든 것을 너희에게 더하시리라. 마 6:33

이 구절에서 주님이 말씀하신 "이 모든 것"은 사람들의 마음이 하나님 나라를 삶의 최우선으로 두지 않을 때 그들이 염려하는 것들을 가리킨다.

그것들은 돈, 의복, 음식, 집 등을 포함한다.

먼저 그 나라를 구한다는 것은 무엇보다도, 모든 것이 어떻게 하나님의 통치를 위해 섬길 것인지에 비추어서 그것들을 본다는 뜻이다. 그것은 그리스도의 관심사가 우리의 삶에서 가장 우위에 있다는 뜻이다. 그것은 우리가 왕의 성품 곧 "정의로 다스릴"사 32:1 왕의 성품을 소유하기를 구한다는 뜻이다.

그리스도의 관심사와 그분의 나라는 우리 자신의 관심사들보다 앞선다. 바울은 그의 동역자인 디모데를 칭찬할 때 다음과 같이 지적하며 우선권의 문제에 대해 한탄했다:

> 이는 뜻을 같이하여 너희 사정을 진실히 생각할 자가 이밖에[디모데] 내게 없음이라 그들이 다 자기 일을 구하고 그리스도 예수의 일을 구하지 아니하되. 빌 2:20–21

먼저 그 나라를 구하는 것, 곧 예수 그리스도의 관심사를 구하는 것은 하나님의 집, 하나님의 사람들, 하나님의 에클레시아의 안녕을 구하는 것이다. 그것은 그리스도의 몸을 돌보는 것을 뜻한다. 왜냐하면, 주님의 몸을 돌보는 것이 왕과 그분의 나라를 돌보는 것이기 때문이다.

우리가 먼저 그분의 나라를 구할 때, 우리의 삶은 그분의 관심사에 따라 정리된다. 그러므로 그 다음엔 하나님께서 우리 자신의 관심사들도 돌아보실 것을 약속하신다.

따라서 우리가 어떤 결정을 내리든지 당신과 내 앞에 놓인 질문은 이것이다: 이것이 하나님의 주권적인 통치를 위한 관심사들을 어떻게 섬길 수 있는가?

하나님의 원수는 이 질문에서 우리의 주의를 다른데로 돌리고 그것을 다른 어떤 관심사로 대체하기 위해 모든 것을 다할 것이다. 원수는 하나님의 자녀들을 고통스러운 속박과 땅의 것들을 위한 염려와 근심으로 내몰려고 할 것이다.

그러나 예수님은 말씀하신다: "먼저 내 나라와 내 성품을 구하라. 그러면 내가 삶의 필요를 위한 너의 염려와 근심에서 너를 해방시켜줄 것이다."

흥미롭게도, 신약성서는 일과 가정 생활의 문제들에 관한 것보다 어떻게 하나님 나라의 시민으로 살 것인지를 설명하는데 더 많은 지면을 할애한다.

결과적으로, **인써전스**에 가담한 사람들은 하나님의 통치를 위한 관심사가 이루어지는 것을 구한다. 그리고 그들의 삶 속에서 직면하는 모든 상황 가운데 하나님의 성품이 드러나기를 구한다.

## 형제 중에 지극히 작은 자

예수님은 아래의 본문에서 마지막 심판 때 벌어질 일에 관한 통찰력을 우리에게 주신다:

> 그 때에 임금이 그 오른편에 있는 자들에게 이르시되 내 아버지께 복 받을 자들이여 나아와 창세로부터 너희를 위하여 예비된 나라를 상속받으라 내가 주릴 때에 너희가 먹을 것을 주었고 목마를 때에 마시게 하였고 나그네 되었을 때에 영접하였고 헐벗었을 때에 옷을 입혔고 병들었을 때에 돌보았고 옥에 갇혔을 때에 와서 보았느니라 이에 의인

들이 대답하여 이르되 주여 우리가 어느 때에 주께서 주리신 것을 보고 음식을 대접하였으며 목마르신 것을 보고 마시게 하였나이까 어느 때에 나그네 되신 것을 보고 영접하였으며 헐벗으신 것을 보고 옷 입혔나이까 어느 때에 병드신 것이나 옥에 갇히신 것을 보고 가서 뵈었나이까 하리니 임금이 대답하여 이르시되 내가 진실로 너희에게 이르노니 너희가 여기 내 형제 중에 지극히 작은 자 하나에게 한 것이 곧 내게 한 것이니라. 마 25:34-40

이 말을 주목하라: "내가 진실로 너희에게 이르노니 너희가 여기 내 형제 중에 지극히 작은 자 하나에게 한 것이 곧 내게 한 것이니라."

어떤 사람들은 사람이면 어느 누구나 다 "내 형제 중에 지극히 작은 자"에 해당한다고 믿는다. 따라서 예수님께서 병든 자와 옥에 갇힌 자를 돌보고, 주린 자를 먹이고 목마른 자를 마시게 하는 것에 관해 말씀하셨을 때, 잃어버린 영혼을 포함한 모든 사람을 지칭하셨다고 생각한다.

이런 해석은 "하나님으로서의 아버지 되심과 사람으로서의 형제 되심"이라고 불리는 신학적인 가르침에 기초한다. 그것은 세상의 모든 사람, 심지어 위로부터 나지 않은 사람들까지도 똑같이 하나님의 자녀라는 주장이다.

또 어떤 사람들은 특정한 종말론적 사상을 받아들여 "내 형제 중에 지극히 작은 자"가 이스라엘을 가리키는 것이라고 주장한다. 그들은 마태복음 25장을 말세의 특정한 기간 동안 그리스도인들이 핍박받는 유대인들을 돌보는 것에 관한 것이라고 가르친다.

나는 단호하게 말하겠다: 옥에 갇힌 자를 방문하고, 병든 자를 돌보고, 주린 자를 먹이는 것은 주님과의 관계에 상관없이 칭찬받을 만한 자비로운 행위이다. 우리는 이미 앞의 장들에서 이것에 관해 살펴보았다.

그러나 나는 예수님이 마태복음 25장에서 이것을 염두에 두고 말씀하셨다고는 믿지 않는다.

누가 "형제들과 자매들"인지를 분명하게 밝혀주는 다음의 본문들을 숙고해보라:

그 때에 예수의 어머니와 동생들이 와서 밖에 서서 사람을 보내어 예수를 부르니 무리가 예수를 둘러 앉았다가 여짜오되 보소서 당신의 어머니와 동생들과 누이들이 밖에서 찾나이다 대답하시되 누가 내 어머니이며 동생들이냐 하시고 둘러 앉은 자들을 보시며 이르시되 내 어머니와 내 동생들을 보라 누구든지 하나님의 뜻대로 행하는 자가 내 형제요 자매요 어머니이니라. 막 3:31-35

너희가 진리를 순종함으로 너희 영혼을 깨끗하게 하여 거짓이 없이 형제를 사랑하기에 이르렀으니 마음으로 뜨겁게 서로 사랑하라 너희가 거듭난 것은 썩어질 씨로 된 것이 아니요 썩지 아니할 씨로 된 것이니 살아 있고 항상 있는 하나님의 말씀으로 되었느니라. 벧전 1:22-23

우리는 형제를 사랑함으로 사망에서 옮겨 생명으로 들어간 줄을 알거니와 사랑하지 아니하는 자는 사망에 머물러 있느니라. 요일 3:14

누가 이 세상의 재물을 가지고 형제의 궁핍함을 보고도 도와 줄 마음을 닫으면 하나님의 사랑이 어찌 그 속에 거하겠느냐. 요일 3:17

내 형제들아 만일 사람이 믿음이 있노라 하고 행함이 없으면 무슨 유익이 있으리요 그 믿음이 능히 자기를 구원하겠느냐 만일 형제나 자매가 헐벗고 일용할 양식이 없는데 너희 중에 누구든지 그에게 이르되 평안히 가라, 덥게 하라, 배부르게 하라 하며 그 몸에 쓸 것을 주지 아니하면 무슨 유익이 있으리요 이와 같이 행함이 없는 믿음은 그 자체가 죽은 것이라. 약 2:14-17

그러므로 우리는 기회 있는 대로 모든 이에게 착한 일을 하되 더욱 믿음의 가정들에게 할지니라. 갈 6:10

사울이 주의 제자들에 대하여 여전히 위협과 살기가 등등하여 대제사장에게 가서 다메섹 여러 회당에 가져갈 공문을 청하니 이는 만일 그 도를 따르는 사람을 만나면 남녀를 막론하고 결박하여 예루살렘으로 잡아오려 함이라 사울이 길을 가다가 다메섹에 가까이 이르더니 홀연히 하늘로부터 빛이 그를 둘러 비추는지라 땅에 엎드러져 들으매 소리가 있어 이르시되 사울아 사울아 네가 어찌하여 나를 박해하느냐 하시거늘. 행 9:1-4


신약성서에서 "형제들과 자매들"이 언제나 그리스도의 몸에 속한 지체들, 곧 새로운 출생에 의해 하나님의 자녀가 된 사람들육체적 출생뿐만 아니라을 가리킨다는 사실을 위의 본문 전부가 분명히 밝혀준다.

더 놀라운 것은 예수님께서 그분 자신을 그분의 몸과 구별하시지 않았다는 사실이다. 머리와 몸이 온전히 하나로 연합되어 있기 때문에, 그리스도의 몸에 속한 지체들에게 일어난 일은 그분에게 일어난 일이다.

결과적으로, 주님의 몸을 대하는 것은 주님을 대하는 것과 똑같다.

# 예수 그리스도를 돌봄

그리스도께서 그분의 몸과 연합되었기 때문에 그분의 몸에 속한 당신의 동료 지체들을 돌보는 것은 작은 일이 아니다. 또한 하나님의 자녀에게 해를 끼치는 것은 심각한 일이다.

달리 표현하자면, 이 땅에서 가장 잘 돌보는 사람들은 하나님의 사람들, 에클레시아의 지체들, 예수 그리스도의 제자들이어야 한다.

왜 그런가? 그리스도 안의 자매들과 형제들을 돌보는 것은 당신이 주 예수님 자신을 돌보게 될 것에 가장 근접한 것이기 때문이다.

하나님 나라는 우리가 서로의 몸과 혼과 영을 돌볼 때 구체화된다. 그리고 세상이 이렇게 구체화된 모습을 볼 때 그 나라는 드러나게 된다.

그러므로 주님 안에 있는 당신의 형제들과 자매들을 돌보라. 왜냐하면, 그렇게 할 때 당신이 주님을 돌보고 그분을 섬기는 것이기 때문이다.

당신은 하나님의 다른 자녀를 돌보는 것보다 더 큰 영예를 결코 얻지 못할 것이다. 특히 그들 중 가장 작은 자를 돌보는 것.

이것이 하나님 나라의 경험이다.

요한 일서에서 사도는 "형제들"을 사랑하는 사람들에게 영생이 있음을 주장한다. 예수님은 마태복음 25장에서 형제들을 사랑하는 사람들이 하나님 나라를 상속하게 된다고 본질적으로 말씀하셨다. 사도의 말과 예수님의 말씀은 동일한 것을 두 가지 방식으로 말한 것이다.

그러므로 그리스도 안에 있는 당신의 자매들과 형제들을 그리스도 자신의 일부로 보기를 배우라. 왜냐하면, 이것이 하나님께서 그들을 보는 방법이기 때문이다.

예수님께 화답하며 베드로는 이렇게 말했다:

> 그러므로 형제들아 더욱 힘써 너희 부르심과 택하심을 굳게 하라 너희
> 가 이것을 행한즉 언제든지 실족하지 아니하리라 이같이 하면 우리 주
> 곧 구주 예수 그리스도의 영원한 나라에 들어감을 넉넉히 너희에게 주
> 시리라. 벧후 1:10-11

내가 앞의 장들에서 말했듯이, 우리가 서로를 돌보는 것하나님 나라에서 우리가 우선 해야할 일은 세상에 있는 사람들을 우리가 돌보는 것으로 흘러가야 한다. 하지만 우리의 최우선은 하나님의 집 안에 있는 사람들, 우리 주 예수 그리스도 안의 지체들, **인써전스**의 사람들을 돌보는 것이다.

## 하늘의 식민지

많은 그리스도인이 하나님의 사람들은 하늘에 속했기 때문에 땅을 돌보지 말아야 한다고 믿는다. 여기에 이런 믿음을 고수하기 위해 그들이 사용하는 구절이 있다:

> 그러나 우리의 시민권은 하늘에 있는지라 거기로부터 구원하는 자 곧
> 주 예수 그리스도를 기다리노니. 빌 3:20

그러나 이런 개념은 이 본문을 잘못 읽어서 비롯된 것이다.

모팟Moffatt의 성서 버전은 빌립보서 3:20을 이렇게 번역했다: "우리는 땅에 있는 하늘의 식민지이다."

나는 모팟 버전이 옳다고 믿는다. "식민지"가 이 본문의 더 좋은 번역이다. 이것에 대해 설명해보겠다.

나는 초신자였을 때 이 구절을 내가 하늘의 시민이라는 뜻으로 받아들였다. 그러므로 나의 집은 여기에 있지 있고, 단지 내가 하늘에나의 진짜 집에 가기를 기다리며 지나가는 것이라고 믿었다.

그러나 이것은 바울이 말하고자 한 것이 아니다.

바울은 빌립보에 있는 그리스도인들에게 이 편지를 쓰고 있다. 빌립보는 로마의 식민지였다. 따라서 그 도시는 이상적인 로마의 생활을 반영했다. 로마의 식민지는 "로마에서 떨어져있는 작은 로마"였다. 로마가 아주 멀리 떨어져있었음에도 불구하고, 만일 당신이 빌립보에 있었다면 마치 로마에 있는 것과 같았다. 당신은 사람들이 라틴어로 말하는 것을 들었을 것이고, 로마의 생활방식을 보았을 것이다. 그리고 시저를 세상의 구주와 주인이라고 여겼을 것이다.

빌립보는 로마의 식민지로서 로마제국 도성의 전초 기지요, 연장선이요, 작은 복제품이었다. 빌립보는 로마에서 700 마일1,120 킬로미터 이상 떨어진, 마게도니아의 그리스 문화권 안에 있던 소 로마였다.

바울은 "식민지"의 언어를 사용해서 사실상 당신빌립보에 있는 에클레시아이 외국 땅로마제국에서 하늘의 문화를 반영하는 하늘의 식민지임을 말하고 있다. 또 하늘에 계신 예수님시저가 아니라이 당신의 구주와 주인임을 말하고 있다.

만일 누가 빌립보에 살면서 "나는 로마의 시민이다" 라고 말했다면, 그가 "나는 로마에서 살기를 고대한다" 라고 말한 것이 아니다. 그렇지 않다. 빌립보에서 사는 것은 마치 그가 이미 로마에서 사는 것과 같았다. 왜냐하면, 빌립보가 로마의 식민지 곧 소 로마였기 때문이다.

시저는 빌립보에 있는 사람들, 그리고 다른 로마의 식민지에 있는 사람들이 로마로 돌아오기를 원치 않았다. 그 대신, 로마 식민지의 시민으로 사는 목적은 로마의 문화와 통치를 식민지로 가져오는 것이었다. 그것은 세상에서 로마의 영향을 확대하는 것이었다.

이것이 바로 바울이 빌립보서 3:20에서 말하고자 함이다.

에클레시아는 땅에 있는 하늘의 식민지이다. 그러므로 그녀에겐 하늘의 생명과 통치를 땅으로 가져올 책임이 있다. 주님께서 가르쳐주신 기도의 "하늘에서 이루어진 것 같이 땅에서도" 라는 말씀을 상기하라. 예수님은 궁극적으로 땅에 그분의 나라를 세우시기 위해 재림하실 것이다. 또한 새 예루살렘이 땅으로 내려오는 것을 상기하라.

## 하늘의 문화

하나님의 영원한 목적은 하늘의 문화를 땅으로 가져오고, 사람의 공간과 하나님의 공간, 하늘과 땅이 겹치는 곳인 에덴동산으로 우리를 돌아가게 하는 것이다.

빌립보서 3:20에 있는 바울의 말은 체제 전복적이다. 그는 빌립보에 있는 신자들에게 로마가 아닌 하늘에 온전한 충성을 바치라고 강력하게 도전하고 있다. 시저가 아닌 예수 그리스도께 온전한 충성을 바치라고 도전하고 있다. 우리의 시민권은 하늘에 있다. 우리는 하늘 영역의 식민지이다. 우리는 하늘에 거하시는 우리의 구주 예수 그리스도께서 땅으로 돌아오시기를 고대한다.

로마제국에서 "구주"와 "주인"이라는 단어는 시저를 위한 칭호들이다. 바울은 나사렛 예수를 가리키기 위해 그 단어들을 사용하면서 "예수님이 주인이시고, 시저는 아니다" 라고 말하고 있다.

따라서 빌립보는 시저가 주인인 제국의 전초 기지, 곧 식민지이다. 빌립보의 교회를 전초 기지요 식민지로 둔 예수 그리스도의 제국하나님 나라은 실재였다.

그러므로 하늘의 시민 또는 식민지의 시민으로 사는 것의 요지는 우리가 궁극적으로 하늘에 갈 것을 뜻하는 것이 아니다. 그 대신, 진정한 황제 예수님가 언젠가 그분을 충성스럽게 따르는 사람들을 해방시켜서 그분의 온전한 형상으로 변화시키시기 위해 모국으로부터 돌아오는 것이 요지이다. 이것이 다음 구절이 말하려는 것이다:

> 그는 만물을 자기에게 복종하게 하실 수 있는 자의 역사로 우리의 낮
> 은 몸을 자기 영광의 몸의 형체와 같이 변하게 하시리라. 빌 3:21

그렇다면, 에클레시아는 우리의 집인 "하늘의 저택"으로 가기 위해 기다리는 대합실이 아니다. 그것은 실제로 정반대이다.

에클레시아는 하늘의 삶을 구현하고 예수 그리스도의 왕권과 통치를 지금 여기서 드러내는, 땅에 있는 하늘의 전초 기지이다.

우리는 이 세상에 살면서 예수님을 따르는 사람들로서, 주님의 권리를 위해 이 땅에 서 있는 거류민이고, 현재의 순례자이고, 현지 체류자이고, 하늘에 속한 외국인이고, 다른 영역에서 온 땅의 나그네이다.

> 너희가 나그네로 있을 때를 두려움으로 지내라. 벧전 1:17

> 사랑하는 자들아 거류민과 나그네 같은 너희를 권하노니 영혼을 거슬
> 러 싸우는 육체의 정욕을 제어하라. 벧전 2:11

> 이 사람들은 다 믿음을 따라 죽었으며 약속을 받지 못하였으되 그것들

을 멀리서 보고 환영하며 또 땅에서는 외국인과 나그네임을 증언하였

으니. 히 11:13

우리의 구주요 왕이신 예수 그리스도는 언젠가 이 세대를 바꾸고 새 하늘과 새 땅을 드러내시기 위해 하늘로부터 땅으로 오실 것이다. 그분은 우리의 몸을 그분의 영광스러운 몸으로 변화시키시고 우주 전체를 변화시키셔서 속박에서 저주로 전락한 피조물을 해방시키실 것이다. 롬 8

에클레시아는 하늘에 의해 통치되고 있는 하나님의 진정한 나라이다. 사탄은 이 세상의 나라들을 지배할지라도, 에클레시아는 지배할 수 없다. 하나님 나라는 에클레시아를 통해 하늘의 식민지로 이 땅에 서 있다.

## 운이 별로 없는 사람들

당신은 어쩌면 놀라울 정도로 복을 받아서 지금 당신이 속한 교회가 내가 묘사한 에클레시아처럼 살고 있을지도 모른다. 그것은 하나님 나라의 강력한 표지판으로서 사는 것이다.

만일 그런 경우라면 당신의 교회는 하나님 나라를 누리고 그것의 전진을 보는데 있어 더 깊고 더 높은 경지로 가기 위해 이 책을 사용하게 될 것이다.

그러나 당신이 운이 별로 없어서 당신이 사는 지역에서 그런 교회를 찾을 수 없다고 가정해보라. 또한 그런 교회에 속하기 위해 이사를 갈 수 없는 형편이라고 가정해보라.

**그렇다면, 당신은 무엇을 해야 하는가?**

이것이 진부하게 들릴 수도 있겠지만, 그렇지 않다. 당신은 기도로서 하

나님의 보좌 앞에 늘 서는 것을 시작할 수 있다. 나는 당신이 너무 큰 것을 기대하는 대신 기도에 의해 작은 것부터 시작할 것을 제안한다. 하나님 나라를 위한 마음을 가진 단 한 사람을 만나게 해달라고 주님께 구하라. 그리고 나서 새로운 사람들을 만나는 기회를 찾기 시작하라.

당신이 사는 지역에서 하나님 나라에 관심이 있는 사람들과 함께 책 읽기 모임을 시작할 것을 고려해보라.

만일 당신이 당신과 함께 하나님 나라를 구하는데 관심이 있는 한두 사람을 찾을 수 있다면, 이 책을 발판으로 삼을 수도 있을 것이다. "실천에 옮기기" 세션을 함께 해 보고, 교훈들을 실행할 방법을 함께 탐구해보면 좋을 것이다.

어쩌면 이 두세 사람 중에서 주님이 당신과 계속 함께 할 사람을 주실지도 모른다. 고로, 기도하는 마음으로 당신과 함께 할 사람들을 초청해보라.

주님께서 당신을 한 걸음 한 걸음씩 인도하시도록 하라. 나는 다른 곳에서 작은 그룹이 어떻게 공동체로 발전해서 삶을 공유할 수 있는지에 관한 생각들을 제공했다. 적절한 시점에서 이것이 당신에게 도움을 줄 수 있을 것이다.[36]

## 다른 영역들

당신은 주님 앞에서 먼저 그 나라를 구하는 일에 당신과 함께 할 사람들을 기다리는 동안, 믿는자의 공동체 없이도 여전히 하나님 나라를 대표하는 요원으로 살 수 있다.

---

36) 다음을 참조할 것: 프랭크 바이올라, 『유기적 교회 세우기』(대장간, 2010), 제3부.

당신은 당신의 가정에서 그 나라를 구현하고 드러낼 수 있다. 당신의 일터에서 그 나라를 구현하고 드러낼 수 있다. 당신의 친구들 사이에서 그 나라를 구현하고 드러낼 수 있다. 당신은 당신이 사는 도시 안에서 사람들의 고통을 완화시키고 그들을 지원하는 단체들을 찾을 수 있다.

당신 자신이 당신의 가정에서, 일터에서, 그리고 당신과 관계성을 가진 사람들 중에서 하나님 나라의 시민으로 행하는 것은 불신자들로 하여금 하나님과 그분의 나라에 관한 당신의 가르침에 흥미를 느끼게 한다. 딛 2:9-10; 살전 4:11-12; 벧전 3:1

이 천국 복음이 모든 민족에게 증언되기 위하여 온 세상에 전파되리니 그제야 끝이 오리라. 마 24:14

웨이머쓰Weymouth 신약성서 버전은 마태복음 24:14의 "증언"이라는 단어를 "증거를 설정하다"로 번역했다.

예수님은 왕이신 하나님의 통치의 복음이 모든 나라 앞에 "증거를 설정하며" 세상 전체에 선포될 것을 말씀하셨다.

예수님의 왕 되심의 좋은 소식은 확실한 실천에 의해 구현되어야 한다. 그렇지 않으면 그것은 단지 신학적인 화두에 불과하다. 그리스도의 왕 되심이 구현될 때, 그것은 그 실재의 증명과 증거로 나타날 것이다.

그렇다. 당신은 당신의 가정, 일터, 친구들 안에서 당신이 드러내는 의와 평안과 사랑에 의해 예수님이 높여지는 "증거를 설정"할 수 있다. 그렇게 함으로써, 당신은 하나님 나라의 실재를 증거하게 된다.

고로, 그것은 전부 진실한 기도에서 시작된다. 당신의 인생에서 먼저 주님의 나라를 구하는데 당신의 마음이 가 있다면, 당신이 있는 바로 그곳에서 어떻게 그것을 살아있는 실재로 만들 수 있는지의 다음 단계를 주님께 서 보여주실 것이다.

## 초기 그리스도인들이 하지 않은 것

1세기 때 예수님을 따르던 사람들은 동시대에 살던 다른 혁명적인 그룹들과는 완전히 달랐다. 예를 들어,

- 셀롯당원들은 로마제국을 무너뜨리기 위해 폭력과 강압과 힘을 사용했다.
- 사두개인들은 로마제국의 권력자들과 그들의 꼭두각시들과 협력했다.
- 에세네파 사람들은 제국에서 완전히 떠나서 광야에서 칩거했다.
- 바리새인들은 세상과 분리되어 깨끗한 삶을 유지하려고 노력했다. 그러나 그들이 "죄인들"이라고 치부한 사람들을 멀리함으로 그 과정에서 위선자임을 증명했다.

예수님과 그분의 몸인 에클레시아는 완전히 다르게 접근했다.

그들은 세상의 통치자들을 물리치기 위해 셀롯당원들이 했던 것처럼 칼의 힘을 사용하지 않았다.

그들은 사두개인들처럼 정치 권력과 결탁하려고 하지 않았다.

그들은 에세네파처럼 사회를 떠나 칩거하지 않았다.

그들은 바리새인들처럼 그들에게 속하지 않은 사람들을 멀리하지 않았다. 진실로, 예수님께서 지적하셨듯이 소위 죄인이라 불렸던 사람들이 하나님 나라에 들어갈 때 자기 의로 가득했던 바리새인들은 들어가지 못했

다.

바리새인들은 스스로를 죄인으로 보기를 거부하면서 창기들, 술꾼들, 그리고 다른 "죄인들"을 희생양으로 삼았다.

오직 죄인들만이 하나님 나라에 들어가도록 허락되었다. 따라서 만일 당신이 죄인인 것을 시인할 수 없다면 하나님과는 상관없는 사람이다.

초기 그리스도인들은 또한 예수 그리스도와 성령의 인도를 떠나서 행하여지는 자비로운 행위와 사회활동에는 가담하지 않았다.

그렇다. 초기 그리스도인들이 한 것은 무엇이든지 하나님 나라의 왕이신 예수 그리스도 자신 안에서, 그분에 의해서, 그분을 통해서 하나님 나라가 하늘에서처럼 땅에서도 전진하도록 하는 것이었다.

유감스럽게도, 오늘날 기독교 버전의 셀롯당원들, 사두개인들, 에세네파 사람들, 그리고 바리새인들이 있다는 사실이다. 하나님의 사람들은 이 사람들처럼 접근하지 말아야 한다.

하나님 나라는 십자가에 의해서, 그리고 십자가를 통해서 도래한다. 1세기의 신자들은 이것을 아주 잘 이해했다. 그러나 오늘날엔 많은 그리스도인이 그것을 이해하지 못한다.

성서는 우리가 우리 주님의 고통을 공유할 때 하나님 나라를 상속하게 된다고 분명하게 말한다.

> 그러므로 너희가 견디고 있는 모든 박해와 환난 중에서 너희 인내와 믿음으로 말미암아 하나님의 여러 교회에서 우리가 친히 자랑하노라 이는 하나님의 공의로운 심판의 표요 너희로 하여금 하나님의 나라에 합당한 자로 여김을 받게 하려 함이니 그 나라를 위하여 너희가 또한 고난을 받느니라. 살후 1:4-5

에클레시아는 하나님 나라의 사람들이다. 그러므로 그들은 십자가를 지는 사람들이다.

하나님은 십자가를 지는 것에 의해, 즉 우리의 목숨을 바치는 것에 의해 그분의 나라를 전진시키신다. 당신이 왕을 따르는 사람이라면 예수 그리스도의 십자가가 당신 자신의 인생에서 실현될 것이다. 막 8:34-37; 눅 9:23-25

따라서 십자가는 **인써전스**의 핵심이다.

## 국가주의와 정치

하나님은 에클레시아를 부르셔서 하나님 나라를 표현하는 창구로 삼으셨다. 정치적 과정을 사용하시지 않았다.

하나님 나라는 결코 정치적인 차원에서 이루어질 수 없다. 주된 이유 하나는 정치제도가 세상 제도에 속했기 때문이다. 이것은 정치제도가 세상에서 선한 일을 위해 힘을 쓸 수 없다는 뜻이 아니다. 그렇게 할 수 있다. 그러나 그것은 결코 예수 그리스도의 나라를 오게 할 수 없고, 그 나라를 대체할 수도 없다. 이런 이유로, 우리는 절대로 그것에 우리의 소망을 두지 말아야 한다.

마찬가지로, 국가주의는 우상의 일종이다. 국가주의는 "우리나라는 옳거나 틀렸다"라고 말한다. 또한 "우리나라는 하나님 나라를 구현한다"라고 말하든지, 또는 이런 주장 비슷한 것을 한다.

국가가 예수님을 왕으로 모시고 복종하지 않는다면, 국가는 하나님 나라가 될 수 없다. 그러므로 당신의 충성은 왕이신 예수님과 그분의 나라에게 바쳐져야 한다. 그 충성이 국가나, 국기나, 정당이나, 권력을 잡고 있는 타락한 사람들을 향해서는 안된다.

하나님의 사람들인 우리는 소금과 빛이 되라고 부르심을 받았다. 정치 권력이나 군대의 힘으로 사람을 강압하지 않고, 구별된 실재를 살아내는 것에 의해 소금과 빛이 되는 것이다. 우리는 하나님 나라의 시민으로서 국가에 영향을 끼치려고 하지 않는다. 국가는 세상 제도에 속했고, 하나님 나라는 절대로 국가의 도구가 아니다.

그 대신, 우리는 그리스도의 몸으로서 다른 영역으로부터 오는 하나님 나라를 선포하고, 구현하고, 드러낸다.

에클레시아는 고대의 이스라엘처럼 하나님 나라의 축소판이 되라고 부르심을 받았다. 그것은 세상에서 하나님 나라를 가시적으로 표현하도록 설계되었다.

사람들은 삶을 공유하는 그녀의 모습을 보고 에클레시아 안의 새로운 사회 질서, 새로운 차원의 정의, 새로운 차원의 평안, 용서, 화목, 사랑, 그리고 상호간의 돌봄을 목격한다. 그녀 안에는 인종차별, 성차별, 편협함, 사회적 편견, 또는 차별 대우 같은 것이 없다. 골 3:11; 갈 3:28

예수님은 자신이 이 세상 제도에 속하지 않았듯이 그분을 따르는 사람들도 거기에 속하지 않았음을 분명히 말씀하셨다.

- 예수님은 이 세상에 속하시지 않았다. 요 8:23
- 당신은 세상에 속하지 않는다. 예수님은 당신을 세상과 구별되게 택하셨다. 이것이 왜 세상이 당신을 미워하는지의 이유이다. 요 5:19
- 예수님은 세상을 위하여 기도하시지 않는다. 요 17:9
- 예수님이 세상에 속하시지 않은 것처럼 당신도 세상에 속하지 않았다. 요 17:16

인써전스에 가담한 사람들은 그들의 진정한 정체성을 이해하고 그것에 따라 살아간다.

## 청산가리와 포도주스

기독교와 정당 정치를 혼합시키는 것은 마치 청산가리와 포도주스를 섞는 것과 같다. 그것이 청산가리에는 해를 끼치지 않지만, 포도주스를 독성으로 만들어버린다.

솔직히 말해서, 당신은 오늘날의 정치제도에 둘러싸이고 사로잡힌 상태로 하나님 나라에 유용한 사람이 될 수 없다. 당신은 국가주의를 수용하면서 동시에 하나님 나라를 수용할 수 없다.

나는 미국에서 태어났기 때문에 미국 시민이 되었다. 그러나 진지하게 생각해볼 때 나는 미국 시민이 아니다. 나는 다른 나라에 속했다. 나의 시민권은 하늘 영역에 있고, 나의 충성은 그 영역에 속한다.

따라서 만일 미국이 하나님 나라 시민의 삶과 상충되는 무엇을 내게 요구한다면, 그 선택은 쉽다. 나는 그것을 오래 전에 해결했다. 나는 하나님 나라에 속했기 때문에 하나님의 진정한 나라를 위해 미국 시민권을 포기할 수 있다.

많은 그리스도인이 정치제도와 국가주의에 완전히 사로잡혀있다. 또한 종교제도에도 완전히 사로잡혀있다. 이것은 이 모든 제도가 세상에 속했음을 그들이 알지 못하기 때문이다.

국가에 의해 지배되는 타락한 질서의 대안으로서의 에클레시아에 관해 존 뉴전트가 설명한 다음의 내용이 내 마음에 든다:

우리는 국가를 위해 기도한다. 왜냐하면, 국가가 아주 선한 일을 하고 또 아주 해를 끼치는 일을 할 가능성이 있음을 우리가 인식하고 있기 때문이다. 더구나, 우리의 뚜렷한 역할을 수행할 수 있는 조건과 환경을 국가가 조성하기 때문이다⋯ 국가가 우리를 따뜻하게 받아주든지, 적대적인 저항을 하든지 둘 다 소용없다. 그 대신, 우리의 사명은 국가를 존중하면서 거기에 참여하지 않는 자세를 요구한다. 조국의 정치적 사안들에 깊이 얽매이지 않기를 선택한 그리스도인들은 단지 게으르거나, 사랑이 없거나, 무책임한 것이 아니다. 또는 오늘날 우리가 살고 있는 다양한 나라들을 세우기 위해 싸운 사람들이 흘린 피를 욕보이려 함도 아니다. 그리스도인들은 그리스도께서 흘리신 피를 존중하고, 또 순교한 그리스도인들이 그분의 발자취를 따라간 것을 존중한다. 이 순교자들은 나라의 통치자들 경배하기를 거부하고, 우리가 지금 속해있는 지역을 초월한 영원한 나라를 증거하면서, 하나님의 통치를 위해 세상의 지배를 받지 않기로 했다.69

디모데를 향한 바울의 권면이 적절하다:

너는 그리스도 예수의 좋은 병사로 나와 함께 고난을 받으라 병사로 복무하는 자는 자기 생활에 얽매이는 자가 하나도 없나니 이는 병사로 모집한 자를 기쁘게 하려 함이라. 딤후 2:3-4

여기에 비극이 있다. 하나님 나라의 과격한 비전에 의해 위협을 느끼는 정치제도나 종교제도는, 아무리 그 제도가 그분의 이름으로 깃발을 든다 할지라도, 또 다시 예수 그리스도를 십자가에 못박을 것이라는 사실이다. 이 사실은 교회 역사가 확실히 증명해준다.

많은 하나님의 종들이 예수의 이름 아래 활동했던 정치제도와 종교제도의 손에 의해 피를 흘렸다.

하나님께서 우리의 눈을 열어주시기 전에는, 이 세상의 정치제도와 종교제도가 얼마나 우리를 붙잡고 있는지를 우리는 제대로 알 수 없다.37)

## 고통의 신비

그것에 관해 아무도 듣기를 원치 않는다. 극소수의 사람들만 그것에 관해 말한다. 그러나 고통은 히나님 생명의 유전자 안에 들어있다. 그리고 그것은 하나님 나라를 구성하는 한 부분이다.

바울은 지체들 모두 갓 예수님을 믿은 갈라디아의 그리스도인들에게 다음과 같이 경고했다: "우리가 하나님의 나라에 들어가려면 많은 환난을 겪어야 할 것이라." 행 14:22

하나님 나라에 들어가고, 하나님 나라를 누리고, 하나님 나라를 전진시키는 것, 곧 예수 그리스도의 주권적 통치가 이루어지는 것은 많은 고통을 수반한다.

당신도 알다시피, 강탈을 일삼는 세상의 권세를 이기신 예수님의 승리는 그분의 십자가라는 수단을 통해서 왔다. 마찬가지로, 오늘날 예수님을 따르는 사람들도 주님의 십자가를 지는 것에 의해 주님의 승리에 동참한다.

달리 말하자면, 승리는 고통에 의해 얻어진다.

우리는 물론 죄를 대속하기 위해 고통을 당하지 않는다. 왜냐하면, 오

---

37) 정치에 관해 더 자세히 다룬 InsurgenceBook.com의 "A Word About Political Election"을 참조할 것.

직 예수님만이 그것을 하실 수 있기 때문이다. 하지만 다른 사람들의 유익을 위해 우리 자신을 희생해서, 우리의 삶을 잃어버리고, 우리 자신을 부인하고, 우리의 목숨을 바치는 것에 의해 하나님이 우리 안에서, 그리고 우리를 통해서 역사하실 수 있는 영역을 더 얻게 된다.

> 다만 이뿐 아니라 우리가 환난 중에도 즐거워하나니 이는 환난은 인내를, 인내는 연단을, 연단은 소망을 이루는 줄 앎이로다. 롬 5:3-4

우리의 인생 안에 예수 그리스도의 정당한 자리를 내어드리는 것은 그분의 성품이 우리 안에 형성되기 시작하는 것을 의미한다.갈4:19 바로 여기가 대가를 치러야할 지점이다. 왜냐하면, 그 과정이 종종 고통스럽기 때문이다.

핍박이 시작되고 그것이 날로 더해갈수록 에클레시아가 자라나고 더 강해지는 것을 우리는 사도행전 전체에서 볼 수 있다. 이것은 또한 교회 역사의 이야기이기도 하다. 그리고 그것은 **인써전스**의 아주 중요한 특징이다.

따라서 고통 당하는 것과 우리 자신을 대하여 죽는 것이 하나님 나라가 전진하는 방식이다. 예수님의 십자가는 **인써전스**를 출범시켰다. 그리고 그리스도를 따르는 사람들에 의해 생겨난 그분의 십자가는 **인써전스**가 커져가는 수단이다.

# 당신의 고통을 낭비하지 말라

인생엔 하나님 나라와 상충되는 많은 것이 있다. 하지만 주님은 그것들을 완전히 제거하시지 않는다. 주님은 우리 인생에서 그분의 나라를 세우시기 위해 그것들을 허락하시고, 심지어 그것들을 사용하신다.

우리는 마태복음 20장에서 예수님의 제자인 야고보와 요한이 그들의 어머니를 대동하고 와서, 그분의 나라에서 가장 높은 자리를 구한 이야기를 보게 된다.

예수님은 그들이 그 자리를 얻기 위해 그분이 마시려는 잔을 그들도 마셔야 한다고 대답하셨다. 예수님께서 말씀하신 잔은 고통의 잔이었다.

요점: 십자가 없는 하나님 나라는 없다. 그리고 고통 없이는 왕 노릇 할 수 없다.

> 참으면 또한 함께 왕 노릇 할 것이요. 딤후 2:12

> 자녀이면 또한 상속자 곧 하나님의 상속자요 그리스도와 함께 한 상속자니 우리가 그와 함께 영광을 받기 위하여 고난도 함께 받아야 할 것이니라. 롬 8:17

> 이기는 자와 끝까지 내 일을 지키는 그에게 만국을 다스리는 권세를 주리니. 계 2:26

> 이기는 그에게는 내가 내 보좌에 함께 앉게 하여 주기를 내가 이기고 아버지 보좌에 함께 앉은 것과 같이 하리라. 계 3:21

우리가 그리스도의 능력과 승리를 경험하는 것은 우리가 고통을 통해 자신을 비울 때이다. 고통은 또한 우리로 하여금 땅에서 이 능력과 승리를 적용할 수 있게 한다. 어떻게 자신의 고통을 주님께 항복하는지를 알지 못하는 그리스도인들은 결국 그 고통을 낭비하고 만다.

고로, 내가 당신에게 하고 싶은 말은 간단하다: 당신의 고통을 낭비하지 말라. 그 고통은 주님의 나라가 당신 안에서, 그리고 당신을 통해서 전진할 수 있게 하기 위해, 당신의 인생 안에서 주님께 더 넓은 영역을 드리도록 설계되었다. 당신의 고통과 고난과 환난은 왕 노릇을 위해 당신에게 필요한 훈련이다. 즉, 하나님의 영원한 목적의 성취인 그분의 형상을 드러내고 그분의 권위를 행사하도록 당신을 준비시키는 훈련이다.

하나님 나라에 들어가지만 그 나라가 가져오는 고통 때문에 도중하차하는 사람들은 그 나라를 섬길 자격이 없다.

예수께서 이르시되 손에 쟁기를 잡고 뒤를 돌아보는 자는 하나님의 나라에 합당하지 아니하니라 하시니라. 눅 9:62

당신이 이런 사람들에 속하지 않도록 하라.

## 가장 큰 고통

예수 그리스도께서 시작하신 **인써전스**는 단거리 경주에 의해 성취되지 않는다. 그것은 마라톤이다. 우리는 하나님 나라의 참여자로서 우리 주님의 고통을 공유하도록 부르심을 받았다.

거짓 신들을 부인하고 그것들이 가져오는 시험들에 저항하는 것은 고통을 수반한다.

우리는 능력의 신인 크라토스를 부인할 때 고통을 당한다.

우리는 재물의 신인 플루투스를 부인할 때 고통을 당한다.

우리는 욕정의 신인 아프로디테를 부인할 때 고통을 당한다.

> 그리스도께서 이미 육체의 고난을 받으셨으니 너희도 같은 마음으로
> 갑옷을 삼으라 이는 육체의 고난을 받은 자는 죄를 그쳤음이니 그 후
> 로는 다시 사람의 정욕을 따르지 않고 하나님의 뜻을 따라 육체의 남
> 은 때를 살게 하려 함이라. 벧전 4:1–2

> 그가 시험을 받아 고난을 당하셨은즉 시험 받는 자들을 능히 도우실
> 수 있느니라. 히 2:18

> 모든 무거운 것과 얽매이기 쉬운 죄를 벗어 버리고 인내로써 우리 앞에
> 당한 경주를 하며… 너희가 죄와 싸우되 아직 피흘리기까지는 대항하
> 지 아니하고. 히 12:1, 4

시험에 저항하는 것과 "죄와 싸우는 것"은 분명히 고통의 한 유형이다. 때로는 극도로 쓰라린 고통을 겪는다. 하지만 언젠가 누가 이렇게 말했다: "만일 당신이 지옥을 겪으며 가고 있다면, 계속해서 가라." 마귀를 대적하면 결국 당신을 피할 것이다. 약 4:7

"죄악의 낙"을 맛보았던 그리스도인들이 처음엔 마치 자기 자신을 따분한 삶에 넘겨준 것처럼 느꼈다. 진실로, 세상이 아주 매력적으로 제공하는 묘미가 제외된 삶을 사는 것은 고통의 한 유형이다. 즉 세상이 주는 그 감질나게 하는 맛이 빠진 삶을 사는 것 자체가 고통이다. 그러나 죄의 낙은 언제나 임시적임을 주목하라.

> 도리어 하나님의 백성과 함께 고난 받기를 잠시 죄악의 낙을 누리는 것
> 보다 더 좋아하고. 히 11:25

그렇지만, 당신이 경험할 수 있는 가장 큰 고통은 주 안에 있는 당신의 형제와 자매들의 손에 의해 오게 될 것이다. 그렇다. 그것은 다른 그리스도인들로부터 오게 될 것이다.

다음의 메시아 예수님에 관한 예언의 말씀을 숙고해보라:

> 이는 나의 친구의 집에서 받은 상처라. 슥 13:6

예수님의 손에 못을 박은 사람들은 이방인인 로마인들이었지만, 그분의 죽음을 조장한 사람들은 하나님 자신의 백성이었다.

주님의 생명에 의해 사는 사람들은 언덕으로 끌려가서 죽게 될 것이다. 이것이 신적 생명이 흘러가는 방향이다. 당신이 내 말을 믿지 않는다면, 당신의 주님을 바라보고 이렇게 여쭈어보라: 신적 생명이 주님을 어디로 인도했습니까?

예수님의 아버지는 그분을 언덕으로 인도하셔서 죽게 하셨다.

예수님의 대속의 죽음과 모든 것 위의 주인으로 등극하신 것을 제외하곤, 그분에게 벌어진 일은 무엇이든 당신에게도 벌어질 것이다. 당신은 그리스도 안에 있다. 그러므로 그분의 경험은 곧 당신의 경험이다.

예수 그리스도께서 어떤 고통을 받으셨는가? 그분은 오해받는 고통을 당하셨고, 거짓 고소로 고통을 당하셨고, 거짓 소문으로 고통을 당하셨고, 배신 당하는 고통을 받으셨다. 또 그분이 말씀하시는 것을 거의 이해하지 못하며 따르는 사람들을 참고 견디는 고통을 받으셨다. 그분을 향해

마음이 굳어버린 예루살렘을 위하여 고통 당하셨고 또 고심하셨다.

예수님은 그분 자신의 백성에 의해 미움을 받는 고통을 당하셨다. 그분은 그분의 가족들로부터 거부당하는 고통을 받으셨다. 또 그분의 가장 가까운 제자들로부터 거절되고 배신을 당하셨다.

이 모든 것 외에, 예수님은 십자가의 쓰라린 고통을 당하셨다. 그것은 인간 머리에 의해 고안된 가장 설명할 수 없고, 이해할 수 없고, 잔인하고, 미개하고, 야만적이고, 끔찍하고, 고통스러운 형벌이었다.

그렇다. 예수님은 고통을 당하셨다. 이것이 바로 신적 생명이 그분을 인도한 지점이었다. 그리고 이것이 또한 신적 생명이 당신을 인도할 지점이기도 하다. 왜 그런가? 그분이 당신의 인생에 더 넓은 영역을 얻으셔서 하나님 나라를 전진시키시기 위함이다.

그러나 하나님께 감사하라. 예수님과 함께 십자가에 못박힌 사람은 모두 부활하기 때문이다. 그리고 부활한 사람을 건드릴 수 있는 힘은 존재하지 않기 때문이다.

**인써전스**에 가담한 사람들은 그들의 삶 속에서 그리스도의 죽음과 부활을 다시 살게 된다.


## 비난

나사렛 예수는 정치가가 아니었음에도 끊임없이 이어지는 비방의 대상이었다. 아래에 그분이 땅에 계셨을 때 당하신 비난 11 가지의 예를 들었다. 예수님은 다음과 같이 불리셨다:

- 사생아

- 술꾼
- 먹보
- 거짓 선지자
- 사기꾼
- 하나님을 모독하는 자
- 정신질환자
- 귀신들린 자
- 율법을 어기는 자 ["비성서적인"]
- 바알세불 [사탄의 화신]
- 성전 파괴자

충격적인 것은, 주님께서 이 모든 혐의에 대해 자신을 방어하신 적이 한 번도 없다는 사실이다. 이것이 바로 신적 생명이 흘러가는 방식이다.

자신의 인생을 철저하게 주님께 드렸거나 앞으로 드릴 사람들은 하나님께서 크게 사용하심을 보게 될 수 있다. 만약 그런 일이 일어난다면 또는 이미 그런 일이 벌어지고 있다면, 주의하라. 거짓 비난들이 멀리 있지 않다.

어둠의 나라를 자극할수록 비난들이 당신에게 쇄도할 것이다. 원수의 이름은 "참소비난하는 자"이고, 형제들을 비난하는 것이 그의 가장 효과적인 무기이다. 계 12:10

> 내가 너희에게 종이 주인보다 더 크지 못하다 한 말을 기억하라 사람들
> 이 나를 박해하였은즉 너희도 박해할 것이요 내 말을 지켰은즉 너희 말
> 도 지킬 것이라. 요 15:20

따라서 당신이 인신공격을 당할 때 놀라지 말라. 그것은 그때도 그랬고, 오늘날도 그렇다. 그러나 당신의 주님께서 그렇게 하셨듯이, 그런 비난들에 반응하는 특별한 비결을 발견하도록 하라. 벧전 2:21-23; 마 26:57-63

그것은 사실상 모든 정치가가, 그리고 많은 그리스도인이 반응하는 방식과는 아주 다르다.

**인써전스**에 가담한 사람들은 다음과 같은 말씀의 능력을 배워왔다:

> 나는 너희에게 이르노니 악한 자를 대적하지 말라 누구든지 네 오른편 뺨을 치거든 왼편도 돌려 대며 또 너를 고발하여 속옷을 가지고자 하는 자에게 겉옷까지도 가지게 하며 또 누구든지 너로 억지로 오 리를 가게 하거든 그 사람과 십 리를 동행하고 네게 구하는 자에게 주며 네게 꾸고자 하는 자에게 거절하지 말라. 마 5:39-42

> 욕을 당하시되 맞대어 욕하지 아니하시고 고난을 당하시되 위협하지 아니하시고 오직 공의로 심판하시는 이에게 부탁하시며. 벧전 2:23

이 권면이 당신을 짓밟으려 하는 모든 사람의 호구가 되라는 명령은 아니다. 유대인이 자신을 손등으로 때린 로마인에게 왼편 **뺨**을 돌려 대는 것은 로마의 폭력을 노출시키고, 폭력으로 대항하지 않고 그것에 시위하는 방법이었다.

왼쪽 **뺨**을 돌려 대며 이렇게 말하는 것이었다: "만일 당신이 나에게 폭력을 행사한다면, 나를 동등하게 취급해야 할 것이다. 당신은 노예에게 하듯이 나를 그냥 손등으로 때릴 수 없다. 당신이 다른 로마인을 상대로 싸울 때 하듯이 나를 주먹으로 때리라."

이렇게 대하는 것은 칼로 대항하거나, 도망을 가거나, 두려움에 떨며 움

츠리는 것과는 다르다. 그것은 폭력적이지도 않고 비겁하지도 않은 것이다.

하나님 나라의 삶은 대항하거나 도망가지 않고 우리 자신을 부인하는 것이다.

인써전스는 자신을 부인하는 것과 그리스도에게 속한 부활로 특징지어진다.

## 승리의 적용

그렇다면, 예수 그리스도가 세상의 주인이라는 것은 실제적으로 무슨 뜻인가? 실제적인 측면에서, 그것은 예수 그리스도가 그분의 몸인 하나님의 에클레시아를 통해 세상을 통치한다는 뜻이다.

세상에서 주님의 통치를 활성화시키고 영향력 있게 만드는 것은 당신과 나, 그리고 모든 하나님의 사람이다.

이것이 창세기 3:15에서 여자의 후손이 뱀의 머리를 상하게 할 것이라고 한 이유이다. 그 여자의 후손이 예수님이시다. 하지만 이 약속은 로마서 16:20의 바울이 한 말에서 성취된다: 뱀의 후손이 에클레시아의 발 아래서 상하게 될 것이다.

뱀은 타락 이후에 "흙을 먹는" 상태가 되었다. 창 3:14 사람은 흙에서 나왔다. 따라서 이것은 마귀가 타락한 인간 "흙" 위에 권세를 가졌다 "먹는"는 깊은 뜻을 내포하고 있다.

그렇지만, 마귀는 그리스도 안에 들어온 사람들 위에는 권세를 가질 수 없다. 그리스도 안에 있는 우리는 원수 위에 권위를 가진 새 인종, 새 창조, 새 인류에 속한다.

따라서 둘째 아담인 예수님은 첫째 아담이 실패한 것을 성취하러 오셨다. 그분은 하나님의 생명에 의해 사셨고 생명 나무로 상징된, 하나님의 형상을 드러내셨고, 땅에서 하나님의 권위를 행사하셨다. 그리고 나서 부활하실 때 열매를 맺고 번성하셨다.

> 내가 진실로 진실로 너희에게 이르노니 한 알의 밀이 땅에 떨어져 죽지 아니하면 한 알 그대로 있고 죽으면 많은 열매를 맺느니라. 요 12:14

통치자들과 권세들이 십자가에서 패했지만, 여전히 존재하며 사람들을 노예로 삼고 하나님의 목적을 방해한다. 그러나 사탄의 권세는 십자가에서 깨어졌고, 모든 사람이 주님의 은혜에 자발적으로 반응할 수 있게 되었고, 그 은혜를 그들의 삶에 적용할 수 있게 되었다. **물론 당신을 포함해서.**

십자가에서 그리스도께서 이루신 일 때문에, 사탄은 하나님 나라 안에 있는 그 누구에게도 법적 소유권을 청구할 수 없다.

하나님의 영원한 목적의 성취는 예수 그리스도께서 십자가에서 이룩하신 승리를 적용하는 것에 달려있다. 따라서 원수가 당신과 나에게 행사할 수 있는 유일한 권세는 우리가 그에게 주는 권세이다. 우리가 우리의 삶 속에서 그에게 더 넓은 영역을 주지 말아야 한다는 사실이 왜 중요한지를 이것이 말해준다.

바울은 에베소서 4:27에서 "마귀에게 틈을 주지 말라"고 했다. 마귀를 이기고 승리한 신자라도 마귀에게 활동할 틈이나 허점을 주는 것이 가능하다. 예수님은 사탄이 그분 안에서 어떤 영역이나 틈도 가질 수 없다고 말씀하셨다. : "그이 세상의 임금는 내게 관계할 것이 없으니." 요 14:30

두려움은 사탄의 전화카드이다. 원수의 영역인 세상 제도의 권세에 굴복하는 것은 또한 그에게 영역을 주는 것이다. 그런 타협은 마귀가 우리의 삶 속에서 활동하도록 초청하는 것이고 그로 하여금 우리 위에 권세를 행사하도록 하는 것이다.

때로는 악을 향해 "관용"의 탈을 쓴 "사랑"이 하나님의 사람들을 속이고 원수에게 권세를 주기도 한다. 그 뿌리도 역시 두려움인 경우가 종종 있다. A. W. 토저는 이렇게 말했다:

> 지금 유행하는 것은 무엇이든지 너그럽게 봐주는 것이다. 우리가 편협하다는 평판을 얻기가 싫기 때문이다. 마음이 약한 사람들은 아각이 죽임당하는 것을 보기 힘들어 한다. 그래서 그들은 오히려 오류와 악을 허용함으로써 앞으로 다가올 몇 년에 해당하는 교회의 건강을 희생하는 쪽으로 선택한다. 그리고 이것을 그리스도인의 사랑이라는 이름으로 행한다.70

그리스도의 십자가를 공유하는 고통은 하나님을 향해서는 우리의 마음을 계속 열게 하고 원수를 향해서는 닫게 한다. 그러므로 우리는 우리 주님과 함께 이렇게 말할 수 있다: "이 세상의 통치자가 나에게 접근하지만, 그는 나에게 권한도 없고 내 위에 권세도 없다."38)

하나님의 전신갑주를 입고 지옥문을 부숴버리는 존재가 하나님의 에클레시아이다. 바울이 에베소서 6장에서 열거한 전신갑주는 여자가 입는 것이다. 즉, 전신갑주는 그리스도의 신부의 것이다. 그녀가 지옥문에 공세를 퍼붓는 장본인이다. 예수님이 마태복음 16장에서 말씀하신 그대로이다.

---

38) 나는 사탄이 내쫓기는 것에 관해, 그리고 왜 하나님께서 지금 그를 이 땅에 남겨두셨는지에 관해 InsurgenceBook.com의 "The Mission of the Insurgence"에서 더 자세히 설명했다.

시몬 베드로가 대답하여 이르되 주는 그리스도시요 살아 계신 하나님

의 아들이시니이다 예수께서 대답하여 이르시되 바요나 시몬아 네가

복이 있도다 이를 네게 알게 한 이는 혈육이 아니요 하늘에 계신 내 아

버지시니라 또 내가 네게 이르노니 너는 베드로라 내가 이 반석 위에

내 교회를 세우리니 음부의 권세지옥문가 이기지 못하리라. 마 16:16-18

예수님께서 그분의 에클레시아를 그 위에 세우겠다고 하신 "반석"은 베
드로가 아니다. 그것은 예수님이 "그리스도시요, 살아계신 하나님의 아
들" 이라는 계시이다. 베드로는 이 본문에서 그 계시를 고백한 것이다.

문은 방어하는 구조이다. 따라서 에클레시아는 그녀 안에 거하는 성령
의 능력으로 지옥문이 뒤로 물러나도록 진군하고 있다.39)

이것이 인써전스가 하는 일이다.

## 그분의 고통을 육체에 채움

만일 당신에게 목숨을 바쳐야 할 명분이 없다면, 당신에겐 살아야 할 명
분도 없는 것이다.

바울은 골로새서 1:14에서 다음과 같이 경천동지할 만한 고백을 했다.

나는 이제 너희를 위하여 받는 괴로움을 기뻐하고 그리스도의 남은 고

난을 그의 몸된 교회를 위하여 내 육체에 채우노라. 골 1:14

---

39) Michael Heiser는 *The Unseen Realm*, 281-85에서 교회가 지옥문을 뒤로 밀어낸다는
사상을 탁월하게 변론했다.

이 본문은 그리스도의 고통이 예수님께서 사람으로 땅에 계실 때 완성되지 않았다고 말한다.

이것은 이상한 논리가 아닐 수 없다.

예수님은 십자가에서 그분의 고통을 완성하시지 않았다. 그분은 그분의 몸인 에클레시아가 그것을 완성하도록 고통을 남겨두셨다.

도대체 이것이 무슨 뜻이란 말인가?

그것은 하나님 나라의 선봉에 서서 스스로 주님의 고통을 받는 표적물이 될 사람들이 그리스도의 몸 안에 있다는 뜻이다. 그리고 하나님의 사람들은 그것에서 생명을 얻게 될 것이다.

바울은 바로 이것에 관해 다음과 같이 말했다:

> 우리가 사방으로 욱여쌈을 당하여도 싸이지 아니하며 답답한 일을 당하여도 낙심하지 아니하며 박해를 받아도 버린 바 되지 아니하며 거꾸러뜨림을 당하여도 망하지 아니하고 우리가 항상 예수의 죽음을 몸에 짊어짐은 예수의 생명이 또한 우리 몸에 나타나게 하려 함이라 우리 살아 있는 자가 항상 예수를 위하여 죽음에 넘겨짐은 예수의 생명이 또한 우리 죽을 육체에 나타나게 하려 함이라 그런즉 사망은 우리 안에서 역사하고 생명은 너희 안에서 역사하느니라. 고후 4:8-12

베드로와 바울은 둘 다 예수님의 고통을 공유하는 것의 신비와 그것에 따르는 영광에 관해 말했다:

> 오히려 너희가 그리스도의 고난에 참여하는 것으로 즐거워하라 이는 그의 영광을 나타내실 때에 너희로 즐거워하고 기쁘게 하려 함이라.

벧전 4:13

생각하건대 현재의 고난은 장차 우리에게 나타날 영광과 비교할 수 없
도다. 롬 8:18

그리스도의 고난이 우리에게 넘친 것 같이 우리가 받는 위로도 그리스
도로 말미암아 넘치는도다. 고후 1:5

내가 그리스도와 그 부활의 권능과 그 고난에 참여함을 알고자 하여
그의 죽으심을 본받아. 빌 3:10

그리스도를 위하여 너희에게 은혜를 주신 것은 다만 그를 믿을 뿐 아니
라 또한 그를 위하여 고난도 받게 하려 하심이라. 빌 1:29


우리가 공유하는 그리스도의 고통은 속죄와 아무런 관계가 없다. 속죄
에 관해서는, 그리스도의 고통이 온전히 완성했다. 그것에 아무것도 더할
수 없고, 그것에서 아무것도 제할 수 없다.

하지만 다른 사람들에게 생명을 가져다 주기 위해 우리가 동참해서 몸
에 배게 해야 할 고통이 있다. 이것은 그리스도께서 아직 완성하시지 않은
고통이다. 그리고 그 고통은 **인써전스**가 전진하는데 있어 필수적인 수단
이다.

# 땅에서 일어나는 하나님의 일

살아있고, 강력하고, 획기적인 변화를 일으키는 하나님의 일을 보기 원한다면, 한 발 물러서서 이것을 알아야 한다: 누군가 땅으로 와서 풍성한 수확을 위해 죽었고, 누군가 그리스도의 고통을 스스로 짊어졌다.

예수 그리스도의 나라가 드러내는 그분의 절대적인 주 되심은 그리스도의 십자가의 신적 의미를 실제로 경험하는 신자들의 몸 안에서, 그리고 그 몸을 통해서, 또한 십자가의 고통을 공유하는 모든 사람 안에서 우주 전체에 표현된다.

진정으로 예수님을 따르는 모든 사람은 많은 고통을 당할 것이다. 그리고 그 고통들은 하나님으로 하여금 이 땅에서 그분의 나라를 전진시키시도록 허용하는 것들이다.

아울러 어떤 신비한 역사에 의해, 우리가 이생에서 하나님 나라를 위해 하는 일은 다음 세상에서 사라지지 않는다. 그 대신, 그것은 하나님 나라의 마지막 완성으로 연결될 것이다.

> 그러므로 내 사랑하는 형제들아 견실하며 흔들리지 말고 항상 주의 일
> 에 더욱 힘쓰는 자들이 되라 이는 너희 수고가 주 안에서 헛되지 않은
> 줄 앎이라. 고전 15:58

보는 눈과 들을 귀를 가진 우리를 향한 하나님의 부르심은 예수 그리스도의 주 되심에 복종하고 그분의 지배 아래 사는 것이다. 이것이 고통을 수반하게 될 것을 아주 잘 알면서 그렇게 하는 것이다.

우리는 믿음의 눈으로 나사렛 예수가 세상의 정당한 주인이신 것을 본

다. 그리고 그것에 따라 사는 것이 우리 인생의 여정이다.

따라서 에클레시아는 하나님 나라에 들어가서, 그 나라를 누리고, 선포하고, 구현하고 드러냄으로써 이미 승리하신 예수 그리스도의 통치에 동참하기 위해 부르심을 받았다.

하나님 나라에 들어가는 것은 회개하고 왕이신 하나님의 통치의 복음을 믿는다는 뜻이다.

하나님 나라를 누린다는 것은 그 나라의 복과 부요함 안에서 풍성하게 산다는 뜻이다.

하나님 나라를 선포한다는 것은 하나님의 영역과 그것이 요구하는 통치를 증거한다는 뜻이다.

하나님 나라를 구현한다는 것은 지켜보고 있는 세상 앞에 그 나라의 톡특한 생명을 전시한다는 뜻이다.

하나님 나라를 드러낸다는 것은 하나님의 통치가 임하는 것을 표현함으로써 다른 사람들을 축복한다는 뜻이다.

이것이 **인써전스**가 일하는 방식이다.


## 성령의 능력

유감스럽게도, 오늘날의 어떤 기독교 운동들은 개인의 이기적인 필요를 채우기 위해 성령의 능력을 미성숙하게 휘두르면서, 그것을 남용하고 장남감으로 바꾸어버렸다.

이것이 비극적인 이유는 하나님의 능력 그 자체가 아주 실제적인 것이기 때문이다. 하지만 그것을 가볍게 취급하거나 이기적으로 사용하면 안된다.

하나님의 의도는 그리스도의 몸이 세상에서 그분의 권위를 행사하는 것이다. 정치적이나 군사적인 힘을 통해서 하는 것이 아니고, 악의 세력을 향해 영적인 능력을 통해서 하는 것이다.

우리의 씨름은 혈과 육을 상대하는 것이 아니요 통치자들과 권세들과
이 어둠의 세상 주관자들과 하늘에 있는 악의 영들을 상대함이라. 엡 6:12

모든 권세는 그리스도께 주어졌고, 그 권세가 하늘의 영역에서 행사되도록 그분의 몸 안에 장착되었다.

그리스도의 몸에 속한 지체들이 그들의 목숨을 바치고, 예수 그리스도의 십자가를 그들 안에 받아들일 때 그리스도의 생명이 그들 안에서 자라나게 된다. 그리고 하나님의 능력이 그 생명 안에 들어있게 된다.

그들은 하나가 되어 기도를 통해 하늘의 영역에 있는 요새들을 무너뜨리며 하나님의 능력을 행사할 수 있다.

그러나 하나님의 사람들이 자기 자신을 위해 산다면 기도가 하나님께 닿을 수 없다. 즉, 말다툼, 시시한 질투, 분열, 갈등, 용서하지 않음 같은 것들에 자신을 내어준다면 기도도 소용이 없다. 이런 것들은 원수에게 자리를 내주고 영적인 능력을 격감시킨다.

그렇지만, 육신의 행실을 죽이는 십자가와 에클레시아를 통해 나타나는 하나님의 능력의 역사는 밀접한 관계가 있다. 당신은 둘 중의 하나만 가질 수 없다.

하나님의 사람들이 주님께 진지함으로, 져주고, 당하고, 자신을 버리는 성품을 배울 때, 그들은 기도를 통해 하나님의 보좌에 닿기 시작한다. 그리고 하나님 나라는 이 세상의 나라들에 영향을 끼치기 시작한다.

고로, 하나님 나라가 하나님의 능력으로 오기 위해서 자기 자신은 길을 비켜줘야 한다.

하나님께서 그분의 백성이 마음 속에서 애굽을 완전히 버리기 전까지 그들을 약속의 땅으로 들어갈 수 없게 하신 것을 상기하라.

이 어려움을 과소평가하면 안된다. 애굽에서 나와서 약속의 땅으로 들어간 사람은 단 두 사람이었다. 그리고 이스라엘 백성을 애굽에서 데리고 나오는 것보다 그들에게서 애굽을 나오게 하는 것이 훨씬 더 힘들었다.

요약하자면, 주님께서 우리에게 버리라고 요구하신 것들을 우리가 붙잡고 있는 한, 하나님 나라는 전진할 수 없다. 다시 말해서, 당신의 마음을 사로잡아온 세상의 것들을 향해 과격해지기를 당신이 배우기 전에는 하나님 나라에서 몇 발자국도 더 나아가지 못하게 될 것이다.

감사하게도, 이것을 가능케 하려고 약속하신 성령이 우리에게 주어졌다.

## 복스러운 소망

하나님의 의도는 전초 기지로서의 식민지들이 신적 **인써전스**의 표지판으로 전 세계에 세워지는 것이다. 그 식민지들은 주 예수 그리스도의 나라 안에 있는 생명을 구현하고 그 능력을 드러내는 전초 기지이다. 완전하지 않고 때로는 갈피를 못잡기도 하지만, 그럼에도 불구하고 그 식민지들은 하나님 나라를 증거한다.

이 체제 전복적인 그룹들은 육신의 눈으로는 볼 수 없는 새로운 왕, 새로운 주인, 새로운 나라의 가시적인 사인으로 **인써전스**의 깃발을 흔든다. 하지만 믿음의 눈은 그것들을 알아볼 수밖에 없다.

인써전스의 사람들은 "주님이 오실 때까지 차지하고 있다." 즉, 이 세상의 진정한 주인인 예수 그리스도께서 영광 중에 재림하셔서 "세상 나라가 우리 주와 그의 그리스도의 나라가 되어 그가 세세토록 왕 노릇하시리로다" 계 11:15 라는 말씀이 성취될 때까지 그 나라를 전진시키는 것이다.

> 모든 사람에게 구원을 주시는 하나님의 은혜가 나타나 우리를 양육하시되 경건하지 않은 것과 이 세상 정욕을 다 버리고 신중함과 의로움과 경건함으로 이 세상에 살고 복스러운 소망과 우리의 크신 하나님 구주 예수 그리스도의 영광이 나타나심을 기다리게 하셨으니 그가 우리를 대신하여 자신을 주심은 모든 불법에서 우리를 속량하시고 우리를 깨끗하게 하사 선한 일을 열심히 하는 자기 백성이 되게 하려 하심이라. 딛 2:11-14

디도서의 "복스러운 소망을 기다리게" 라는 말을 주목하라. 우리의 복스러운 소망은 예수님이 땅에 재림하셔서 모든 것을 바로잡으시는 것이다. 그리스도 안에서 죽은 자들이 일어날 것이고, 살아있는 자들은 변화될 것이다.

그리스도는 마지막 원수인 사망을 포함해서 모든 원수를 그분의 발 아래 둘 때까지 모든 것 위에 왕 노릇하실 것이다. 그리고 나서, 예수님은 아버지께 하나님 나라를 바치시면서 그분이 얻으신 절대적인 권위를 넘겨드릴 것이다. 그리고 하나님께서 만유의 주로서 만유 안에 계시게 될 것이다. 고전 15:23-28

> 그 후에는 마지막이니 그가 모든 통치와 모든 권세와 능력을 멸하시고

나라를 아버지 하나님께 바칠 때라. 고전 15:24

플라톤은 철학적인 왕을 고대했는데, 나사렛 예수는 궁극적인 지혜의 왕이셨다. 예수님의 나라는 영적인 나라이지만, 또한 이사야가 예언한 것처럼 이 땅에 있는 지정학적인 나라이기도 하다.

그 정사와 평강의 더함이 무궁하며 또 다윗의 왕좌와 그의 나라에 군림하여 그 나라를 굳게 세우고 지금 이후로 영원히 정의와 공의로 그것을 보존하실 것이라 만군의 여호와의 열심이 이를 이루시리라. 사 9:7

그리스도께서 영광 중에 재림하시고 우리의 복스러운 소망이 이루어지는 날이 오기까지, 성령의 강한 능력이 하나님께 항복한 사람들 안에서, 그리고 그들을 통해서 하나님 나라의 역사에 에너지를 공급해줄 것이다.

## 그리스도의 임재를 의식하며 살아감

내가 이 책에서 살펴온 모든 것의 근간은 예수 그리스도의 임재 안에서 살아가는 특권이다.

하나님의 임재는 에덴 동산을 거닐었다. 창 3:8 그분의 임재는 또한 성막 안에, 그리고 나중에 성전 안에 충만했다. 신 23:14; 삼하 7:6

주께서 생명의 길을 내게 보이시리니 주의 앞에는 충만한 기쁨이 있고 주의 오른쪽에는 영원한 즐거움이 있나이다. 시 16:11

우리는 이미 하나님의 임재와 그분의 통치 사이에 깊은 연관성이 있음을 보았다. 당신은 영적인 제사장으로서 하나님의 임재 안으로 들어갈 자격을 얻었다. 이것은 하나님께서 친밀하게 실제로 당신과 함께 계신다는 뜻이다. 예수님께서 돌아가셨을 때 성전의 휘장이 위로부터 아래까지 찢어져 둘이 된 것은, 믿는 자 모두에게 하나님의 임재가 임했다는 뜻이다. 마 27:51

> 그러므로 형제들아 우리가 예수의 피를 힘입어 성소에 들어갈 담력을 얻었나니 그 길은 우리를 위하여 휘장 가운데로 열어 놓으신 새로운 살 길이요 휘장은 곧 그의 육체니라 또 하나님의 집 다스리는 큰 제사장이 계시매 우리가 마음에 뿌림을 받아 악한 양심으로부터 벗어나고 몸은 맑은 물로 씻음을 받았으니 참 마음과 온전한 믿음으로 하나님께 나아가자. 히 10:19-22

주님의 임재 안에서 사는 것은 느낌이나 "감각"을 구한다는 뜻이 아니다. 그것은 오히려 주님께서 당신의 삶 속에 계심을 의식적으로 인식하는 것이다.

주님의 임재 안에서 사는 것은 당신의 생각을 주님께 고정시키고, 그분을 기억하고, 그분의 내재하는 생명을 의도적으로 인식하며 사는 것이다.

> 영의 생각은 생명과 평안이니라. 롬 8:6
>
> 그러므로 너희가 그리스도와 함께 다시 살리심을 받았으면 위의 것을 찾으라 거기는 그리스도께서 하나님 우편에 앉아 계시느니라. 골 3:1

내 안에 거하라 나도 너희 안에 거하리라 가지가 포도나무에 붙어 있지
아니하면 스스로 열매를 맺을 수 없음 같이 너희도 내 안에 있지 아니
하면 그러하리라. 요 15:4


하나님 나라가 땅에 도래할 때 어떤 모습일지를 묘사한 가장 주목할 만
한 성서적인 그림 중의 하나를 구약성서에 있는 다윗의 장막에서 찾을 수
있다. 지면 관계상 여기에 그 이야기를 담을 수 없지만, 내가 다른 곳에서
그것을 비교적 자세히 다루었다.40)

나는 또한 어떻게 실세적으로 주님의 임재 안에서 살 수 있는지를 다른
곳에서 다루었다.41) 하나님 나라에서 사는 것은 주님의 임재 안에서 산다
는 뜻이다.


## 하나님 나라를 상속함

예수님은 하나님 나라의 서막을 여셨을 때 그분이 즐겨 사용하신 칭호
인 "인자"로 오셨다.

주님께 충성하는 사람들은 그분이 재림하셔서 이 세상이 왕을 모시게
될 때 내세의 하나님 나라를 상속하게 될 것이다. 하늘에 있는 하나님의
보좌가 하늘에서 땅으로 내려오게 될 것이고 사 66:1; 계 22:1, 3, 하나님은 그
분의 사람들과 함께 거하시게 될 것이다.계 21:1-4

이런 점에서, 우리에게 하나님 나라를 상속하시는 것이 하나님 아버지

---

40) InsurgenceBook.com의 음성 메시지 "The Tabernacle of David"를 참조할 것.

41) 다음을 참조할 것: Frank Viola, Leonard Sweet, *Jesus Speaks*; InsurgenceBook.com의
"Aware of His Presence."

의 기쁘신 뜻이다.눅12:32

자신이 사는 방식에 의해 그리스도의 주 되심을 지속적으로 거부하는 사람들은 하나님 나라를 상속받지 못할 것이다.고전6:9-10; 갈5:21; 엡5:5

혈과 육은 이런 하나님 나라를 상속받을 수 없다. 대신, 그 나라는 우리 주님의 부활하신 몸과 똑같은 몸인 부활의 몸에 의해 상속된다.고전15:50 우리로 하여금 하늘과 땅 둘 다에 겹쳐서 살게 하는 것은 부활의 몸이다.

하나님 아버지는 그분의 은혜와 자비에 의해 하나님 나라를 상속할 자격을 그분의 자녀들에게 주셨다.골1:12-13 세상의 눈으로는 가난하지만 그리스도를 향한 믿음과 사랑에는 부요한 사람들이 그 나라를 상속하게 될 것이다.

> 내 사랑하는 형제들아 들을지어다 하나님이 세상에서 가난한 자를 택하사 믿음에 부요하게 하시고 또 자기를 사랑하는 자들에게 약속하신 나라를 상속으로 받게 하지 아니하셨느냐. 약2:5

## 친구지만 분리됨

의심의 여지없이, 침례자 요한은 새로운 왕을 선포했을 때 예수님도 자신처럼 절제하고, 엄숙하고, 심각하실 것을 기대했었다. 충격적인 것은, 예수님께서 얻으신 평판이 너무 과하게 먹고 마신다는 사실이었다. 갈릴리에 퍼졌던 가십거리는 "예수는 먹보이고 술꾼이다" 라는 말이었다.

이것이 당신에게 위로를 줄 것이다. 흠없는 하나님의 아들 예수 그리스도께서 사람으로 사는 것을 누리셨다. 물론 그분은 먹보도 아니었고, 술꾼도 아니었다. 그러나 그분은 음식과 포도주를 즐기면서 사람들의 집에서 식사하는데 있어 특별했다. 하지만 예수님은 또한 겟세마네, 십자가, 하나님의 외면, 그리고 죽음을 경험하셨다.

그리고 그리스도인의 삶이 당신과 나를 잡아주는 것이 바로 이것이다. 그것은 기쁨과 슬픔, 먹는 것과 마시는 것, 죽음과 부활이 가득한 삶이다.

요한은 사회에서 떨어져 살았지만 예수님은 사회 안에서 사셨다.

오늘날 그리스도인들은 이 점에 있어 한쪽 아니면 다른 쪽으로 치우치는 것같다. 어떤 사람들은 요한과 비슷하다. 그들은 가능한 한 멀리 사회로부터 떨어져서 산다. 먼발치에서 사회를 향해 돌을 던지며 살아간다. 그들 중 휴거병에 걸린 사람들도 있다. 그들은 예수님이 재림하셔서 그들을 집으로 데려갈 것을 그저 기다리고만 있다. 따라서 그들은 사회의 문화와는 거의 관계가 없다.

어떤 사람들은 사회에 너무 가까워서 결국 세상 제도에 의해 더럽혀지고, 그것에 속하게 된다.

예수님은 죄인들의 친구였지만 마 11:19, 또한 그들로부터 분리되셨다. 히 7:26 말하자면, 예수님이 죄인들의 친구가 되어주셨지만, 그들의 가치관이나 생활방식을 받아들이시지는 않았다. 이런 점에서 그분은 세상과 분리되셨다. 예수님은 세상과 섞이셨다. 그분은 세상 밖에서 어둠을 저주하시지 않고, 그 한 가운데서 빛이 되셨다.

워치만 니는 다음과 같이 옳은 말을 했다: "분리는 그리스도인의 삶에 있어 첫 번째 원리이다."71

예수님의 방식이 곧 우리의 방식이다.


아버지께서 나를 세상에 보내신 것 같이 나도 그들을 세상에 보내었고. 요 17:18

"너희는 그들 중에서 나와서 따로 있고" 라는 문구는 오늘날도 여전히 우리를 위한 하나님의 말씀이다. 고후6:17

이런 점에서, 예수님께서는 당신과 나에게 말씀하실 오직 한 마디가 있다. 그것은 그분이 첫 제자들에게 말씀하신 것과 똑같은 말씀이다:

나를 따라오너라. 마4:19

## 패역한 세대

아주 오랫동안, 하나님 나라는 개인 구원이나 사회의 변화라는 뜻으로 줄어들고 축소되어왔다. 그러나 하나님 나라를 이런 식으로 정의하는 것은 그 본 뜻을 왜곡하는 것이다.

예수님께서 "하나님 나라가 가까이 왔다" 라고 말씀하셨을 때 그것은 세상이 곧 새로운 왕을 가지게 될 것을 의미했다. 그것은 또한 새로운 백성 안에서, 그리고 그들을 통해서 땅 위에 도래할 새로운 통치를 곧 보게 된다는 뜻이었다.

왕이신 예수님 밖에서는 나라왕국가 있을 수 없다. 그리고 왕에 의해 통치되는 사람들인 에클레시아의 밖에서도 나라가 있을 수 없다.

이런 이유로, 하나님 나라와 에클레시아 사이에는 밀접한 관계가 있다. 예수님은 에클레시아를 지칭하신 복음서의 두 곳에서 에클레시아를 하나님 나라와 연결시키셨다. 마16:16-19; 18:15-18 매고 푸는 것은 하나님 나라의 언어이다.

왕이 없는 왕국은 존재할 수 없다. 하나님 나라도 마찬가지이다. 시저는 "신의 아들"로 불렸다. 사람들이 예수님을 하나님의 아들로 불렀을 때,

그것은 그분이 왕이심을 주장한 것이다. 구약성서에서 "메시아"와 "하나님의 아들"은 "왕"이라는 뜻을 내포한다.

베드로는 오순절에 하나님 나라의 복음을 전했을 때 다음과 같은 진지한 말로 마무리했다:42)

너희가 이 패역한 세대에서 구원을 받으라. 행 2:40

내가 당신에게 하고 싶은 말은 이 패역한 세대에서 자신을 구원하라는 것이다. 어떻게? 하나님 나라 영역의 통치 아래로 오는 것에 의해.

A. W. 토저는 언젠가 이렇게 말했다:

우리는 멸시를 견디며 싸워왔고 심지어 광신자라고 불려왔던 남자와 여자를 필요로 한다. 즉, 우리에겐 조롱을 당하고, 그리스도인이라는 말만 빼고 온갖 다른 말로 불렸던 사람들이 필요하다. 우리는 오늘날 기꺼이 밀어붙이고, 육신, 세상, 마귀, 냉랭한 그리스도인들, 집사들, 그리고 장로들을 넘어서 뚫고 나아갈 남자와 여자를 필요로 한다. 그들은 그들이 그리스도 안에서 본 것에 매료될 때까지 스스로를 밀어넣어야 할 것이다. 그리스도의 영광 중에 진정으로 그분을 본 사람들은 다른 것에 한 눈을 팔지 않는다.72

---

42) 사도행전 2장에 있는 베드로의 메시지는 사실 하나님 나라의 복음을 제시한 것이었다. 베드로가 "나라" 라는 단어를 사용하지는 않았지만, 나사렛 예수를 통해 땅에서 다윗의 지속적인 통치가 이루어졌음을 말한 것이다.

# 모든 것을 저버림

예수님의 첫 제자들은 "나를 따라오너라" 라는 그분의 말씀을 들었을 때, 모든 것을 남겨두고 그분을 따랐다.

오늘날 예수님을 따른다는 것은 모든 것을 뒤로 하고 그분이 어디로 인도하시든지 따라가는 것을 뜻한다. 그것은 십자가를 지는 것을 뜻하고, 그것을 요구한다. 자신을 부인하는 것을 뜻하고, 그것을 요구한다. 자신을 희생하는 것을 뜻하고, 그것을 요구한다. 그리고 그것은 하나님께 드리는 산 제사로서 세상을 뒤로 하고 제단 위로 올라간다는 뜻이다.

죄는 그 이기주의, 우상, 자만, 그리고 독립심과 함께 왕이신 예수님의 자리를 찬탈하여 스스로 왕이 되고 지배하려는 우리의 욕심을 불러일으킨다. 그러므로 하나님 나라에 들어가서 그것을 누리는 것은 항복을 의미한다.

예수님을 따르는 사람들로서, 우리의 부르심은 세상의 영에 매료되지 않고 세상에서 사는 것이다. 우리는 신적인 괄호 안에서 사는 사람들이다. 즉, 우리는 한 세대의 끝과 앞으로 올 세대 전 사이에서 살고 있다. 우리는 "말세를 만난" 사람들로 살고 있다.고전10:11

**인써전스**는 그리스도인들이 문화로부터 스스로를 격리시켜 먼발치에서 돌을 던져야 한다는 사상에 동조하지 않는다. 또한 그리스도인들이 정치적인 세력과 활동을 통해 세상의 문제들을 해결해야 한다는 사상에도 동조하지 않는다.43)

그 대신, **인써전스**는 다른 나라에서 사는 것과 그 나라의 삶을 통치자들

---

43) 나는 Leonard Sweet와 공저한 *Jesus Manifesto*에서 이 두 가지 반응을 정조준했다.

과 권세들 앞과 타락한 인간들 앞에서 드러내는 것에 관한 것이다.

인써전스는 과격한 너그러움으로 특징지어진다. 말하자면, 우리 자신을 위해서만이 아니라, 다른 사람들을 위해 우리의 물질을 사용하는 것이다.

인써전스는 세상의 잘못된 것들을 바로잡고 모든 것을 원위치로 돌려놓을 하나님의 마지막 심판을 바라보는 것이다.

예수님께서 "내 나라는 이 세상에 속한 것이 아니니라" 라고 말씀하셨을 때 그것은 새로운 방식으로 사는 삶을 지칭하신 것이다.요 18:36 예수님께서 조성하신 우리의 사회생활방식은 인긴 문명 안에서 어디서나 볼 수 있는 상명하달식의 서열로 구성된 방식과는 근본적으로 다르다. 예수님의 방식은 사람으로 사는 방식이 완전히 다르고, 사회적으로 상호 교류하는 방식도 완전히 다르다.마 20:25-28; 눅 22:25-26

하나님 나라는 이 세상에서 시저의 왕국세상의 왕국들과 극명한 대조를 이루는 사회 질서이다.

인써전스는 진정한 "과격화됨"의 표본이 되라고 우리를 부른다. 하나님의 "이미, 하지만 아직"의 나라 안에서, 그리고 그 나라를 위하여. 우리가 그 나라의 충성스런 증인이 되라고 부르심을 받은 나라.

인써전스로의 부르심은 모든 것을 저버리고 새로운 왕과 그분의 평화스러운 나라를 따르는 것이다. 즉, 지금 여기에 있고 언젠가는 온전한 모습으로 도래할 그 나라를 따르는 것이다.

# 영원한 영토

우리는 이생에서 주 예수 그리스도를 따르면서 "끝이 없는" 사 9:7 "영원한 나라" 단 4:3를 고대할 수 있다.

> 여호와께서 영원무궁 하도록 다스리시도다. 출 15:18

> 그에게 권세와 영광과 나라를 주고 모든 백성과 나라들과 다른 언어를 말하는 모든 자들이 그를 섬기게 하였으니 그의 권세는 소멸되지 아니하는 영원한 권세요 그의 나라는 멸망하지 아니할 것이니라… 지극히 높으신 이의 성도들이 나라를 얻으리니 그 누림이 영원하고 영원하고 영원하리라. 단 7:14, 18

> 아들에 관하여는 하나님이여 주의 보좌는 영영하며 주의 나라의 규는 공평한 규이니이다. 히 1:8

> 이는 한 아기가 우리에게 났고 한 아들을 우리에게 주신 바 되었는데 그의 어깨에는 정사를 메었고 그의 이름은 기묘자라, 모사라, 전능하신 하나님이라, 영존하시는 아버지라, 평강의 왕이라 할 것임이라. 사 9:6

그리고 우리의 마음은 이 영원한 나라를 위하여 예배와 경이로움으로 가득하다.

> 주께서 나를 모든 악한 일에서 건져내시고 또 그의 천국에 들어가도록 구원하시리니 그에게 영광이 세세무궁토록 있을지어다 아멘. 딤후 4:18

이 모든 것을 선지자 다니엘이 이미 예언해놓았다. 그의 놀라운 예언의 내용을 숙고해보라:

> 내가 또 밤 환상 중에 보니 인자 같은 이가 하늘 구름을 타고 와서 옛적부터 항상 계신 이에게 나아가 그 앞으로 인도되매 그에게 권세와 영광과 나라를 주고 모든 백성과 나라들과 다른 언어를 말하는 모든 자들이 그를 섬기게 하였으니 그의 권세는 소멸되지 아니하는 영원한 권세요 그의 나라는 멸망하지 아니할 것이니라… 옛적부터 항상 계신 이가 와서 지극히 높으신 이의 성도들을 위하여 원한을 풀어 주셨고 때가 이르매 성도들이 나라를 얻었더라… 나라와 권세와 온 천하 나라들의 위세가 지극히 높으신 이의 거룩한 백성에게 붙인 바 되리니 그의 나라는 영원한 나라이라 모든 권세 있는 자들이 다 그를 섬기며 복종하리라. 단 7:13-14, 22, 27

하나님의 사랑을 받는 자녀들이여, 힘 내라. 주님께서 당신에게 하나님 나라를 주셨고, 당신은 그분과 함께 영원히 통치하고 왕 노릇하게 되어있다. 그러므로 변함없이 충성하라.

이것이 **인써전스**가 궁극적으로 인도하는 지점이다.

## 마리아의 노래

그것은 "장엄한" 노래로 알려져있는 예수님의 어머니인 마리아의 노래이다. 천사 가브리엘이 그녀에게 세상의 메시아인 이스라엘의 왕을 잉태하게 될 것이라고 말한 후에 읊은 노래이다.

그녀의 말은 하나님 나라가 온전히 도래할 때 어떤 모습일지를 생생하게 묘사한다. 마리아는 미래에 대해 예언적인 통찰력을 가졌다. 여기에 그것을 발췌해서 소개한다:

그의 팔로 힘을 보이사 마음의 생각이 교만한 자들을 흩으셨고 권세 있는 자를 그 위에서 내리치셨으며 비천한 자를 높이셨고 주리는 자를 좋은 것으로 배불리셨으며 부자는 빈 손으로 보내셨도다. 그 종 이스라엘을 도우사 긍휼히 여기시고 기억하시되 우리 조상에게 말씀하신 것과 같이 아브라함과 그 자손에게 영원히 하시리로다. 눅 1:51-55

수백 년 전에 이사야 또한 하나님 나라가 온전히 도래할 때 땅이 어떤 모습일지를 묘사했다. 여기에 그의 예언을 소개한다:

그 때에 이리가 어린 양과 함께 살며 표범이 어린 염소와 함께 누우며 송아지와 어린 사자와 살진 짐승이 함께 있어 어린 아이에게 끌리며 암소와 곰이 함께 먹으며 그것들의 새끼가 함께 엎드리며 사자가 소처럼 풀을 먹을 것이며 젖 먹는 아이가 독사의 구멍에서 장난하며 젖 뗀 어린 아이가 독사의 굴에 손을 넣을 것이라. 내 거룩한 산 모든 곳에서 해됨도 없고 상함도 없을 것이니 이는 물이 바다를 덮음 같이 여호와를 아는 지식이 세상에 충만할 것임이니라. 그 날에 이새의 뿌리에서 한 싹이 나서 만민의 기치로 설 것이요. 열방이 그에게로 돌아오리니 그가 거한 곳이 영화로우리라. 사 11:6-11

바울은 피조물이 타락의 저주에서 해방되어 그리스도와 화목하게 될 것

을 우리에게 말해준다. 롬 8:18-25; 골 1:20

　인써전스에 가담한 사람들은 이 말씀 안에서 살아야할 가치와 목숨을 바쳐야 할 가치의 비전을 찾는다.

## 왕들이여 안녕

　우리는 이 책에서 지금까지 왕의 눈부신 아름다움, 하나님 나라에 어떻게 들어가는지, 하나님 나라의 부요함을 어떻게 누리는지, 하나님 나라를 어떻게 선포하고, 구현하고, 느러내고 상속하는지를 살펴보았다.

　하나님 나라가 진짜 왕국이고 다른 모든 왕국, 충성, 지배자들, 그리고 왕들을 향해 굳게 서 있다.

　마지막까지 굳게 서 있을 유일한 나라는 예수 그리스도께서 왕으로 통치하는 나라이다. 다른 모든 통치자는 다 뿌리째 뽑히게 될 것이다.

　당신과 내가 땅에 있는 조국의 시민이지만, 우리의 진짜 시민권은 하늘 나라에 있다.

　이것은 우리가 땅의 시민권을 포기해야 한다는 뜻이 아니다. 하지만 우리의 최우선과 온전한 충성은 언제나 우리가 가진 하나님 나라의 시민권이다.

　이것이 때로는 우리의 조국에 대한 불충을 의미할 수도 있다. 바울은 자신의 로마 시민권을 포기하지 않았지만, 종종 로마와 하나님의 통치가 충돌할 때는 로마의 통치에 저항했다.

　신약성서는 예수 그리스도와 그분의 나라를 향한 우리의 충성을 절대로 타협하지 않기 위한, 있는 그대로의 증거를 포함하고 있다. 그 대신, 신약성서는 우리의 자세를 확립하기 위해 세상 제도에 속하기를 거부하고 고통의 길을 선택할 것을 우리에게 권면한다.

하나님의 약속은 우리가 우리의 고통에 대한 보상을 받게 되는 것이다. 즉, 그것은 우리가 오는 세대에서 궁극적으로 우리 주님의 보좌에 함께 앉게 될 놀라운 영광이다.

하나님 나라의 보상과 왕 노릇을 위한 우리의 훈련에 관한 세부 사항은 이 책의 범위를 벗어난다. 하지만 간단히 말해서, 그 나라의 보상은 하나님의 가족에 속해서 지금과 미래에 영생을 누리는 것이다.막 10:28-30 그것은 또한 그리스도와 함께 통치하고 왕 노릇 할 약속을 포함한다.

하나님 나라는 당신과 맞닥뜨려있다. 미래가 현재를 침노했다. 앞으로 올 세대의 생명이 당신 앞에 서서 그 안으로 들어와서 누리라고 당신을 부르고 있다. "주 예수님"과 "예수님은 주인이시다" 라는 말은 그리스도의 주 되심에 우리 자신을 의탁한다는 뜻을 내포하는데, 이것이 바로 우리를 구원하는 것이다.롬 10:9; 행 16:31

하나님 나라는 과격한 결단을 요구한다. "침노하다"와 "빼앗다" 라는 말로 표현할 정도로 과격하다. 그러므로 나는 당신에게 권한다: 어린아이와 같이 되라. 심령이 가난한 자가 되라. 십자가를 지라. 당신 자신을 부인하라. 하나님 나라에서 예수 그리스도를 따르라.

이것이 진정한 "왕국"을 향한 진정한 "과격화됨" 이다. 다른 모든 충성은 가짜이다.


## 제 자리로 되돌아감

따라서 우리는 제 자리로 되돌아간다. 하나님 나라의 복음은 당신의 인생을 부숴버리도록 설계되었다. 그것은 한편으로는 당신을 해방시키고,

다른 한편으로는 오해를 불러일으키고, 심지어 당신을 문제에 휘말리게 한다.

많은 복음주의자가 하나님 나라를 오직 저 하늘에 있는 나라와 미래에 올 나라로 격하시킨 복음을 믿도록 배워왔다. 또, 죽은 후를 위해 가능하면 많은 영혼을 준비시키는 것이 우리의 임무라고 믿도록 배워왔다.

다른 한편으로, 많은 진보적인 그리스도인은 세상 제도가 땅에 있는 적법한 실체라고 배워왔다. 그리고 그리스도인들이 그것을 사용해서 세상을 더 나은 곳으로 만들기 위해 그것과 보조를 맞춰야 한다고 배웠다.

하나님 나라의 복음은 세상을 위하여 세상 제도와 맞서라고 우리를 부른다.

세상 제도는 창세기 3장에서 인간들이 타락하면서 잉태되었다. 그때 여자의 후손과 뱀의 후손이 전쟁에 돌입했다. 성서의 남은 부분은 여자의 후손예수 그리스도와 그분의 몸과 뱀의 후손이 악한 세대의 통치자들과 권세들의 대결을 펼쳐놓은 대하 드라마이다. 이 전쟁은 여자의 후손이 뱀 자체를 물리치는 요한계시록의 장면에 이르기까지 계속된다.

오늘날 당신과 나는 이 대하 드라마의 중간에서 살고 있다.

요단강 둑에 서서 믿음으로 행하자. 우리의 마음을 강퍅케 하지 말고, 하나님 나라의 영광스러운 복음을 순종하고 선포하면서 그 약속의 땅으로 돌진하여 그리스도의 풍성함을 소유하자.

> 평강의 하나님께서 속히 사탄을 너희 발 아래에서 상하게 하시리라 우
> 리 주 예수의 은혜가 너희에게 있을지어다. 롬 16:20

## 제니퍼를 만나다

나는 여러 해 전에 제니퍼를 만났다. 그녀는 재능이 아주 많고, 아울러 매력적인 사람이었다. 그녀를 아는 대부분의 사람들은 그녀를 사랑했고 존경했다.

유감스럽게도, 제니퍼가 사랑을 베풀며 도와주었던 한 사람이 그녀에게서 등을 돌렸다. 이 여자의 마음이 시기로 가득 차서, 그것이 곧 제니퍼를 향한 미움으로 발전한 것이다.

이 여자 때문에, 제니퍼는 사람의 머리로 상상할 수 있는 최악의 중상모략을 받는 대상이 되었다. 그러나 복음서에 나오는 베다니의 마리아처럼, 제니퍼는 그 사람과 같은 식으로 반응하지 않았다.

그녀는 침묵을 지켰다.

제니퍼는 하나님 나라의 복음을 듣고 "과격화" 되었기 때문에 예수 그리스도의 숭고한 길을 택할 수 있었다. 그녀는 친구들이 그 중상모략을 믿고 그녀를 따돌리는 상황을 지켜보면서 지옥과 같은 3년의 시간을 보냈다. 그녀는 거짓말에서 비롯된 배신의 고통 속에서 살았다.

제니퍼는 그리스도와 함께 하는 고통과 그분의 십자가를 지는 것의 교훈을 배웠다.

3년 후에, 주님은 그녀의 오명을 벗게 해 주셨다. 중상모략을 시작했던 여자에게 엄청난 비난이 쏟아졌고, 그녀가 신뢰성이 결여된 정직하지 못한 사람임이 모든 사람 앞에 드러났다.

거짓말을 믿었던 많은 사람이 제니퍼에게 사과를 했고, 관계성이 회복되었다.

제니퍼는 **인써전스** 안에서 사는 것의 의미가 무엇인지, 그리고 삶 속에서 주님을 신뢰하고 그분께 자신을 완전히 바치는 것의 의미가 무엇인지를 나에게 보여준 좋은 본보기였다.

## 보기 드문 두 공동체를 만나다

여러 해 전, 나는 에클레시아의 아름다운 표현에 동참했었다. 이 공동체는 하나님 나라를 보았고 자신들의 삶을 그 나라에 온전히 바친 신자들의 그룹이었다. 이 그리스도인들은 예수 그리스도를 향해 뜨거운 심장을 가졌고, 절박함을 가지고 적극적으로 그분의 나라를 향해 침노해 들어갔다.

그 모임이 자라나면서, 세계 곳곳에서 사람들이 방문하러 왔는데, 그들 중 그 공동체에 속해서 집합적인 삶을 공유하기 위해 자신의 집을 팔고, 직장을 그만두고 이주한 사람들도 있었다.

그 공동체는 실제적으로 삶을 공유했다. 물론 그들이 같은 집에 살면서 재물을 공유한 것은 아니지만, 각 사람이 자신의 소유가 그리스도와 그분의 몸에 속했음을 인식했다. 따라서 더 많이 소유한 사람들은 적게 소유한 사람들의 필요를 채우며 도와주었다. 그 결과는 그 공동체 안에 결핍한 사람이 없게 된 것으로 나타났다.

몇 년 후에, 나는 비슷한 신자들의 공동체에게 복음의 영역이 확대되는 새로운 영적 절기에 관해 소개를 했다.

그 교회의 어떤 사람들은 가난한 사람들에게 부담을 느꼈고, 어떤 사람들은 과부와 고아들에게 부담을 느꼈다. 또 십대 임산부들, 마약 중독자들, 성적 인신매매단에 걸려들었던 사람들, 등에 부담을 느낀 사람들도 있었다.

매달 이 "하나님 나라의 세포 조직들Kingdom cells"은 이 특정한 사역들을 위해 주님이 그들의 도시 안에서 이미 하고 계시는 일을 조사했다.

나는 "타협하지 않고 협동하는" 원리를 수용하라고 그들을 격려했다. 달리 말해서, 교회의 각 그룹은 하나님 나라의 일을 위해, 소외당한 사람들을 이미 돕고있는 사람들과 손잡고 예수 그리스도를 드러낼 수 있다. 그러나 이것은 그들이 그 일을 하는데 있어 자신의 특정한 가치와 믿음을 타협해야 한다는 뜻이 아니다.

예를 들면, 복음주의 그리스도인들이 그들의 특정한 복음주의 견해를 타협하지 않고 가난한 사람들을 돕는 일에 카톨릭 단체와 손을 잡을 수 있다. 은사주의자들이 그들의 은사주의 신앙을 타협하지 않고 마약 중독자들과 십대 임산부들을 돕는 일에 감리교인들과 손을 잡을 수 있다.

교회가 있는 도시 안에서 주님이 이미 하고 계시는 일을 찾아서 그 일에 가담함으로써, 동시에 당신의 독특한 방식에 의해 하나님 나라를 드러냄으로써 많은 열매가 생겨날 수 있다.

타협 없이도 협동이 이루어질 수 있다.


## 인써전스는 시작되었다

반란이 시작되었는데 너는 그것을 놓치고 말았지
나는 그것을 구하러 다녔고 그것을 찾았다네…
우리 다시 시작해보자.73
                    R.E.M.


결국 칼은 거두어졌고 커튼은 올라갔다. 당신이 이 책을 읽기 시작해서 여기까지 왔다면, 하나님 나라의 복음을 들은 것이다. 어쩌면 처음 들은 것일지도 모른다.

위의 가사는 20세기에 시작된 미국의 록밴드 R.E.M이 부른 노래이다. 이 노래가 이 책의 주제와는 아무런 상관이 없지만, 가사가 우리 시대를 살아가는 수많은 그리스도인에게 닥친 비극을 표현해주는 듯하다.

반란(Insurgency)이 시작되었는데 그들은 그것을 놓쳐버렸다.

내가 이 책을 집필하게된 이유는 오늘날 그리스도인들 중에 이렇게 도매금으로 무지한 사람들이 있기 때문이다. 그래서 **인써전스**에 그들의 눈을 열게 하기 위해, 당신의 눈을 열게 하기 위해 집필하게 되었다.

그리고 당신이 그것을 구한다면 그것을 찾게 될 것이다.

그렇다. 예수 그리스도께서 2천 년 전에 죽음에서 다시 살아나시면서 시작하신 **인써전스**가 여기에 있다. 바로 지금. 그러나 그것은 주님을 진정으로 따르는 사람들 안에서, 그리고 그들을 통해서 적용되어야 한다.

우리는 단지 인써전스의 수혜자가 아니고, 그것을 살아가는 요원으로 부르심을 받았다. 앞으로 몇주 동안, 이 책에 포함된 모든 도전에 당신을 집중하지 못하게 할 엄청난 압력이 가해질 것이다.

당신의 관심을 다른데로 돌리게 하려는 압력이 있을 것이다.

메시지를 잊어버리게 하는 압력이 있을 것이다.

속지 말라. 바쁜 것은 신화에 불과하다. 우리는 자신에게 중요한 것을 위해서는 시간을 꼭 내게 된다.

당신이 하나님 나라를 위하는 쪽을 택한다면, 그것의 검증을 받게 될 것이다. 하지만 당신이 굳게 서서 원수를 대적하면, 그가 궁극적으로 도망가버릴 것이다. 엡 6:14; 약 4:7

그리스도께서 십자가에서 쟁취하신 승리를 충분히 적용하기 위해, 당신은 땅 속에 발을 묻고 든든히 서서 이렇게 선언해야 할 것이다: "나는 이 세상을 뒤로하고 떠날 것이다! 나는 어떤 대가를 치르더라도 주님과 그분의 나라로 더 깊고 더 높이 들어가면서 주님과 함께 할 것이다. 하나님의 자비하심으로, 나는 그 어떤 것도 나를 그만두지 못하게 거부할 것이다."

이것이 내가 당신에게 남기고 싶은 자세이다.

나는 또한 당신이 이것 하나를 꼭 알았으면 한다. 그것이 당신을 아프게 할 것이다. 따라서 나는 당신에게 오로지 눈물과 피만을 제공할 수 있다. 그러나 하나님은 그것에서 그분의 나라를 얻으실 것이고, 그분의 통치 아래서 사는 것을 배우는 사람들을 얻으실 것이다.

주님 앞에서, 나는 내 마음에 자리잡은 것을 나누는데 최선을 다하려고 했다. 이 책은 하나의 메시지를 대표한다. 그리고 내가 성령에 의해 그것을 전했기를 바란다.

당신이 여기까지 읽었다면, 그것은 당신 자신의 삶 속에서 그 메시지를 계속 살아가는 여정이다. 그리고 머지않아, 당신은 당신이 그 메시지를 받아들였는지 아닌지의 여부를 알게 될 것이다.

그런 의미에서, 나는 현재의 **인써전스**에 가담하라고 당신을 초청한다. 1세기에 시작되었고 오늘날 되찾는 과정 중에 있는 그것으로 당신을 초청한다.

그러므로 당신이 더 깊은 곳으로 나아가기를 원한다면, 또한 우리 시대에 하나님 나라를 위해 서 있는 다른 **인써전스** 요원들과 연결되기를 바란다면, 다음의 웹 사이트로 가보라.

# InsurgenceBook.com

당신은 이 웹 사이트에서 다음과 같은 자료들에 접근하게 될 것이다:

- 이 책에서 살펴본 주제들을 더 상세하게 다룬 음성 메시지들.

- 이 책과 맥락을 같이 하는 보충 자료들.

- 나의 여과되지 않은 이메일에 가입해서 내가 매주 나누는 글을 읽을 수 있는 기회. 이 글은 "종교적으로 옳은religiously correct" 것이 아닌 짧고 시의적절한 내용이다.

- 특별한 온라인 네트워크를 통해 다른 인써전스 요원들과 연결될 수 있는 기회.

- 당신을 돕고 다른 인써전스 요원들과 만날 수 있는 컨퍼런스에 참석할 수 있는 기회.

- 인써전스의 다른 측면들을 살펴보게 하는, 내가 집필한 다른 책들의 목록.

- *Everlasting Domain: Restoring the Kingdom Message*라고 불리는 Master Class. 이 클래스는 이 책을 보충하는 컨퍼런스 메시지를 포함한다.

- 이 책에서 제시된 자료에 관해 당신이 질문할 수 있는 질문과 답변 코너.

[역자 주: 앞에서도 언급했듯이 InsurgenceBook .com은 영어로만 되어 있음.]

바로 다음 페이지에 이 책의 마지막 "실천에 옮기기"가 있다. 나는 당신이 그것을 읽고 실행하기를 바란다.

나는 이 책에서 약하고 부족한 표현으로 하나님 나라의 비전을 제시하는데 최선을 다하려고 했다. 성령이 이 메시지의 남은 부분을 당신에게 알게 해주시기를 바란다.

R.E.M.의 노래 가사를 다시 인용하겠다: 우리 다시 시작해보자.

대가는 치르지만 영광스러운 도전을 함께 하는

당신의 형제, 프랭크

# 실천에 옮기기 》》

1. InsurgenceBook.com의 "Tabernacle of David"를 들을 것.
   당신의 마음에 와닿은 메시지의 주요 포인트를 놓고 기도하는 시간을 가지라.

2. InsurgenceBook.com의 "The Ultimate Issue"를 들을 것.
   당신의 마음에 와닿은 메시지의 주요 포인트를 놓고 기도하는 시간을 가지라.

3. 당신 근처에 사는 친구 한 명 이상과 함께 InsurgenceBook.com의 "Living in the Divine Parenthesis"를 들을 것. 작은 그룹에서 이 메시지를 함께 들으면 좋을 것이다.

   이 메시지를 다 들은 후에, 두 명, 세 명, 또는 네 명의 신자들과 함께 "하나님 나라의 세포 조직"의 결성을 고려해보라. 정기적으로 함께 모일 계획을 짜보라. 나는 그 모임에서 할 수 있는 아래의 네 가지를 제안한다:

   1) 당신의 이야기를 할 것. 이것이 서로를 더 잘 알 수 있도록 도와줄 것이다.

   2) 주님의 임재 안에서 시간을 가질 것. 또한 *Jesus Speaks*의 volume 2를 함께 읽는 것도 좋을 것이다.74 그리고 나서 InsurgenceBook.com의 "Aware of His Presence"를 읽어보라.

   3) 당신이 아는 그리스도의 몸 안에 있는 다른 지체들뿐만 아니라, 이 그룹 안에서 서로 돌보는 방법을 토론할 것.

   4) 당신이 사는 지역에 있는 가난한 자, 고통당하는 자, 상처받은 자, 압

제받는 자 등에게 그리스도의 아름다움을 보여줄 선한 행실을 나타
낼 방법을 토론할 것. 이 일을 어떻게 실제적으로 함께 수행할 것인
지의 공통된 생각을 주님께 구하라.

4. 이제 이 책 읽기를 마친 당신에게 추천할 것이 있다: 이 책을 친구와
함께 또는 당신의 새로운 "하나님 나라 세포 조직"의 지체들과 함께 다시 읽으라.
내 경험으로 비춰볼 때, 하나님 나라의 복음은 당신의 삶 속에서 충
분한 열매를 보기 시작하기 전에, 한 번 이상 더 들을 필요가 있고,
다른 사람들과 함께 그 복음을 살아내야 한다. 그들이 한 명, 두 명,
세 명, 또는 네 명이라도 관계없이.

# 후주

1 프랭크 바이올라, 『영원에서 지상으로』 (대장간, 2012)

2 존 브라이트, 『하나님의 나라』 (크리스천다이제스트, 1994)

3 씨주(Sizoo)의 "Unsung Heroes"에서 인용.

4 T. Austin-Sparks, *The Gospel of the Kingdom* (Austin-Sparks.net, 2012); George Eldon Ladd, *The Gospel of the Kingdom* (Grand Rapids: Eerdmans, 1959); E. Stanley Jones, *The Unshakable Kingdom and the Unchanging Person* (Nashville: Abingdon Press, 1972); Watchman Nee, *The Collected Works of Watchman Nee*, set 3, vol. 59 (Anaheim: Living Stream Ministry, 1994); Witness Lee, *The Kingdom* (Anaheim: Living Stream Ministry, 1980)-이 책은 1972년의 구두 메시지에 기초했음.

5 J. I. Packer, *Keep in Step with the Spirit* (Grand Rapids: Baker Publishing Group, 2005), 93.

6 Jonathan Edwards, *The Works of Jonathan Edwards* (New Haven, CT: Yale University Press, 1957-2008), 25:635.

7 P. T. Forsyth, *Work of Christ* (Blackwood, Southern Australia: New Creation Publications, 1994), 41.

8 Ora Rowan이 쓴 찬송가 "Hast Thou Heard Him, Seen Him, Known Him?"에서 인용.

9 T. Austin Sparks, *The Gospel According to Paul* (Pelham: AL: Testimony Book Ministry, 1988), 70-71.

10 John Howard Yoder, The Original Revolution (Scottdale, PA: Herald Press),

11 Leonard Sweet and Frank Viola, *Jesus: A Theography* (Nashville: Thomas Nelson, 2012), 127. Jesus: A Thrography 의 7장에 예수님의 광야 시험이 자세히 설명되어 있음.

12 Michael Heiser, *The Unseen Realm* (Bellingham, WA: Lexham Press, 2015), 273.

13 Alva McClain, *The Greatness of the Kingdom* (Winona Lake, IN: BMH Books, 1959), 17)

14 프랭크 바이올라, 조지 바나, 『이교에 물든 기독교』 (대장간, 2011), 308-309.

15 http://www.lastdaysministries.org/Groups/1000086201/Last_Days_Ministries/Articles/By_Keith_Green/Total_Commitment/Total_Commitment.aspx.

16 A. W. Tozer, *The Pursuit of God* (Camp Hill, PA: Christian Publishers, 1982), 67.

17 F. F. Bruce, *The Message of the New Testament* (Grand Rapids: Eerdmans, 1973), 85.

18 F. F. Bruce, *Answers to Questions* (Grand Rapids: Zondervan, 1973), 189.

19 T. Austin-Sparks, *Prophetic Ministry* (Pelham, AL: Testimony Book Ministry, 1989), 93-94.

20 Watchman Nee, *A Living Sacrifice* (New York: Christian Fellowship Publishers, 1972), 54-55.

21 Frank Viola, *Revise Us Again* (Colorado Springs: David C. Cook, 2011)

22 Andy Zubko, *Treasury of Spiritual Wisdom* (Delhi: Motilal Banarsidass, 2004), 172에서

인용함.

23 Scot McKnight, *The Blue Parakeet* (Grand Rapids: Zondervan, 2008), 207에서 인용함.

24 Candace Chellew-Hodge, "Amazed by Grace: An Interview with Author Philip Yancey," *Whosoever*, 2004, http://www.whosoever.org/v8i6/yancey.shtml.

25 영국의 작가이자 청교도 설교자인 존 번연 아니면 영국의 부흥 운동가이자 찬송가 작사가인 존 베리지의 작품으로 추정됨.

26 A. W. Tozer, *My Daily Pursuit* (Minneapolis: Bethany House, 2013), 13.

27 William Blake, *The Marriage of Heaven and Hell* (Oxford, UK: Oxford University Press, 1975), xviii.

28 *A Greek-English Lexicon of the New Testament and Other Early Christian Literature* (BDAG), 3rd ed., s.v. "kosmos," 2000, 561-62.

29 Watchman Nee, *Love Not the World* (Fort Washington, PA: CLC Publications, 2004), 12-13.

30 F. F. Bruce, *The Message of the New Testament* (Grand Rapids: Eerdmans, 1973), 89.

31 John Howard Yoder, *The Royal Priesthood* (Scottdale, PA: Herald Press, 1998), 56.

32 Clinton Arnold, *Powers of Darkness* (Downers Grove, IL: InterVarsity Press, 1992), 203-4.

33 A. W. Tozer, *The Pursuit of Man* (Camp Hill, PA: Christian Publications, 1950), 116.

34 자끄 엘륄, 『무정부주의와 기독교』*Anarchy and Christianity* (Grand Rapids: Eerdmans, 1988), 58.

35 John Nugent, *Polis Bible Commentary*, Genesis 1-11, vol 1 (Skyforest, CA: Urban Loft Publishing, forthcoming), Genesis 4:17-24.

36 John C. Nugent, *The Politics of Yahweh* (Eugene, OR: Cascade Books), 34.

37 Nugent, *Polis Bible Commentary*, Genesis 4:17-24.

38 Jacques Ellul, The Subversion of Christianity (Grand Rapids: Eerdmans, 1986), 21.

39 Nee, *Love Not the World*, 30-31.

40 Bruce, *Message of the New Testament*, 89-90.

41 George Sweeting, *Who Said That?* (Chicago: Moody Publishers, 1995)에서 인용.

42 엘륄의 다음 논문에서 인용: 『무정부주의와 기독교』"Anarchism and Christianity" published in Katallagete, Fall, 1980, 20.

43 Watchman Nee, Love Not the World, 113, 117.

44 A. W. Tozer, The Pursuit of God (Camp Hill, PA: Christian Publishers, 1982), 27-28.

45 Nee, Love not the World, 78-79.

46 Lucian, *The Death of Peregrine,* 13 (또한 *The Passing of Peregrinus* 로 일컬음); Aristides, *Apology*, 15; Tertullian, *The Apology*, 39; Rodney Stark, *The Rise of Christianity* (Princeton: Princeton University Press, 1966), 82에서 인용; Julian, *Letter to Arsacius.*

47 St. John Chrysostom, Hom, in Lazaro 2, 5: PG 48, 992.

48 St. Basil the Great에서 발췌한 느슨한 번역, 누가복음의 다음 말씀과 욕심에 대해 설교한 것: "내가 내 곳간을 헐고 더 크게 지으리라." S7 (PG 31, 276B-277A)

49 H. Richard Niebuhr, T*he Kingdom of God in America* (Middletown, CT: Wesleyan University Press, 1988), 193.

50 Tozer, *My Daily Pursuit*, 25.

51 Isaac Watts의 "When I Survey the Wondrous Cross"에서 인용.

52 Bruce, *Message of the New Testament*, 116.

53 John Nugent, *Endangered Gospel* (Eugene, OR: Cascade Books, 2016), 166−67, 175.

54 프랭크 바이올라, 『영원에서 지상으로』(대장간, 2009), 268.

55 T. Austin−Sparks, Four Greatness of Divine Revelation (Pelham: AL: Testimony Book Ministry, 1994), 64.

56 Bruce, *Message of the New Testament*, 40.

57 Bruce, *Message of the New Testament*, , 40.

58 Bruce, *Message of the New Testament*, 42.

59 John Howard Yoder, 『예수의 정치학』*The Politics of Jesus* (Grand Rapids: Eerdmans, 1994), 150−51.

60 Arnold, Powers of Darkness, 123.

61 Yoder, The Politics of Jesus, 201−2.

62 자끄 엘륄, 『뒤틀려진 기독교』(대장간 역간) The subversion of Christianity (Grand Rapids: Eerdmans, 1986), 179−80.

63 바이올라, 『영원에서 지상으로』, 17 단원.

64 Heiser, *The Unseen Realm*, 121, 329.

65 Heiser, *The Unseen Realm*, 298.

66 Craig Keener, *Acts: An Exegetical Commentary*, vol. 1 (Grand Rapids: Baker Academic, 2012), 843.

67 Keener, Acts, 841.

68 *New Bible Dictionary*, 2nd ed. (Wheaton: Tyndale House Publishing, 1982), 1165; *Nelson's Illustrated Bible Dictionary* (Nashville: Thomas Nelson, 1986), 1030.

69 Nugent, *Endangered Gospel*, 186, 189.

70 James Snyder가 인용한 A. W. Tozer, *In Pursuit of God* (Camp Hill, PA: Christian Publications, 1991), 128.

71 Nee, *Love Not the World*, 46.

72 Tozer, *My Daily Pursuit*, 68.

73 R.E.M., "Begin the Begin," *Lifes Rich Pageant*, I.R.S. Records, 1986. 짜증 내는 사람들에게: 내가 이 노래의 가사 전부를 지지하거나, 이 록밴드를 지지하거나, 그 밴드의 단원 개개인을 지지하거나 하지 않는다는 것쯤은 알아야 할 것이다.

74 Leonard Sweet and Frank Viola, *Jesus Speaks* (Nashville: Thomas Nelson, 2016)